高等职业教育教学改革精品教材
基础课系列

符晓黎 主编

东北财经大学出版社
Dongbei University of Finance & Economics Press
大连

图书在版编目（CIP）数据

大学语文 / 符晓黎主编. —大连 ：东北财经大学出版社，2017.7
（高等职业教育教学改革精品教材 · 基础课系列）
ISBN 978-7-5654-2782-4

Ⅰ. 大…　Ⅱ. 符…　Ⅲ. 大学语文课-高等职业教育-教材　Ⅳ. H193.9

中国版本图书馆CIP数据核字（2017）第121284号

东北财经大学出版社出版
(大连市黑石礁尖山街217号　邮政编码　116025)
网　　址：http：//www.dufep.cn
读者信箱：dufep@dufe.edu.cn

大连日升彩色印刷有限公司印刷　东北财经大学出版社发行

幅面尺寸：185mm×260mm　字数：372千字　印张：16.25
2017年7月第1版　2017年7月第1次印刷

责任编辑：张晓鹏　赵　旭　责任校对：贝　元
封面设计：冀贵收　版式设计：钟福建

定价：32.00元

教学支持　售后服务　联系电话：（0411）84710309

如有印装质量问题，请联系营销部：（0411）84710711

前　言

高职“大学语文”教学如何践行社会主义核心价值观，抓住社会主义核心价值观的灵魂，构建大学生健全的人格，是目前高职大学语文教育的重要课题之一。高职“大学语文”教材应兼容文学性、思想性、工具性、专业性，通过教育教学弘扬优秀文化，提高学生的语文素养，树立正确的价值观。本书力求联系学生实际，通过对古今中外经典文学作品的学习，培养学生对文学的热爱之情，提升其欣赏和鉴别文学作品的能力，并提高其人文素质。本书是根据高职“大学语文”课程的特点，配合“社会主义核心价值观融入高职大学语文教学的实践和探索”课题的研究，遵循以下三条原则编写而成的：

（1）文学性与思想性高度融合。文学性是指文学作品通过形象反映生活，表现思想感情所达到的准确、鲜明、生动以及形式、结构、表现技巧的完美程度；思想性是指文学作品中通过人物描写、叙述、语言、细节、情节等流露出来的思想观点，也表现为作者的主观倾向性，亦称中心思想或主题思想。本书遴选的古今中外优秀名篇都是把二者有机、完美地结合在一起的。

（2）工具性与人文性高度融合。高职“大学语文”课程具有工具性，对进一步提高大学生的阅读能力、表达能力（书面表达、口语表达）具有不可替代的作用。同时，其又具有人文性，人文精神的培育是“大学语文”课程的主要任务。高职“大学语文”课程应在工具性的基础上，突出人文性教育。

（3）专业性与创新性高度融合。针对当前高职“大学语文”教材与一些专业不相适应与匹配的现状，我们在编撰本书时充分注意教材与专业的结合。教材与专业相结合是现实的要求，不仅能培养学生的“形象思维”，而且有利于专业的创新。

本书共分六篇，分别为：接受优雅的诗词修养熏陶，拥有一双洞明世事人情的慧眼，练就应对流利、得体的口头表达能力，通晓各类实用文体的写作规范，濡染先进文化形成正确价值观，在文学的工商世界里感知商海浮沉。每一篇又细分成2～3讲，便于师生授课、自学时获悉纲要。其内容密切贴近教学实际，选文从人文性、工具性、专业性角度精心择定，同时又充分考虑了学生的认知水平和接受能力。

本书最大的特色是凸显高职学生语文学习的专业性与人文性。无论是篇、讲的设置，还是“专题”“艺海拾贝”的安排，都既突出高职学生的专业特点，注重实际应用，又注重人文素养和社会主义核心价值观的养成。因此，本书是现阶段高职学生语文能力培养、正确价值观养成的理想用书之一。

本书建议使用一学年，上、下两学期各完成三个篇章的教学。考查方式可灵活多样。

本书由符晓黎主编并负责编写第一、二、三篇，史伟负责编写第四篇，贾继用负责编写第五、六篇，最后由符晓黎负责全书统稿。

由于编写时间较紧，加之水平有限，书中难免会有不妥、不足之处，敬请广大同学和老师在使用过程中提出宝贵意见。希望本书的编写意愿也能在实践中不断得到验证和完善。

编　者

2017年5月

目　录

第一篇　接受优雅的诗词修养熏陶

第二篇　拥有一双洞明世事人情的慧眼

第三篇　练就应对流利、得体的口头表达能力

第四篇　通晓各类实用文体的写作规范

第五篇　濡染先进文化形成正确价值观

第六篇　在文学的工商世界里感知商海浮沉

第一篇 接受优雅的诗词修养熏陶

第一讲 唐诗

第二讲 宋词

第三讲 现代诗歌

在悠悠五千年的中华文明史中，从《诗经》《楚辞》到唐诗、宋词、元曲，中华诗词文化就像一杯陈年醇香的佳酿，滋养着中华儿女的血脉；又如一枚磁石，凝聚、锻铸着民族的魂魄。本篇包括三讲，大致涵盖了诗词修养的核心内容——唐诗、宋词和现代诗歌。入选的诗歌作品无论是在艺术成就还是在思想认识上，都是经得起时间、空间考验的。本篇旨在引导学生学会用正确的方法对古典诗词作品进行解读、赏析，并力求使学生结合自己的人生和社会体验，对诗词的内在意蕴有更深入的体悟，丰富人文知识、提高审美品位、陶冶思想情操。专题中的两篇关于唐诗、宋词知识介绍的文章，出自名家，具有相当高的权威性。它们可以启示学生：一个人要有优雅的诗词修养，精读与泛读必须结合，“腹有诗书气自华”，唯有拥有一定的诗歌阅读量，我们才能“不会吟诗也会吟”。

第一讲
唐　诗

1. 春江花月夜

张若虚

春江潮水连海平，海上明月共潮生。
滟滟（1）随波千万里，何处春江无月明。
江流宛转绕芳甸（2），月照花林皆似霰（3）。
空里流霜（4）不觉飞，汀（5）上白沙看不见。
江天一色无纤尘（6），皎皎空中孤月轮（7）。
江畔何人初见月？江月何年初照人？
人生代代无穷已（8），江月年年望（一作“只”）相似。
不知江月待何人，但见（9）长江送流水。
白云一片去悠悠（10），青枫浦（11）上不胜愁。
谁家今夜扁舟（12）子？何处相思明月楼（13）？
可怜楼上月徘徊（14），应照离人（15）妆镜台（16）。
玉户（17）帘中卷不去，捣衣砧（18）上拂还来。
此时相望不相闻（19），愿（20）逐月华（21）流照君。
鸿雁长飞光不度，鱼龙潜跃水成文（22）。
昨夜闲潭（23）梦落花，可怜春半不还家。
江水流春去欲尽，江潭落月复西斜（古音 xiá）。
斜月沉沉藏海雾，碣石潇湘（24）无限路（25）。

不知乘月（26）几人归，落月摇情（27）满江树。

【注释】

（1）滟（yàn）滟：波光闪动的光彩。（2）芳甸（diàn）：遍生花草的原野。（3）霰（xiàn）：雪珠，小冰粒。（4）流霜：飞霜，古人以为霜和雪一样，是从空中落下来的，所以叫流霜。这里比喻月光皎洁，所以不觉得有霜霰飞扬。（5）汀（tīng）：沙滩。（6）纤尘：微细的灰尘。（7）月轮：指月亮，因月圆时像车轮，故称月轮。（8）穷已：穷尽。（9）但见：只见、仅见。（10）悠悠：渺茫、深远。（11）青枫浦：地名，今湖南浏阳县境内有青枫浦。这里泛指游子所在的地方。浦上：水边。（12）扁舟：孤舟，小船。（13）明月楼：月夜下的闺楼。这里指闺中思妇。（14）月徘徊：指月光移动。（15）离人：此处指思妇。（16）妆镜台：梳妆台。（17）玉户：形容楼阁华丽，以玉石镶嵌。（18）捣衣砧（zhēn）：捣衣石、捶布石。（19）相闻：互通音信。（20）逐：跟从、跟随。（21）月华：月光。（22）文：同“纹”。（23）闲潭：安静的水潭。（24）潇湘：潇水与湘江。（25）无限路：言离人相去很远。（26）乘月：趁着月光。（27）摇情：激荡情思，犹言牵情。

【讲评】

张若虚（约647—约730），字、号均不详，主要活动在公元7世纪中期至公元8世纪前期，扬州（今属江苏扬州）人；初唐诗人，以《春江花月夜》著名，与贺知章、张旭、包融并称为“吴中四士”。

《春江花月夜》共三十六句，每四句一换韵，以富有生活气息的清丽之笔，创造性地再现了江南春夜的景色，如同月光照耀下的万里长江画卷，同时寄寓着游子的离别相思之苦。诗篇意境空明，缠绵悱恻，洗净了六朝宫体的浓脂腻粉，词清语丽，韵调优美，脍炙人口，乃千古绝唱，素有“孤篇盖全唐”之誉。

2. 宣州谢朓楼饯别校书叔云

李白

弃我去者，昨日之日不可留。
乱我心者，今日之日多烦忧。
长风万里送秋雁，对此可以酣高楼（1）。
蓬莱文章建安骨（2），中间小谢又清发（3）。
俱怀逸兴壮思飞（4），欲上青天揽明月（5）。
抽刀断水水更流，举杯销愁愁更愁。
人生在世不称意，明朝散发弄扁舟（6）。

【注释】

此诗《文苑英华》（古代诗文总集）题作《陪侍御叔华登楼歌》，所别者一为李云，一为李华。李白另有五言诗《饯校书叔云》，作于某春季，且无登楼事，与此诗无涉。诸家注本多系此诗作于天宝十二年秋，然于“叔华”“叔云”均含糊其辞，待考。宣州：今安徽宣城县一带。谢朓楼，又名北楼、谢公楼，在陵阳山上，谢朓任宣城太守时所建。李白于天宝十二年（公元753年）由梁园（今开封）南行，秋至宣城。李白另有五言诗《秋登宣城谢朓北楼》。校书：官名，即校书郎，掌管朝廷的图书整理工作。叔云：一解作族叔李云；一解疑为李姓而名叔云者。(1) 酣高楼：畅饮于高楼。(2) 蓬莱：此指东汉时藏书之东观。建安骨：汉末建安年间，"三曹"和"七子"等作家所作之诗风骨遒上，后人称为"建安风骨"，"七子"分别是：孔融、陈琳、王粲、徐干、阮瑀、应玚、刘桢。(3) 小谢：指谢朓。后人将他和谢灵运并举，称为大谢、小谢。清发：清秀俊爽。(4) 逸兴：超脱飘逸的兴致，多指山水游兴。王勃《滕王阁序》中有"遥襟甫畅，逸兴遄（chuán）飞"。李白《送贺宾客归越》中有"镜湖流水漾清波，狂客归舟逸兴多"。壮思飞：雄心壮志，酒酣兴发，更是飘然欲飞。(5) 揽：有摘取的意思，是明月还是日月有争议。(6) 散发：不束冠，意即不做官。古人通常束发戴冠，散发表示闲适自在。弄扁舟：乘小舟归隐江湖。

【讲评】

李白（701—762），字太白，号青莲居士，唐代伟大的浪漫主义诗人，被称为诗仙。其诗风豪放飘逸，想象力丰富，语言流转自然，音律和谐多变。他善于从民歌、神话中汲取营养素材，形成其特有的瑰丽绚烂的色彩，是屈原以来浪漫主义诗歌的新高峰，与杜甫并称"李杜"，是我国历史上最伟大的诗人之一。

《宣州谢朓楼饯别校书叔云》是李白在宣城（今属安徽）与李云相遇并同登谢朓楼时创作的一首送别诗。此诗共92个字，并不直言离别，而是重笔抒发诗人自己怀才不遇的愤懑，灌注了慷慨豪迈的情怀，表达了对黑暗社会的强烈不满和对光明世界的执着追求。诗虽写烦忧苦闷，却并不阴郁低沉。全诗语言明朗朴素，音调激越高昂，强烈的思想情感起伏涨落，如奔腾的江河瞬息万变，波澜迭起，和腾挪跌宕、跳跃发展的艺术结构完美结合，韵味深长，达到了豪放与自然和谐统一的境界。

3. 登高

杜甫

风急天高猿啸哀(1)，渚清沙白鸟飞回(2)。
无边落木萧萧下(3)，不尽长江滚滚来。
万里悲秋常作客(4)，百年多病独登台(5)。
艰难苦恨繁霜鬓(6)，潦倒新停浊酒杯(7)。

【注释】

登高：农历九月九日为重阳节，民间历来有登高的习俗。(1) 猿啸哀：指长江三峡中猿猴凄厉的叫声。《水经注·江水》引民谣云："巴东三峡巫峡长，猿鸣三声泪沾裳"。(2) 渚（zhǔ）：水中的小洲、小块陆地。鸟飞回：鸟在急风中飞舞盘旋。回：回旋。(3) 落木：指秋天飘落的树叶。萧萧：风吹落叶的声音。(4) 万里：指远离故乡。常作客：长期漂泊他乡。(5) 百年：犹言一生，这里借指晚年。(6) 艰难：兼指国运和自身命运。苦恨：极其遗憾。苦，极。繁霜鬓：增多了白发，如鬓边着霜雪。繁，这里作动词，有“增多”之意。(7) 潦倒：衰颓，失意，这里指衰老多病，不得志。新停：新近停止。重阳登高，例应喝酒，杜甫晚年因肺病戒酒，所以说“新停”。

【讲评】

杜甫（712—770），字子美，本襄阳人，后徙河南巩县；自号少陵野老，唐代伟大的现实主义诗人，与李白合称“李杜”。为了与另两位诗人李商隐与杜牧即“小李杜”有所区别，杜甫与李白又合称“大李杜”。杜甫对中国古典诗歌的影响非常深远，被后人称为“诗圣”，他的诗被称为“诗史”，后世称其杜拾遗、杜工部，也称他为杜少陵、杜草堂。杜甫一生创作了《春望》《北征》《三吏》《三别》等诸多名作。759年，杜甫弃官入川，虽然躲避了战乱，生活相对安定，但仍然心系苍生，胸怀国事。虽然杜甫是个现实主义诗人，但他也有狂放不羁的一面，从其名作《饮中八仙歌》不难看出他的豪气干云。

杜甫的诗作思想核心是儒家的仁政思想，他有“致君尧舜上，再使风俗淳”的宏伟抱负。杜甫虽然在世时名声并不显赫，但后来声名远播，对中国文学和日本文学都产生了深远影响。杜甫共有约1 500首诗歌被保留了下来，大多集于《杜工部集》。

这一首重阳登高感怀诗，是大历二年（767年）在夔（kuí）州（今重庆奉节）写的。全诗通过登高所见秋江景色，倾诉了诗人长年漂泊、老病孤愁的复杂感情，慷慨激越，动人心弦。前半首写登高所闻、所见的情景，是写景；后半首写登高时的感触，是抒情。首联着重刻画眼前的具体景物；颔联着重渲染秋天的气氛；颈联抒发感情，由异乡漂泊写到多病残生；末联写白发日多，因病断酒，映衬时世艰难。金性尧以为“是杜诗中最能表现大气盘旋、悲凉沉郁之作”。

4. 安定城楼

李商隐

迢递高城百尺楼（1），绿杨枝外尽汀洲（2）。
贾生年少虚垂涕（3），王粲春来更远游（4）。
永忆江湖归白发（5），欲回天地入扁舟（6）。
不知腐鼠成滋味，猜意鹓雏竟未休（7）。

【注释】

安定：郡名，即泾州（今甘肃省泾川县北），唐代泾原节度使的治所。(1) 迢递：形容楼高而且连续绵延。谢朓《隋王鼓吹曲 入朝曲》中有“逶迤带绿水，迢递起朱楼”。(2) 枝外：一作“枝上”。汀洲：汀指水边之地，洲是水中之洲渚。此句写登楼所见。(3) 贾生：指西汉人贾谊。《史记·屈原贾生列传》中有：“贾生……年少，颇通诸子百家之书。文帝召以为博士……一岁中至太中大夫。”又《汉书·贾谊传》中载：贾谊认为“时事可为痛哭者一，可为流涕者二，可为太息者六，因此数上书陈政事，多所欲匡建”，但文帝并未采纳他的建议。后来贾谊呕血而亡，年仅33岁。李商隐此时27岁，以贾生自比。(4) 王粲：东汉末年人，建安七子之一。《三国志·魏书·王粲传》中载：王粲年轻时曾流寓荆州，依附刘表，但并不得志。他曾于春日作《登楼赋》，其中有句云："虽信美而非吾土兮，曾何足以少留！"李商隐在此以寄人篱下的王粲自比。(5) 永忆：时常向往。归白发：年老时归隐。(6) 欲回天地入扁舟：《史记·货殖列传》中载：春秋时范蠡辅佐越王勾践灭吴后，乘扁舟归隐五湖。李商隐用此事说自己总想着年老时归隐江湖，但必须等到把治理国家的事业完成、功成名就之后才行。(7) "不知"二句：鹓雏是古代传说中一种像凤凰的鸟。《庄子·秋水》中有："惠子相梁，庄子往见之。或谓惠子曰：'庄子来，欲代子相。'于是惠子恐，搜于国中三日三夜。庄子往见之，曰：'南方有鸟，其名为鹓雏……发于南海而飞于北海，非梧桐不止，非练实不食，非醴泉不饮。于是鸱得腐鼠，鹓雏过之，仰而视之曰：吓！今子欲以子之梁国而吓我邪？'"李商隐以庄子和鹓雏自比，说自己有高远的心志，并非汲汲于官位利禄之辈，但谗佞之徒却以小人之心度之。

【讲评】

李商隐（约813—约858），唐代诗人，字义山，号玉溪生，怀州河内（今河南沁阳）人，开成（唐文宗年号，836—840）进士；曾任县尉、秘书郎和东川节度使判官等职，因受牛李党争影响，被人排挤，潦倒终身。其所作咏史诗多托古以讽时政，无题诗很有名；擅长律绝，富有文采，构思精密，情致婉曲，具有独特风格；与温庭筠合称"温李"，与杜牧并称"小李杜"，有《李义山诗集》。

《安定城楼》是李商隐的代表作，此诗抒发了作者虽仕途受阻，遭到一些人的谗伤，但并不气馁，反而鄙视和嘲笑谗佞的小人的坚定胸怀，充分地体现了作者青年时期的高远抱负和奋发精神。全诗语言含蓄犀利，用典工丽典雅，极富神韵。颈联两句写平生抱负，境界阔大，意味深长，是历来广为传诵的名句。

专题：《唐诗鉴赏辞典》序言

程千帆

中国是一个诗的国度。

唐诗是中国五七言古今体诗的高峰。

这座高峰的出现不是偶然的。它有多方面的原因：首先，从7世纪唐朝建国到8世纪中叶"安史之乱"这一百多年，唐朝的经济一直是上升的。经济的发展必然带来文化的繁荣，即使在"安史之乱"后，由于南方的开发与南北交通保持畅通，经济和文化发展的势头也没有停顿下来。这成为整个唐代文学艺术的温床。其次，由"五胡十六国"极其纷扰混乱的局面到隋唐统一，是一个国内各民族由斗争到融合的过程。国内各民族的融合加上当时日趋频繁的国际文化交流，使得各阶层的生活变得丰富复杂，为诗人们的修养、创作提供了多种多样的养料和素材。再次，在长期南北分裂以后建立起来的唐帝国，对各种思想，也和对各民族文化一样，采取了兼容并包的态度。例如，儒释道三教就是始终并存的，虽然有的时候也因人主的好恶，不免轩轾。因此，唐朝人的思想比较活泼，言行较少拘束。这就为诗歌创作和流行提供了方便，从而形成了唐诗的群众性基础。大家都爱写诗、爱读诗。这对于唐诗的发达、诗人的成长，是不可能不产生积极作用的。最后，唐朝为了巩固其统治，制定和执行了通过科举从庶族地主中选拔人才的制度，以打破高门大族对仕途的垄断。进士是科举中通过最后一级考试者，而进士的考试以诗赋为主要内容。这种决定士子前途的考试和因之而派生的行卷之风，也直接促进了诗歌的创作。此外，就诗歌本身而论，经过几代诗人的努力，五七言古诗已经成熟，律绝诗也基本上跨越了其试验阶段，足供唐代诗人自由采用。前辈们积累起来的艺术经验，充分表现了汉语之美的多种样式，使得唐代诗人易于借鉴昔贤，驰骋才力，发抒性灵，来扩大诗的反映面，提高诗的表现力。所有这些综合起来，就使得唐诗盛况空前，后难为继。

以下，试对唐诗的流变勾画一个轮廓。

自公元618年唐朝建立后，最初30余年，诗坛上仍旧弥漫着梁陈余风。形式上讲究调声、隶事和内容上沿袭宫体，是其主要特征。只有王绩在追随晋宋间独来独往因而不免于寂寞的陶渊明。他虽以此为后世所称叹，但在当时，也同样是寂寞的。

武则天于公元655年被立为皇后。在她当政时期，唐诗开始呈现出自己的面貌。王勃、杨炯、卢照邻、骆宾王、沈佺期、宋之问和杜审言等，陆续登坛。这些人在当时封建秩序以及道德规范、审美观念逐渐恢复正常的基础之上，改造了宫体诗（包括律化了的绝句——小律诗），完善了七言古体。经过他们的努力，题材和主题由宫廷的淫靡变为都市的繁华和正常的男女之爱，由台阁应制扩大到写江山之美和边塞之情；风格也由纤柔卑弱转变为明快清新。

同时，陈子昂却走着与这些人在方式上看来相反而在效果上相成的道路。“四杰”（指王勃、杨炯、卢照邻、骆宾王）等用改造宫体诗的方法结束了“六代淫哇”，而陈子昂则从汉魏风骨中汲取素养来开辟唐诗的疆域。他是一位能够把握住对超现实的向往和对现实的执着这一基本矛盾，并且用新的语言和形象来加以表现的诗人，上承阮籍、曹植，下开李白、杜甫。

如果承认唐诗是中国诗的高峰，那么，就不能不进而承认：盛唐诗乃这座高峰的顶点。

从玄宗继位到代宗登基（712—762），这半个世纪通常被称为盛唐。但在公元755年的“安史之乱”前后，诗坛的面貌是不一样的。在这次战乱以前，诗人们在其创作中都发散着强烈的浪漫气息，或者表现为希冀隐逸、爱好自然，诗中的代表性人物形象是隐士；或者表现为追求功名、向往边塞，诗中的代表性人物形象是侠少。这实质上也反映了他们由于生活道路的千差万别而形成的得意与失意、出世与入世两种互相矛盾的思想感情。不同的生活道路与不同的生活态度，使他们或者成为高蹈的退守者，或者成为热情的进取者或者因时变化，两者兼之。前人所谓的“盛唐气象”，在很大程度上，指的就是这种富于浪漫气息的精神面貌。

孟浩然、王维、常建、储光羲等人的许多作品，都极为成功地描绘了幽静的景色，借以反映其静谧的心境。他们的诗作脱离现实斗争，对热衷奔竞、趋炎附势之流，具有清凉剂的作用，而其所提供的自然美的享受则是不可替代的。这些人是以写田园山水诗得名的陶渊明、谢灵运、谢朓的后继者，气象的浑穆或有不及，而措语的精深华妙则有过之。其后的韦应物、柳宗元在这方面是他们的追随者。

但王维在描摹自然、歌颂隐逸之外，还曾将其诗笔扩展到更广阔的生活领域，其许多成功的诗作都反映了当时人们的进取精神和悲壮情怀。王维在高蹈者孟浩然等和进取者高适、岑参、李颀、王昌龄等之间，恰好是一座“桥梁”，所以有些评论家就一方面将其与孟浩然相提并论，合称王孟；而另一方面又将其与高适等相提并论，合称王、李、高、岑。当然，这种提法也包含了对诗歌样式的考虑。王维是兼有五七言古今之长的，而王孟并提，偏指五律；王、李、高、岑并提，则偏指七古。

集中反映了盛唐时代积极进取精神的，是出自王、李、高、岑等人之手的边塞诗。这类诗篇，塑造了许多边塞健儿的英雄形象。诗人们歌颂从军报国、建功立业，却并不无原则地讴歌战争，往往还反对开边。在写胜利的喜悦或失败的痛苦时，也反映了战争对广大人民和平生活的干扰和破坏。这些诗作交织着英雄气概与儿女情长，极尽悲凉慷慨、缠绵婉转之情。其源出于鲍照、刘琨，更上一点，还可以追溯到建安七子，虽然那时写边塞的作品还很缺少爱情成分。

借诗中隐士和侠少的形象来说明“安史之乱”前的浪漫倾向，并不等于认为当时诗歌中所反映的仅止于这两类人的生活，也绝非那些诗人描写的题材非常狭窄；否则，许多繁丽的社会风光和莽苍的边塞景色会出自佛教徒王维和道教徒李颀笔下，而著名的七绝组诗《从军行》和《长信秋词》乃王昌龄一人的手笔，就不免令人费解了。

但浪漫主义诗歌的最高成就却不能不推李白。贺知章称其为谪仙人，后人又尊其为诗仙，这就形成了一种错觉，好像李白之所以伟大，就在于他的人和诗具有他人所无的超现实性。这是可悲的误会。事实上，没有一位伟大的浪漫主义者是超现实的，李白何能例外？开元、天宝年间的其他诗人往往在高蹈与进取之间徘徊，以包含有希冀的痛苦和欢欣来摇荡心灵，酝酿歌吟。李白却既毫不掩盖他对功名的向往，同时又因为自己绝对无法接受那些取得富贵利禄的附加条件而弃之如敝屣。他热爱现实生活中一切美好的事物，而对其中不合理的现象毫无顾忌地投之以轻蔑。这种已被现实牢笼束缚，却不愿意接受，反过来却想征服现实的态度，乃后代人民反抗黑暗势力与庸俗风习的强大的精神力量。这也许就是李白的独特性，和杜甫始终以严肃、悲悯的心情注视、关心和反映祖国、人民的命运那种现实主义精神，是相反而又相成的。

“安史之乱”是唐朝由胜转衰的界标，也是唐代文学发展的一个转折点。活动于开元、天宝年间的重要诗人，除孟浩然外，大都死于这场战乱。他们都经历了这场由于统治者的昏聩荒淫而造成的藩镇叛乱。在战乱前，他们当中的多数人为社会表面的安定繁荣所迷惑，一意追求自适其适的浪漫生活，战乱后却丧失了过那种生活所凭依的许多条件，就转为意志消沉，再也作不出热烈高昂或悠悠自在的诗歌了。而另外一些人，在战乱前就比较清醒，在朝野沉酣中对潜在的严重危机已有预感；残酷的战争、苦难的环境使他们受到锻炼、教育，使他们在经历危机的同时也产生了希望，使他们终于敢于正视惨淡的人生，坚决地站出来，为国家的安危、人民的哀乐而歌唱。杜甫，就是这少数人中的杰出代表。他以积极的入世精神，勇敢而忠实地反映社会生活，即使在大局极端危机的情况下，也从未失去信心。而其所具有的“尽得古今之体势，而兼人人之所独专”的高妙艺术手段，又足以充分地将这种高贵的思想感情表达出来。在我国诗坛上，杜甫作品的认识作用、借鉴作用、教育作用和美感作用都是其他人难以企及的。这就是后人尊其为诗圣、将其作品尊为诗史的理由。

李诗大源出于《楚辞》，杜诗大源出于《诗经》和汉乐府，二人又在不同方面受到《文选》（我国现存最早的一部古诗文总集）很深的影响。“安史之乱”前以李白为代表的浪漫主义和“安史之乱”后以杜甫为代表的现实主义双峰对峙，在诗歌创作方面，显示了盛唐之所以兴盛的原因。

代宗大力年间（766—779）的作者，由于生活在一个遭受了极大破坏的社会，物质、精神两方面都不免贫乏。他们不能如杜甫那样，在困厄之中依然奋发，所以便继承了王维、刘长卿等人的作品中适合于他们生活情调的那一部分，而着眼于写日常生活。时序的迁流、节物的变化、人事的升沉离合等方面的描绘，贯穿于悯乱哀时的情绪之中，便形成大历诗歌的基调。诗人们对这些方面具有特殊的敏感性，并寄以沉重的感慨，体物甚是工致，抒情颇为深刻，因而其作品富有人情味。那是一个从噩梦中醒来却又陷落在空虚的现实里因而不能不忧伤的时代，诗人们具有这样的心情是不足为异的。钱起、郎士元、李端、韦应物、司空曙、卢纶、戴叔伦、李益等人的作品，虽然各有自己的个性，却都带有这种烙印。而韦应物之澄湛，李益之悲慨，尤为后人所称赏。

由德宗到穆宗40余年，这时，一度中衰的诗坛又逐渐重整旗鼓。其中，宪宗元和年间（806—820）最为兴盛，所谓“诗到元和体变新”。虽然白居易所说“新体”可能仅指以自己为代表的那一类诗，然而按照我们今天的理解，元和新体主要指两个诗派：一派以白居易为首，以元稹、张籍、王建、李绅等为羽翼；另一派以韩愈为首，以孟郊、贾岛、卢仝、李贺等为羽翼。但其都源于杜甫，从此以后，杜甫在我国诗坛上的影响就变得非常突出，而且历久不衰。

“白派”诗人对杜甫的继承侧重于他敢于正视现实、抨击黑暗这一面，并且进一步努力使自己的语言变得更为通俗流畅、生动感人。他们的乐府叙事诗，无论是在题材的广阔上，还是在组织的复杂、风格的平易上都有所发展，因而容易为读者所爱好和接受；与此相反，“韩派”诗人则继承了杜甫在艺术上刻意求新、富于创造性的精神，而特别致力于在杜甫笔下还没来得及开拓的境界。在内容上，他们写险怪、写幽僻、写苦涩、写冷艳甚至写凶狠；在形式上，他们以散文句法入诗，并且大量地使用一些非前人诗中所习见的词语。他们想通过自己的创造，迫使人们同意诗是可以这样写的。这个愿望，到了宋朝，在理论和实践上获得了部分诗人的承认。在“韩派”中，李贺在意境和语言上的创新显得比他家更为突出。除了这两大派别之外，柳宗元、刘禹锡也是这一时期有成就的诗人。柳诗峻洁而清腴，模山范水之篇，上承谢灵运；刘诗简练而沉着，多讽刺时政之作，下启苏东坡。

文宗到宣宗（827—859）的30余年里，是杜牧和李商隐活跃的时代。杜牧的诗作出于杜、韩，而在风格上将清新峻拔熔为一炉，表达了他远大的政治抱负和激情。李商隐尤长于七律，在这种样式已由杜甫作了多方面开拓之后，还有可喜的发展。他以精心的结构、瑰丽的语言、沉郁的风格发抒自己的身世之感、宗国之哀，足以接席杜甫而无愧。虽然有时措意过深，不免晦涩难懂，和李贺一样被人所诟病，但懂与不懂，不但是作者一方的问题，读者也有一个正确对待和习惯于新的表现手法的问题。与李商隐齐名的温庭筠，情思才力，都比不上李，但其轻艳的作风对唐末诗人颇有影响。

懿宗即位直至唐亡（860—906）诗人不少，成就不大。其间不少诗人，追随“元白”[①]，以通俗的语言反映社会问题，如杜荀鹤、罗隐、于濆、聂夷中等；还有一些人则

① 元白，即元稹、白居易。

以凄婉轻艳的风格伤悼乱离，如司空图、吴融、韩偓、韦庄等。而皮日休和陆龟蒙则每于吟咏个人生活的悠闲时，显现出不忘世事的沉痛，有异于其他诗人。但这些人在诗作上的成就都无法和他们的前辈相比。到了北宋，五七言古今体诗才又以一种新的面貌出现。

以上，是对唐诗流变的一个挂一漏万式的叙述，聊供读者参考。

时代与时代之间，诗人与诗人之间，从主体看，盛衰、高下的差别当然是存在的。但就每一位诗人来说，却总有一些很好的或较好的作品，足供后人欣赏。这部《唐诗鉴赏辞典》就旨在介绍唐诗之精华。其搜集了190多位诗人的1 000余篇作品，多出自大家、名家之手；同时，也选取了许多不见录于一般选本的遗珠。这样，就较为完整地体现了唐诗的风貌。这是值得重视的。至于赏析文字，清晰明了，繁简适中。除正文之外，还附有唐诗研究参考书目等多种有用的资料，也颇有特色，颇为可取。

总之，这是一部有益的书。它反映了我国唐诗研究者近年来在党的“双百”方针指引下所付出的努力和取得的成就。

这本书将获得读者的欢迎，是无疑的。

（程千帆于1982年11月1日）

第二讲

宋 词

1. 定风波·莫听穿林打叶声

苏轼

三月七日，沙湖（1）道中遇雨。雨具先去，同行皆狼狈（2），余独不觉，已而（3）遂晴，故作此词。

莫听穿林打叶声（4），何妨吟啸（5）且徐行。竹杖芒鞋（6）轻胜马，谁怕？一蓑烟雨任平生（7）。

料峭（8）春风吹酒醒，微冷，山头斜照（9）却相迎。回首向来（10）萧瑟处，归去，也无风雨也无晴（11）。

【注释】

定风波：词牌名。（1）沙湖：在今湖北黄冈东南三十里，又名螺丝店。（2）狼狈：进退皆难的困顿窘迫之状。（3）已而：过了一会儿。（4）穿林打叶声：指大雨点透过树林打在树叶上的声音。（5）吟啸：放声吟咏。（6）芒鞋：草鞋。（7）一蓑烟雨任平生：披着蓑衣在风雨里过一辈子也处之泰然。（8）料峭：微寒的样子。（9）斜照：偏西的阳光。（10）向来：方才。萧瑟：风雨吹打树叶声。（11）也无风雨也无晴：意谓既不怕雨，也不喜晴。

【讲评】

苏轼（1037—1101），字子瞻，又字和仲，号东坡居士，世称苏东坡、苏仙；北宋眉州眉山（今属四川省眉山市）人，祖籍河北栾城，北宋著名文学家、书法家、画家。嘉祐二年（1057年），苏轼进士及第。宋神宗时曾在凤翔、杭州、徐州、湖州等地任职。元丰三年（1080年），因“乌台诗案”受诬陷被贬黄州任团练副使。宋哲宗即位后，曾任翰林学士、侍读学士、礼部尚书等职，并出知杭州、颍州、扬州、定州等地，晚年因新党执政被贬惠州、儋州。宋徽宗时获大赦北还，途中于常州病逝。宋高宗时追赠太师，谥号“文忠”。苏轼是宋代文学最高成就的代表，在诗、词、散文、书、画等方面均取得了很高的成就。其诗题材广阔，清新豪健，善用夸张比喻，独具风格，与黄庭坚并称“苏黄”。词开豪放一派，与辛弃疾同是豪放派代表，并称“苏辛”；其散文著述宏富，豪放自如，与欧阳修并称“欧苏”，为“唐宋八大家”之一；苏轼亦善书，为“宋四家”之一；工于画，尤擅墨竹、怪石、枯木等。其有《东坡七集》《东坡易传》《东坡乐府》等传世。

《定风波·莫听穿林打叶声》是苏轼的代表作之一，深得道家旷达豪放的精神。此词通过野外途中偶遇风雨这一生活中的小事，于简朴中见深意，于寻常处生奇景，表现出旷达超脱的胸襟，寄寓着超凡脱俗的人生理想。上片着眼于雨中，下片着眼于雨后，全词体现出一个正直的文人在坎坷人生中力求解脱之道，篇幅虽短，但意境深邃、内蕴丰富，诠释着作者的人生信念，展现着作者的精神追求。

2. 声声慢

李清照

寻寻觅觅（1），冷冷清清，凄凄惨惨戚戚（2）。乍暖还寒时候（3），最难将息（4）。三杯两盏淡酒，怎敌他晚来风急（5）？雁过也，正伤心，却是旧时相识。

满地黄花堆积。憔悴损（6），如今有谁堪摘（7）？守着窗儿（8），独自怎生得黑（9）？梧桐更兼细雨（10），到黄昏，点点滴滴。这次第（11），怎一个愁字了得（12）！

【注释】

（1）寻寻觅觅：意思是想把失去的一切都找回来，表现出一种空虚怅惘、迷茫失落的心态。（2）凄凄惨惨戚戚：忧愁苦闷的样子。（3）乍暖还（huán）寒：指秋天的天气，忽然变暖，又转寒冷。（4）将息：旧时方言，有休养调理之意。（5）怎敌他：对付、抵挡。晚：一本作“晓”。（6）损：表示程度极高。（7）堪：可。（8）着：亦写作“著”。（9）怎生：怎样的。生：语气助词。（10）梧桐更兼细雨：暗用白居易《长恨歌》“秋雨梧桐叶落时”的诗意。（11）这次第：这光景、这情形。（12）怎一个愁字了得：一个“愁”字怎么能概括得尽呢？

【讲评】

李清照（1084—约1155），号易安居士，齐州章丘（今济南章丘）人。宋代女词人，婉约词派代表，有“千古第一才女”之称。

李清照出身于书香门第，早年生活优裕，其父李格非藏书甚富，她小时候就在良好的家庭环境中打下了文学基础。出嫁后与夫赵明诚共同致力于书画金石的搜集整理。金兵入侵中原时，流寓南方，境遇孤苦。其所作词，前期多写其悠闲生活，后期多悲叹身世，情调感伤；形式上善用白描手法，自辟途径，语言清丽。其词强调协律，崇尚典雅，提出词“别是一家”之说，反对以作诗文之法作词。能诗，留存不多，部分篇章感时咏史，情调慷慨，与其词风不同。其著有《易安居士文集》《易安词》，已散佚；后人有《漱玉词》辑本；今有《李清照集校注》。

《声声慢》是李清照的代表作。作品通过描写残秋所见、所闻、所感，抒发自己因国破家亡、天涯沦落而产生的孤寂落寞、悲凉愁苦的心绪，具有浓厚的时代色彩。此词在结构上打破了上下片的局限，一气贯注，着意渲染愁情，如泣如诉，感人至深。开头连下14个叠字，形象地抒写了作者的心情；下文“点点滴滴”又前后照应，表现了作者孤独寂寞的忧郁情绪和动荡不安的心境。全词一字一泪，风格深沉凝重，哀婉凄苦，极富艺术感染力。

3. 满江红

岳飞

怒发冲冠（1），凭栏处，潇潇（2）雨歇。抬望眼，仰天长啸（3），壮怀激烈。三十功名尘与土（4），八千里路云和月（5）。莫等闲（6），白了少年头，空悲切！

靖康耻（7），犹未雪。臣子恨，何时灭！驾长车，踏破贺兰山（8）缺。壮志饥餐胡虏肉，笑谈渴饮匈奴血。待从头，收拾旧山河，朝天阙（9）。

【注释】

（1）怒发冲冠：气得头发竖起，以至于将帽子顶起，形容愤怒至极。冠是指帽子而不是头发竖起。（2）潇潇：形容雨势急骤。（3）长啸：大声呼叫。（4）三十功名尘与土：三十年来，建立了一些功名，如同尘土。（5）八千里路云和月：形容南征北战、路途遥远、披星戴月。（6）等闲：轻易、随便。（7）靖康耻：宋钦宗靖康二年（1127年），金兵攻陷汴京，掳走徽、钦二帝。（8）贺兰山：位于宁夏回族自治区与内蒙古自治区交界处。一说是位于邯郸市磁县境内的贺兰山。（9）朝天阙：朝见皇帝。天阙：本指宫殿前的楼观，此指皇帝生活的地方。

【讲评】

岳飞（1103—1142），字鹏举，宋相州汤阴县（今河南汤阴）人，南宋抗金名将，中国历史上著名的军事家、战略家，位列南宋中兴四将之首。

岳飞于北宋末年投军，从1128年遇宗泽起到1141年为止的10余年间，率领岳家军同金军进行了大小数百次战斗，所向披靡，“位至将相”。1140年，完颜兀术毁盟攻宋，岳飞挥师北伐，先后收复郑州、洛阳等地，又于郾城、颍昌大败金军，进军朱仙镇。但宋高宗、秦桧却一意求和，以十二道“金字牌”下令退兵，岳飞在孤立无援之下被迫班师。在宋金议和过程中，岳飞遭受秦桧、张俊等人的诬陷，被捕入狱。1142年1月，岳飞以“莫须有”的“谋反”罪名，与长子岳云和部将张宪同被杀害。宋孝宗时岳飞冤案被平反，改葬于西湖畔栖霞岭，追谥武穆，后又追谥忠武，封鄂王。

岳飞是南宋最杰出的统帅，他重视人民抗金力量，缔造了“联结河朔”之谋，主张黄河以北的民间抗金义军和宋军互相配合，夹击金军，以收复失地。岳飞治军赏罚分明，纪律严整，又能体恤部属，以身作则，他率领的“岳家军”号称“冻死不拆屋，饿死不掳掠”，金人流传有“撼山易，撼岳家军难”的评语，表达了对“岳家军”的由衷敬畏。岳飞反对宋廷“仅令自守以待敌，不敢远攻而求胜”的消极防御战略，一贯主张积极进攻，以夺取抗金斗争的胜利；他是南宋初年唯一组织大规模进攻战役的统帅。

《满江红》是岳飞创作的一首词，表现了作者抗击金兵、收复故土、统一祖国的强烈的爱国精神。

4. 青玉案·元夕

辛弃疾

东风夜放花千树（1），更吹落，星如雨（2）。宝马雕车（3）香满路。凤箫（4）声动，玉壶（5）光转，一夜鱼龙舞（6）。

蛾儿雪柳黄金缕（7），笑语盈盈（8）暗香（9）去。众里寻他（10）千百度（11），蓦然（12）回首，那人却在，灯火阑珊（13）处。

【注释】

元夕：夏历正月十五日为上元节、元宵节，此夜称元夕或元夜。（1）花千树：花灯之多如千树开花。（2）星如雨：指焰火纷纷，乱落如雨。星，指焰火，形容满天的烟花。（3）宝马雕车：豪华的马车。（4）凤箫：箫的名称。（5）玉壶：比喻明月。（6）鱼龙舞：指舞动鱼形、龙形的彩灯（即舞鱼舞龙，是元宵节的表演节目）。（7）蛾儿、雪柳、黄金缕，是古代妇女元宵节时头上佩戴的各种装饰品。这里指盛装的妇女。（8）盈盈：声音轻盈悦耳，亦指仪态娇美的样子。（9）暗香：本指花香，此指女性们身上散发出来的香气。（10）他：泛指，也包括“她”。（11）千百度：千百遍。（12）蓦然：突然、猛然。（13）阑珊：零落稀疏的样子。

【讲评】

辛弃疾（1140—1207），字幼安，号稼轩，山东东路济南府历城县（今济南市历城区遥墙街道）人，中国南宋豪放派词人，人称“词中之龙”，与苏轼合称“苏辛”，与李清照并称“济南二安”。辛弃疾生于金国，少年时抗金归宋，曾任江西安抚使、福建安抚使等职；死后追赠少师，谥忠敏；有词集《稼轩长短句》，现存词600多首，强烈的爱国主义思想和战斗精神是他的词的基本思想内容。其著名词作有《水调歌头·盟鸥》《摸鱼儿·更能消几番风雨》《满江红·暮春》《沁园春·杯汝来前》《西江月·夜行黄沙道中》等。其词艺术风格多样，以豪放为主，沉雄豪迈又不乏细腻柔媚。其词题材广阔，又善于化用前人典故入词，抒发力图恢复国家统一的爱国热情，倾诉壮志难酬的悲愤，对当时执政者的屈辱求和颇多谴责。此外，他也有不少吟咏祖国河山的作品。辛弃疾还著有《美芹十论》与《九议》，条陈战守之策。由于与当政的主和派政见不合，后被弹劾落职，退隐山居，公元1207年秋，辛弃疾逝世，享年68岁。

《青玉案·元夕》为辛弃疾的代表作之一。此词从渲染元宵节绚丽多彩的热闹场面入手，反衬出一个孤高淡泊、超群拔俗、不同于金翠脂粉的女性形象，寄托着作者政治失意后，不愿与世俗同流合污的孤高品格。全词采用对比手法，上片极写花灯耀眼、乐声盈耳的元夕盛况，下片着意描写主人公在好女如云之中寻觅一位立于灯火零落处的孤高女子，构思精妙，语言精致，含蓄婉转，余味无穷。

专题：宋词入门

顾易生

宋词是中国古代文学皇冠上光彩夺目的一颗巨钻，在古代文学的阆苑里，它是一块芬芳绚丽的园圃。它以姹紫嫣红、千姿百态的丰神，与唐诗争奇，与元曲斗艳，历来与唐诗并称双绝，都代表一代文学之胜。宋词远从《诗经》《楚辞》及汉魏六朝诗歌里汲取营养，又为后来的明清戏剧小说输送了养分。直到今天，它仍在陶冶着人们的情操，给我们带来很高的艺术享受。

一、曲子词与长短句

词初名曲、曲子、曲子词，简称“词”，又名乐府、近体乐府、乐章、琴趣，还被称作诗余、歌曲、长短句。归纳起来，这些名称主要是分别说明词与音乐的密切关系及其与传统诗歌不同的形式特征。

我国古代诗乐一体，《诗三百篇》与汉魏六朝乐府诗大都是合于音乐而可歌唱的。“乐府”原为汉时政府音乐机关之名。汉以后的五七言古体诗和唐以后的近体诗始为徒诗而不可歌。唐人的拟乐府古题与新乐府不再合乐，实为古体诗了。唐代绝句也有可配乐歌唱的，或称“唐人乐府”，有时与词相混，如《阳关曲》《杨柳枝》等，也被作为词调名。

唐宋之词，系配合新兴乐曲而唱的歌词，可以说是前代乐府民歌的变种。当时新兴乐曲主要是民间乐曲和边疆少数民族及域外传入的曲调，其章节抑扬抗坠、变化多端，与以“中和”为主的传统音乐大异其趣；歌词的句式也随之长短、错落、奇偶相间，比起大体整齐的传统古近体诗歌大有发展，具有特殊表现力。曲子词、近体乐府、诗余、长短句之名由此而得。作词一般是按照某种乐调曲拍之谱填制歌词。曲调的名称如《菩萨蛮》《蝶恋花》《念奴娇》等叫作“词调”或“词牌”，按照词调作词称为“倚声”或“填词”。宋词唱法虽早已失传，但读着当时的倚声或后来依谱所填的词，仍然可以从字里行间中感受到音乐节奏之美，或缠绵婉转，或闲雅幽远，或慷慨激昂，或沉郁顿挫，令人回肠荡气，别有一种感染力。

前人按各词调的字数多少将词分别称为“小令”“中调”“长调”。有的以58字以内为小令，59～90字为中调，91字以上为长调；有的以62字以内为小令，以外称“慢词”。其都未成定论。词调中除少数小令不分段称为“单调”外，大部分词调分成两段甚至三段、四段，分别称为“双调”“三叠”“四叠”。段的词学术语为“片”或“阕”。“片”即“遍”，指乐曲奏过一遍。“阕”原是“乐终”的意思。一首词的两段分别称上下片或上下阕。词虽分片，但仍属一首，故上、下片的关系，需有分有合，有断有续，有承有启，句式也有同有异，而于过片（或换头）处尤见作者的匠心和功力。我们看到宋代许多词人于此惨淡经营，创造出离合回旋、若往若还、前后映照的艺术妙境，在一首词中增添了层次、深度和荡漾波澜。

大部分词的句式长短不齐，押韵也变化多端。例如，为唐宋词人所常用的词调《菩萨蛮》，系唐代时根据从东南亚传入的乐曲所制。北宋魏夫人依此调所填的词云：

溪山掩映斜阳里，楼台影动鸳鸯起。隔岸两三家，出墙红杏花。

绿杨堤下路，早晚溪边去。三见柳绵飞，离人犹未归。

本词调全首八句，句句押韵。上片前两句七言押仄韵，本词用仄声中上声“纸”韵；后两句五言押平韵，本词押平声中“麻”韵。下片四句均是五言，前两句押仄韵，本词用仄声中的去声“遇”和“御”韵；后两句押平韵，本词押平声中“微”韵。通常，近体诗八句的，全篇都是七言句或都是五言句，隔句押同一个韵，首句也有押韵的。两者比较，词调显然呈错综参差之美。本词上片写景色，下片写女主人公的行动与心理活动，环境与人物、人物的动作与内心，通过五、七言长短参差的句式、“麻”“微”平韵和“上”“去”仄韵的交替迭代，臻于多角度、多层次的情景交融的美妙境界。

平仄诸韵分别具有声情之美。一般说来，平声声调长，不升不降，宜于慢声吟唱，表达无尽的情意、盎然的韵味。仄也称“侧”，是不平之意。诗词中仄声包括上、去、入三声，声调都是短的。上声是升调，去声是降调，入声特别短促。以攲侧[①]短促的仄声押韵，易于寄寓奇拗不平的感慨，令人激动不已。不少词调中平仄诸韵递押，也就是长短声调递用、平调与升降调或促调递用，不仅声调抑扬顿挫，激荡而和谐，蕴蓄的情感也显得更加丰富曲折。这是我们诵读宋词时所应注意的。

词调有一般诗体中罕见的一字、两字句，或八字以至十字以上的长句，交错迭出。例如：蔡伸《苍梧谣·天》（即《十六字令》）：

“天！休使圆蟾照客眠。人何在？桂影自婵娟。”

开头以一字句振起全篇，接以七字、三字、五字句，又有摇曳的余韵。再看辛弃疾的《唐河传》：

“春水，千里。孤舟浪起，梦携西子。觉来村巷夕阳斜。几家？短墙红杏花。晚云做造些儿雨，折花去。岸上谁家女？太狂颠！那边，柳绵，被风吹上天。”

这里二字句、三字句、四字句、五字句、七字句，押平韵、仄韵中上、去声的，错综递用，宛如大珠小珠落玉盘，描绘出无边春色的生意盎然、青春少女的天真娇憨。全词在写作上对前述魏夫人的《菩萨蛮》似有所借鉴，而写来更加清新活泼、跌宕多姿，也与所用词调更加灵活多变有关。相对说来，《菩萨蛮》的句式保留较多五、七言诗体的痕迹。

词中的长句也能使情意更加婉转、气势更见浩瀚。例如：

“问君能有几多愁？恰似一江春水向东流。”（李煜《虞美人》）

“对潇潇暮雨洒江天，一番洗清秋。渐霜风凄紧，关河冷落，残阳当楼。”（柳永《八声甘州》）

柳词中“渐”字下领三个四字句，实为十三字句。再如：刘克庄《沁园春》中的“叹年光过尽，功名未立；书生老去，机会方来”，也当为十七字长句。

在选词用语方面，长短句比诸齐言体提供了远为灵活的条件。李清照《声声慢》中运用大量的叠字就是著名的例子：

“寻寻觅觅，冷冷清清，凄凄惨惨戚戚……梧桐更兼细雨，到黄昏，点点滴滴。”

---

① 攲（qī）侧：倾斜、歪斜。

前人对此评价极高："此乃公孙大娘舞剑器手""出奇制胜，真匪夷所思"。王又华《古今词论》略云："晚唐诗人好用叠字语，义山（李商隐）尤甚，殊不见佳""如《菊》：'暗暗淡淡紫，融融冶冶黄'，亦不佳"；李清照的《声声慢》"起法似本于此，乃有出蓝之奇。盖此等语，自宜于填词家耳"。晚唐诗人李商隐是造语的高手，李清照却更能"出奇制胜""青出于蓝"，除其绝世才华外，还因为"曲子词""长短句"这个在当时来说属于现代化的有多功能设备的舞台，使得她得以充分施展其绝技。本词开端一连十四个叠字，一波三折而一气贯穿，诗中无此句法。"到黄昏，点点滴滴"，七字句而上三下四，于诗属拗句，而在句法参差的词中则读来十分自然，断续连绵的细雨、凄清入耳的声情也充分而又有余不尽地传达出来了。

当然，词调中也有全首齐言的，如《生查子·元夕》上、下片实为两首五言绝句，《玉楼春》上、下片实为两首七言绝句。词体并未完全丢掉整齐之美。

二、词体的格律与自由

李清照的《词论》对词的音律提出了很严格的要求："盖诗文分平侧（仄），而歌词分五音，又分五声，又分六律，又分清、浊、轻、重。"有些词调既押平韵，又押仄韵。仄声之中，还有要求专押上、去或入声的。各个词调句式的长短与句中词语的平仄也是有规定的。在传统诗歌中，以律诗的格律最严，字数、平仄、对偶都遵循修辞、审美、音韵学的规定。故元代方回《瀛奎律髓》说："文之精者为诗，诗之精者为律。"倚声填词，每个字都需按照曲拍的谱填写，在审音、协律方面有比律诗要求更加严密之处，这使词的语言音调显得特别精美。然而词体之所以为广大作者所乐于运用、成功地运用，除精审的格律外，更因其在运用时还有相当大的自由。词律也有比诗律远为解放者。

首先，词有大量不同音律句式的调和体，作者可以在极为广阔的范围内选择符合创作需要的词调。据清《康熙词谱》所载，词有826调、2 306体，还有好多尚未收入。各种词调的长短、句式、声情变化繁多，适用于表达和描绘各种各样的情感意象，或喜或悲，或刚或柔，或哀乐交迸、刚柔兼济，均有相应的词调作为宣泄的窗口。

其次，词调与体的变化、创造原是没有限制的。懂得音律的作者可以自己创调与变体。《康熙词谱》序云："词寄于调，字之多寡有定数，句之长短有定式，韵之平仄有定声，杪忽无差，始能谐和。"然试看《康熙词谱》所载同一词调诸体的句式、平仄、押韵、字数，颇有出入，可见古人填写时有着相当程度的自由。词韵常比诗韵宽，有时平仄以至四声可以通押或者代替，也有押方言音的。如《满江红》词调，一般押仄声中入声韵，以寄寓磊落不平之感。岳飞的《满江红》（怒发冲冠），抒发激烈的壮怀，读来使人慷慨悲愤，押的便是入声韵。而姜夔的《满江红》（仙姥来时），遐想湖上女神，却换押平韵，声情遂变作缓和舒徐，富有潇洒优游的情趣。姜夔《长亭怨慢》自序云："予颇喜自制曲，初率意为长短句，然后协以律，故前后阕多不同。"该词中有句如："阅人多矣，谁得似长亭树？树若有情时，不会得青青如此！""日暮，望高城不见，只见乱山无数。韦郎去也，怎忘得玉环分付？"写景抒情，卷舒自如，浑如散文。但由于作者深谙音律，故虽随意为长短之句，而自然合乎律度，适应歌者口吻。"从心所欲不逾矩"，这是一种自由与规律高度统一的产物。

词的格律宽严有一个发展过程。唐到北宋前期还比较宽松，而北宋后期至南宋则越来越严密。各时期不同作家对审音、协律也有不同要求。如有人认为苏轼的词不协音律，有人则为之辩护。陆游《老学庵笔记》云：世言东坡不能歌，故所作乐府多不协律。晁以道谓："绍圣初，与《跋东坡七夕词后》又云：'歌之曲终，东坡别于汴上，东坡酒酣自歌《阳关曲》'。则公非不能歌，但豪放，不喜剪裁以就声律耳。"《跋东坡七夕词后》又云："歌之，曲终，觉天风海雨逼人。"从其他记载也可看到苏轼的代表作如《水调歌头》（明月几时有）、《念奴娇》（大江东去）都被"善讴者"歌唱或赞赏过，说明还是合乐可歌的，只是有些地方突破了声律的束缚。大凡过于不守音律也许失却词的韵味，遵律过严也会成为枷锁，重要的是运用音律为情意服务。如《声声慢》调在李清照以前作者多押平韵，而李清照却选押仄韵，又用了话多齿音、舌音字，创造了情景交融的特殊艺术效果。可见她要求作词的严辨音律，却正是自由地运用以突破陈规进行创造，而不是作茧自缚。宋代许多绝妙好词，虽然长短错落，自由卷舒，有的类同口语、散文，但吟诵起来韵味盎然，富有节奏感。个中奥妙是很值得我们体味的。有些例子，则未必可取。如张炎《词源》记其父张枢"作《惜花春早起》云：'琐窗深'，'深'字音不协，改为'幽'字；又不协，再改为'明'字，歌之始协。此三字皆平声，胡为如是？盖五音有唇、齿、喉、舌、鼻，所以有轻清重浊之分，故平声字可为上、入者此也。""深""幽"与"明"情景大不相同，竟如此改来改去，即使改得完全适应歌喉，遵律虽严，却不是值得效法的文学创作态度。

三、词境的有限与无限

词体也有其局限性，一般说来，词的篇幅都不长。《康熙词谱》记载，最短的单调《竹枝》为14字，最长的《莺啼序》为240字，不比诗歌行数可以无限增多。王国维所谓词"不能尽言诗之所能言"，并云"诗之境阔，词之言长"。言下之意，词的境界比诗狭窄。词的篇幅短小，是对词境及其表现能力的一种严酷限制。

然而，有限制必有反限制。明王夫之《薑斋诗话》[①]云："论画者曰：'咫尺有万里之势'。一'势'字宜着眼。若不论势，则缩万里于咫尺，直是《广舆记》前一天下图耳。五方绝句以此为落想时第一义。"艺术作品欲于有限篇幅内蕴含阔远意境，关键在于写出所描绘形象的磅礴气势。诗中最短小的是五绝，尤宜注意于此。词的篇幅亦不足盈尺，但宋代许多杰出词人挥洒其传神妙笔，成功地在这画框里渲染出浩瀚无际、绵邈不尽的景象和情意，激发出读者丰富的联想、杳渺的遐思。这些词的意境，即"长"而"阔"。

蕴蓄无限于有限，以有限体现无限。这是宋代词人创造的艺术辩证法。例如，秦观《鹊桥仙》的"金风玉露一相逢，便胜却人间无数"及"两情若是久长时，又岂在朝朝暮暮"诸句，概括了天上人间的悲喜剧，歌颂了地久天长的爱情，由一变到无数，在刹那中见永恒，欢乐中有悲哀，悲哀中也有欢乐。苏轼《送参寥师》云："咸酸杂众好，中有至味永。"王夫之《薑斋诗话》云："以乐景写哀，以哀景写乐，一倍增其哀乐。"《鹊桥仙》中的个中滋味，是哀？是乐？难以分辨，读来但觉意味深长，咀嚼不尽，在时间、空间、情意方面都是无限的。

晚清谭献《复堂词话》云："侧出其言，旁通其情，触类以感，充类以尽，且作者之用心未必然，而读者之用心何必不然；言思拟议之穷，而喜怒哀乐之相交，向之未有得于诗者，今遂有得于词。"此论旨趣颇有与近代西方接受美学思想相通之处。宋代许多作者

---

① 薑：jiāng，同"姜"。

努力加深和提高词境的创作，为这种理论批评的产生提供了基础。

四、词为“小道”与“别是一家”

诗余之名，一说是由于唐人乐府七言绝句之演变为长短句；一说是指诗降为词，词是诗之余绪，这里反映出对词的轻视。当初民间新曲主要是通过歌女们的曼声唱传到文人耳中的。这些文人大都生活比较浪漫，在对酒当歌之际，为了佐欢遣兴、消愁解闷，往往漫笔偶成，付诸歌喉。在这种条件下产生的歌词，自然多是描写男女情爱、流连光景之作，而词也就被视为“小道”“艳科”，难登大雅之堂。作者们对这具有许多优越性的新兴诗体，既非常喜爱，又当作一种游戏笔墨。正如南宋初年胡寅的《酒边词序》所说：“词曲者，古乐府之末造也……然豪放之士，鲜不寄意于此者，随亦自扫其迹，曰谑浪游戏而已。”这使当时有些流传之词常常作者难明，更有大量佚失。南宋大诗人陆游也因存在轻视词体观念而抑制自己这方面的创作。其《长短句自序》云：“乃有倚声制辞，起于唐之季世。则其变愈薄，可胜叹哉！予少时汩于世俗，颇有所为，晚而悔之。”并表示“今绝笔已数年”，不再犯此“过失”了。可见这种观念给词坛造成多大的损失。

词被轻视虽是其不幸，在另一种意义上却是其大幸。因为作者们于此脱下了在作传统诗歌时的庄重礼服，换上了便装，得以没有顾忌地抒发自己心底蕴蓄的哀感顽艳之情，形式上也解除了峨冠博带的束缚，只求赏心悦耳，随意采用新鲜活泼的语言、“胡夷里巷”的曲调，使作品具有活跃的生命力。

在中国古代，诗受到特殊重视。《诗·大序》云：“正得失，动天地，感鬼神，莫近于诗。”诗的社会作用与价值被尊崇，诗坛上出现了大量反映现实的不朽之作。到了宋代，在诗中说理、博学的成分越积越重，文学之士不能自已的一往深情、万种闲愁便习惯倾吐于“诗余”“小道”。宋诗自有巨大成就，但整个南北宋可称道的言情诗，只数陆游《沈园》两首七绝，这也可以说是当时诗坛的遗憾了。

北宋欧阳修是一位兼擅古文诗词的大文学家。他论诗主张“触事感物，文之以言，善者美之，恶者刺之”。他在词中则大谈其儿女私情，不讲什么“美刺”。其《玉楼春·樽前拟把归期说》云：“人生自是有情痴，此恨不关风与月。”大胆揭示“情”是人自身所固有的，表示了对爱情的热烈、执着追求。这里反映出某种新意识的萌芽，具有反封建礼教性质。宋代词人多倡言“多情”，豪放如苏轼。王保珍《东坡词研究》中列举其重复使用“多情”一词达18处之多。“痴亦绝人”“疏于顾忌”的晏几道在《点绛唇》中公然宣称“天与多情”，谓其情出于天所赋予，殆为人性之觉醒。此类观念实为明汤显祖“世总为情，情生诗歌”等论点的先导。

正式宣布词的独立地位的是李清照的《词论》。她挂出词“别是一家”的招牌，总结词的特殊创作规律，把那些“学际天人”的大学问家、诗人、文章家视为门外汉，而睥睨一切，大有唯我独尊的豪气。李清照倾注其主要精力于词。南宋王灼《碧鸡漫志》说她：“作长短句，能曲折尽人意，轻巧尖新，姿态百出，闾巷荒淫之语，肆意落笔。自古搢绅[①]之家能文妇女，未见如此无顾忌也。”从其论的侧面可以看到李清照的艺术成就及其词中的反传统精神。

由清新之笔抒写多情善感是宋初期词的特色，也是当时词人的开辟与新探，对传统诗

---

① 搢绅：同“缙绅”，指古代有官职或做过官的人。

歌来说是一种解放。但仅以如此写法作为词的“本色”，也会成为限止词体发展的框套，故北宋中期苏轼等人“以诗为词”，赋予词体以诗歌的多种职能，大幅度地丰富了“小词”的表现能力与范围，实为词之再解放。

五、婉约与豪放——宋词中的两种主要艺术风格

明张綖[①]云：“少游多婉约，子瞻多豪放，当以婉约为主。”清王士祯加以补充道：“仆谓婉约以易安为宗，豪放惟幼安称首。”这些论述从宏观角度概括了宋词中的两种主要艺术风格，并以秦观、李清照和苏轼、辛弃疾分别为其代表作者。这几乎已成为宋词研究中的通论。前代论词者多崇尚婉约而以豪放为别调，近世论者则独推豪放为积极而以婉约为低靡。那些硬把宋代词人划分为对立的两派并在其中强分优劣的，均不免有其片面性或属机械论，有些学者完全否认两种风格流派的存在，也似矫枉过正。词中之豪放与婉约乃属艺术风格范畴，犹南宋严羽论诗“大概”有“优游不迫”与“沉着痛快”，清姚鼐论散文风格之分阳刚与阴柔，近世王国维论美学有宏壮与优美。两种概念本身有着相当的模糊性，两者的相互关系也是辩证的，并非壁垒分明。宋代词人之分派乃后人参照其代表作品的主要特色而作的大概归纳，不是说其作品都是清一色的，不妨碍他们创作或欣赏多种艺术风格，尤其大作家往往是多面手，更不是说婉约、豪放之外，词坛别无其他艺术风格存在。

“婉约”一词，早见于先秦古籍《国语·吴语》中的“故婉约其辞”。晋陆机《文赋》用以论文学修辞：“或清虚以婉约，每除烦而去滥。”按诸诂训，“婉”“约”两字都有“美”“曲”之意。分别言之：“婉”为柔美、婉曲；“约”的本义为缠束，引申为精练、隐约、微妙。故“婉约”与“烦滥”[②]相对立。南北宋之际《许彦周诗话》载女仙诗：“湖水团团夜如镜，碧树红花相掩映。北斗阑干移晓柄，有似佳期常不定。”并评云：“亦婉约可爱。”此诗情调一如小词。“婉约”之名颇能概括一大类词的特色。从晚唐五代到宋温庭筠、冯延巳、晏殊、欧阳修、秦观、李清照等一系列词坛名家的词风虽不无差别、各擅胜场，但大体上都可归诸婉约范畴。其内容主要写男女情爱、离情别绪、伤春悲秋、光景流连；其形式大都婉丽柔美、含蓄蕴藉、情景交融、声调和谐。因此，形成一种观念，词就应是这个样子的。北宋中期时有人曾说：苏轼“以诗为词”为“要非本色”（见陈师道《后山诗话》）；秦观“诗似小词”，苏轼“小词似诗”（见《王直方诗话》）。“本色”“小词”之论当属婉约派的主张。李清照“别是一家”说中认为只有晏几道、贺铸、秦观、黄庭坚“始能知之”（《词论》），反映她所崇尚的也是婉约一宗，虽然贺铸以至李清照都有并不婉约之作。宋末沈义父《乐府指迷》标举的作词四个标准“音律欲其协，不协则成长短之诗；下字欲其雅，不雅则近乎缠令之体；用字不可太露，露则直突而无深长之味；发意不可太高，高则狂怪而失柔婉之意”，可说是对婉约艺术手法的一个总结。

宋人也有以婉约手法抒写爱国壮志、时代感慨的，如辛弃疾的《摸鱼儿》（更能消几番风雨）及宋末周密、张炎等人的一些词章。但其表现多用“比兴”等象征手段，旨意朦胧，需读者去体味。有些论者对原来也许并无专门寄托的委婉隐约之词，也深求其微言大义，如清代词论家张惠言《词选》评欧阳修《蝶恋花》（庭院深深深几许）、苏轼《卜算子》（缺月挂疏桐），句句为之落实时事，以为讽喻政治，那就不免穿凿附会，反而缩小了

① 张綖（yán，古通“延”）：明代诗文家、词曲家。
② 烦滥：冗杂失当。

这些词作感慨万端而难以名状的典型意义。

婉约词自有其思想艺术价值（已见上文），然而有些词人把它作为凝固的程式，不许逾越，以致所作千篇一律，或者过于追求曲折隐微以致令人费解，这就走到创作的穷途了。

“豪放”一词其义自明。宋初李煜的“金锁已沉埋，壮气蒿莱”（《浪淘沙》），已见豪气。范仲淹《渔家傲》（塞下秋来风景异）也是“沉雄似张巡五言”。正式高举豪放旗帜的是苏轼，其《答陈季常书》云：又惠新词，句句警拔，诗人之雄，非小词也。但豪放太过，恐造物者不容人如此快活。又其《与鲜于子骏书》云：近却颇作小词，虽无柳七郎（永）风味，亦自是一家。呵呵！数日前猎于郊外，所获颇多，作得一阕，令东州壮士抵掌顿足而歌之，吹笛击鼓以为节，颇壮观也。这说明苏轼有意识地在当时盛行柔婉之风的词坛别开生面。这里谈到的近作应当是《江城子·密州出猎》（老夫聊发少年狂）。词中抒写了自己“亲射虎，看孙郎”的豪迈和“会挽雕弓如满月，西北望，射天狼”的壮志，与辛弃疾的“马作的卢飞快，弓如霹雳弦惊”（《破阵子·为陈同甫赋壮词以寄》）及“看试手，补天裂”（《贺新郎·同父见和再用韵答之》）等“壮词”先后映辉。

豪放之作在词坛振起了雄风，注入了强烈的爱国精神，唱出了当时时代的最强音。然而苏轼的审美观念是：“短长肥瘦各有态”“淡妆浓抹总相宜”“端庄杂流丽，刚健含婀娜”。他是崇尚自由而不拘一格的。他提倡豪放是自由的一种表现，然也不拘泥于豪放一格。如其所作《蝶恋花》（花褪残红青杏小），即王士祯《花草蒙拾》中称为“恐屯田（柳永）缘情绮靡，未必能过。孰谓坡但解作‘大江东去’耶”。有些豪放之词的作者气度、才力不足而虚张声势，徒事叫嚣，或堆砌过多典故，也流于偏失了。

总之，宋词中婉约、豪放两种风格流派的存在，两者中词人又各有不同的个性特色，加上兼综两格而独成一家的姜夔的“清空骚雅”等，使词坛呈现出双峰竞秀、万木峥嵘的气象。此外，还应看到，两种风格既有区别的一面，也有互补的一面。上乘词作的风格即有偏胜，往往豪放而含蕴深婉，并非一味叫嚣，力竭声嘶；婉约而清新流畅、隐有豪气潜转，不是半吞半吐，萎靡不振。辛弃疾《沁园春·再到期思卜筑》云：“青山意气峥嵘，似为我归来妩媚生。”董士锡说秦观词云：“正以平易近人，故用力者终不能到。”（《介存斋论词杂著》引）冯煦《宋六十一家词选·例言》说：秦观、晏几道“淡语皆有味，浅语皆有致。”刘过词为辛弃疾词“附庸”，“然得其豪放，未得其婉转”。可见，峥嵘生妩媚、平易清浅而深致永味，乃辛弃疾、秦观等豪放、婉约词的极诣。

六、列岳峥嵘、百花竞艳的宋代词坛

公元960年赵宋政权建立后，先后兼并了各地割据的势力。但耐人寻味的是，西蜀、南唐政权虽为北宋所灭，可是后蜀赵崇祚所编的《花间集》和南唐中主李璟、后主李煜及大臣冯延巳的词风却深深影响着北宋词坛。特别是李煜入宋以后所作，正如王国维所说：“词至李后主而眼界始大，感慨遂深，遂变伶工之词而为士大夫之词。”王鹏运说李煜是“词中之帝，当之无愧色矣”。所以李煜在政治上是亡国之君，在词坛则无愧为开创一代风气的魁首。

北宋前期重要的词作家如张先、晏殊、宋祁、欧阳修以至晏几道等，都是承袭南唐、《花间集》遗韵的，晏欧之词，甚至有与《花间集》《阳春集》（冯延巳词集名）“相杂”者。然而试读他们的代表作，其气象高华而感情深沉，也各具个性，“士大夫之词”的格调成熟了。尤其是晏殊之子晏几道，贵介公子而沉沦下位，落拓不羁，其词“清壮顿挫”，更胜乃父，故论者以晏氏父子比拟南唐李璟、李煜。柳永则是当时进一步发展词体的重要作者。他长期落魄于江湖，因此其词中更能体现一部分城市市民的生活和思想感情，而且能采用民俗曲和俗语入词，善用铺叙手法，创作了大量的慢词。“柳词”具有广泛的社会基础，形成了宋词的新潮。

北宋中期苏轼的登场，使词坛上耸峙起气象万千的巨岳。他不仅倡导豪放词风，“指出向上一路”（王灼《碧鸡漫志》），且“无意不可入，无事不可言”（刘熙载《艺概》），词的境界更大为拓展。苏门弟子及追随者秦观、黄庭坚、贺铸等都能各自开辟蹊径，卓然成家，词坛呈现出万紫千红的繁荣景象。尤其是秦观的词深婉而疏荡，与周邦彦的富艳精工、李清照的清新跌宕如天际三峰，各超婉约词之顶巅。前代论者或谓周邦彦是词艺的“集大成者”。周邦彦与柳永并称“周柳”，主要是指他们词中的情意缠绵；与南宋姜夔并称“周姜”，主要指他们对音律的精审，故也有称“周姜”为格律派的。然而在“淡语有味”“浅语有致”“轻巧尖新”“姿态百出”方面，周邦彦是不及秦观、李清照以及柳永的。故明、清人推秦、李为婉约宗主，是很有见地的。李清照生于南北宋过渡时期，南渡以后词风由明丽而变为凄清，沈谦谓：“男中李后主，女中李易安”（《填词杂说》），以与李煜相提并论，确也当之无愧。

南宋以后，由于民族矛盾尖锐，从宋金抗争到元蒙灭宋，爱国歌声始终回荡词坛，悲壮慷慨之调，应运发展，把豪放词风提高到一个新层次。张元干、向子諲、岳飞、张孝祥、陆游、辛弃疾、陈亮、刘过、刘克庄、吴潜、刘辰翁、文天祥等，如连峰叠嶂，峥嵘绵亘。其中，以辛弃疾的成就最高，他一生写词600多首，既有抒写抗金和恢复中原的宏愿、壮志被抑的悲愤、对苟安投降派的批判，也有对自然风景、田园风光的赞美，深挚情意的低诉；风格以雄深雅健、激昂慷慨为主，也有潇洒超逸、清丽妩媚的。辛弃疾在宋代的词人中创作最为丰富，历来与北宋苏轼并称“苏辛”。前人在苏（轼）辛（弃疾）之间比较高低，正如唐人之作李（白）、杜（甫）优劣论，是很困难的。陈毅在《冬夜杂咏·吾读》中曾说“东坡胸次广，稼轩力如虎”，不分轩轾，允称卓识。南宋时期还有许多杰出词人对婉约词风进一步开拓，宛如丛丛奇葩争胜，如姜夔的“清空”“骚雅”，史达祖的“奇秀清逸”，吴文英的“如七宝楼台”，王沂孙的“运意高远”“吐韵妍和”，张炎的“清远蕴藉”“凄怆缠绵”等。他们都在词的音律与修辞艺术上精益求精，有时也在所作中寄托家国之感。值得注意的还有与南宋大抵同时代的北方金朝地区的词，大致都受宋词的影响，而与南方桴鼓相应，也是当时词坛的组成部分。金末元好问的词为北国之冠，足与两宋词家相媲美。在艺术上，他学习苏（轼）辛（弃疾）而广泛吸取各家之长，兼有豪放、婉约等多种风格。元代的郝经在《祭遗山先生文》中说元好问“乐章之雅丽，情致之幽婉，足以追稼轩（辛弃疾）”。张炎在《词源》中谓其词“深于用事，精于炼句，风流蕴藉处不减周（邦彦）、秦（观）”。故可作为宋、金时代词艺发展的终结者。

第三讲

现代诗歌

1. 念奴娇·昆仑

毛泽东

一九三五年十月

横空出世，莽昆仑，阅尽人间春色。飞起玉龙三百万，搅得周天寒彻。夏日消溶，江河横溢，人或为鱼鳖。千秋功罪，谁人曾与评说？

而今我谓昆仑：不要这高，不要这多雪。安得倚天抽宝剑，把汝裁为三截？一截遗欧，一截赠美，一截还东国。太平世界，环球同此凉热。

【注释】

作者原注：前人（编者按：指宋张元，见《诗人玉屑·知音·姚嗣宗》）所谓“战罢玉龙三百万，败鳞残甲满天飞”，说的是飞雪。这里借用一句，说的是雪山。夏日登岷山远望，群山飞舞，一片皆白。老百姓说，当年孙行者过此，都是火焰山，就是他借了芭蕉扇扇灭了火，所以变白了。

这首词最早发表于《诗刊》1957年1月号。

念奴娇：又名《百字令》《酹江月》《壶中天》《大江东去》《湘月》。百字，上下片各四仄韵。其抒壮怀豪情者，宜用入声韵。仄韵体音节高亢。昆仑山是我国最大的山脉之一，西起帕米尔高原，沿新疆、西藏边界向东延伸。东端分为北中南三支。南支可可西里山，是长江上游通天河的一些支流的源头。南支东延为青海境内的巴颜喀拉山，是黄河的源头。巴颜喀拉山东连四川的岷山和邛崃山，是一片海拔6 000千米的雪源，毛泽东在岷山所看到的就是昆仑山的这片余脉。

倚天抽宝剑：见宋玉《大言赋》："方地为车，圆天为盖，长剑耿介，倚天之外？"李白《大猎赋》："于是擢倚天之剑"。

【讲评】

毛泽东，1893年12月26日生于湖南湘潭韶山冲的一个农民家庭。1976年9月9日在北京逝世，享年83岁。他是国际共产主义运动卓越的领导者，伟大的马克思主义者，伟大的无产阶级革命家、战略家、理论家；是马克思主义中国化的伟大开拓者，是近代以来中国伟大的爱国者和民族英雄，是中国共产党的第一代中央领导集体的核心，是领导中国人民彻底改变自己命运和国家面貌的一代伟人；是中国共产党、中国人民解放军和中华人民共和国的主要缔造者和领导人，是诗人、书法家。毛泽东也被视为现代世界历史中最重要的人物之一；《时代》杂志将他评为20世纪最具影响力的100个人物之一。

该词作于1935年，当时中央红军走完了长征的最后一段行程，即将到达陕北。10月，毛泽东登上岷山峰顶，远望青海一带苍茫的昆仑山脉有感而作。

《念奴娇·昆仑》的主题是什么？它的丰富性可能会使细心的读者应接不暇，而又扑朔迷离。严格地说，这是一首十分复杂的词作，作者的胸怀不仅容纳了祖国河山，而且容纳了整个人类世界，即气魄之大，祖国山川已不能容纳，它必向外奔溢，穷尽八荒，涵盖环宇。那么，我们在此再追问一句，它的主题到底是什么？作者在1958年12月21日为这首词所作的批注中向我们揭开了谜底："昆仑的主题思想是反对帝国主义，不是别的。"接着作者继续批注道："改一句，'一截留中国'应改为'一截还东国'。忘记了日本人民是不对的，这样英、美、日都涉及了。"

2. 雨巷

戴望舒

撑着油纸伞，独自
彷徨在悠长，悠长
又寂寥的雨巷，
我希望逢着
一个丁香一样的
结着愁怨的姑娘。
她是有
丁香一样的颜色，
丁香一样的芬芳，
丁香一样的忧愁，
在雨中哀怨，
哀怨又彷徨；
她彷徨在这寂寥的雨巷，
撑着油纸伞

像我一样，
像我一样地
默默彳亍（1）着，
冷漠，凄清，又惆怅（2）。
她静默地走近
走近，又投出
太息（3）一般的眼光，
她飘过
像梦一般的，
像梦一般的凄婉迷茫。
像梦中飘过
一枝丁香的，
我身旁飘过这女郎；
她静默地远了，远了，
到了颓圮（4）的篱墙，
走尽这雨巷。
在雨的哀曲里，
消了她的颜色，
散了她的芬芳
消散了，甚至她的
太息般的眼光，
丁香般的惆怅。
撑着油纸伞，独自
彷徨在悠长，悠长
又寂寥的雨巷，
我希望飘过
一个丁香一样的
结着愁怨的姑娘。

【注释】

（1）彳亍（chì chù）：小步慢走的样子；（2）惆怅：伤感、失意；（3）太息：出声叹息；（4）颓圮（tuí pǐ）：倒塌。

【讲评】

戴望舒（1905—1950），名承，字朝安，小名海山，浙江杭县（今杭州市余杭区）人。后曾用笔名梦鸥、梦鸥生、信芳、江思等；中国现代派象征主义诗人、翻译家。

《雨巷》是戴望舒的成名作，作者通过对狭窄阴沉的雨巷、在雨巷中徘徊的独行者以及那个像丁香一样结着愁怨的姑娘的描写，含蓄地暗示出作者既迷惘感伤又有期待的情怀，并给人一种朦胧而又幽深的美感。也有人把这些意象解读为当时黑暗社会的缩影，或者是在革命中失败的人的朦胧、时有时无的希望。《雨巷》写于1927年夏天，血腥的“四·一二”大屠杀之后，诗人时年22岁。曾因投身革命而被捕的诗人，面对笼罩全国的白色恐怖，在痛苦中彷徨、迷惘。他隐居在江苏松江的朋友家，在孤独中嚼味着“在这个时代做中国人的苦恼”“夜坐听风，昼眠听雨”，在阴霾中盼望飘起绚丽的彩虹。可生活贫乏，诗人整天“窗头明月枕边书”，只能在“旧时的脚印”“青春的彩衣”和星光下的盘桓中寻求慰藉。个性的轻柔、忧郁和时代的重压，使《雨巷》成为现实黑暗和理想幻灭在诗人心中的投影，贮满了彷徨失望和感伤痛苦的情绪。

3. 断章

卞之琳

你站在桥上看风景，
看风景的人在楼上看你。
明月装饰了你的窗子，
你装饰了别人的梦。

【讲评】

卞之琳（1910—2000），生于江苏海门汤家镇，祖籍江苏溧水，曾用笔名季陵，是我国著名的诗人（“汉园三诗人”之一）、文学评论家、翻译家。1929年就读于北京大学英文系，1930年开始写诗。1936年与李广田、何其芳一起出版诗集《汉园集》，三人被誉为“汉园三诗人”。抗战期间在各地任教，曾是徐志摩的学生，为中国的文化教育事业做出了很大贡献。其主要诗集还有《三秋集》《鱼目集》《十年诗草》等。他早年的诗作大多表现对现实的不满和找不到出路的苦闷，情感抑郁。其诗想象微妙，笔墨省简，较晦涩难懂；抗战爆发后，其诗风变得开阔、明朗。卞之琳被公认为新文化运动中重要的诗歌流派新月派的代表诗人。

《断章》创作于1935年10月，是一首精致的哲理诗。据作者自云，这四行诗原在一首长诗中，但全诗仅有这四行使他满意，于是抽出来独立成章，标题由此而来。该作品含蓄蕴藉，但语言却极朴素、平实，蕴含着深刻的人生哲理。

专题：诗歌朗诵技巧讲解

想要把一首诗歌朗诵好，需要正确的诗歌朗诵技巧。要朗诵诗歌，就应对诗歌的种类、特点有个大概的了解。诗歌是用有节奏、有韵律的语言来抒发感情和反映生活的。

一般来说，有两种分类方法：一种是从内容上，分为抒情诗和叙事诗两大类；一种是从形式上，分为格律诗和自由诗两大类。诗歌的特点是，以高度概括的语言反映社会现实生活，具有浓郁的时代气息，主题鲜明，具有充沛的感情和丰富的想象。在朗诵诗歌时，要注意以下几点：

（1）深知背景，明确目的。朗诵诗歌前，应搞清楚诗歌创作的时代背景，作者为什么要写这首诗。了解了背景和目的后，会更加深刻地理解作品内容，朗诵时有利于唤起自己的激情，从而更好地表达诗人的意志和胸怀。

（2）运用想象，大胆设计。一首诗写情、写景、写人、写物，虽各有特色，但都离不开形象。诗人在抒发感情时，往往用形象来阐释自己要说的话。我们在进行诗歌朗诵时，要运用形象思维，以“诗情画意”来丰富自己的想象，同时还要大胆地运用联想进行设计。

（3）节奏和谐，语言流畅。节奏是语言的音乐性及其交替出现的有规律的语音强弱、长短的现象。节奏的轻重缓急是随着人的情绪起伏和环境的变迁而变化的，诗歌的节奏尤为明显。以五言或七言绝句来说，如不掌握其节奏，朗诵后会给人以杂乱无章的感觉。要掌握好节奏，主要是处理好诗歌词句的停顿及节拍。

学习诗歌，朗诵是必不可少的环节。要朗诵好一首诗，就必须掌握朗诵技巧，如音调的高低、音量的大小、声音的强弱、速度的快慢，有对比、有起伏、有变化，使整个朗诵犹如一曲优美的乐章。

下面举三个例子谈谈诗歌朗诵的技巧。

例1《春晓》：

这是一首格律诗，朗诵这首诗时，应该注意每个字都要吐音清晰，淌出诗的节奏。每行诗句都可处理为三处停顿：春眠/不觉/晓，处处/闻/啼鸟。夜来/风雨/声，花落/知/多少。念到“晓、鸟、少”时，字音要适当延长，略带吟诵的味道，使听众能感觉出诗的音韵美和节奏感。

前两句是写诗人早上醒来后听到的，朗诵时要用柔和、舒缓的语调，音量不要过大。“鸟”字的尾音可稍向上扬，表现出诗人见到的是春光明媚、鸟语花香的明朗景象。后两句写诗人想起昨天夜里又刮风又下雨，不知园子里的花被打落了多少。在读“花落知多少”时，要想象落花满园的景象。可重读“落”字，再逐渐减轻“知多少”三个字的音量，表现出诗人对落花的惋惜心情。

例2《我的“自白”书》：

这是陈然同志被捕以后在特务们逼迫他写自白书时写的一首诗。这首诗既是一个共产党员崇高内心世界的真实写照，又是对蒋家王朝必然灭亡的庄严宣判。全诗感情真挚，充满了激情，充分表现出了先烈坚定的革命信念和大义凛然的革命气节。我们在朗诵这首诗的时候，要表现出作者视死如归的英雄气概和对敌人极端蔑视的口气，语调要高昂有力。

第一节，两个“任”字表现出了革命先烈不怕敌人严刑拷打的坚强意志，要读得重些；“不需要”三个字的语气是坚定的；“哪怕胸口对着带血的刺刀！”这句表示强调肯定的语气，“血”字的尾音要稍微拖长，并且往下降，表现出对敌人残酷屠杀的轻蔑。

第二节，“人”和“怕死鬼”形成对比，要读得稍重些；“自白”的尾音要拖长，表示是所谓的自白；“毒刑拷打算得了什么？”一句要读出反问的语气。

第三节，是全诗的高潮，朗诵时要感情奔放，语调昂扬，要表现出共产党人誓与敌人斗争到底的英雄气概和坚信革命必胜的乐观主义精神。

如果我们能领会诗的意境，就能深刻感受作者坚贞不屈的英雄气概，激起我们与诗的内容相应的感情，再恰当地掌握重音和停顿，朗诵时就会感情充沛、节奏鲜明，使听众受到强烈的感染。

例3《向日葵》：

不知太阳上有啥秘密，引逗得你哟那么好奇？白天仰着脸瞧呀，瞅呀，夜晚低着头——思来想去……

这是一首歌谣诗，作者的想象很新颖、奇特，能充分展现少年儿童聪慧敏捷的思维特点，因而充满纯真稚嫩的儿童情趣。

这首诗开始就把向日葵拟人化了。由“我”向它提出一个十分有趣的问题，既是“我”的疑问，也会引起小听众认真地思索。朗诵这两句时，速度不能太快，要注意自然停顿。

第一句“不知/太阳上/有啥/秘密”，这一句重音应落在“不知”“秘密”上，“知”和“啥”两个字的尾音可以适当拖长。

第二句要强调“好奇”，需加重语气，“奇”字的尾音要渐弱。

第三句可以结合儿童的天真、顽皮表现出来，语调轻快，头部、眼神可适当转动。

最后一句要和第三句形成鲜明对比，速度放慢，语调轻缓，注意停顿，给小听众留下联想和回味的余地。

总之，朗诵诗歌时，要注意节奏鲜明，并根据作品的基本节奏采取相应的速度。该轻快的要朗诵得轻快些，该沉重的要朗诵得沉稳、稍慢些。就一首诗来说，朗诵速度也不是固定不变的，而要根据表现作品内容的需要来决定，并具有一定的变化。

诗歌朗诵要避免矫揉造作，和其他文体的朗诵一样，要自然。诗歌的感情虽然比其他文体来得强烈，但仍然是发自内心的真情流露。要朗诵好一首诗，首先要认真阅读，领会作者的感情。然后，努力地去引起共鸣，使自己的感受接近作者的情感。只有这样，我们的朗诵才能成功地再现作者的情感，听众听起来才会觉得自然。如果朗诵者并不能领会而只是估计作者的情感，那就很容易失去分寸。失去了内在的感情基础，单单依靠技巧来支撑，听众听起来就必然会感到做作了。

资料来源　http：//www.xigutang.com/xuexi/shi/sglsjqjj_4657.html.

艺海拾贝

1.课外阅读一两册唐诗、宋词的选读本，思考诗词修养与古代中国读书人优雅品性的关系，写一篇关于“腹有诗书气自华”的读书感悟。

2.举办一次诗歌朗诵会，搜集若干歌咏亲情、爱情的古代、现代诗歌，放声朗诵，历练自己的情商。

3.试着成立一家诗社，让喜欢写诗、读诗的同学有一个展示才情的平台。

第二篇 拥有一双洞明世事人情的慧眼

第一讲 散文天下
第二讲 小说纵横
第三讲 戏剧人生

阅读文学作品，是一种文化的积累、一种知识的积累、一种智慧的积累、一种感情的积累。《红楼梦》里有一幅很妙的对联，说“世事洞明皆学问，人情练达即文章”，意思说的是：把世间的事弄懂了处处都有学问，把人情世故摸透了处处都是文章。本篇包括三部分，分为散文、小说、戏剧三大门类。阅读这些文学作品有利于提高我们的文化修养，扩大我们的知识面，增强我们的审美能力，让我们有涵养、有气质、有深度。任何一部文学作品都是人类生活的艺术化体现，是人类精神活动的结晶。阅读这样的文学作品，绝对可以提升一个人的整体修养。英国著名哲学家培根讲过：读史使人明智，读诗使人聪慧，伦理学使人有修养，逻辑修辞使人善辩。总之，“文学能塑造人的性格”。这就是文学的作用。

第一讲
散文天下

1. 李将军列传

司马迁

李将军广者，陇西成纪人也。其先曰李信，秦时为将，逐得燕太子丹者也（1）。故槐里，徙成纪。广家世世受射（2）。孝文帝十四年，匈奴大入萧关，而广以良家子从军击胡（3），用善骑射（4），杀首虏多（5），为汉中郎。广从弟李蔡亦为郎（6），皆为武骑常侍，秩八百石（7）。尝从行，有所冲陷折关及格猛兽（8），而文帝曰："惜乎，子不遇时！如令子当高帝时，万户侯岂足道哉（9）！"

及孝景初立，广为陇西都尉，徙为骑郎将（10）。吴楚军时（11），广为骁骑都尉，从太尉亚夫击吴楚军（12），取旗，显功名昌邑下。以梁王授广将军印，还，赏不行（13）。徙为上谷太守，匈奴日以合战。典属国公孙昆邪为上泣曰："李广才气，天下无双，自负其能，数与虏敌战，恐亡之。"于是乃徙为上郡太守。后广转为边郡太守，徙上郡（14）。尝为陇西、北地、雁门、代郡、云中太守，皆以力战为名。

【注释】

（1）李信逐得燕太子丹事，见《史记》卷八十六《刺客列传》。（2）受：学习。（3）良家子：家世清白人家的子弟。汉朝军队的来源有两种，一种即所谓的良家子，另一种是罪犯和贫民等。（4）用：由于、因为。（5）杀首：斩杀敌人首级。虏：俘虏。（6）从弟：堂弟。（7）秩：俸禄的等级。（8）冲陷：冲锋陷阵。折关：抵御、拦阻，指抵挡敌人。（9）万户侯：有万户封邑的侯爵。（10）徙：调任。（11）吴楚军时：指景帝三年吴楚等七国起兵叛乱。其事详见《史记》卷一百六《吴王濞列传》①。(12)亚夫:即周亚夫。(13)"以梁王"至"赏不行":李广作战立功之地在梁国境内,所以梁王封他为将军并授给将军印。这种做法违反了汉朝的法令,因而李广还朝后,朝廷认为他功不抵过,不予封赏。(14)这里的"徙上郡"与上文"徙为上郡太守"重复,文字可能有误。对此,各家说法不同,不详述。

【译文】

将军李广,陇西郡成纪县人。他的先祖叫李信,秦朝时任将军,就是追获了燕太子丹的那位将军。他的家原来在槐里县,后来迁到成纪。李广家世代传习射箭之术。文帝十四年(公元前166年),匈奴人大举侵入萧关,李广以良家子弟的身份参军抗击匈奴,因为他善于骑射,斩杀敌人首级很多,所以被任命为汉朝的中郎。李广的堂弟李蔡也被任命为中郎。二人又都任武骑常侍,年俸八百石。李广曾随从皇帝出行,常有冲锋陷阵、抵御敌人以及格杀猛兽的事,文帝说:"可惜啊!你没遇到时机,如果让你正赶上高祖的时代,封个万户侯那还在话下吗!"

景帝即位后,李广任陇西都尉,又改任骑郎将。吴、楚七国叛乱时,李广任骁骑都尉,随从太尉周亚夫反击吴、楚叛军,在昌邑城下夺取了敌人的军旗,立功扬名。可是由于梁孝王私自把将军印授给李广,回朝后,朝廷没有对他进行封赏。调他任上谷太守,匈奴每天都来交战。典属国公孙昆(hún)邪(yé)对皇上哭着说:"李广的才气天下无双,他自己仗恃有本领,屡次和敌人正面作战,恐怕我们会失去这员良将。"于是李广又被调任上郡太守。以后李广转任边境各郡太守,他曾任陇西、北地、雁门、代郡、云中等太守,都以奋力作战而出名。

匈奴大入上郡,天子使中贵人从广勒习兵击匈奴(1)。中贵人将骑数十纵(2),见匈奴三人,与战。三人还射,伤中贵人,杀其骑且尽。中贵人走广。广曰:"是必射雕者也(3)。"广乃遂从百骑往驰三人。三人亡马步行(4),行数十里。广令其骑张左右翼,而广身自射彼三人者,杀其二人,生得一人,果匈奴射雕者也。已缚之上马,望匈奴有数千骑,见广,以为诱骑(5),皆惊,上山陈(6)。广之百骑皆大恐,欲驰还走。广曰:"吾去大军数十里,今如此以百骑走,匈奴追射我立尽。今我留,匈奴必以我为大军(之)诱(之),必不敢击我。"广令诸骑曰:"前!"前未到匈奴陈二里所(7),止,令曰:"皆下马解鞍!"其骑曰:"虏多且近,即有急,奈何?"广曰:"彼虏以我为走,今皆解鞍以示不走,用坚其意。"于是胡骑遂不敢击。有白马将出护其兵(8),李广上马与十余骑奔射杀胡白马将,而复还至其骑中,解鞍,令士皆纵马卧(9)。是时会暮,胡兵终怪之,不敢击。夜半时,胡兵亦以为汉有伏军于旁欲夜取之,胡皆引兵而去。平旦(10),李广乃归其大军。大军不知广所之,故弗从。

【注释】

(1)中贵人:宫中受宠的人,指宦官。勒:受约束。(2)将:率领。骑:骑兵。纵:放马驰骋。(3)射雕者:射雕的能手。雕,猛禽,飞翔力极强而且迅猛,能射雕的人必有

① 濞:bì。

很高的射箭本领。（4）亡：通“无”。（5）诱骑：诱敌的骑兵。（6）陈：同“阵”，摆开阵势。（7）所：表示大约的数目。“二里所”即二里左右。（8）护：监护。（9）纵马卧：把马放开，随意躺下。（10）平旦：清晨，天刚亮。

【译文】

匈奴大举入侵上郡，天子派来一名宦官跟随李广学习军事，抗击匈奴。这位宦官带领几十名骑兵，纵马驰骋，遇到三个匈奴人，就与他们交战，三个匈奴人回身放箭，射伤了宦官，几乎杀光了他的那些骑兵。宦官逃回到李广那里，李广说：“这一定是匈奴的射雕能手。”李广于是就带上百余名骑兵前去追赶那三个匈奴人。那三个人没有马，徒步前行。走了几十里，李广命令他的骑兵左右散开，两路包抄。他亲自去射杀那三个人，射死了两个，活捉了一个，果然是匈奴的射雕手。把他捆绑放到马上之后，远远地望见有几千名匈奴骑兵。他们看到李广，以为是诱敌的骑兵，都很吃惊，跑上山去摆好了阵势。李广的百余名骑兵也都大为惊恐，想回马飞奔逃跑。李广说：“我们离开大军几十里，照现在这样的情况，我们这百余名骑兵只要一跑，匈奴军就要来追击射杀，我们会立刻被杀光的。现在我们停下来不走，匈奴一定以为我们是大军来诱敌的，必定不敢攻击我们。”于是李广向骑兵下令：“前进！”骑兵向前进发，到了离匈奴阵地还有大约二里的地方，停下来，李广下令说：“全体下马解下马鞍！”骑兵们说：“敌人那么多，并且又离得近，如果有了紧急情况，怎么办？”李广说：“那些敌人原以为我们会逃跑，现在我们都解下马鞍表示不逃，这样就能使他们更坚定地相信我们是诱敌之兵。”匈奴骑兵始终不敢来攻击。有一名骑白马的匈奴将领出阵来监护他的士兵，李广立即上马和十几名骑兵一起奔驰，射死了那名骑白马的匈奴将领，之后又回到自己的骑兵队里，解下马鞍，让士兵们都放开马，随便躺卧。这时正值日暮黄昏，匈奴军队始终觉得奇怪，不敢进攻。到了半夜，匈奴兵又以为汉朝有伏兵在附近，想趁夜偷袭他们，因而匈奴将领就领兵撤离了。第二天早晨，李广才回到他的大军营中，大军不知道李广的去向，所以无法随后接应。

居久之，孝景崩，武帝立，左右以为广名将也，于是广以上郡太守为未央卫尉（1），而程不识亦为长乐卫尉（2），程不识故与李广俱以边太守将军屯（3）。及出击胡，而广行无部伍行陈（4），就善水草屯，舍止，人人自便，不击刀斗以自卫（5），莫府省约文书籍事（6），然亦远斥侯（7），未尝遇害。程不识正部曲行伍营陈（8），击刀斗，士吏治军簿至明（9），军不得休息，然亦未尝遇害。不识曰：“李广军极简易，然虏卒犯之（10），无以禁也；而其士卒亦佚乐（11），咸乐为之死。我军虽烦扰，然虏亦不得犯我。”是时汉边郡李广、程不识皆为名将，然匈奴畏李广之略，士卒亦多乐从李广而苦程不识。程不识孝景时以数直谏为太中大夫（12）。为人廉，谨于文法（13）。

【注释】

（1）未央：即未央宫，西汉宫殿名，当时为皇帝所居。（2）长乐：即长乐宫，西汉宫殿名，当时为太后所居。（3）将军屯：掌管军队的驻防。（4）部伍：指军队的编制。行阵：行列、阵势。（5）刀斗：即刁斗，铜制的军用锅，白天用它做饭，夜里敲它巡更。（6）莫府：即“幕府”，莫，通“幕”。古代军队出征驻扎时，将帅的办公机构设在大帐幕中，称为“幕府”。省约：简化。籍：考勤或记载功过之类的簿册。（7）斥侯：侦察瞭望的士兵。“远斥候”，远远地布置侦察哨。另一种解释是到远离侦察瞭望所及的地方。(8) 部曲：古代军队是编制是，将军率领的军队下有部，部下有曲，曲下有屯。行伍：古代军队的基层编制是五人为伍，二十五人为行。营陈：即“营阵”，营地和军队的阵势。(9) 治：办理、处理。至明：直到天明。也可解释为非常明白、毫不含糊。(10) 卒：通“猝”，突然。(11) 佚：通“逸”，安逸、安闲。(12) 数：屡次。(13) 文法：朝廷制定的条文法令。

【译文】

过了好几年，景帝去世，武帝即位。左右近臣都认为李广是名将，于是李广由上郡太守调任未央宫的禁卫军长官，程不识也来任长乐宫的禁卫军长官。程不识和李广从前都任边郡太守并兼管军队驻防。到出兵攻打匈奴的时候，李广行军没有严格的队列和阵势，常靠近水丰草茂的地方驻扎军队，停宿的地方人人都感到便利，晚上也不打更自卫，幕府简化各种文书簿册，但他远远地布置了哨兵，所以不曾遭到过危险。程不识对队伍的编制、行军队列、驻营阵势等要求很严格，夜里打更，文书军吏处理考绩等公文簿册要到天明，军队得不到休息，但也不曾遇到危险。程不识说：“李广治军简便易行，然而敌人如果突然进犯他，他就无法阻挡了。而他的士卒倒也安逸快乐，都甘心为他拼死。我的军队虽然军务纷繁忙乱，但是敌人也不敢侵犯我。”那时汉朝边郡的李广、程不识都是名将，但是匈奴害怕李广的谋略，士兵也大多愿意跟随李广而以跟随程不识为苦。程不识在景帝时由于屡次直言进谏被封为太中大夫，为人清廉，谨守朝廷文书法令。

后汉以马邑城诱单于，使大军伏马邑旁谷，而广为骁骑将军，领属护军将军 (1)。是时，单于觉之，去，汉军皆无功 (2)。其后四岁，广以卫尉为将军，出雁门击匈奴。匈奴兵多，破败广军，生得广。单于素闻广贤，令曰：“得李广必生致之 (3)。”胡骑得广，广时伤病，置广两马间，络而盛卧广 (4)。行十余里，广详死 (5)，睨其旁有一胡儿骑善马 (6)，广暂腾而上胡儿马 (7)，因推堕儿，取其弓，鞭马南驰数十里，复得其余军，因引而入塞。匈奴捕者骑数百追之，广行取胡儿弓，射杀追骑，以故得脱。于是至汉，汉下广吏 (8)。吏当广所失亡多 (9)，为虏所生得，当斩，赎为庶人 (10)。

【注释】

(1) 领属：受统领节制；护军将军：即韩安国。(2) 韩安国率军埋伏在马邑附近，设计诱骗单于，但被单于发觉，匈奴兵退去，所以汉军无功。其事详见《史记》卷一百八《韩长孺列传》。(3) 致：送。(4) 络：用绳子编结的网兜。盛：放、装。(5) 详：通“佯”，假装。(6) 睨：斜视。(7) 暂：骤然。(8) 下：交付。吏：指执法的官吏。(9) 当：判断、判决。(10) 赎：古代罪犯交纳财物可减免刑罚，称为“赎罪”或“赎刑”；庶人：平民。

【译文】

后来，汉朝用马邑城引诱单于，派大军在马邑两旁的山谷中埋伏，李广任骁骑将军，受护军将军韩安国统领节制。当时单于发觉了汉军的计谋，就逃跑了。汉军都没有战功。四年以后，李广由卫尉被任命为将军，出雁门关进攻匈奴。匈奴兵多，打败了李广的军队，并生擒了李广。单于平时就听说李广很有才能，下令说："俘获李广一定要活着送来。"匈奴骑兵俘虏了李广，当时李广受伤生病，于是匈奴骑兵就把李广放在两匹马中间，装在绳编的网兜里（让其）躺着。走了十多里，李广假装死去，斜眼看到他旁边的一个匈奴少年骑着一匹好马，李广突然一纵身跳上匈奴少年的马，趁势把少年推下去，夺了他的弓，打马向南飞驰数十里，重又遇到他的残部，于是带领他们进入关塞。匈奴出动几百名骑兵来追赶他，李广一边逃一边拿起匈奴少年的弓射杀追上来的骑兵，因此才得以逃脱。李广于是回到汉朝的京城，朝廷把李广交给执法的官吏。执法的官吏判决李广损失伤亡太多，他自己又被敌人活捉，应该斩首，李广用钱物赎了死罪，被削职为民。

顷之，家居数岁。广家与故颍阴侯孙屏野居蓝田南山中射猎（1）。尝夜从一骑出，从人田间饮。还至霸陵亭，霸陵尉醉，呵止广（2）。广骑曰："故李将军。"尉曰："今将军尚不得夜行，何乃故也！"止广宿亭下。居无何（3），匈奴入杀辽西太守，败韩将军（4），后韩将军徙右北平（5）。于是天子乃召拜广为右北平太守。广即请霸陵尉与俱，至军而斩之。

广居右北平，匈奴闻之，号曰"汉之飞将军"，避之数岁，不敢入右北平。

广出猎，见草中石，以为虎而射之，中石没镞（6），视之石也。因复更射之，终不能复入石矣。广所居郡闻有虎，尝自射之。及居右北平射虎，虎腾伤广，广亦竟射杀之。

广廉，得赏赐辄分其麾下（7），饮食与士共之。终广之身，为二千石四十余年（8），家无余财，终不言家产事。广为人长，猿臂（9），其善射亦天性也，虽其子孙他人学者，莫能及广。广讷口少言（10），与人居则画地为军陈，射阔狭以饮（11）。专以射为戏，竟死。广之将兵，乏绝之处（12），见水，士卒不尽饮，广不近水，士卒不尽食，广不尝食。宽缓不苛，士以此爱乐为用。其射，见敌急（13），非在数十步之内，度不中不发，发即应弦而倒。用此（14），其将兵数困辱，其射猛兽亦为所伤云。

【注释】

（1）颍阴侯孙：指颍阴侯灌婴之孙灌强。屏野：退隐田野。屏：隐居。（2）呵：大声呵斥。（3）居无何：过了不久。（4）韩将军（安国）兵败事，详见《史记》卷一百八《韩长孺列传》。（5）有的版本此句下有"死"字。（6）镞（zú）：箭头。（7）辄：总是、就；麾下：部下。（8）为二千石：做年俸二千石这一级的官。汉代的郡守、郎中令等都属于这个等级。（9）猿臂：传说有一种通臂猿，左右两臂在肩部相通，可自由伸缩。这里是形容李广的两臂像猿那样长而且灵活。（10）讷口：说话迟钝、口拙。（11）阔狭：指上句所说在地上画的军阵图中，有的行列宽，有的行列窄。这句的意思是，比赛射军阵图，射中窄的行列为胜，射中宽的行列及不中都为负，负者罚酒。（12）乏绝：指缺水断粮。（13）急：逼近。（14）用此：因此。

【译文】

转眼间，李广在家已闲居数年，他和已故的颍阴侯灌婴的孙子灌强一起隐居在蓝田，常到南山中打猎。曾在一天夜里李广带着一名骑马的随从外出，和他人一起在田野间饮酒。回来时走到霸陵亭，霸陵尉喝醉了，大声呵斥，禁止李广通行。李广的随从说："这是前任李将军。"亭尉说："现任将军尚且不许夜里通行，何况是前任呢！"于是扣留了李广，让他停宿在霸陵亭下。没过多久，匈奴入侵，杀死辽西太守，打败了韩将军（韩安国），韩将军迁调右北平。于是天子就召见李广，任他为右北平太守。李广随即请求派霸陵尉一起赴任，到了军中就把他杀了。

李广驻守右北平，匈奴听说后，称他为“汉朝的飞将军”，躲避他好几年，不敢入侵右北平。

李广外出打猎，看见草丛里的一块石头，以为是老虎就向它射去，结果射中了石头，箭头都射进去了，过去一看，原来是石头。接着重新再射，却始终不能再射进石头里了。李广驻守过各郡，听说有老虎，常常亲自去射杀。等到驻守右北平时，一次射虎，老虎跳起来伤了李广，李广也终于射死了老虎。

李广为官清廉，得到赏赐就分给他的部下，吃饭也总是与士兵在一起。李广一生到死，做二千石俸禄的官共四十多年，家中没有多余的财物，始终也不谈及家产方面的事。李广身材高大，两臂如猿。他善于射箭也是天赋，即便是他的子孙或外人向他学习，也没人能赶上他。李广语言迟钝，说话不多，与他人在一起时就在地上画军阵，然后比试射箭，按射中较密集的行列还是较宽疏的行列来定罚谁喝酒。他专门以射箭为消遣，一直到死。李广带兵，遇到缺粮断水的情况时，见到水，如果士兵还没有完全喝到水，李广绝不去接近水；如果士兵还没有完全吃上饭，李广一口饭也不尝。李广对士兵宽厚不苛刻，士兵因此都爱戴他，乐于为他所用。李广射箭的方法是，看见敌人逼近，如果不在数十步之内，估计射不中，就不发射。只要一发射，敌人立即随弓弦之声倒地。因此，他领兵有几次被困受辱，射猛兽也曾被猛兽所伤。

居顷之，石建卒（1），于是上召广代建为郎中令。元朔六年（2），广复为后将军，从大将军军出定襄，击匈奴。诸将多中首虏率（3），以功为侯者，而广军无功。后二岁，广以郎中令将四千骑出右北平，博望侯张骞将万骑与广俱，异道（4）。行可数百里，匈奴左贤王将四万骑围广，广军士皆恐，广乃使其子敢往驰之。敢独与数十骑驰，直贯胡骑，出其左右而还，告广曰：“胡虏易与耳（5）。”军士乃安。广为圜陈外向（6），胡急击之，矢下如雨。汉兵死者过半，汉矢且尽。广乃令士持满毋发（7），而广身自以大黄射其裨将（8），杀数人，胡虏益解（9）。会日暮，吏士皆无人色，而广意气自如，益治军。军中自是服其勇也。明日，复力战，而博望侯军亦至，匈奴军乃解去。汉军罢（10），弗能追。是时广军几没，罢归。汉法，博望侯留迟后期，当死，赎为庶人。广军功自如（11），无赏。

【注释】

（1）石建：当时任郎中令。（2）元朔：汉武帝的第三个年号，共六年（公元前128—公元前123）。（3）首虏率：斩杀敌人首级和俘获敌人的数量规定。汉朝制度，凡达到规定数量的即可封侯。（4）异道：走不同的路。（5）易与：容易对付；与：打交道。（6）圜陈：圆形的兵阵，圜通“圆”。（7）持满：把弓拉满。（8）大黄：弩弓名，用兽角制成，色黄、体大，是当时射程最远的武器；裨将：副将。（9）益：逐渐；解：散开。（10）罢：通“疲”，疲惫。（11）军功自如：指功过相当。

【译文】

没过多久，石建死了，于是皇上召见李广，让他接替石建任郎中令。元朔六年（公元前123年），李广又被任命为后将军，跟随大将军卫青的军队从定襄出塞，征伐匈奴。许多将领因斩杀敌人首级的数量符合规定数额、战功卓著而被封侯，而李广的军队却没有战功。过了两年，李广以郎中令的官职率领四千骑兵从右北平出塞，博望侯张骞率领一万骑兵与李广一同出征，分行两条路。行军约几百里，匈奴左贤王率领四万骑兵包围了李广，李广的士兵都很害怕，于是李广就派他的儿子李敢骑马往匈奴军中奔驰。李敢独自和几十名骑兵飞奔，直穿匈奴骑兵阵，又从其左右两翼突围，回来向李广报告说："匈奴敌兵很容易对付啊！"士兵们这才安心。李广布成圆形兵阵，面向外，匈奴猛攻，箭如雨下。汉兵死了一半多，箭也快用光了。李广就命令士兵拉满弓，不要放箭，而李广亲自用大黄弩弓射匈奴的副将，杀死了好几个，匈奴军才渐渐散开。这时天色已晚，军吏、士兵都面无人色，可是李广却神态自若，更加注意整顿军队。军中从此都很佩服他的勇敢。第二天，李广又奋力作战，而此时博望侯的军队也赶到了，匈奴军这才解围退去。汉军非常疲惫，所以也不能去追击。当时李广几乎全军覆没，只好收兵回朝。按汉朝的法律，博望侯行军迟缓，延误限期，应处死刑。后其用钱赎罪，降为平民。李广功过相抵，没有封赏。

初，广之从弟李蔡与广俱事孝文帝。景帝时，蔡积功劳至二千石。孝武帝时，至代相。以元朔五年为轻车将军（1），从大将军击右贤王（2），有功中率（3），封为乐安侯。元狩二年中（4），代公孙弘为丞相。蔡为人在下中，名声出广下甚远，然广不得爵邑，官不过九卿，而蔡为列侯，位至三公。诸广之军吏及士卒或取封侯。广尝与望气王朔燕语（5），曰："自汉击匈奴而广未尝不在其中，而诸部校尉以下，才能不及中人，然以击胡军功取侯者数十人，而广不为后人，然无尺寸之功以得封邑者，何也？岂吾相不当侯邪？且固命也？"朔曰："将军自念，岂尝有所恨乎（6）？"广曰："吾尝为陇西守，羌尝反（7），吾诱而降，降者八百余人，吾诈而同日杀之。至今大恨独此耳。"朔曰："祸莫大于杀已降，此乃将军所以不得侯者也。"

【注释】

（1）元朔五年：公元前124年。（2）大将军：指卫青。（3）率：即上文的"首虏率"，见前注。（4）元狩：汉武帝的第四个年号，共六年（公元前127—公元前122）。（5）望气：古代通过观察星象或气象来占卜吉凶的迷信活动。（6）恨：悔恨。（7）羌：古代西部的少数民族之一。

【译文】

当初，李广的堂弟李蔡和李广一起侍奉文帝。到景帝时，李蔡累积功劳已得到年俸二千石的官位。武帝时，李蔡已做到了代国的国相。元朔五年（公元前124年），李蔡被任命为轻车将军，因跟随大将军卫青攻打匈奴右贤王有功，达到斩杀敌人首级的规定数额，被封为乐安侯。元狩二年（公元前121年）间，李蔡代公孙弘任丞相。李蔡的才干在下等之中，声名比李广差得很远，然而李广却得不到封爵和封地，官位没超过九卿，可是李蔡却被封为列侯，官位达到三公。李广属下的军官和士兵们，也有人得到了侯爵之封。李广曾和星象家王朔私下闲谈说："自从汉朝攻打匈奴以来，我没有一次不参加。各部队校尉以下的军官，才能还不如中等人，然而由于攻打匈奴有军功被封侯的有几十人。我李广不算比别人差，但是没有一点功劳用来得到封地，这是什么原因呢？难道是我的骨相就不该封侯吗？还是本来就命该如此呢？”王朔说：“将军自己回想一下，难道曾经有过值得悔恨的事吗？”李广说：“我曾当过陇西太守，羌人有一次反叛，我诱骗他们投降，投降的有八百多人，我用欺诈的手段在同一天把他们都杀了。到今天我最悔恨的只有这件事。”王朔说：“能使人受祸的事，没有比杀死已投降的人更大的了，这也就是将军不能封侯的原因。”

后二岁，大将军、骠骑将军大出击匈奴（1），广数自请行，天子以为老，弗许；良久乃许之，以为前将军。是岁，元狩四年也。

广既从大将军青击匈奴，既出塞，青捕虏知单于所居，乃自以精兵走之（2），而令广并于右将军军（3），出东道。东道少回远（4），而大军行水草少，其势不屯行（5）。广自请曰：“臣部为前将军，今大将军乃徙令臣出东道，且臣结发而与匈奴战（6），今乃一得当单于（7），臣愿居前，先死单于（8）。”大将军青亦阴受上诫，以为李广老，数奇（9），毋令当单于，恐不得所欲。而是时公孙敖新失侯（10），为中将军从大将军，大将军亦欲使敖与俱当单于，故徙前将军广。广时知之，固自辞于大将军。大将军不听，令长史封书与广之莫府（11），曰：“急诣部（12），如书。”广不谢大将军而起行（13），意甚愠怒而就部（14），引兵与右将军食其合军出东道（15）。军亡导（16），或失道，后大将军。大将军与单于接战，单于遁走，弗能得而还。南绝幕（17），遇前将军、右将军。广已见大将军，还入军。大将军使长史持糒醪遗广（18），因问广、食其失道状，青欲上书报天子军曲折（19）。广未对，大将军使长史急责广之幕府对簿（20）。广曰：“诸校尉无罪，乃我自失道。吾今自上簿。”

【注释】

（1）骠骑将军：即霍去病。（2）走：追逐。（3）右将军：名赵食其。（4）少：稍；回：迂回。（5）屯行：并队行进；屯：聚集。（6）结发：即束发，古代男子到十五岁即可束发，这里的意思是指少年或年轻时。（7）当：面对、对敌。（8）死：死战。（9）数奇：命运不好；数，命运；奇，单数。古代占卜以得偶为吉，奇为不吉。（10）公孙敖：原为合骑侯，后因罪当斩，赎为庶人，所以说“新失侯”。他曾救过卫青的性命，所以卫青想给他立功的机会而排挤李广。其事迹详见《史记》卷一百一十一《卫将军骠骑列传》。（11）长史：官名，这里指大将军的秘书；封书：写好公文加封。（12）诣：到……去。（13）谢：辞别。（14）愠：怨恨。（15）食其：即赵食其。（16）导：向导。（17）绝：渡过、横穿。幕（mò）：通“漠”，指沙漠。（18）糒（bèi）：干饭；醪：浊酒。（19）曲折：详细的情况。（20）对簿：按簿册上的记载对质，即受审。

【译文】

又过了两年，大将军卫青、骠骑将军霍去病率军大举出征匈奴，李广几次亲自请求随行。天子认为他已年老，没有答应；好久才准许他前去，让他任前将军。这一年是元狩四年（公元前119年）。

李广不久随大将军卫青出征匈奴，出边塞以后，卫青捉到敌兵，知道了单于住的地方，就自己带领精兵去追逐单于，而命令李广和右将军的队伍合并，从东路出击。东路有些迂回绕远，而且大军走在水草缺少的地方，势必不能并队行进。李广就亲自请求说：

“我的职务是前将军，如今大将军却命令我改从东路出兵，况且我从少年时就与匈奴作战，到今天才得到一次与单于对敌的机会，我愿做前锋，先和单于决一死战。”大将军卫青曾暗中得到皇上的警告，认为李广年老，命运不好，不要让他与单于对敌，恐怕不能实现俘获单于的愿望。那时公孙敖刚刚丢掉了侯爵，任中将军，随从大将军出征，大将军也想让公孙敖跟自己一起与单于对敌，于是故意把前将军李广调开。李广当时也知道内情，所以坚决要求大将军收回调令。大将军不答应他的请求，命令长史写文书发到李广的幕府，并对他说：“赶快到右将军部队中去，按照文书上写的办。”李广没向大将军告辞就起程了，心中非常恼怒地前往军部，领兵与右将军赵食（yì）其（jī）合兵后从东路出发。军队没有向导，结果迷了路，落在大将军之后。大将军与单于交战，单于逃跑了，卫青没有战果只好回兵。大将军向南渡过沙漠，遇到了前将军和右将军。李广谒见大将军之后，回到自己的军中。大将军卫青派长史将干粮和酒送给李广，顺便向李广和赵食其询问迷路的情况，要给天子上书报告详细的军情。李广没有回答。大将军派长史责令李广幕府的人员前去受审对质。李广说：“校尉们没有罪，是我自己迷了路，我现在亲自到大将军幕府去受审对质。”

至莫府，广谓其麾下曰：“广结发与匈奴大小七十余战，今幸从大将军出接单于兵，而大将军又徙广部行回远，而又迷失道，岂非天哉！且广年六十余矣，终不能复对刀笔之吏。”遂引刀自刭（1）。广军士大夫一军皆哭（2）。百姓闻之，知与不知，无老壮皆为垂涕。而右将军独下吏，当死，赎为庶人。

【注释】

（1）刀：拔刀；自刭：自刎。（2）士大夫：这里指军中的将士。

【译文】

到了大将军幕府，李广对他的部下说：“我从少年起与匈奴打过大小七十余仗，如今有幸跟随大将军出征同单于军队交战，可是大将军又调我的部队去走迂回绕远的路，偏又迷了路，难道这不是天意吗！况且我已六十多岁了，毕竟不能再受那些刀笔吏的侮辱。”于是就拔刀自刎了。李广军中的所有将士都为之痛哭。百姓听到这个消息后，不论认识的不认识的，也不论老的少的都为李广落泪。右将军赵食其单独被交给执法官吏，本应判为死罪，后用财物赎罪，降为平民。

广子三人，曰当户、椒、敢，为郎。天子与韩嫣戏，嫣少不逊（1），当户击嫣，嫣走。于是天子以为勇。当户早死，拜椒为代郡太守，皆先广死。当户有遗腹子名陵。广死军时，敢从骠骑将军。广死明年，李蔡以丞相坐侵孝景园壖地（2），当下吏治，蔡亦自杀，不对狱（3），国除。李敢以校尉从骠骑将军击胡左贤王，力战，夺左贤王鼓旗，斩首多，赐爵关内侯，食邑二百户，代广为郎中令。顷之，怨大将军青之恨其父（4），乃击伤大将军，大将军匿讳之（5）。居无何，敢从上雍，至甘泉宫猎。骠骑将军去病与青有亲（6），射杀敢。去病时方贵幸，上讳云鹿触杀之。居岁余，去病死。而敢有女为太子中人（7），爱幸，敢男禹有宠于太子，然好利，李氏陵迟衰微矣（8）。

【注释】

（1）不逊：不礼貌、放肆。（2）坐：因犯……罪。孝景园：景帝的陵园。壖（ruán）地：陵前神道（直通陵墓的大道）外边的空地。（3）对狱：和狱吏对质，即受审。（4）恨其父：使其父饮恨自杀。有人认为“恨”通“很”，有违拗、不听从的意思。（5）匿讳：隐瞒。（6）有亲：指霍去病是卫青的外甥。（7）中人：指侍妾。（8）陵迟：衰落、败落。

【译文】

李广有三个儿子，名字分别叫当户、椒、敢，都任郎官。一次天子和弄臣韩嫣戏耍，韩嫣有点放肆的举动，李当户去打韩嫣，韩嫣逃跑了，于是天子认为当户很勇敢。当户死得早，李椒被封为代郡太守。二人都比李广死得早。当户有遗腹子名李陵。李广死在军中的时候，李敢正跟随骠骑将军霍去病征战。李广死后第二年，李蔡以丞相之位侵占景帝陵园前大道两旁的空地，因而获罪，本应送交法吏查办，但李蔡不愿受审对质，也自杀了，他的封国也被废除了。李敢以校尉官职随从骠骑将军出击匈奴左贤王，奋力作战，夺得左贤王的战鼓和军旗，斩杀很多敌人的首级，因而被赐封了关内侯的爵位，封给食邑二百户，接替李广任郎中令。不久，李敢因怨恨大将军卫青使他父亲饮恨而死，就打伤了大将军，大将军把这件事隐瞒下来，没有张扬。又过了不久，李敢随从皇上去雍县，到甘泉宫打猎。骠骑将军霍去病和卫青有亲戚关系，就把李敢射死了。霍去病当时很显贵并且正受宠，皇上就隐瞒了真相，说李敢是被鹿撞死的。又过了一年多，霍去病死了。李敢有个女儿是太子的侍妾，很受宠爱，李敢的儿子李禹也受太子宠爱，但他贪财好利，李氏家族日渐败落衰微了。

李陵既壮（1），选为建章监（2），监诸骑。善射，爱士卒。天子以为李氏世将，而使将八百骑。尝深入匈奴二千余里，过居延视地形，无所见虏而还。拜为骑都尉，将丹阳楚人五千人，教射酒泉、张掖以屯卫胡（3）。

数岁，天汉二年秋（4），贰师将军李广利将三万骑击匈奴右贤王于祁连天山（5），而使陵将其射士步兵五千人出居延北可千余里，欲以分匈奴兵，毋令专走贰师也（6）。陵既至期还，而单于以兵八万围击陵军。陵军五千人，兵矢既尽，士死者过半，而所杀伤匈奴亦万余人。且引且战（7），连斗八日，还未到居延百余里，匈奴遮狭绝道（8），陵食乏而救兵不到，虏急击招降陵。陵曰：“无面目报陛下。”遂降匈奴。其兵尽没，余亡散得归汉者四百余人。

单于既得陵，素闻其家声，及战又壮，乃以其女妻陵而贵之。汉闻，族陵母妻子（9）。自是之后，李氏名败，而陇西之士居门下者皆用为耻焉（10）。

【注释】

（1）对于以上三段，古今学者多认为是后人所续，不是司马迁的手笔。（2）选：量才授官。（3）屯卫：驻军防卫。（4）天汉：汉武帝的第八个年号，共四年（公元前100—公元前97）。（5）祁连天山：即祁连山。（6）专走贰师：专门用来对付贰师将军的军队。（7）引：退。（8）遮狭绝道：遮：拦挡；狭：指狭窄的山谷；绝：断绝；道：指李陵军队的归路。（9）族：灭门、诛灭全族，这里指杀其全家。（10）居门下者：在门下为宾客。

【译文】

李陵到壮年以后，被选任为建章营的监督官，监管所有骑兵。他善于射箭，爱护士兵，天子认为李家世代为将，因而让李陵率领八百骑兵。李陵曾深入匈奴境内两千多里，穿过居延海，观察地形，没有遇见敌人就回来了。后被封为骑都尉，统率丹阳的楚兵五千人，在酒泉、张掖教射箭，屯驻在那里防备匈奴。

几年后，天汉二年（公元前99年）秋天，贰师将军李广利率领三万骑兵在祁连山进攻匈奴右贤王，武帝派李陵率领他的步兵射手五千人，出兵到居延海以北大约一千里的地方，想用此法分散敌人的兵力，不让他们专门去对付贰师将军。已到预定期限，李陵想要回兵，而单于用八万大军包围截击李陵的军队。李陵的军队只有五千人，箭射光了，士兵死了大半，但他们杀伤匈奴也有一万多人。李陵的军队边退边战，接连战斗了八天，往回走到离居延海还有一百多里的地方，匈奴兵拦堵住狭窄的山谷，截断了他们的归路。李陵的军队缺少粮食，救兵也不到，而敌人加紧进攻，并劝诱李陵投降。李陵说："我没脸去回报皇帝了！"于是就投降了匈奴。他的军队几乎全军覆没，余下逃散回到汉朝的只有四百多人。

单于得到李陵之后，因平素就听说过李陵家的名声，加之其打仗时又很勇敢，于是就把自己的女儿嫁给李陵，使他显贵。汉朝知道这件事后，就杀了李陵的母亲和妻儿。从此以后，李家名声败落，陇西一带曾做过李氏门下宾客的，都以此为耻辱。

太史公曰：《传》曰（1）"其身正，不令而行；其身不正，虽令不从"。其李将军之谓也？余睹李将军悛悛如鄙人（2），口不能道辞。及死之日，天下知与不知，皆为尽哀。彼其忠实心诚信于士大夫也！谚曰"桃李不言，下自成蹊（3）"。此言虽小，可以喻大也。

【注释】

（1）《传》：汉朝人称《诗》《书》《易》《礼》《春秋》为经，解说经书的著作都称为《传》。这里的《传》是指《论语》。因《论语》由孔子的弟子及再传弟子所记，不是孔子亲笔著述的，所以也称为《传》。（2）悛悛（quān）：老实厚道的样子。（3）蹊：小路。

【译文】

太史公说：《论语》里说"在上位的人自身行为端正，不下命令事情也能办成；自身行为不正，下达命令也没人听从"。这说的就是李将军吧！我所看到的李将军，老实厚道像个乡下人，不善讲话，可在他死的那天，天下人不论认识他的还是不认识他的，都为他尽情哀痛。他那忠诚的品格确实得到了将士们的信赖呀！谚语说："桃树、李树不会讲话，树下却自然地被人踩出一条小路。"这话虽然说的是小事，但可以用来比喻大道理呀。

【讲评】

司马迁（公元前145—公元前90），字子长，夏阳（今陕西韩城）人，一说龙门（今山西河津）人，西汉伟大的史学家、文学家、思想家。司马迁是司马谈之子，任太史令，因替李陵败降之事辩解而受宫刑，后任中书令。其发奋继续完成所著史籍，被后世尊称为史迁、太史公、历史之父。

司马迁早年受学于孔安国、董仲舒，漫游各地，了解风俗，采集传闻。初任郎中，奉使西南。元封三年（公元前108年）任太史令，继承父业，著述历史。他以“究天人之际，通古今之变，成一家之言”的史识创作了中国第一部纪传体通史《史记》(原名《太史公书》)。《史记》被公认为中国史书的典范，该书记载了从上古传说中的黄帝时期到汉武帝元狩元年长达3 000多年的历史，是“二十五史”之首，被鲁迅誉为“史家之绝唱，无韵之离骚”。

本篇记述的是汉代名将李广的生平事迹。李广英勇善战、智勇双全，他一生与匈奴战斗七十余次，常常以少胜多，险中取胜，以至于匈奴人闻名丧胆，将其称为“飞将军”，“避之数岁”。同时，李广又是一位最能体恤士卒的将领。他治军简易，对士兵从不苛刻，尤其是与士卒同甘共苦的作风，深得将士们的敬佩。正是由于李广这种战斗中身先士卒、生活中先人后已的品格，使士兵都甘愿在他麾下，“咸乐为之死”。然而，这位战功卓著、倍受士卒爱戴的名将，却一生坎坷，终身未得封爵。皇帝嫌他命运不好，不敢重用，贵戚也借机对他排挤，终于导致李广含愤自杀。李广是以自杀抗议朝廷对他的不公，控诉贵戚对他的无理。太史公也通过李广的悲剧结局揭露并谴责了统治者的任人唯亲、刻薄寡恩以及对贤能的排挤与扼杀，从而使这篇传记具有了更深一层的政治意义。

《李将军列传》是司马迁的一篇力作，这篇作品充分展示了作者在人物传记方面的杰出才能。抓住主要特征突出人物形象是司马迁最擅长的方法之一，在本文中作者就抓住李广最突出的特点，通过一些生动的故事和细节，着力加以描写，使人物形象极为鲜明。如写李广以百骑机智地吓退匈奴数千骑，受伤被俘而能飞身夺马逃脱，率四千人被敌军四万人围困，仍能临危不惧，指挥若定，等等。通过这几个惊险的战斗故事，突出表现了李广的智勇双全。尤其是对李广的善射，作者更是不厌其详地精心描写，如射杀匈奴射雕手、射杀敌军白马将、射退敌人的追骑、误以石为虎而力射没镞，甚至平时还常以射箭与将士赌赛饮酒，等等。这些精彩的片断犹如一个个特写镜头，生动地展现了这位名将的风采。

司马迁写人物传记往往笔端含情，在这篇《李将军列传》中更是倾注了对李广的深切同情，同时也流露出了对当权者的愤慨。作者的这些感情主要是在叙事中体现出来的。如写李蔡“为人在下中，名声出广下远甚”，但却能封侯拜相；写卫青徇私情而排挤李广。在这两段文字中我们都能感受到作者的愤愤不平。李广愤而自杀的消息传出后，“广军士大夫一军皆哭。百姓闻之，知与不知，无老壮皆为垂涕”，写全军与百姓的悲哭，自然也包含了作者个人的悲痛。我们可以想象，太史公写到此处时一定也是眼含热泪的。

此外，侧面衬托、反面对比，剪裁之精当、结构之起伏以及语言之精练流畅、生动传神等，都是这篇传记文学杰作的突出特点。

随着这篇杰作的问世，李广的英雄形象也渐渐铭刻在人们的心上。“但使龙城飞将在，不教胡马度阴山”（王昌龄《出塞》），“君不见，沙场征战苦，至今犹忆李将军”（高适《燕歌行》），这些脍炙人口的唐诗佳句就生动地表达了后人对一代名将的景慕赞佩之情。

2. 纵囚论

欧阳修

信义行于君子，而刑戮（1）施于小人。刑入于死者，乃罪大恶极，此又小人之尤甚者也。宁以义死，不苟（2）幸生，而视死如归，此又君子之尤难者也。方唐太宗之六年（3），录大辟（4）囚三百余人，纵使还家，约其自归以就死。是以君子之难能，期小人之尤者以必能也。其囚及期，而卒自归无后者。是君子之所难，而小人之所易也。此岂近于人情哉？

或曰：罪大恶极（5），诚小人矣；及施恩德以临之，可使变而为君子。盖恩德入人之深，而移人之速，有如是者矣。曰：太宗之为此，所以求此名也。然安知夫纵之去也，不意（6）其必来以冀免（7），所以纵之乎？又安知夫被纵而去也，不意其自归而必获免，所以复来乎？夫意其必来而纵之，是上贼（8）下之情也；意其必免而复来，是下贼上之心也。吾见上下交相贼以成此名也，乌有所谓施恩德与夫知信义者哉？不然，太宗施德于天下，于兹六年矣，不能使小人不为极恶大罪，而一日之恩，能使视死如归，而存信义。此又不通之论也！

然则何为而可？曰：纵而来归，杀之无赦。而又纵之，而又来，则可知为恩德之致尔。然此必无之事也。若夫纵而来归而赦之，可偶一为之尔。若屡为之，则杀人者皆不死。是可为天下之常法乎？不可为常者，其圣人之法乎？是以尧、舜、三王（9）之治，必本于人情，不立异以为高，不逆情以干誉（10）。

【注释】

（1）刑戮：刑罚或处死。（2）苟：只图眼前。（3）唐太宗之六年：632年（唐太宗贞观六年）。唐太宗是中国历史上有一定作为的皇帝，他在位年间，国势强大，社会较安定，史称“贞观之治”。（4）大辟：死刑；辟，法，刑法；大辟意为最重的刑罚。（5）罪大恶极：罪恶大到了极点。（6）意：估计。（7）冀免：希望赦免。（8）贼：用作动词，指窃、私下行动，这里引申为窥测。（9）三王：是夏禹、商汤、周文王和周武王的合称。他们都是儒家崇拜的古代明君。（10）干誉：求取名誉。

【译文】

信义可以在君子中施行，而种种刑罚则在小人中施行。判处死刑的人，是罪大恶极的，又是小人中特别坏的人。宁愿为正义而死，不愿意苟且偷生而视死如归，这在君子中也是很难做到的。在唐太宗即位后第六年时，他把判处死刑的犯人三百余人登记在册，放他们回家，约定好到期自动回来接受死刑。这是君子都难以做到的事，而希望小人中最坏的人能做到自然更难。到了规定的时间，那些囚犯自动回来而没有延误。这是君子难以做到的，而小人却很容易地做到了。这难道近于人情吗？

有人说：罪大恶极，确实是小人了；如果对他们采取恩德感化的手段，就可以使他们变为君子。恩德感化越深入人心，人的转变速度就越快，有过这样的事。我说：唐太宗之所以这样做，就是为了得到这种名声。可是他怎么会知道释放这些囚犯，他们一定会回来希望可以赦免自己的死罪，所以才释放他们呢？又怎么会知道那些被放回的囚犯，没有料到他们自动回来就一定会被赦免自己的死罪，这才又回来呢？料想到囚犯一定会回来这才放他们回家，是唐太宗从上面窥测到下面囚犯的内心想法；料想到一定会被赦免死罪这才回来，是下面的囚犯在窥测上面的皇帝的内心想法。我从中看到的是上下互相窥测对方的内心想法才形成了这种名声，哪里还有皇帝采取恩德感化的办法和囚犯遵守信义的事呢？不然的话，唐太宗在全国施行恩德感化的办法，到这时已经六年了，却不能让小人不犯极恶大罪，只凭一天的恩德感化，就能使囚犯视死如归，而且坚守信义。这是一种说不通的观点啊！

那么应该怎么去做才可以呢？我说：对放回家去而又回来的囚犯，杀了他们而不能赦免。然后再放出一批囚犯，他们又回来了，这样才能知道是被恩德感化所致。然而这必定是不可能的事。对放出的囚犯在他们回来后就赦免了死罪，可以偶尔做一次。如果总是这样做，那么杀人犯都不会被处死。这可以作为国家的常法吗？不能作为国家的常法，这难道能说是圣人之法吗？所以说，尧、舜、三王治理国家，必定以合乎人情为标准，不以标新立异为高明，不以违背情理来博取自己的名誉。

【讲评】

欧阳修（1007—1072），字永叔，号醉翁、六一居士，吉州永丰（今江西省吉安市永丰县）人，北宋政治家、文学家，且在政治上负有盛名。因吉州原属庐陵郡，其以“庐陵欧阳修”自居；官至翰林学士、枢密副使、参知政事，谥号文忠，世称欧阳文忠公；累赠太师、楚国公。后人又将其与韩愈、柳宗元和苏轼合称“千古文章四大家”；与韩愈、柳宗元、苏洵、苏轼、苏辙、王安石、曾巩被世人称为“唐宋散文八大家”。

欧阳修是在宋代文学史上开创一代文风的文坛领袖。其领导了北宋诗文革新运动，继承并发展了韩愈的古文理论。他的散文创作的较高成就与其正确的古文理论相辅相成，从而开创了一代文风。欧阳修在变革文风的同时，也对诗风进行了革新。在史学方面，他也有较高的成就。

这是一篇史评，评论唐太宗李世民假释死刑囚犯，犯人被释归家后又全部按时返回，从而赦免他们的史实。

文章开门见山，警拔有力。从“信义行于君子，而刑戮施于小人”说起，定下了全文的基调，标出了全文的主旨。接着通过唐太宗释放死囚的史实，以君子与小人相比较，反复论析，指出唐太宗的做法有悖人情、违反法度，只不过是借此博取名誉。其议论纵横，深刻入髓。

“上下交相贼以成此名”，而不是什么“施恩德”“知信义”，揭露得可谓明快酣畅。因此，唐太宗的做法不值得效法，不可以作为“天下之常法”。

本文据史立论，层层辨析，论证充分，结论高远，警醒人心。

据史书记载，唐太宗曾于贞观六年（632年）下令把等待执行处决的死囚三百余人放回家中，令其与家人团聚，并约定返回狱中的日期。之后三百余人均如期返回，朝廷遂赦免其罪。在欧阳修以前，大家都把这件事传为“美谈”，认为唐太宗能“施恩德”，囚犯“知信义”。作者独能力排众议，提出了自己的意见。这种敢于创新的精神本身就是可贵的。

本文最大的特点是逻辑性强，结构严密。全文基本上可以分为提出问题、分析问题、解决问题三部分。在提出问题时，作者肯定地指出，纵囚一事本身就不近人情，这就为下文的展开定下了基调。在分析问题时，作者一针见血地指出，唐太宗之所以这样做，纯粹是为了博取名誉。文章从唐太宗、囚犯不同的心理活动中得出了这样一个结论：这不过是上演了一场“上下交相贼”的闹剧。同时，作者还通过唐太宗登基六年来并没有消弭小人犯极恶大罪的事实，证明了偶尔的纵囚也解决不了问题。这种“以子之矛，攻子之盾”的笔法，确实犀利无比。在解决问题时，作者旗帜鲜明地亮出了自己的观点：不管从事何种工作，“必本于人情”。全文浑然一体，无懈可击。

本文的反问句较多，有助于增强文章的说服力。第二段中采取问答的形式来论证，又加深了文章的可读性。所有这些，都值得我们认真揣摩。

3. 听听那冷雨

余光中

惊蛰一过，春寒加剧。先是料料峭峭，继而雨季开始，时而淋淋漓漓，时而淅淅沥沥，天潮潮地湿湿，即连在梦里，也似乎有把伞撑着。而就凭一把伞，躲过一阵潇潇的冷雨，也躲不过整个雨季。连思想也都是潮润润的。每天回家，曲折穿过金门街到厦门街迷宫式的长巷短巷，雨里风里，走入霏霏令人更想入非非。想这样子的台北凄凄切切完全是黑白片的味道，想整个中国整部中国的历史无非是一张黑白片子，片头到片尾，一直是这样下着雨的。这种感觉，不知道是不是从安东尼奥尼那里来的。不过那一块土地是久违了，二十五年，四分之一的世纪，即使有雨，也隔着千山万山，千伞万伞。十五年，一切都断了，只有气候，只有气象报告还牵连在一起，大寒流从那块土地上弥天卷来，这种酷冷吾与古大陆分担。不能扑进她怀里，被她的裙边扫一扫也算是安慰孺慕之情吧。

这样想时，严寒里竟有一点温暖的感觉了。这样想时，他希望这些狭长的巷子永远延伸下去，他的思路也可以延伸下去，不是金门街到厦门街，而是金门到厦门。他是厦门人，至少是广义的厦门人，二十年来，不住在厦门，住在厦门街，算是嘲弄吧，也算是安慰。不过说到广义，他同样也是广义的江南人，常州人，南京人，川娃儿，五陵少年。杏花春雨江南，那是他的少年时代了。再过半个月就是清明。安东尼奥尼的镜头摇过去，摇过去又摇过来。残山剩水犹如是，皇天后土犹如是。纭纭黔首纷纷黎民从北到南犹如是。那里面是中国吗？那里面当然还是中国永远是中国。只是杏花春雨已不再，牧童遥指已不再，剑门细雨渭城轻尘也都已不再。然则他日思夜梦的那片土地，究竟在哪里呢？

在报纸的头条标题里吗？还是香港的谣言里？还是傅聪的黑键白键马思聪的跳弓拨弦？还是安东尼奥尼的镜底勒马洲的望中？还是呢，故宫博物院的壁头和玻璃柜内，京戏的锣鼓声中太白和东坡的韵里？

杏花，春雨，江南。六个方块字，或许那片土就在那里面。而无论赤县也好神州也好中国也好，变来变去，只要仓颉的灵感不灭，美丽的中文不老，那形象那磁石一般的向心力当必然长在。因为一个方块字是一个天地。太初有字，于是汉族的心灵他祖先的回忆和希望便有了寄托。譬如凭空写一个“雨”字，点点滴滴，滂滂沱沱，淅淅沥沥，一切云情雨意，就宛然其中了。视觉上的这种美感，岂是什么rain也好pluie也好所能满足？翻开一部《辞源》或《辞海》，金木水火土，各成世界，而一入“雨”部，古神州的天颜千变万化，便悉在望中，美丽的霜雪云霞，骇人的雷电霹雹，展露的无非是神的好脾气与坏脾气，气象台百读不厌门外汉百思不解的百科全书。

听听，那冷雨。看看，那冷雨。嗅嗅闻闻，那冷雨。舔舔吧，那冷雨。雨在他的伞上这城市百万人的伞上雨衣上屋上天线上，雨下在基隆港在防波堤在海峡的船上，清明这季雨。雨是女性，应该最富于感性。雨气空而迷幻，细细嗅嗅，清清爽爽新新，有一点点薄荷的香味，浓的时候，竟发出草和树林之后特有的淡淡土腥气，也许那竟是蚯蚓的蜗牛的腥气吧，毕竟是惊蛰了啊。也许地上的地下的生命也许古中国层层叠叠的记忆皆蠢蠢而蠕，也许是植物的潜意识和梦吧，那腥气。

第三次去美国，在高高的丹佛他山居住了两年。美国的西部，多山多沙漠，千里干旱，天，蓝似安格罗萨克逊人的眼睛，地，红如印第安人的肌肤，云，却是罕见的白鸟，落基山簇簇耀目的雪峰上，很少飘云牵雾。一来高，二来干，三来森林线以上，杉柏也止步，中国诗词里“荡胸生层云”或是“商略黄昏雨”的意趣，是落基山上难睹的景象。落基山岭之胜，在石，在雪。那些奇岩怪石，相叠互倚，砌一场惊心动魄的雕塑展览，给太阳和千里的风看。那雪，白得虚虚幻幻，冷得清清醒醒，那股皑皑不绝一仰难尽的气势，压得人呼吸困难，心寒眸酸。不过要领略“白云回望合，青霭入看无”的境界，仍须来中国。台湾湿度很高，最饶云气氛题雨意迷离的情调。两度夜宿溪头，树香沁鼻，宵寒袭肘，枕着润碧湿翠苍苍交叠的山影和万缀都歇的俱寂，仙人一样睡去。山中一夜饱雨，次晨醒来，在旭日未升的原始幽静中，冲着隔夜的寒气，踏着满地的断柯折枝和仍在流泻的细股雨水，一径探入森林的秘密，曲曲弯弯，步上山去。溪头的山，树密雾浓，蓊郁的水汽从谷底冉冉升起，时稠时稀，蒸腾多姿，幻化无定，只能从雾破云开的空处，窥见乍现即隐的一峰半堑，要纵览全貌，几乎是不可能的。至少上山两次，只能在白茫茫里和溪头诸峰玩捉迷藏的游戏。回到台北，世人问起，除了笑而不答心自问，故作神秘之外，实际的印象，也无非山在虚无之间罢了。云绦烟绕，山隐水迢的中国风景，由来予人宋画的韵味。那天下也许是赵家的天下，那山水却是米家的山水。而究竟，是米氏父子下笔像中国的山水，还是中国的山水上只像宋画，恐怕是谁也说不清楚了吧？

雨不但可嗅，可亲，更可以听。听听那冷雨。听雨，只要不是石破天惊的台风暴雨，在听觉上总是一种美感。大陆上的秋天，无论是疏雨滴梧桐，或是骤雨打荷叶，听去总有一点凄凉，凄清，凄楚，于今在岛上回味，则在凄楚之外，再笼上一层凄迷了，饶你多少豪情侠气，怕也经不起三番五次的风吹雨打。一打少年听雨，红烛昏沉。再打中年听雨，客舟中江阔云低。三打白头听雨的僧庐下，这更是亡宋之痛，一颗敏感心灵的一生：楼上，江上，庙里，用冷冷的雨珠子串成。十年前，他曾在一场摧心折骨的鬼雨中迷失了自己。雨，该是一滴湿漓漓的灵魂，窗外在喊谁。

雨打在树上和瓦上，韵律都清脆可听。尤其是铿铿敲在屋瓦上，那古老的音乐，属于中国。王禹的黄冈，破如椽的大竹为屋瓦。据说住在竹楼上面，急雨声如瀑布，密雪声比碎玉，而无论鼓琴，咏诗，下棋，投壶，共鸣的效果都特别好。这样岂不像住在竹和筒里面，任何细脆的声响，怕都会加倍夸大，反而令人耳朵过敏吧。

雨天的屋瓦，浮漾湿湿的流光，灰而温柔，迎光则微明，背光则幽黯，对于视觉，是一种低沉的安慰。至于雨敲在鳞鳞千瓣的瓦上，由远而近，轻轻重重轻轻，夹着一股股的细流沿瓦槽与屋檐潺潺泻下，各种敲击音与滑音密织成网，谁的千指百指在按摩耳轮。“下雨了”，温柔的灰美人来了，她冰冰的纤手在屋顶拂弄着无数的黑键啊灰键，把晌午一下子奏成了黄昏。

在古老的大陆上，千屋万户是如此。二十多年前，初来这岛上，日式的瓦屋亦是如此。先是天黯了下来，城市像罩在一块巨幅的毛玻璃里，阴影在户内延长复加深。然后凉凉的水意弥漫在空间，风自每一个角落里旋起，感觉得到，每一个屋顶上呼吸沉重都覆着灰云。雨来了，最轻的敲打乐敲打这城市。苍茫的屋顶，远远近近，一张张敲过去，古老的琴，那细细密密的节奏，单调里自有一种柔婉与亲切，滴滴点点滴滴，似幻似真，若孩时在摇篮里，一曲耳熟的童谣摇摇欲睡，母亲吟哦鼻音与喉音。或是在江南的泽国水乡，一大筐绿油油的桑叶被啮于千百头蚕，细细琐琐屑屑，口器与口器咀咀嚼嚼。雨来了，雨来的时候瓦这么说，一片瓦说千亿片瓦说，说轻轻地奏吧沉沉地弹，徐徐地叩吧挞挞地打，间间歇歇敲一个雨季，即兴演奏从惊蛰到清明，在零落的坟上冷冷奏挽歌，一片瓦吟千亿片瓦吟。

在旧式的古屋里听雨，听四月，霏霏不绝的黄梅雨，朝夕不断，旬月绵延，湿黏黏的苔藓从石阶下一直侵到舌底，心底。到七月，听台风台雨在古屋顶上一夜盲奏，千层海底的热浪沸沸被狂风挟持，掀翻整个太平洋只为向他的矮屋檐重重压下，整个海在他的蝎壳上哗哗泻过。不然便是雷雨夜，白烟一般的纱帐里听羯鼓一通又一通，滔天的暴雨滂滂沛沛扑来，强劲的电琵琶忐忐忑忑忐忐忑忑，弹动屋瓦的惊悸腾腾欲掀起。不然便是斜斜的西北雨斜斜刷在窗玻璃上，鞭在墙上打在阔大的芭蕉叶上，一阵寒潮泻过，秋意便弥湿旧式的庭院了。

在旧式的古屋里听雨，春雨绵绵听到秋雨潇潇，从少年听到中年，听听那冷雨。雨是一种单调而耐听的音乐是室内乐是室外乐，户内听听，户外听听，冷冷，那音乐。雨是一种回忆的音乐，听听那冷雨，回忆江南的雨下得满地是江湖下在桥上和船上，也下在四川在秧田和蛙塘，下肥了嘉陵江下湿了布谷咕咕的啼声，雨是潮潮润润的音乐下在渴望的唇上，舔舔那冷雨。

因为雨是最最原始的敲打乐从记忆的彼端敲起。瓦是最最低沉的乐器灰蒙蒙的温柔覆盖着听雨的人，瓦是音乐的雨伞撑起。但不久公寓的时代来临，台北你怎么一下子长高了，瓦的音乐竟成了绝响。千片万片的瓦翩翩，美丽的灰蝴蝶纷纷飞走，飞入历史的记忆。现在雨下下来下在水泥的屋顶和墙上，没有音韵的雨季。树也砍光了，那月桂，那枫树，柳树和擎天的巨椰，雨来的时候不再有丛叶嘈嘈切切，闪动湿湿的绿光迎接。鸟声减了啾啾，蛙声沉了咯咯，秋天的虫吟也减了唧唧。七十年代的台北不需要这些，一个乐队接一个乐队便遣散尽了。要听鸡叫，只有去诗经的韵里找。现在只剩下一张黑白片，黑白的默片。

正如马车的时代去后，三轮车的夫工也去了。曾经在雨夜，三轮车的油布篷挂起，送她回家的途中，篷里的世界小得多可爱，而且躲在警察的辖区以外，雨衣的口袋越大越好，盛得下他的一只手里握一只纤纤的手。台湾的雨季这么长，该有人发明一种宽宽的双人雨衣，一人分穿一只袖子此外的部分就不必分得太苛。而无论工业如何发达，一时似乎还废不了雨伞。只要雨不倾盆，风不横吹，撑一把伞在雨中仍不失古典的韵味。任雨点敲在黑布伞或是透明的塑胶伞上，将骨柄一旋，雨珠向四方喷溅，伞缘便旋成了一圈飞檐。

跟女友共一把雨伞，该是一种美丽的合作吧。最好是初恋，有点兴奋，更有点不好意思，若即若离之间，雨不妨下大一点。真正初恋，恐怕是兴奋得不需要伞的，手牵手在雨中狂奔而去，把年轻的长发的肌肤交给漫天的淋淋漓漓，然后向对方的唇上颊上尝凉凉甜甜的雨水。不过那要非常年轻且激情，同时，也只能发生在法国的新潮片里吧。

大多数的雨伞想不会为约会张开。上班下班，上学放学，菜市来回的途中。现实的伞，灰色的星期三。握着雨伞。他听那冷雨打在伞上。索性更冷一些就好了，他想。索性把湿湿的灰雨冻成干干爽爽的白雨，六角形的结晶体在无风的空中回回旋旋地降下来。等须眉和肩头白尽时，伸手一拂就落了。二十五年，没有受故乡白雨的祝福，或许发上下一点白霜是一种变相的自我补偿吧。一位英雄，经得起多少次雨季？他的额头是水成岩削成还是火成岩？他的心底究竟有多厚的苔藓？厦门街的雨巷走了二十年与记忆等长，一座无瓦的公寓在巷底等他，一盏灯在楼上的雨窗子里，等他回去，向晚餐后的沉思冥想去整理青苔深深的记忆。

前尘隔海。古屋不再。听听那冷雨。

【讲评】

余光中，1928年出生于南京，祖籍福建永春。母亲原籍江苏武进，故也自称“江南人”。其1952年毕业于台湾大学外文系，1959年获美国爱荷华大学（LOWA）艺术硕士，先后任教于台湾东吴大学、台湾师范大学、台湾大学、台湾政治大学。其间两度应美国国务院邀请，赴美国多家大学任客座教授。1972年任台湾政治大学西语系教授兼主任。1974—1985年任香港中文大学中文系教授。1985年至今，任台湾“中山大学”教授，其中有六年时间兼任文学院院长及外文研究所所长。

余光中一生从事诗歌、散文、评论、翻译工作，自称为自己写作的“四度空间”。至今驰骋文坛已逾半个世纪，涉猎广泛，被誉为“艺术上的多妻主义者”。其文学生涯悠远、辽阔、深沉，为当代诗坛健将、散文大家、著名批评家、优秀翻译家。其代表作有《白玉苦瓜》（诗集）、《记忆像铁轨一样长》（散文集）及《分水岭上——余光中评论文集》（评论集）等。

《听听那冷雨》是余光中的散文代表作之一。这篇散文抒写的是深深的思乡情绪，这种乡情主要是通过对雨声的描写流淌而出的，借冷雨抒情，将自己身处台湾、不能回大陆团聚的思乡情绪娓娓倾诉出来。但另一方面这种乡情也表现在他的诗词里面，中国古典诗词的意趣在被赋予生命的冷雨中表现得淋漓尽致。

4. 忆大山

习近平

贾大山离开我们已经一年了。他去世以后，在他的家乡正定，在他曾默默耕耘了20多个春秋的当代文坛，引起了不小的震动。昔日的同事、朋友和所有认识他、了解他的善良的人们，无不在深切地怀念他，许多文学界的老朋友和他家乡的至交，怀着沉痛的心情，写下了一篇篇情真意切、感人至深的纪念文章。一个虽然著名但并不算高产的作家，在身后能引起不同阶层人士如此强烈的反响，在文坛、在社会上能够得到如此丰厚的纪念文字，可见贾大山的人格和小说艺术具有何等的魅力。

1982年早春，我要求离开中直机关到基层锻炼，被组织分配到正定任县委副书记。那时，贾大山还在县文化馆工作，虽然只是一个业余作者，但其《取经》已摘取了新时期全国优秀短篇小说奖的桂冠，正是一颗在中国文坛冉冉升起的新星。原来我曾读过几篇大山的小说，常常被他那诙谐幽默的语言、富有哲理的辨析、真实优美的描述和精巧独特的构思所折服。到正定工作后，更是经常听到人们关于贾大山的脾气、性格、学识、为人的议论，不由地让人生发出一种钦敬之情。特别是我们由初次相识到相熟相知以后，他那超常的记忆、广博的知识、幽默的谈吐、机敏的反应，还有那光明磊落、襟怀坦荡、真挚热情、善良正直的品格，都给我留下了极其深刻的印象。

我到正定后，第一个登门拜访的对象就是贾大山。

一个春寒料峭的傍晚，我在工作人员的陪同下来到大山居住的小屋，相互问候之后，便开始了漫无边际的闲聊，文学艺术、戏曲电影、古今中外、社会人生，无所不及，无话不谈。虽然是第一次见面，但我们却像多年不见的朋友，有说不完的话题，表不尽的情谊。临别时，他还拉着我的手久久不愿放开："近平，虽说我们是初次见面，但神交已久啊！以后有工夫，多来我这儿坐坐。"他边说边往外送，我劝他留步，他像没听见似的。就这样边走边说，竟一直把我送到机关门口。

此后的几年里，我们的交往更加频繁了，有时他邀我到家里，有时我邀他到机关，促膝交谈，常常到午夜时分。记得有好几次，我们收住话锋时，已经是次日凌晨两三点钟了。每遇这种情况，不是他送我，就是我送他。为了不影响机关门卫的休息，我们常常叠罗汉似的，一人先蹲下，另一人站上肩头，悄悄地从大铁门上翻过。

1982年冬，在众人的举荐和县领导的反复动员劝说下，大山不太愿意地挑起了文化局长的重担。虽说他的淡泊名利是出了名的，可当起领导来却不含糊。上任伊始，他就下基层、访群众、查问题、定制度，几个月下来，便把原来比较混乱的文化系统整治得井井有条。在任期间，大山为正定文化事业的发展和古文物的研究、保护、维修、发掘、抢救，竭尽了自己的全力。常山影剧院、新华书店、电影院等文化设施的兴建和修复，隆兴寺大悲阁、天宁寺凌霄塔、开元寺钟楼、临济寺澄灵塔、广惠寺华塔、县文庙大成殿的修复，无不浸透着他辛劳奔走的汗水。

作为一名作家，大山有着洞察社会人生的深邃目光和独特视角。他率真善良、恩怨分明、才华横溢、析理透彻。对人们反应强烈的一些社会问题，他往往有自己精辟独到、合情合理的意见和建议。因此，在与大山作为知己相处的同时，我还更多地把他这里作为及时了解社情民意的窗口和渠道，把他作为我行政与为人的参谋和榜样。

大山是一位非党民主人士，但他从来也没有把自己的命运与党和国家、人民的命运割裂开。在我们党的政策出现某些失误和偏差、国家和人民遇到困难和灾害的时候，在党内腐败现象滋生蔓延、发生局部动乱的时候，他的忧国忧民情绪就表现得更为强烈和独特。他利用与基层民众水乳交融的关系，充分调动各种历史和文化知识，以诙谐幽默的语调、合情入理的分析、乐观豁达的情绪，去劝说人们、影响人们，主动地做一些疏导和化解矛盾的工作。同时，他更没忘记一名作家的良知和责任，用小说这种文学形式，尽情地歌颂真、善、美，无情地揭露和鞭挞假、恶、丑，让人们在潜移默化中去感悟人生，增强明辨是非、善恶、美丑的能力，更让人们看到光明和希望，对生活充满信心，对党和国家的前途充满信心。

我在正定期间，不论是在工作上还是在生活上，得到了大山很多的支持和帮助，我们之间也建立了深厚的情谊。记得1985年5月我即将调离正定去南方工作的那个晚上，我们相约相聚，进行了最后一次长谈，临分手时，俩人都流下了激动的泪水，依依别情，难以言状。

我到南方以后，曾经给大山去过几封信，只是大山甘于恬淡寂寞，不喜热闹，未有及时回应。以后我也因工作较忙，很少给他写信了，只是偶尔通个电话，送上衷心的问候和祝愿。我还曾多次让人捎信儿，希望他在方便的时候，到我工作的地方去走一走，看一看，可他总是说我担子重、工作忙，不愿给我添麻烦。虽然接触、联系少了，但我们之间的友情并未随日月流逝而淡漠，他常向与我联系较多的同志探询，密切关注着我的工作情况和动向，我也经常向到南方出差的正定的同志询问他的身体、工作和创作状况。每次见到正定的同志，我都请他们给他带去一些薄礼。每年春节前夕，我总要给他寄上一张贺卡，表达自己的思念之情和美好的祝愿。

1991年春节，在离开正定6年之后，我受正定县委之邀，又一次回到了我曾经工作和生活了3年多的第二故乡——正定。我抽时间专程到家里看望大山。那时他已主动辞去了文化局长职务，到县政协任专职副主席了。他依然那样豁达乐观、诙谐幽默，依然身板硬朗、精神矍铄，并依然在担任领导职务的同时坚持着他的小说创作。那年，他还不到50岁，正是精力充沛、创作欲望非常强烈的黄金时期。他告诉我，什么小说在哪个杂志发表了，什么小说被哪几家刊物转载了，正在构思或写着什么，显得非常兴奋。那次相见，由于时间关系，我们没能长谈，便依依惜别了。

1995年深秋，我从一个朋友口中得知大山患病并已做了手术，尽管说手术相当成功，还是给关心他的人们心头蒙上了一层厚重的阴影。我不时打听着他是否康复的消息，但每次得到的都是同样的回答：他的病情不见好转，却一天比一天更瘦了。后来，听说他到省四院做了食道扩张治疗，能吃进一些流食了。再后来，听说又不行了，正在北京协和医院做诊断检查。刚好，我那几天正在北京开会，便抽空到医院去看望他。见到他时，眼中的大山早已不是昔日的模样，只见他面色憔悴，形体枯槁，蜷缩在病床上不停地咳嗽，只有那两只深深凹陷进去的眼球，还依然闪耀着流动的亮光。他看到我进来，立即挣扎着从床上坐起，紧紧握住我的双手，激动的泪水早已夺眶而出。稍微平静些后，他就给我述说病情的经过。我坐在他的床头，不时说上几句安慰的话，尽管这种语言已显得是那样得苍白和无力。那次见面，我们两人都显得非常激动，因为我知道，恶魔般的细胞，此时已在大山的肝脏、胰脏和腹腔大面积扩散。我不忍心让他在病痛之中再过于激动，为了他能得到适度的平静和休息，我只好起身与他挥泪告别。临走，我告诉他，抽时间我一定再到正定去看他。

1997年2月9日，是农历的正月初三，我又一次回到正定，再一次，也是最后一次去看望大山。这时的大山，身体的能量几近耗尽，他的面色更加憔悴，形体愈显瘦小，声音嘶哑，眼光浑浊，话语已经不很连贯，说几句就要歇一歇。此时我心中已有一种预感——恐怕大山的驾鹤西去为期不远了。至此，一股悲怆的情绪油然而生，我不由自主地紧紧握住大山的手，泪水溢满了眼眶。这时的大山，却显得非常平静，倒是先安慰起我来。我提出再和他照张合影，他笑着说："我已瘦成这样，不像个人样儿了，叫人看见怪吓人的呀！”他虽是这样说，可还是挣扎着坐了起来。这张照片，成了我和大山，也是大山和别人最后的一张合影。

2月21日，在我刚刚离开正定才十来天，突然接到电话告知——著名作家贾大山于1997年2月20日晚因病去世，享年54岁。

噩耗传来，我沉浸在巨大的悲痛之中。大山的逝世，使我失去了一个好朋友、好兄长。我多么想亲自去为他送行，再看他最后一眼哪！无奈远隔千里，不能前往，也只能托人代送花圈，以示沉痛悼念了。

大山走了，他走得是那样匆忙，走得是那样悄无声息，但他那忧国忧民的情愫，清正廉洁、勤政敬业的作风，襟怀坦荡、真挚善良的品格，刚正不阿、疾恶如仇的精神，都将与他不朽的作品一样，长留人间。

【讲评】

习近平，生于1953年6月，陕西富平人，法学博士。自2012年起任中国共产党中央委员会总书记。其爱好文学，常从事诗词创作。其系列讲话中引经据典、摭拾诗词、文采飞扬、哲理深邃，既体现出平时爱读书、勤思考的良好操守，又显示出深厚的传统文化功底。另有古诗词《念奴娇·追思焦裕禄》发表，也曾引起强烈反响。

《忆大山》是习近平1998年任福建省委副书记时写的一篇叙事性散文，最先发表在《当代人》杂志1998年第7期上，是为怀念1997年去世的老友贾大山。2014年1月，《忆大山》一文的责任编辑康志刚将这篇文章重新发表在博客上，随后被《光明日报》转载。这一段30多年前有关友情、知己和勤政的往事才得以被更多的人知晓。

《忆大山》深情记述了习近平与河北乡土作家贾大山的交往和友谊，对贾大山的人品、文品给予了高度评价，对贾大山的英年早逝表达了深切哀悼。这篇字字情真、句句意切的文章，充满着布衣之交、贫贱之交不可忘的情怀，读之令人动容。

第二讲

小说纵横

1. 狂人日记

鲁迅

序（1）

某君昆仲，今隐其名，皆余昔日在中学时良友；分隔多年，消息渐阙。日前偶闻其一大病；适归故乡，迂道往访，则仅晤一人，言病者其弟也。劳君远道来视，然已早愈，赴某地候补（2）矣。因大笑，出示日记二册，谓可见当日病状，不妨献诸旧友。持归阅一过，知所患盖“迫害狂”之类。语颇错杂无伦次，又多荒唐之言；亦不著月日，惟墨色字体不一，知非一时所书。间亦有略具联络者，今撮录一篇，以供医家研究。记中语误，一字不易；惟人名虽皆村人，不为世间所知，无关大体，然亦悉易去。至于书名，则本人愈后所题，不复改也。七年四月二日识。

一

今天晚上，很好的月光。

我不见他，已是三十多年；今天见了，精神分外爽快。才知道以前的三十多年，全是发昏；然而须十分小心。不然，那赵家的狗，何以看我两眼呢？

我怕得有理。

二

今天全没月光，我知道不妙。早上小心出门，赵贵翁的眼色便怪：似乎怕我，似乎想害我。还有七八个人，交头接耳地议论我，张着嘴，对我笑了一笑；我便从头直冷到脚跟，晓得他们布置，都已妥当了。

我可不怕，仍旧走我的路。前面一伙小孩子，也在那里议论我；眼色也同赵贵翁一样，脸色也铁青。我想我同小孩子有什么仇，他也这样。忍不住大声说："你告诉我！"他们可就跑了。

我想：我同赵贵翁有什么仇，同路上的人又有什么仇；只有廿年以前，把古久先生的陈年流水簿子（3），踹了一脚，古久先生很不高兴。赵贵翁虽然不认识他，一定也听到风声，代抱不平；约定路上的人，同我作冤对。但是小孩子呢？那时候，他们还没有出世，何以今天也睁着怪眼睛，似乎怕我，似乎想害我。这真叫我怕，教我纳罕而且伤心。我明白了。这是他们娘老子教的！

三

晚上总是睡不着。凡事须得研究，才会明白。

他们——也有给知县打枷过的，也有给绅士掌过嘴的，也有衙役占了他妻子的，也有老子娘被债主逼死的；他们那时候的脸色，全没有昨天这么怕，也没有这么凶。

最奇怪的是昨天街上的那个女人，打他儿子，嘴里说道，"老子呀！我要咬你几口才出气！"他眼睛却看着我。我出了一惊，遮掩不住；那青面獠牙的一伙人，便都哄笑起来。陈老五赶上前，硬把我拖回家中了。

拖我回家，家里的人都装作不认识我；他们的脸色，也全同别人一样。进了书房，便反扣上门，宛然是关了一只鸡鸭。这一件事，越教我猜不出底细。

前几天，狼子村的佃户来告荒，对我大哥说，他们村里的一个大恶人，给大家打死了；几个人便挖出他的心肝来，用油煎炒了吃，可以壮壮胆子。我插了一句嘴，佃户和大哥便都看我几眼。今天才晓得他们的眼光，全同外面的那伙人一模一样。

想起来，我从顶上直冷到脚跟。

他们会吃人，就未必不会吃我。

你看那女人"咬你几口"的话，和一伙青面獠牙人的笑，和前天佃户的话，明明是暗号。我看出他话中全是毒，笑中全是刀。他们的牙齿，全是白厉厉的排着，这就是吃人的家伙。照我自己想，虽然不是恶人，自从踹了古家的簿子，可就难说了。他们似乎别有心思，我全猜不出。况且他们一翻脸，便说人是恶人。我还记得大哥教我做论，无论怎样好人，翻他几句，他便打上几个圈；原谅坏人几句，他便说"翻天妙手，与众不同"。我那里猜得到他们的心思，究竟怎样；况且是要吃的时候。

凡事总须研究，才会明白。古来时常吃人，我也还记得，可是不甚清楚。我翻开历史一查，这历史没有年代，歪歪斜斜的每页上都写着"仁义道德"几个字。我横竖睡不着，仔细看了半夜，才从字缝里看出字来，满本都写着两个字是"吃人"！

书上写着这许多字，佃户说了这许多话，却都笑吟吟地睁着怪眼看我。

我也是人，他们想要吃我了！

四

早上，我静坐了一会儿。陈老五送进饭来，一碗菜，一碗蒸鱼。这鱼的眼睛，白而且硬，张着嘴，同那一伙想吃人的人一样。吃了几筷，滑溜溜的不知是鱼是人，便把他兜肚连肠地吐出。

我说："老五，对大哥说，我闷得慌，想到园里走走。"老五不答应，走了；停一会，可就来开了门。

我也不动，研究他们如何摆布我；知道他们一定不肯放松。果然！我大哥引了一个老头子，慢慢走来；他满眼凶光，怕我看出，只是低头向着地，从眼镜横边暗暗看我。大哥说："今天你仿佛很好。"我说："是的。"大哥说："今天请何先生来，给你诊一诊。"我说："可以！"其实我岂不知道这老头子是刽子手扮的！无非借了看脉这名目，揣一揣肥瘠：因这功劳，也分一片肉吃。我也不怕，虽然不吃人，胆子却比他们还壮。伸出两个拳头，看他如何下手。老头子坐着，闭了眼睛，摸了好一会，呆了好一会，便张开他鬼眼睛说，"不要乱想。静静地养几天，就好了。"

不要乱想，静静地养！养肥了，他们是自然可以多吃；我有什么好处，怎么会"好了"？他们这群人，又想吃人，又是鬼鬼祟祟，想法子遮掩，不敢直接下手，真要令我笑死。我忍不住，便放声大笑起来，十分快活。自己晓得这笑声里面，有的是义勇和正气。老头子和大哥，都失了色，被我这勇气、正气镇压住了。

但是我有勇气，他们便越想吃我，沾光一点这勇气。老头子跨出门，走不多远，便低声对大哥说道，"赶紧吃罢！"大哥点点头。原来也有你！这一件大发现，虽似意外，也在意中：合伙吃我的人，便是我的哥哥！

吃人的是我哥哥！

我是吃人的人的兄弟！

我自己被人吃了，可仍然是吃人的人的兄弟！

五

这几天是退一步想：假使那老头子不是刽子手扮的，真是医生，也仍然是吃人的人。他们的祖师李时珍做的"本草什么（4）"上，明明写着人肉可以煎吃；他还能说自己不吃人么？

至于我家大哥，也毫不冤枉他。他对我讲书的时候，亲口说过可以"易子而食（5）"；又一回偶然议论起一个不好的人，他便说不但该杀，还当"食肉寝皮（6）"。我那时年纪还小，心跳了好半天。前天狼子村佃户来说吃心肝的事，他也毫不奇怪，不住地点头。可见心思是同从前一样狠。既然可以"易子而食"，便什么都易得，什么人都吃得。我从前单听他讲道理，也糊涂过去；现在晓得他讲道理的时候，不但唇边还抹着人油，而且心里满装着吃人的意思。

六

黑漆漆的，不知是日是夜。赵家的狗又叫起来了。

狮子似的凶心，兔子的怯弱，狐狸的狡猾……

七

我晓得他们的方法，直接杀了，是不肯的，而且也不敢，怕有祸祟。所以他们大家联络，布满了罗网，逼我自戕。试看前几天街上男女的样子，和这几天我大哥的作为，便足可悟出八九分了。最好是解下腰带，挂在梁上，自己紧紧勒死；他们没有杀人的罪名，又偿了心愿，自然都欢天喜地地发出一种呜呜咽咽的笑声。否则惊吓忧愁死了，虽则略瘦，也还可以首肯几下。

他们是只会吃死肉的！——记得什么书上说，有一种东西，叫"海乙那"（7）的，眼光和样子都很难看；时常吃死肉，连极大的骨头，都细细嚼烂，咽下肚子去，想起来也教人害怕。"海乙那"是狼的亲眷，狼是狗的本家。前天赵家的狗，看我几眼，可见他也同谋，早已接洽。老头子眼看着地，岂能瞒得我过。

最可怜的是我的大哥，他也是人，何以毫不害怕；而且合伙吃我呢？还是历来惯了，不以为非呢？还是丧了良心，明知故犯呢？

我诅咒吃人的人，先从他起头；要劝转吃人的人，也先从他下手。

八

其实这种道理，到了现在，他们也该早已懂得……

忽然来了一个人，年纪不过二十左右，相貌是不很看得清楚，满面笑容，对着我点头，他的笑也不像真笑。我便问他，“吃人的事，对么？”他仍然笑着说，“不是荒年，怎么会吃人。”我立刻就晓得，他也是一伙，喜欢吃人的；便自勇气百倍，偏要问他。

“对么？”

“这等事问他什么。你真会……说笑话……今天天气很好。”

天气是好，月色也很亮了。可是我要问你，“对么？”

他不以为然了。含含糊糊地答道，“不……”

“不对？他们何以竟吃?!”

“没有的事……”

“没有的事？狼子村现吃；还有书上都写着，通红崭新！”

他便变了脸，铁一般青。睁着眼说，“有许有的，这是从来如此……”

“从来如此，便对么？”

“我不同你讲这些道理；总之你不该说，你说便是你错！”

我直跳起来，张开眼，这人便不见了。全身出了一大片汗。他的年纪，比我大哥小得远，居然也是一伙；这一定是他娘老子先教的。还怕已经教给他儿子了；所以连小孩子，也都恶狠狠的看我。

九

自己想吃人，又怕被别人吃了，都用着疑心极深的眼光，面面相觑……

去了这心思，放心做事走路吃饭睡觉，何等舒服。这只是一条门槛，一个关头。他们可是父子兄弟夫妇朋友师生仇敌和各不相识的人，都结成一伙，互相劝勉，互相牵掣，死也不肯跨过这一步。

十

大清早，去寻我大哥；他立在堂门外看天，我便走到他背后，拦住门，格外沉静，格外和气的对他说，“大哥，我有话告诉你。”

“你说就是。”他赶紧回过脸来，点点头。

“我只有几句话，可是说不出来。大哥，大约当初野蛮的人，都吃过一点人。后来因为心思不同，有的不吃人了，一味要好，便变了人，变了真的人。有的却还吃——也同虫子一样，有的变了鱼鸟猴子，一直变到人。有的不要好，至今还是虫子。这吃人的人比不吃人的人，何等惭愧。怕比虫子的惭愧猴子，还差得很远很远。

“易牙（8）蒸了他儿子，给桀纣吃，还是一直从前的事。谁晓得从盘古开辟天地以后，一直吃到易牙的儿子；从易牙的儿子，一直吃到徐锡林（9）；从徐锡林，又一直吃到狼子村捉住的人。去年城里杀了犯人，还有一个生痨病的人，用馒头蘸血舐。

“他们要吃我，你一个人，原也无法可想；然而又何必去入伙。吃人的人，什么事做不出；他们会吃我，也会吃你，一伙里面，也会自吃。但只要转一步，只要立刻改了，也就是人人太平。虽然从来如此，我们今天也可以格外要好，说是不能！大哥，我相信你能说，前天佃户要减租，你说过不能。”

当初，他还只是冷笑，随后眼光便凶狠起来，一到说破他们的隐情，那就满脸都变成青色了。大门外立着一伙人，赵贵翁和他的狗，也在里面，都探头探脑地挨进来。有的是看不出面貌，似乎用布蒙着；有的是仍旧青面獠牙，抿着嘴笑。我认识他们是一伙，都是吃人的人。可是也晓得他们心思很不一样，一种是以为从来如此，应该吃的；一种是知道不该吃，可是仍然要吃，又怕别人说破他，所以听了我的话，越发气愤不过，可是抿着嘴冷笑。

这时候，大哥也忽然显出凶相，高声喝道，“都出去！疯子有什么好看！”

这时候，我又懂得一件他们的巧妙了。他们岂但不肯改，而且早已布置；预备下一个疯子的名目罩上我。将来吃了，不但太平无事，怕还会有人见情。佃户说的大家吃了一个恶人，正是这方法。这是他们的老谱！

陈老五也气愤愤地直走进来。如何按得住我的口，我偏要对这伙人说，“你们可以改了，从真心改起！要晓得将来容不得吃人的人，活在世上。你们要不改，自己也会吃尽。即使生得多，也会给真的人除灭了，同猎人打完狼子一样！——同虫子一样！”

那一伙人，都被陈老五赶走了。大哥也不知那里去了。陈老五劝我回屋子里去。屋里面全是黑沉沉的。横梁和椽子都在头上发抖；抖了一会，就大起来，堆在我身上。

万分沉重，动弹不得；他的意思是要我死。我晓得他的沉重是假的，便挣扎出来，出了一身汗。可是偏要说，“你们立刻改了，从真心改起！你们要晓得将来是容不得吃人的人……”

十一

太阳也不出，门也不开，日日是两顿饭。

我捏起筷子，便想起我大哥；晓得妹子死掉的缘故，也全在他。那时我妹子才五岁，可爱可怜的样子，还在眼前。母亲哭个不住，他却劝母亲不要哭；大约因为自己吃了，哭起来不免有点过意不去。如果还能过意不去……妹子是被大哥吃了，母亲知道没有，我可不得而知。

母亲想也知道；不过哭的时候，却并没有说明，大约也以为应当的了。记得我四五岁时，坐在堂前乘凉，大哥说爷娘生病，做儿子的须割下一片肉来，煮熟了请他吃（10），才算好人；母亲也没有说不行。一片吃得，整个的自然也吃得。但是那天的哭法，现在想起来，实在还教人伤心，这真是奇极的事！

十二

不能想了。

四千年来时时吃人的地方，今天才明白，我也在其中混了多年；大哥正管着家务，妹子恰恰死了，他未必不和在饭菜里，暗暗给我们吃。

我未必无意之中，不吃了我妹子的几片肉，现在也轮到我自己……有了四千年吃人履历的我，当初虽然不知道，现在明白，难见真的人！

十三

没有吃过人的孩子，或者还有？

救救孩子……

一九一八年四月

【注释】

(1) 序：亦称“叙”，或称“引”，又名“序言”“前言”“引言”，是放在著作正文之前的文章或一段“引言”。在这篇文章中，它是一个“引言”，以对下文做简单的交代。(2) 候补：清代官制，是指通过科举或捐纳等途径取得官衔，但还没有实际职务的中下级官员，由吏部抽签分发到某部或某省，听候委用，称为候补。(3) 古久先生的陈年流水簿子：这里比喻中国封建主义统治的长久历史。(4) 本草什么：指《本草纲目》，是明代医学家李时珍（1518—1593）的药物学著作，共52卷。该书曾经提到唐代陈藏器《本草拾遗》中以人肉医治痨的记载，并表示了异议。这里说李时珍的书“明明写着人肉可以煎吃”，当是“狂人”的“记中语误”。(5) 易子而食：语见《左传·宣公十五年》，是宋将华元对楚将子反叙说宋国都城被楚军围困时的惨状：“敝邑易子而食，析骸而爨。”(6) 食肉寝皮：语出《左传·襄公二十一年》，晋国州绰对齐庄公说：“然二子者，譬於禽兽，臣食其肉而寝处其皮矣。”（“二子”指齐国的殖绰和郭最，他们曾被州绰俘虏过）。(7) 海乙那：英语hyena的音译，即鬣狗（又名土狼），一种食肉兽，常跟在狮、虎等猛兽之后，以它们吃剩的兽类的残尸为食。(8) 易牙：春秋时齐国人，善于调味。《管子·小称》说：“夫易牙以调和事公（指齐桓公），公曰惟蒸婴儿之未尝，于是蒸其首子而献之公。”桀、纣各为中国夏朝和商朝的最后一代君主，易牙和他们不是同时代人。这里说的“易牙蒸了他儿子，给桀纣吃”，也是“狂人语颇错杂无伦次”的表现。(9) 徐锡林：隐指徐锡麟（1873—1907），字伯荪，浙江绍兴人，清末革命团体光复会的重要成员。1907年与秋瑾准备在浙、皖两省同时起义。7月6日，他以安徽巡警处会办兼巡警学堂监督身份为掩护，乘学堂举行毕业典礼之机刺死安徽巡抚恩铭，率领学生攻占军械局，弹尽被捕，当日惨遭杀害，心肝被恩铭的卫队挖出炒食。(10) 大哥说……煮熟了请他吃：指“割股疗亲”，即割取自己的股肉煎药，以医治父母的重病。这是封建社会的一种愚孝行为。《宋史·选举志一》说：“上以孝取人，则勇者割股，怯者庐墓。”

【讲评】

鲁迅（1881—1936），原名周樟寿，后改名周树人；字豫山、豫亭，后改为豫才，浙江绍兴会稽县人，中国现代伟大的无产阶级文学家、思想家和革命家。

1918年5月15日鲁迅发表《狂人日记》，这是中国第一部现代白话文小说；1921年其发表中篇白话小说《阿Q正传》；1936年10月19日因肺结核病逝于上海。鲁迅的作品主要以小说、杂文为主，代表作有：小说集《呐喊》《彷徨》《故事新编》等；散文集《朝花夕拾》；散文诗集《野草》；杂文集《坟》《热风》《华盖集》《华盖集续编》《南腔北调集》《三闲集》《二心集》《而已集》《且介亭杂文》等。他的作品有数十篇被选入中小学语文课本，并有多部小说被先后改编成电影。其作品对“五四运动”以后的中国文学产生了深刻的影响。鲁迅以笔代戈，奋笔疾书，战斗一生，被誉为“民族魂”。“横眉冷对千夫指，俯首甘为孺子牛”是鲁迅一生的写照。

《狂人日记》是鲁迅创作的第一部短篇白话日记体小说，也是中国第一部现代白话文小说，写于1918年4月。该文首发于1918年5月15日4卷5号的《新青年》月刊，后收入《呐喊》集，编入《鲁迅全集》第一卷。

小说通过被迫害者“狂人”的形象以及“狂人”的自述式描写，揭示了封建礼教的“吃人”本质，表现了作者对以封建礼教为主体内涵的中国封建文化的反抗，同时也表现了作者深刻的忏悔意识。作者以彻底的“革命民主主义”的立场对中国的文化作了深刻的反思，同时对中国甚至是人类的前途表达了深深的忧愤。

2. 边城（节选）

沈从文

夜间果然落了大雨，夹以吓人的雷声。电光从屋脊上掠过时，接着就是訇的一个炸雷。翠翠在暗中抖着。祖父也醒了，知道她害怕，且担心她着凉，还起身来把一条布单搭到她身上去。祖父说：“翠翠，不要怕！”

翠翠说：“我不怕！”说了还想说：“爷爷你在这里我不怕！”訇的一个大雷，接着是一种超越雨声而上的洪大闷重倾圮声。两人都以为一定是溪岸悬崖崩塌了，担心到那只渡船会压在崖石下面去了。

祖孙两人便默默地躺在床上听雨声雷声。

但无论如何大雨，过不久，翠翠却依然睡着了。醒来时天已亮了，雨不知在何时业已止息，只听到溪两岸山沟里注水入溪的声音。翠翠爬起身来，看看祖父还似乎睡得很好，开了门走出去。门前已成为一个水沟，一股水便从塔后哗哗地流来，从前面悬崖直堕而下。并且各处都是那么一种临时的水道。屋旁菜园地已为山水冲乱了，菜秧皆掩在粗砂泥里了。再走过前面去看看溪里，才知道溪中也涨了大水，已漫过了码头，水脚快到茶缸边了。下到码头去的那条路，正同一条小河一样，哗哗地泄着黄泥水。过渡的那一条横溪牵定的缆绳，也被水淹没了，泊在崖下的渡船，已不见了。

翠翠看看屋前悬崖并不崩坍，故当时还不注意渡船的失去。但再过一阵，她上下搜索不到这东西，无意中回头一看，屋后白塔已不见了。一惊非同小可，赶忙向屋后跑去，才知道白塔业已坍倒，大堆砖石极凌乱的摊在那儿。翠翠吓慌得不知所措，只锐声叫她的祖父。祖父不起身，也不答应，就赶回家里去，到得祖父床边摇了祖父许久，祖父还不作声。原来这个老年人在雷雨将息时已死去了。

翠翠于是大哭起来。

过一阵，有从茶峒过川东跑差事的人，到了溪边，隔溪喊过渡，翠翠正在灶边一面哭着一面烧水预备为死去的祖父抹澡。

那人以为老船夫一家还不醒，急于过河，喊叫不应，就抛掷小石头过溪，打到屋顶上。翠翠鼻涕眼泪成一片的走出来，跑到溪边高崖前站定。

“喂，不早了！把船划过来！”

“船跑了！”

“你爷爷做什么事情去了呢？他管船，有责任！”

“他管船，管五十年的船——他死了啊！”

翠翠一面向隔溪人说着一面大哭起来。那人知道老船夫死了，得进城去报信，就说：“真死了吗？不要哭吧，我回去通知他们，要他们弄条船带东西来！”

那人回到茶峒城边时，一见熟人就报告这件事，不多久，全茶峒城里外都知道这个消息了。河街上船总顺顺，派人找了一只空船，带了副白木匣子，即刻向碧溪岨撑去。城中杨马兵却同一个老军人，赶到碧溪岨去，砍了几十根大毛竹，用葛藤编作筏子，作为来往过渡的临时渡船。筏子编好后，撑了那个东西，到翠翠家中那一边岸下，留老兵守竹筏来往渡人，自己跑到翠翠家去看那个死者，眼泪湿莹莹的，摸了一会躺在床上硬僵僵的老友，又赶忙着做些应做的事情。到后帮忙的人来了，从大河船上运来棺木也来了，住在城中的老道士，还带了许多法器，一件旧麻布道袍，并提了一只大公鸡，来尽义务办理念经起水诸事，也从筏上渡过来了。家中人出出进进，翠翠只坐在灶边矮凳上呜呜的哭着。

到了中午，船总顺顺也来了，还跟着一个人扛了一口袋米，一坛酒，一腿猪肉。见了翠翠就说：“翠翠，爷爷死了我知道了，老年人是必需死的，不要发愁，一切有我！”各方面看看，就回去了。

到了下午入了殓，一些帮忙的回的回家去了，晚上便只剩下了那老道士、杨马兵同顺顺家派来的两个年青长年。黄昏以前老道士用红绿纸剪了一些花朵，用黄泥作了一些烛台。天断黑后，棺木前小桌上点起黄色九品蜡，燃了香，棺木周围也点了小蜡烛，老道士披上那件蓝麻布道服，开始了丧事中绕棺仪式。老道士在前拿着小小纸幡引路，孝子第二，马兵殿后，绕着那寂寞棺木慢慢转着圈子。两个长年则站在灶边空处，胡乱的打着锣钹。老道士一面闭了眼睛走去，一面且唱且哼，安慰亡灵。提到关于亡魂所到西方极乐世界花香四季时，老马兵就把木盘里的纸花，向棺木上高高撒去，象征西方极乐世界情形。

到了半夜，事情办完了，放过爆竹，蜡烛也快熄灭了，翠翠泪眼婆娑的，赶忙又到灶边去烧火，为帮忙的人办宵夜。吃了宵夜，老道士歪到死人床上睡着了。剩下几个人还得照规矩在棺木前守灵，老马兵为大家唱丧堂歌，用个空的量米木升子，当作小鼓，把手剥剥的一面敲着一面唱下去——唱“王祥卧冰”的事情，唱“黄香扇枕”的事情。

翠翠哭了一整天，同时也忙了一整天，到这时已倦极，把头靠在棺前眯着了。两长年同马兵吃了宵夜，喝过两杯酒，精神还虎虎的，便轮流把丧堂歌唱下去。但只一会儿，翠翠又醒了，仿佛梦到什么，惊醒后明白祖父已死，于是又幽幽的哭起来。

“翠翠，翠翠，不要哭啦，人死了哭不回来的！”

秃头陈四四接着就说了一个做新嫁娘的人哭泣的笑话，话语中夹杂了三五个粗野字眼儿，因此引起两个长年咕咕的笑了许久。黄狗在屋外吠着，翠翠开了大门，到外面去站了一下，耳听到各处是虫声，天上月色极好，大星子嵌进透蓝天空里，非常沉静温柔。翠翠想：

“这是真事吗？爷爷当真死了吗？”

老马兵原来跟在她的后边，因为他知道女孩子心门儿窄，说不定一炉火闷在灰里，痕迹不露，见祖父去了，自己一切无望，跳崖悬梁，想跟着祖父一块儿去，也说不定！故随时小心监视到翠翠。

老马兵见翠翠痴痴的站着，时间过了许久还不回头，就打着咳叫翠翠说：

“翠翠，露水落了，不冷么？”

“不冷。”

“天气好得很！”

“呀……”一颗大流星使翠翠轻轻的喊了一声。

接着南方又是一颗流星划空而下。对溪有猫头鹰叫。

“翠翠，”老马兵业已同翠翠并排一块块儿站定了，很温和的说，“你进屋里睡去吧，不要胡思乱想！”

翠翠默默的回到祖父棺木前面，坐在地上又呜咽起来。守在屋中两个长年已睡着了。

杨马兵便幽幽的说道：“不要哭了！不要哭了！你爷爷也难过咧，眼睛哭胀喉咙哭嘶有什么好处。听我说，爷爷的心事我全都知道，一切有我。我会把一切安排得好好的，对得起你爷爷。我会安排，什么事都会。我要一个爷爷欢喜你也欢喜的人来接收这渡船！不能如我们的意，我老虽老，还能拿镰刀同他们拼命。翠翠，你放心，一切有我！……”

远处不知什么地方鸡叫了，老道士在那边床上糊糊涂涂的自言自语：“天亮了吗？早咧！”

大清早，帮忙的人从城里拿了绳索杠子赶来了。

老船夫的白木小棺材，为六个人抬着到那个倾圮了的塔后山岨上去埋葬时，船总顺顺，马兵，翠翠，老道士，黄狗皆跟在后面。到了预先掘就的方阱边，老道士照规矩先跳下去，把一点朱砂颗粒同白米安置到阱中四隅及中央，又烧了一点纸钱，爬出阱时就要抬棺木的人动手下肂。翠翠哑着喉咙干号，伏在棺木上不起身。经马兵用力把她拉开，方能移动棺木。一会儿，那棺木便下了阱，拉去绳子，调整了方向，被新土掩盖了，翠翠还坐在地上呜咽。老道士要回城去替人做斋，过渡走了。船总把一切事托给老马兵，也赶回城去了。帮忙的皆到溪边去洗手，家中各人还有各人的事，且知道这家人的情形，不便再叨扰，也不再惊动主人，过渡回家去了。于是碧溪岨便只剩下三个人，一个是翠翠，一个是老马兵，一个是由船总家派来暂时帮忙照料渡船的秃头陈四四。黄狗因被那秃头打了一石头，对于那秃头仿佛很不高兴，尽是轻轻的吠着。

到了下午，翠翠同老马兵商量，要老马兵回城去把马托给营里人照料，再回碧溪岨来陪她。老马兵回转碧溪岨时，秃头陈四四被打发回城去了。

翠翠仍然自己同黄狗来弄渡船，让老马兵坐在溪岸高崖上玩，或嘶着个老喉咙唱歌给她听。

过三天后船总来商量接翠翠过家里去住，翠翠却想看守祖父的坟山，不愿即刻进城。只请船总过城里衙门去为说句话，许杨马兵暂时同她住住，船总顺顺答应了这件事，就走了。

杨马兵既是个上五十岁了的人，说故事的本领比翠翠祖父高一筹，加之凡事特别关心，做事又勤快又干净，因此同翠翠住下来，使翠翠仿佛去了一个祖父，却新得了一个伯父。过渡时有人问及可怜的祖父，黄昏时想起祖父，皆使翠翠心酸，觉得十分凄凉。但这分凄凉日子过久一点，也就渐渐淡薄些了。两人每日在黄昏中同晚上，坐在门前溪边高崖上，谈点那个躺在湿土里可怜祖父的旧事，有许多是翠翠先前所不知道的，说来便更使翠翠心中柔和。又说到翠翠的父亲，那个又要爱情又惜名誉的军人，在当时按照绿营军勇的装束，如何使女孩子动心。又说到翠翠的母亲，如何善于唱歌，而且所唱的那些歌在当时如何流行。

时候变了，一切也自然不同了，皇帝已不再坐江山，平常人还消说！杨马兵想起自己年青作马夫时，牵了马匹到碧溪岨来对翠翠母亲唱歌，翠翠母亲不理会，到如今这自己却成为这孤雏的唯一靠山唯一信托人，不由得不苦笑。

因为两人每个黄昏必谈祖父以及这一家有关系的事情，后来便说到了老船夫死前的一切，翠翠因此明白了祖父活时所不提到的许多事。二老的唱歌，顺顺大儿子的死，顺顺父子对于祖父的冷淡，中寨人用碾坊作陪嫁妆奁诱惑傩送二老，二老既记忆着哥哥的死亡，且因得不到翠翠理会，又被家中逼着接受那座碾坊，意思还在渡船，因此赌气下行，祖父的死因，又如何与翠翠有关……凡是翠翠不明白的事，如今可全明白了。翠翠把事弄明白后，哭了一个夜晚。

过了四七，船总顺顺派人来请马兵进城去，商量把翠翠接到他家中去，作为二老的媳妇。但二老人既在辰州，先就莫提这件事，且搬过河街去住，等二老回来时再看二老意思。马兵以为这件事得问翠翠。回来时，把顺顺的意思向翠翠说过后，又为翠翠出主张，以为名分既不定妥，到一个生人家里去不好，还是不如在碧溪岨等，等到二老驾船回来时，再看二老意思。

这办法决定后，老马兵以为二老不久必可回来的，就依然把马匹托营上人照料，在碧溪岨为翠翠作伴，把一个一个日子过下去。

碧溪岨的白塔，与茶峒风水有关系，塔圮坍了，不重新作一个自然不成。除了城中营管，税局以及各商号各平民捐了些钱以外，各大寨子也有人拿册子去捐钱。为了这塔成就并不是给谁一个人的好处，应尽每个人来积德造福，尽每个人皆有捐钱的机会，因此在渡船上也放了个两头有节的大竹筒，中部锯了一口，尽过渡人自由把钱投进去，竹筒满了马兵就捎进城中首事人处去，另外又带了个竹筒回来。过渡人一看老船夫不见了，翠翠辫子上扎了白线，就明白那老的已做完了自己分上的工作，安安静静躺到土坑里去了，必一面用同情的眼色瞧着翠翠，一面就摸出钱来塞到竹筒中去。“天保佑你，死了的到西方去，活下的永保平安。”翠翠明白那些捐钱人的意思，心里酸酸的，忙把身子背过去拉船。

到了冬天，那个圮坍了的白塔，又重新修好了。可是那个在月下唱歌，使翠翠在睡梦里为歌声把灵魂轻轻浮起的年轻人，还不曾回到茶峒来。

……

这个人也许永远不回来了，也许“明天”回来！

【讲评】

沈从文（1902—1988），中国著名作家，原名沈岳焕，笔名休芸芸、甲辰、上官碧、璇若等，乳名茂林，字崇文，湖南凤凰人。其祖父沈宏富是汉族，祖母刘氏是苗族，母亲黄素英是土家族。因此，沈从文应是汉族，但他本人却更热爱苗族，他的文学作品中有许多对苗族风情的描述。

沈从文是作家、历史文物研究者。14岁时，他投身行伍，浪迹湘川黔交界地区。1924年开始文学创作，撰写出版了《长河》《边城》等小说。1931—1933年在青岛大学任教，抗战爆发后到西南联大任教，1946年回到北京大学任教。中华人民共和国成立后在中国历史博物馆和中国社会科学院历史研究所工作，主要从事中国古代历史与文物的研究，著有《中国古代服饰研究》。1988年病逝于北京。

《边城》是沈从文的代表作，曾入选20世纪中文小说100强，排名第二位，仅次于鲁迅的《呐喊》。它以20世纪30年代川湘交界的边城小镇茶峒为背景，以兼具抒情诗和小品文的优美笔触，描绘了湘西地区特有的风土人情；借船家少女翠翠的纯爱故事，展现出了人性的善良美好。由于《边城》的美学艺术，这部小说在中国近代文学史上具有独特的地位。《边城》寄托着沈从文“美”与“爱”的美学理想，是他的作品中最能表现人性美的一部。《边城》极力讴歌的传统文化中保留至今的美德，是相对于现代社会传统美德受到破坏、到处充溢着金钱主义的浅薄、庸俗和腐化堕落而言的。《边城》描写的湘西，自然风光秀丽，民风纯朴，人们不讲等级，不谈功利，人与人之间真诚相待，相互友爱。外公对孙女的爱、翠翠对傩送纯真的爱、天保兄弟对翠翠真挚的爱以及兄弟间诚挚的手足之爱，都代表着未受污染的农业文明的传统美德。作者极力状写湘西自然之明净，也是为了状写湘西人的心灵之明净。《边城》写以歌求婚、兄弟让婚、外公和翠翠相依之情，这些湘西人生命的形态和人生的方式，都隐含着对现实生活中古老的美德、价值观失落的痛心，以及对现代文明物欲泛滥的批判。作者推崇湘西人的人生方式，也想以此重建民族的品德和人格。

3. 金锁记（节选）

张爱玲

风从窗子里进来，对面挂着的回文雕漆长镜被吹得摇摇晃晃，磕托磕托敲着墙。七巧双手按住了镜子。镜子里反映着的翠竹帘子和一副金绿山水屏条依旧在风中来回荡漾着，望久了，便有一种晕船的感觉。再定睛看时，翠竹帘子已经褪了色，金绿山水换了一张她丈夫的遗像，镜子里的人也老了十年。去年她戴了丈夫的孝，今年婆婆又过世了。现在正式挽了叔公九老太爷出来为他们分家。今天是她嫁到姜家来之后一切幻想的集中点。这些年了，她戴着黄金的枷锁，可是连金子的边都啃不到，这以后就不同了。七巧穿着白香云纱衫，黑裙子，然而她脸上像抹了胭脂似的，从那揉红了的眼圈儿到烧热的颧骨。她抬起手来揾了一揾脸，脸上烫，身子却冷得打颤。她叫祥云倒了杯茶来（小双早已嫁了，祥云也配了个小厮），茶给喝了下去，沉重地往腔子里流，一颗心便在热茶里扑通扑通跳。她背向着镜子坐下了，问祥云道：“九老太爷来了这一下午，就在堂屋里跟马师爷查账？”祥云应了一声是。七巧又道：“大爷大奶奶三爷三奶奶都不在跟前？”祥云又应了一声是。七巧道：“还到谁的屋里去过？”祥云道：“就到哥儿们的书房里兜了一兜。”七巧道：“好在咱们白哥儿的书倒不怕他查考……今年这孩子就吃亏在他爸爸他奶奶接连着出了事，他若还有心念书，他也不是人养的！”她把茶吃完了，吩咐祥云下去看看堂屋里大房三房的人可都齐了，免得自己去早了，显得性急，被人耻笑。恰巧大房里也差了一个丫头出来探看，和祥云打了个照面。

七巧终于款款下楼来了。当屋里临时布置了一张镜面乌木大餐台，九老太爷独当一面坐了，面前乱堆着青布面，梅红签的账簿，又搁着一只瓜棱茶碗。四周除了马师爷之外，又有特地邀请的“公亲”，近于陪审员的性质。各房只派了一个男子作代表，大房是大爷，二房二爷没了，是二奶奶，三房是三爷。季泽很知道这总清算的日子于他没有什么好处，因此他到得最迟。然而来既来了，他决不愿意露出焦灼懊丧的神气，腮帮子上依旧是他那点丰肥的，红色的笑。眼睛里依旧是他那点潇洒的不耐烦。

九老太爷咳嗽了一声，把姜家的经济状况约略报告了一遍，又翻着账簿子读出重要的田地房产的所在与按年的收入。七巧两手紧紧扣在肚子上，身子向前倾着，努力向她自己解释他的每一句话，与她往日调查所得一一印证。青岛的房子，天津的房子，原籍的地，北京城外的地，上海的房子……三爷在公帐上拖欠过巨，他的一部分遗产被抵消了之后，还净欠六万，然而大房二房也只得就此算了，因为他是一无所有的人。他所仅有的那一幢花园洋房，他为一个姨太太买的，也已经抵押了出去。其余只有老太太陪嫁过来的首饰，由兄弟三人均分，季泽的那一份也不便充公，因为是母亲留下的一点纪念。七巧突然叫了起来道："九老太爷，那我们太吃亏了！"

堂屋里本就肃静无声，现在这肃静却是沙沙有声，直锯进耳朵里去，像电影配音机器损坏之后的锈轧。九老太爷睁了眼望着她道："怎么？你连他娘丢下的几件首饰也舍不得给他？"七巧道："亲兄弟，明算帐，大哥大嫂不言语，我可不能不老着脸开口说句话。我须比不得大哥大嫂——我们死掉的那个若是有能耐出去做两任官，手头活便些，我也乐得放大方些，哪怕把从前的旧帐一笔勾销呢？可怜我们那一个病病哼哼一辈子，何尝有过一文半文进帐，丢下我们孤儿寡妇，就指着这两个死钱过活。我是个没脚蟹，长白还不满十四岁，往后苦日子有得过呢！"说着，流下泪来。九老太爷道："依你便怎样？"七巧呜咽道："哪儿由得我出主意呢？只求九老太爷替我们做主！"季泽冷着脸只不做声，满屋子的人都觉不便开口。九老太爷按捺不住一肚子的火，哼了一声道："我倒想替你出主意呢，只怕你不爱听！二房里有田地没人照管，三房里有人没有地，我待要叫三爷替你照管，你多少贴他些，又怕你不要他！"七巧冷笑道："我倒想依你呢，只怕死掉的那个不依！来人哪！祥云你把白哥儿给我找来！长白，你爹好苦呀！一下地就是一身的病，为人一场，一天舒坦日子也没过着，临了丢下你这点骨血，人家还看不得你，千方百计图谋你的东西！长白谁叫你爹拖着一身病，活着人家欺负他，死了人家欺负他的孤儿寡妇！我还不打紧，我还能活个几十年么？至多我到老太太灵前把话说明白了，把这条命跟人拼了。长白你可是年纪小着呢，就是喝西北风你也得活下去呀！"九老太爷气得把桌子一拍道："我不管了！是你们求爹爹拜奶奶邀了我来的，你道我喜欢自找麻烦么？"站起来一脚踢翻了椅子，也不等人搀扶，一阵风走得无影无踪。众人面面相觑，一个个悄没声儿溜走了。惟有那马师爷忙着拾掇帐簿子，落后了一步，看看屋里人全走光了，单剩下二奶奶一个人坐在那里捶着胸脯嚎啕大哭，自己若无其事地走了，似乎不好意思，只得走上前去，打躬作揖叫道："二太太！二太太！……二太太！"七巧只顾把袖子遮住脸，马师爷又不便把她的手拿开，急得把瓜皮帽摘下来扇着汗。

维持了几天的僵局，到底还是无声无臭照原定计划分了家。孤儿寡妇还是被欺负了。

七巧带着儿子长白，女儿长安另租了一幢屋子住下了，和姜家各房很少来往。隔了几个月，姜季泽忽然上门来了。老妈子通报上来，七巧怀着鬼胎，想着分家的那一天得罪了他，不知他有什么手段对付。可是兵来将挡，她凭什么要怕他？她家常穿着佛青实地纱袄子，特地系上一条玄色铁线纱裙，走下楼来。季泽却是满面春风的站起来问二嫂好，又问白哥儿可是在书房里，安姐儿的湿气可大好了，七巧心里便疑惑他是来借钱的，加意防备着，坐下笑道："三弟你近来又发福了。"季泽笑道："看我像一点儿心事都没有的人。"七巧笑道："有福之人不在忙吗！你一向就是无牵无挂的。"季泽笑道："等我把房子卖了，我还要无牵无挂呢！"七巧道："就是你做了押款的那房子，你还要卖？"季泽道，"当初造它的时候，很费了点心思，有许多装置都是自己心爱的，当然不愿意脱手。后来你是知道的，那边地皮值钱了，前年把它翻造了衖堂房子，一家一家收租，跟那些住小家的打交道，我实在嫌麻烦，索性打算卖了它，图个清静。”七巧暗地里说道：“口气好大！我是知道你的底细的，你在我跟前充什么阔大爷！”

虽然他不向她哭穷，但凡谈到银钱交易，她总觉得有点危险，便岔了开去道：“三妹妹好么？腰子病近来发过没有？”季泽笑道：“我也有许久没见过她的面了。”七巧道：“这是什么话？你们吵了嘴么？”季泽笑道：“这些时我们倒也没吵过嘴。不得已在一起说两句话，也是难得的，也没那闲情逸致吵嘴。”七巧道：“何至于这样？我就不相信！”季泽两肘撑在藤椅的扶手上，交叉着十指，手搭凉棚，影子落在眼睛上，深深地唉了一声。七巧笑道：“没有别的，要不就是你在外头玩得太厉害了。自己做错了事，还唉声叹气的仿佛谁害了你似的。你们姜家就没有一个好人！”说着，举起白团扇，作势要打。季泽把那交叉着的十指往下移了一移，两只大拇指按在嘴唇上，两只食指缓缓抚摸着鼻梁，露出一双水汪汪的眼睛来。那眼珠却是水仙花缸底的黑石子，上面汪着水，下面冷冷的没有表情。看不出他在想什么。七巧道：“我非打你不可！”季泽的眼睛里突然冒出一点笑泡儿，道：“你打，你打！”七巧待要打，又掣回手去，重新一鼓作气道：“我真打！”抬高了手，一扇子劈下来，又在半空中停住了，吃吃笑将起来。季泽带笑将肩膀耸了一耸，凑了上去道：“你倒是打我一下罢！害得我浑身骨头痒痒着，不得劲儿！”七巧把扇子向背后一藏，越发笑得格格的。季泽把椅子换了个方向，面朝墙坐着，人向椅背上一靠，双手蒙住了眼睛，又是长长地叹了口气。七巧啃着扇子柄，斜瞟着他道：“你今儿是怎么了？受了暑吗？”季泽道：“你哪里知道？”半晌，他低低的一个字一个字说道：“你知道我为什么跟家里的那个不好，为什么我拼命的在外头玩，把产业都败光了？你知道这都是为了谁？”七巧不知不觉有些胆寒，走得远远的，倚在炉台上，脸色慢慢地变了。季泽跟了过来。七巧垂着头，肘弯撑在炉台上，手里擎着团扇，扇子上的杏黄穗子顺着她的额角拖下来。季泽在她对面站住了，小声道：“二嫂！……七巧！”七巧背过脸去淡淡笑道：“我要相信你才怪呢！”季泽便也走开了，道：“不错。你怎么能够相信我？自从你到我家来，我在家一刻也待不住，只想出去。你没来的时候我并没有那么荒唐过，后来那都是为了躲你。娶了兰仙来，我更玩得凶了，为了躲你之外又要躲她，见了你，说不了两句话我就要发脾气——你哪儿知道我心里的苦楚？你对我好，我心里更难受——我得管着我自己——我不得平白的坑坏了你！家里人多眼杂，让人知道了，我是个男子汉，还不打紧，你可了不得！”七巧的手直打颤，扇柄上的杏黄须子在她额上苏苏磨擦着。季泽道：“你信也罢，不信也罢！信了又怎样？横竖我们半辈子已经过去了，说也是白说。我只求你原谅我这一片心。我为你吃了这些苦，也就不算冤枉了。”

七巧低着头，沐浴在光辉里，细细的音乐，细细的喜悦……这些年了，她跟他捉迷藏似的，只是近不得身，原来还有今天！可不是，这半辈子已经完了——花一般的年纪已经过去了。人生就是这样的错综复杂，不讲理。当初她为什么嫁到姜家来？为了钱么？不是的，为了要遇见季泽，为了命中注定她要和季泽相爱。她微微抬起脸来，季泽立在她跟前，两手合在她扇子上，面颊贴在她扇子上。他也老了十年了，然而人究竟还是那个人呵！他难道是哄她么？他想她的钱——

她卖掉她的一生换来的几个钱？仅仅这一转念便使她暴怒起来。就算她错怪了他，他为她吃的苦抵得过她为他吃的苦么？好容易她死了心了，他又来撩拨她。她恨他。他还在看着她。他的眼睛——虽然隔了十年，人还是那个人呵！就算他是骗她的，迟一点儿发现不好么？即使明知是骗人的，他太会演戏了，也跟真的差不多罢？

不行！她不能有把柄落在这厮手里。姜家的人是厉害的，她的钱只怕保不住。她得先证明他是真心不是。七巧定了一定神，向门外瞧了一瞧，轻轻惊叫道："有人！"便三脚两步赶出门去，到下房里吩咐潘妈替三爷弄点心去，快些端了来，顺便带把芭蕉扇进来替三爷打扇。七巧回到屋里来，故意皱着眉道："真可恶，老妈子在门口探头探脑的，见了我抹过头去就跑，被我赶上去喝住了。若是关上了门说两句话，指不定造出什么谣言来呢！饶是独门独户住了，还没个清净。"潘妈送了点心与酸梅汤进来，七巧亲自拿筷子替季泽拣掉了蜜层糕上的玫瑰与青梅，道："我记得你是不爱吃红绿丝的。"有人在跟前，季泽不便说什么，只是微笑。七巧似乎没话找话说似的，问道："你卖房子，接洽得怎样了？"季泽一面吃，一面答道："有人出八万五，我还没打定主意呢。"七巧沉吟道："地段倒是好的。"季泽道："谁都不赞成我脱手，说还要涨呢。"七巧又问了些详细情形，便道："可惜我手头没有这一笔现款，不然我倒想买。"季泽道："其实呢，我这房子倒不急，倒是咱们乡下你那些田，早早脱手的好。自从改了民国，接二连三的打仗，何尝有一年闲过？把地面上糟蹋得不成样子，中间还被收租的，师爷，地头蛇一层一层勒啃着，莫说这两年不是水就是旱，就遇着了丰年，也没有多少进帐轮到我们头上。"七巧寻思着，道："我也盘算过来，一直挨着没有办。先晓得把它卖了，这会子想买房子，也不至于钱不凑手了。"季泽道："你那田要卖趁现在就得卖了，听说直鲁又要开仗了。"七巧道："急切间你叫我卖给谁去？"季泽顿了一顿道："我去替你打听打听，也成。"七巧耸了耸眉毛笑道："得了，你那些狐群狗党里头，又有谁是靠得住的？"季泽把咬开的饺子在小碟子里蘸了点醋，闲闲说出两个靠得住的人名，七巧便认真仔细盘问他起来，他果然回答得有条不紊，显然他是筹之已熟的。七巧虽是笑吟吟的，嘴里发干，上嘴唇黏在牙仁上，放不下来。她端起盖碗来吸了一口茶，舔了舔嘴唇，突然把脸一沉，跳起身来，将手里的扇子向季泽头上滴溜溜掷过去，季泽向左偏了一偏，那团扇敲在他肩膀上，打翻了玻璃杯，酸梅汤淋淋漓漓溅了他一身，七巧骂道："你要我卖了田去买你的房子？你要我卖田？钱一经你的手，还有得说么？你哄我——你拿那样的话来哄我——你拿我当傻子——"她隔着一张桌子探身过去打他，然而她被潘妈下死劲抱住了。潘妈叫唤起来，祥云等人都奔了来，七手八脚按住了她，七嘴八舌求告着。七巧一头挣扎，一头叱喝着，然而她的一颗心直往下坠——她很明白她这举动太蠢——太蠢——她在这儿丢人出丑。季泽脱下了他那湿濡的白香云纱长衫，潘妈绞了手巾来代他揩擦，他理也不理，把衣服夹在手臂上，竟自扬长出门去了，临行的时候向祥云道："等白哥儿下了学，叫他替他母亲请个医生来看看。"祥云吓糊涂了，连声答应着，被七巧兜脸给了她一个耳刮子。季泽走了。丫头老妈子也都给七巧骂跑了。酸梅汤沿着桌子一滴一滴朝下滴，像迟迟的夜漏——一滴，一滴……一更，二更……一年，一百年。真长，这寂寂的一刹那。七巧扶着头站着，倏地掉转身来上楼去，提着裙子，性急慌忙，跌跌绊绊，不住地撞到那阴暗的绿粉墙上，佛青袄子上沾了大块的淡色的灰。她要在楼上的窗户里再看他一眼。无论如何，她从前爱过他。她的爱给了她无穷的痛苦。单只这一点，就使他值得留恋。多少回了，为了要按捺她自己，她迸得全身的筋骨与牙根都酸楚了。今天完全是她的错。他不是个好人，她又不是不知道。她要他，就得装糊涂，就得容忍他的坏。她为什么要戳穿他？人生在世，还不就是那么一回事？归根究底，什么是真的，什么是假的？

她到了窗前，揭开了那边上缀有小绒球的墨绿洋式窗帘，季泽正在弄堂里往外走，长衫搭在臂上，晴天的风像一群白鸽子钻进他的纺绸裤褂里去，哪儿都钻到了，飘飘拍着翅子。

七巧眼前仿佛挂了冰冷的珍珠帘，一阵热风来了，把那帘子紧紧贴在她脸上，风去了，又把帘子吸了回去，气还没透过来，风又来了，没头没脸包住她——一阵凉，一阵热，她只是淌着眼泪。玻璃窗的上角隐隐约约反映出弄堂里一个巡警的缩小的影子，晃着膀子踱过去，一辆黄包皮车静静在巡警身上辗过。小孩把袍子掖在裤腰里，一路踢着球，奔出玻璃的边缘。绿色的邮差骑着自行车，复印在巡警身上，一溜烟掠过。都是些鬼，多年前的鬼，多年后的没投胎的鬼……什么是真的，什么是假的？过了秋天又是冬天，七巧与现实失去了接触。虽然一样的使性子，打丫头，换厨子，总有些失魂落魄的。她哥哥嫂子到上海来探望了她两次，住不上十来天，末了永远是给她絮叨得站不住脚，然而临走的时候她也没有少给他们东西。她侄子曹春熹上城来找事，耽搁在她家里。那春熹虽是个浑头浑脑的年轻人，却也本本分分的。七巧的儿子长白，女儿长安，年纪到了十三四岁，只因身材瘦小，看上去才只七八岁的光景。在年下，一个穿着品蓝摹本缎棉袍，一个穿着葱绿遍地锦棉袍，衣服太厚了，直挺挺撑开了两臂，一般都是薄薄的两张白脸，并排站着，纸糊的人儿似的。这一天午饭后，七巧还没起身，那曹春熹陪着他兄妹俩掷骰子，长安把压岁钱输光了，还不肯歇手。长白把桌上的铜板一掳，笑道："不跟你来了。"长安道："我们用糖莲子来赌。"春熹道："糖莲子揣在口袋里，看脏了衣服。"长安道："用瓜子也好，柜顶上就有一罐。"便搬过一张茶几来，踩了椅子爬上去拿。慌得春熹叫道："安姐儿你可别摔跤，回头我担不了这干系！"正说着，只见长安猛可里向后一仰，若不是春熹扶住了，早是一个倒栽葱。长白在旁拍手大笑，春熹嘟嘟哝哝骂着，也撑不住要笑，三人笑成一片。春熹将她抱下地来，忽然从那红木大橱的穿衣镜里瞥见七巧蓬着头叉着腰站在门口，不觉一怔，连忙放下了长安，回身道："姑妈起来了。"七巧汹汹奔了过来，将长安向自己身后一推，长安立脚不稳，跌了一跤。七巧只顾将身子挡住了她，向春熹厉声道："我把你这狼心狗肺的东西！我三茶六饭款待你这狼心狗肺的东西，什么地方亏待了你，你欺负我女儿？你那狼心狗肺，你道我揣摩不出么？你别以为你教坏了我女儿，我就不能不捏着鼻子把她许配给你，你好霸占我们的家产！我看你这混蛋，也还想不出这等主意来，敢情是你爹娘把着手儿教的！我把那两个狼心狗肺忘恩负义的老浑蛋！齐了心想我的钱，一计不成，又生一计！"春熹气得白瞪眼，欲待分辩，七巧道："你还有脸顶撞我！你还不给我快滚，别等我乱棒打出去！"说着，把儿女们推推搡搡送了出去，自己也喘吁吁扶着个丫头走了。春熹究竟年纪轻火性大，赌气卷了铺盖，顿时离了姜家的门。

七巧回到起坐间里，在烟榻上躺下了。屋里暗昏昏的，拉上了丝绒窗帘。时而窗户缝里漏了风进来，帘子动了，方才在那墨绿小绒球底下毛茸茸地看见一点天色。只有烟灯和烧红的火炉的微光。长安吃了吓，呆呆坐在火炉边一张小凳上。七巧道："你过来。"长安只道是要打，只是延挨着，搭讪把火炉边的洋铁围屏上晾着的小红格子法布衬衫翻了一翻，道："快烤糊了。"衬衫发出热烘烘的毛气。

七巧却不像要责打她的光景，只数落了一番，道："你今年过了年也有十三岁了，也该放明白些。表哥虽不是外人，天下的男子都是一样混帐。你自己要晓得当心，谁不想你的钱？”一阵风过，窗帘上的绒球与绒球之间露出白色的寒天，屋子里暖热的黑暗给打上了一排小洞。烟灯的火焰往下一挫，七巧脸上的影子仿佛更深了一层。她突然坐起身来，低声道：“男人……碰都碰不得！谁不想你的钱？你娘这几个钱不是容易得来的，也不是容易守得住。轮到你们手里，我可不能眼睁睁看着你们上人的当——叫你以后提防着些，你听见了没有？”长安垂着头道：“听见了。”

七巧的一只脚有点麻，她探身去捏一捏她的脚。仅仅是一刹那，她眼睛里蠢动着一点温柔的回忆。她记起了想她的钱的一个男人。她的脚是缠过的，尖尖的缎鞋里塞了棉花，装成半大的文明脚。她瞧着那双脚，心里一动，冷笑一声道：“你嘴里尽管答应着，我怎么知道你心里是明白还是糊涂？你人也有这么大了，又是一双大脚，哪里去不得？我就是管得住你，也没那个精神成天看着你。按说你今年十三了，裹脚已经嫌晚了，原怪我耽误了你。马上这就替你裹起来，也还来得及。”长安一时答不出话来，倒是旁边的老妈子们笑道：“如今小脚不时兴了，只怕将来给姐儿定亲的时候麻烦。”七巧道：“没的扯淡！我不愁我的女儿没人要，不劳你们替我担心！真没人要，养活她一辈子，我也还养得起！”当真替长安裹起脚来，痛得长安鬼哭神号的。这时连姜家这样守旧的人家，缠过脚的也都已经放了脚了，别说是没缠过的，因此都拿长安的脚传作笑话奇谈。裹了一年多，七巧一时的兴致过去了，又经亲戚们劝着，也就渐渐放松了，然而长安的脚可不能完全恢复原状了。姜家大房三房里的儿女都进了洋学堂读书，七巧处处存心跟他们比赛着，便也要送长白去投考。长白除了打小牌之外，只喜欢跑跑票房，正在那里朝夕用功吊嗓子，只怕进学校要耽搁了他的功课，便不肯去。七巧无奈，只得把长安送到沪范女中，托人说了情，插班进去。长安换上了蓝爱国布的校服，不上半年，脸色也红润了，胳膊腿腕也粗了一圈。住读的学生洗换衣服，照例是送学校里包皮着的洗衣房里去的。长安记不清自己的号码，往往失落了枕套手帕种种零件。七巧便闹着说要去找校长说话。这一天放假回家，检点了一下，又发现有一条褥单是丢了。七巧暴跳如雷，准备明天亲自上学校去大兴问罪之师。长安着了急，拦阻了一声，七巧便骂道：“天生的败家精，拿你娘的钱不当钱。你娘的钱是容易得来的？——将来你出嫁，你看我有什么陪送给你！——给也是白给！”长安不敢做声，却哭了一晚上。她不能在她的同学跟前丢这个脸。对于十四岁的人，那似乎有天大的重要。她母亲去闹这一场，她以后拿什么脸去见人？她宁死也不到学校里去了。她的朋友们，她所喜欢的音乐教员，不久就会忘记了有这么一个女孩子，来了半年，又无缘无故悄悄地走了。走得干净，她觉得她这牺牲是一个美丽的，苍凉的手势。

半夜里她爬下床来，伸手到窗外去试试，漆黑的，是下了雨么？没有雨点。她从枕头过摸出一只口琴，半蹲半坐在地上，偷偷吹了起来。犹疑地，“Long Long Ago”的细小的调子在庞大的夜里袅袅漾开。不能让人听见了。为了竭力按捺着，那呜呜的口琴忽断忽续，如同婴儿的哭泣。她接不上气来，歇了半晌，窗格子里，月亮从云里出来了。墨灰的天，几点疏星，模糊的缺月，像石印的图画，下面白云蒸腾，树顶上透出街灯淡淡的圆光。长安又吹起口琴来。“告诉我那故事，往日我最心爱的那故事，许久以前，许久以前……”

【讲评】

张爱玲，中国现代作家，原籍河北省唐山市，原名张煐。1920年9月30日出生在上海公共租界西区一幢没落贵族的府邸。其作品主要有小说、散文、电影剧本以及文学论著，她的书信也被人们作为著作的一部分加以研究。1944年张爱玲结识胡兰成并与之交往；1973年，张爱玲定居洛杉矶；1995年9月8日，因动脉硬化心血管病而去世，终年75岁，被发现的时候她已经过世一个星期；同年9月30日，生前好友为她举行了追悼会，追悼会后，骨灰被撒入太平洋。

《金锁记》写于1943年，小说描写了一个小商人家庭出身的女子曹七巧的心灵变迁历程。七巧做过残疾人的妻子，欲爱而不能爱，几乎像疯子一样在姜家过了30年。在财欲与情欲的压迫下，她的性格终于被扭曲，行为变得乖戾，不但破坏儿子的婚姻，致使儿媳被折磨而死，还拆散了女儿的爱情。“30年来她戴着黄金的枷。她用那沉重的枷角劈杀了几个人，没死的也送了半条命。”

张爱玲在本书中在空前深刻的程度上表现了现代社会两性心理的基本意蕴。她在她那个创作的年代并无任何前卫的思想，然而却令人震惊地拉开了两性世界温情脉脉的面纱。主人公曾被作者称为她小说世界中唯一的“英雄”，她拥有“一个疯子的审慎和机智”，为了报复曾经伤害过她的社会，她用最为病态的方式，“她那平扁而尖利的喉咙四面割着人像剃刀片”，随心所欲地施展着淫威。

作者将现代中国心理分析小说推向了极致，细微地镂刻着人物变态的心理，那利刃一般毒辣的话语产生了令人惊心动魄的艺术效果。《金锁记》在叙述体貌上还借鉴了民族旧小说的经验，类似《红楼梦》之类的小说手法已被作者用来表现她所要表现的华洋杂处的现代都市生活。

4. 受戒

汪曾祺

明海出家已经四年了。

他是十三岁来的。

这个地方的地名有点怪，叫庵赵庄。赵，是因为庄上大都姓赵。叫做庄，可是人家住得很分散，这里两三家，那里两三家。一出门，远远可以看到，走起来得走一会，因为没有大路，都是弯弯曲曲的田埂。庵，是因为有一个庵。庵叫苦提庵，可是大家叫讹了，叫成荸荠庵。连庵里的和尚也这样叫。“宝刹何处？”——“荸荠庵。”庵本来是住尼姑的。“和尚庙”“尼姑庵”嘛。可是荸荠庵住的是和尚。也许因为荸荠庵不大，大者为庙，小者为庵。

明海在家叫小明子。他是从小就确定要出家的。他的家乡不叫“出家”，叫“当和尚”。他的家乡出和尚。就像有的地方出劁猪的，有的地方出织席子的，有的地方出箍桶的，有的地方出弹棉花的，有的地方出画匠，有的地方出婊子，他的家乡出和尚。人家弟兄多，就派一个出去当和尚。当和尚也要通过关系，也有帮。这地方的和尚有的走得很远。有到杭州灵隐寺的、上海静安寺的、镇江金山寺的、扬州天宁寺的。一般的就在本县的寺庙。明海家田少，老大、老二、老三，就足够种的了。他是老四。他七岁那年，他当和尚的舅舅回家，他爹、他娘就和舅舅商议，决定叫他当和尚。他当时在旁边，觉得这实在是在情在理，没有理由反对。当和尚有很多好处。一是可以吃现成饭。哪个庙里都是管饭的。二是可以攒钱。只要学会了放瑜伽焰口，拜梁皇忏，可以按例分到辛苦钱。积攒起来，将来还俗娶亲也可以；不想还俗，买几亩田也可以。当和尚也不容易，一要面如朗月，二要声如钟磬，三要聪明记性好。他舅舅给他相了相面，叫他前走几步，后走几步，又叫他喊了一声赶牛打场的号子："格当××——"，说是"明子准能当个好和尚，我包了！"要当和尚，得下点本——念几年书。哪有不认字的和尚呢！于是明子就开蒙入学，读了《三字经》《百家姓》《四言杂字》《幼学琼林》《上论、下论》《上孟、下孟》，每天还写一张仿。村里都夸他字写得好，很黑。

舅舅按照约定的日期又回了家，带了一件他自己穿的和尚领的短衫，叫明子娘改小一点，给明子穿上。明子穿了这件和尚短衫，下身还是在家穿的紫花裤子，赤脚穿了一双新布鞋，跟他爹、他娘磕了一个头，就随舅舅走了。

他上学时起了个学名，叫明海。舅舅说，不用改了。于是"明海"就从学名变成了法名。

过了一个湖。好大一个湖！穿过一个县城。县城真热闹：官盐店，税务局，肉铺里挂着成边的猪，一个驴子在磨芝麻，满街都是小磨香油的香味，布店，卖茉莉粉、梳头油的什么斋，卖绒花的，卖丝线的，打把式卖膏药的，吹糖人的，耍蛇的……他什么都想看看。舅舅一劲地推他："快走！快走！"

到了一个河边，有一只船在等着他们。船上有一个五十来岁的瘦长瘦长的大伯，船头蹲着一个跟明子差不多大的女孩子，在剥一个莲蓬吃。明子和舅舅坐到舱里，船就开了。明子听见有人跟他说话，是那个女孩子。

"是你要到荸荠庵当和尚吗？"

明子点点头。

"当和尚要烧戒疤呕！你不怕？"

明子不知道怎么回答，就含含糊糊地摇了摇头。

"你叫什么？"

"明海。"

"在家的时候？"

"叫明子。"

"明子！我叫小英子！我们是邻居。我家挨着荸荠庵——给你！"

小英子把吃剩的半个莲蓬扔给明海，小明子就剥开莲蓬壳，一颗一颗吃起来。

大伯一桨一桨地划着，只听见船桨拨水的声音："哗——许！哗——许！"

……

荸荠庵的地势很好，在一片高地上。这一带就数这片地势高，当初建庵的人很会选地方。门前是一条河。门外是一片很大的打谷场。三面都是高大的柳树。山门里是一个穿堂。迎门供着弥勒佛。不知是哪一位名士撰写了一副对联：大肚能容容天下难容之事，开颜一笑笑世间可笑之人。弥勒佛背后，是韦驮。过穿堂，是一个不小的天井，种着两棵白果树。天井两边各有三间厢房。走过天井，便是大殿，供着三世佛。佛像连龛才四尺来高。大殿东边是方丈，西边是库房。大殿东侧，有一个小小的六角门，白门绿字，刻着一副对联：

一花一世界

三藐三菩提

进门有一个狭长的天井，几块假山石，几盆花，有三间小房。

小和尚的日子清闲得很。一早起来，开山门，扫地。庵里的地铺的都是箩底方砖，好扫得很，给弥勒佛、韦驮烧一炷香，正殿的三世佛面前也烧一炷香、磕三个头、念三声“南无阿弥陀佛”、敲三声磬。这庵里的和尚不兴做什么早课、晚课，明子这三声磬就全都代替了。然后，挑水，喂猪。然后，等当家和尚，即明子的舅舅起来，教他念经。

教念经也跟教书一样，师父面前一本经，徒弟面前一本经，师父唱一句，徒弟跟着唱一句。是唱哎。舅舅一边唱，一边还用手在桌上拍板。一板一眼，拍得很响，就跟教唱戏一样。是跟教唱戏一样，完全一样哎。连用的名词都一样。舅舅说，念经：一要板眼准，二要合工尺。说：当一个好和尚，得有条好嗓子。说：民国二十年闹大水，运河倒了堤，最后在清水潭合龙，因为大水淹死的人很多，放了一台大焰口，十三大师——十三个正座和尚，各大庙的方丈都来了，下面的和尚上百。谁当这个首座？推来推去，还是石桥——善因寺的方丈！他往上一坐，就跟地藏王菩萨一样，这就不用说了；那一声“开香赞”，围看的上千人立时鸦雀无声。说：嗓子要练，夏练三伏，冬练三九，要练丹田气！说：要吃得苦中苦，方为人上人！说：和尚里也有状元、榜眼、探花！要用心，不要贪玩！舅舅这一番大法要说得明海和尚实在是五体投地，于是就一板一眼地跟着舅舅唱起来：

“炉香乍爇——”

“炉香乍爇——”

“法界蒙薰——”

“法界蒙薰——”

“诸佛现金身……”

“诸佛现金身……”

……

等明海学完了早经——他晚上临睡前还要学一段，叫做晚经——荸荠庵的师父们就都陆续起床了。

这庵里人口简单，一共六个人。连明海在内，五个和尚。有一个老和尚，六十几了，是舅舅的师叔，法名普照，但是知道的人很少，因为很少人叫他法名，都称之为老和尚或老师父，明海叫他师爷爷。这是个很枯寂的人，一天关在房里，就是那“一花一世界”里。也看不见他念佛，只是那么一声不响地坐着。他是吃斋的，过年时除外。

下面就是师兄弟三个，仁字排行：仁山、仁海、仁渡。庵里庵外，有的称他们为大师父、二师父；有的称之为山师父、海师父。只有仁渡，没有叫他“渡师父”的，因为听起来不像话，大都直呼之为仁渡。他也只配如此，因为他还年轻，才二十多岁。仁山，即明子的舅舅，是当家的。不叫“方丈”，也不叫“住持”，却叫“当家的”，是很有道理的，因为他确确实实干的是当家的职务。他屋里摆的是一张帐桌，桌子上放的是帐簿和算盘。帐簿共有三本。一本是经帐，一本是租帐，一本是债帐。和尚要做法事，做法事要收钱——要不，当和尚干什么？常做的法事是放焰口。正规的焰口是十个人。一个正座，一个敲鼓的，两边一边四个。人少了，八个，一边三个，也凑合了。荸荠庵只有四个和尚，要放整焰口就得和别的庙里合伙。这样的时候也有过，通常只是放半台焰口。一个正座，一个敲鼓，另外一边一个。一来找别的庙里合伙费事；二来这一带放得起整焰口的人家也不多。有的时候，谁家死了人，就只请两个，甚至一个和尚咕噜咕噜念一通经，敲打几声法器就算完事。很多人家的经钱不是当时就给，往往要等秋后才还。这就得记帐。另外，和尚放焰口的辛苦钱不是一样的。就像唱戏一样，有份子。正座第一份。因为他要领唱，而且还要独唱。当中有一大段“叹骷髅”，别的和尚都放下法器休息，只有首座一个人有板有眼地曼声吟唱。第二份是敲鼓的。你以为这容易呀？哼，单是一开头的“发擂”，手上没功夫就敲不出迟疾顿挫！其余的，就一样了。这也得记上：某月某日、谁家焰口半台，谁正座，谁敲鼓……省得到年底结帐时赌咒骂娘……这庵里有几十亩庙产，租给人种，到时候要收租。庵里还放债。租、债一向倒很少亏欠，因为租佃借钱的人怕菩萨不高兴。这三本帐就够仁山忙的了。另外香烛、灯火、油盐“福食”，这也得随时记记帐呀。除了帐簿之外，山师父的方丈的墙上还挂着一块水牌，上漆四个红字：“勤笔免思”。

仁山所说当一个好和尚的三个条件，他自己其实一条也不具备。他的相貌只要用两个字就说清楚了：黄，胖。声音也不像钟磬，倒像母猪。聪明么？难说，打牌老输。他在庵里从不穿袈裟，连海青直裰也免了。经常是披着件短僧衣，袒露着一个黄色的肚子。下面是光脚趿拉着一对僧鞋——新鞋他也是趿拉着。他一天就是这样不衫不履地这里走走，那里走走，发出母猪一样的声音：“呣——呣——”。

二师父仁海。他是有老婆的。他老婆每年夏秋之间来住几个月，因为庵里凉快。庵里有六个人，其中之一，就是这位和尚的家眷。仁山、仁渡叫她嫂子，明海叫她师娘。这两口子都很爱干净，整天的洗涮。傍晚的时候，坐在天井里乘凉。白天，闷在屋里不出来。

三师父是个很聪明精干的人。有时一笔帐大师兄扒了半天算盘也算不清，他眼珠子转两转，早算得一清二楚。他打牌赢的时候多，二三十张牌落地，上下家手里有些什么牌，他就差不多都知道了。他打牌时，总有人爱在他后面看歪头胡。谁家约他打牌，就说“想送两个钱给你”。他不但经忏俱通（小庙的和尚能够拜忏的不多），而且身怀绝技，会“飞铙”。七月间有些地方做盂兰会，在旷地上放大焰口，几十个和尚，穿绣花袈裟，飞铙。飞铙就是把十多斤重的大铙钹飞起来。到了一定的时候，全部法器皆停，只几十副大铙紧张急促地敲起来。忽然起手，大铙向半空中飞去，一面飞，一面旋转。然后，又落下来，接住。接住不是平平常常地接住，有各种架势，“犀牛望月”“苏秦背剑”……这哪是念经，这是耍杂技。也许是地藏王菩萨爱看这个，但真正因此快乐起来的是人，尤其是妇女和孩子。这是年轻漂亮的和尚出风头的机会。一场大焰口过后，也像一个好戏班子过后一样，会有一个两个大姑娘、小媳妇失踪——跟和尚跑了。他还会放“花焰口”。有的人家，亲戚中多风流子弟，在不是很哀伤的佛事——如做冥寿时，就会提出放花焰口。所谓“花焰口”就是在正焰口之后，叫和尚唱小调，拉丝弦，吹管笛，敲鼓板，而且可以点唱。仁渡一个人可以唱一夜不重头。仁渡前几年一直在外面，近二年才常住在庵里。据说他有相好的，而且不止一个。他平常可是很规矩，看到姑娘媳妇总是老老实实的，连一句玩笑话都不说，一句小调山歌都不唱。有一回，在打谷场上乘凉的时候，一伙人把他围起来，非叫他唱两个不可。他却情不过，说：“好，唱一个。不唱家乡的。家乡的你们都熟，唱个安徽的。”

姐和小郎打大麦，一转子讲得听不得。
听不得就听不得，
打完了大麦打小麦。

唱完了，大家还嫌不够，他就又唱了一个：姐儿生得漂漂的，两个奶子翘翘的。有心上去摸一把，心里有点跳跳的。

……

这个庵里无所谓清规，连这两个字也没人提起。

仁山吃水烟，连出门做法事也带着他的水烟袋。

他们经常打牌。这是个打牌的好地方。把大殿上吃饭的方桌往门口一搭，斜放着，就是牌桌。桌子一放好，仁山就从他的方丈里把筹码拿出来，哗啦一声倒在桌上。斗纸牌的时候多，搓麻将的时候少。牌客除了师兄弟三人，常来的是一个收鸭毛的，一个打兔子兼偷鸡的，都是正经人。收鸭毛的担一副竹筐，串乡串镇，拉长了沙哑的声音喊叫："鸭毛卖钱——！"

偷鸡的有一件家什——铜蜻蜓。看准了一只老母鸡，把铜蜻蜓一丢，鸡婆子上去就是一口。这一啄，铜蜻蜓的硬簧绷开，鸡嘴撑住了，叫不出来了。正在这鸡十分纳闷的时候，上去一把薅住。

明子曾经跟这位正经人要过铜蜻蜓看看。他拿到小英子家门前试了一试，果然！小英的娘知道了，骂明子："要死了！儿子！你怎么到我家来玩铜蜻蜓了！"小英子跑过来："给我！给我！"

她也试了试，真灵，一个黑母鸡一下子就把嘴撑住，傻了眼了！

下雨阴天，这二位就光临荸荠庵，消磨一天。

有时没有外客，就把老师叔也拉出来，打牌的结局，大都是当家和尚气得鼓鼓的："×妈妈的！又输了！下回不来了！"

他们吃肉不瞒人。年下也杀猪。杀猪就在大殿上。一切都和在家人一样，开水、木桶、尖刀。捆猪的时候，猪也是没命地叫。跟在家人不同的，是多一道仪式，要给即将升天的猪念一道"往生咒"，并且总是老师叔念，神情很庄重："……一切胎生、卵生、息生，来从虚空来，还归虚空去，往生再世，皆当欢喜。南无阿弥陀佛！"

三师父仁渡一刀子下去，鲜红的猪血就带着很多沫子喷出来。

……

明子老往小英子家里跑。

小英子的家像一个小岛，三面都是河，西面有一条小路通到荸荠庵。独门独户，岛上只有这一家。岛上有六棵大桑树，夏天都结大桑葚，三棵结白的，三棵结紫的；一个菜园子，瓜豆蔬菜，四时不缺。院墙下半截是砖砌的，上半截是泥夯的。大门是桐油油过的，贴着一副万年红的春联：

向阳门第春常在

积善人家庆有余

门里是一个很宽的院子。院子里一边是牛屋、碓棚；一边是猪圈、鸡窠，还有个关鸭子的栅栏。露天地放着一具石磨。正北面是住房，也是砖基土筑，上面盖的一半是瓦，一半是草。房子翻修了才三年，木料还露着白茬。正中是堂屋，家神菩萨的画像上贴的金还没有发黑。两边是卧房。扇窗上各嵌了一块一尺见方的玻璃，明亮亮的——这在乡下是不多见的。房檐下一边种着一棵石榴树，一边种着一棵栀子花，都齐房檐高了。夏天开了花，一红一白，好看得很。栀子花香得冲鼻子。顺风的时候，在荸荠庵都闻得见。

这家人口不多，他家当然是姓赵。一共四口人：赵大伯、赵大妈，两个女儿，大英子、小英子。老两口没得儿子。因为这些年人不得病，牛不生灾，也没有大旱大水闹蝗虫，日子过得很兴旺。他们家自己有田，本来够吃的了，又租种了庵上的十亩田。自己的田里，一亩种了荸荠——这一半是小英子的主意，她爱吃荸荠，一亩种了慈姑。家里喂了一大群鸡鸭，单是鸡蛋鸭毛就够一年的油盐了。赵大伯是个能干人。他是一个"全把式"，不但田里场上样样精通，还会罩鱼、洗磨、凿砻、修水车、修船、砌墙、烧砖、箍桶、劈篾、绞麻绳。他不咳嗽，不腰疼，结结实实，像一棵榆树。人很和气，一天不声不响。赵大伯是一棵摇钱树，赵大娘就是个聚宝盆。大娘精神得出奇。五十岁了，两个眼睛还是清亮亮的。不论什么时候，头都是梳得滑溜溜的，身上衣服都是格挣挣的。像老头子一样，她一天不闲着。煮猪食，喂猪，腌咸菜——她腌的咸萝卜干非常好吃，舂粉子，磨小豆腐，编蓑衣，织芦篚。她还会剪花样子。这里嫁闺女，陪嫁妆，磁坛子、锡罐子，都要用梅红纸剪出吉祥花样，贴在上面，讨个吉利，也才好看："丹凤朝阳"呀、"白头到老"呀、"子孙万代"呀、"福寿绵长"呀。二三十里的人家都来请她："大娘，好日子是十六，你哪天去呀？"——"十五，我一大清早就来！""一定呀！"——"一定！一定！"

两个女儿，长得跟她娘像一个模子里托出来的。眼睛长得尤其像，白眼珠鸭蛋青，黑眼珠棋子黑，定神时如清水，闪动时像星星。浑身上下，头是头，脚是脚。头发滑溜溜的，衣服格挣挣的——这里的风俗，十五六岁的姑娘就都梳上头了。这两个丫头，这一头的好头发！通红的发根，雪白的簪子！娘女三个去赶集，一集的人都朝她们望。

姐妹俩长得很像，性格不同。大姑娘很文静，话很少，像父亲。小英子比她娘还会说，一天叽叽呱呱地不停。大姐说："你一天到晚叽叽呱呱——"

"像个喜鹊！"

"你自己说的！——吵得人心乱！"

"心乱？"

"心乱！"

"你心乱怪我呀！"

二姑娘话里有话。大英子已经有了人家。小人她偷偷地看过，人很敦厚，也不难看，家道也殷实，她满意。已经下过小定，日子还没有定下来。她这二年，很少出房门，整天赶她的嫁妆。大裁大剪，她都会。挑花绣花，不如娘。她可又嫌娘出的样子太老了。她到城里看过新娘子，说人家现在绣的都是活花活草。这可把娘难住了。最后是喜鹊忽然一拍屁股："我给你保举一个人！"

这人是谁？是明子。明子念"上孟下孟"的时候，不知怎么得了半套《芥子园》，他喜欢得很。到了荸荠庵，他还常翻出来看，有时还把旧帐簿子翻过来，照着描。小英子说："他会画！画得跟活的一样！"

小英子把明海请到家里来，给他磨墨铺纸，小和尚画了几张，大英子喜欢得了不得："就是这样！就是这样！这就可以乱孱！"——所谓"乱孱"是绣花的一种针法：绣了第一层，第二层的针脚插进第一层的针缝，这样颜色就可由深到淡，不露痕迹，不像娘那一代绣的花是平针，深浅之间，界限分明，一道一道的。小英子就像个书童，又像个参谋："画一朵石榴花！"

"画一朵栀子花！"

她把花掐来，明海就照着画。

到后来，凤仙花、石竹子、水蓼、淡竹叶、天竺果子、腊梅花，他都能画。

大娘看着也喜欢，搂住明海的和尚头："你真聪明！你给我当一个干儿子吧！"

小英子捺住他的肩膀，说："快叫！快叫！"

小明子跪在地下磕了一个头，从此就叫小英子的娘做干娘。

大英子绣的三双鞋，三十里方圆都传遍了。很多姑娘都走路坐船来看。看完了，就说："啧啧啧，真好看！这哪是绣的，这是一朵鲜花！"她们就拿了纸来央大娘求了小和尚来画。有求画帐檐的，有求画门帘飘带的，有求画鞋头花的。每回明子来画花，小英子就给他做点好吃的，煮两个鸡蛋，蒸一碗芋头，煎几个藕团子。

因为照顾姐姐赶嫁妆，田里的零碎生活小英子就全包了。她的帮手，是明子。

这地方的忙活是栽秧、车高田水、薅头遍草，再就是割稻子、打场子。这几荐重活，自己一家是忙不过来的。这地方兴换工。排好了日期，几家顾一家，轮流转。不收工钱，但是吃好的。一天吃六顿，两头见肉，顿顿有酒。干活时，敲着锣鼓，唱着歌，热闹得很。其余的时候，各顾各，不显得紧张。

薅三遍草的时候，秧已经很高了，低下头看不见人。一听见非常脆亮的嗓子在一片浓绿里唱：栀子哎开花哎六瓣头哎……姐家哎门前哎一道桥哎……明海就知道小英子在哪里，三步两步就赶到，赶到就低头薅起草来，傍晚牵牛"打汪"，是明子的事——水牛怕蚊子。这里的习惯，牛卸了轭，饮了水，就牵到一口和好泥水的"汪"里，由它自己打滚扑腾，弄得全身都是泥浆，这样蚊子就咬不通了。低田上水，只要一挂十四轧的水车，两个人车半天就够了。明子和小英子就伏在车杠上，不紧不慢地踩着车轴上的拐子，轻轻地唱着明海向三师父学来的各处山歌。打场的时候，明子能替赵大伯一会，让他回家吃饭——赵家自己没有场，每年都在荸荠庵外面的场上打谷子。他一扬鞭子，喊起了打场号子：

"格当××——"

这打场号子有音无字，可是九转十三弯，比什么山歌号子都好听。赵大娘在家，听见明子的号子，就侧起耳朵："这孩子这条嗓子！"

连大英子也停下针线："真好听！"

小英子非常骄傲地说："一十三省数第一！"

晚上，他们一起看场——荸荠庵收来的租稻也晒在场上。他们并肩坐在一个石磙子上，听青蛙打鼓，听寒蛇唱歌——这个地方以为蝼蛄叫是蚯蚓叫，而且把蚯蚓叫"寒蛇"，听纺纱婆子不停地纺纱，"××——"，看萤火虫飞来飞去，看天上的流星。

"呀！我忘了在裤带上打一个结！"小英子说。

这里的人相信，在流星掉下来的时候在裤带上打一个结，心里想什么好事，就能如愿。

……

捋荸荠，这是小英最爱干的生活。秋天过去了，地净场光，荸荠的叶子枯了——荸荠的笔直的小葱一样的圆叶子里是一格一格的，用手一捋，哔哔地响，小英子最爱捋着玩——荸荠藏在烂泥里。赤了脚，在凉浸浸滑滑溜的泥里踩着——哎，一个硬疙瘩！伸手下去，一个红紫红紫的荸荠。她自己爱干这生活，还拉了明子一起去。她老是故意用自己的光脚去踩明子的脚。

她挎着一篮子荸荠回去了，在柔软的田埂上留了一串脚印。明海看着她的脚印，傻了。五个小小的趾头，脚掌平平的，脚跟细细的，脚弓部分缺了一块。明海身上有一种从来没有过的感觉，他觉得心里痒痒的。这一串美丽的脚印把小和尚的心搞乱了。

……

明子常搭赵家的船进城，给庵里买香烛，买油盐。闲时是赵大伯划船；忙时是小英子去，划船的是明子。

从庵赵庄到县城，当中要经过一片很大的芦花荡子。芦苇长得密密的，当中一条水路，四边不见人。划到这里，明子总是无端端地觉得心里很紧张，他就使劲地划桨。

小英子喊起来："明子！明子！你怎么啦？你发疯啦？为什么划得这么快？"……

明海到善因寺去受戒。

"你真的要去烧戒疤呀？"

"真的。"

"好好的头皮上烧十二个洞，那不疼死啦？"

"咬咬牙。舅舅说这是当和尚的一大关，总要过的。"

"不受戒不行吗？"

"不受戒的是野和尚。"

"受了戒有啥好处？"

"受了戒就可以到处云游，逢寺挂褡。"

"什么叫'挂褡'？"

"就是在庙里住。有斋就吃。"

"不把钱？"

"不把钱。有法事，还得先尽外来的师父。"

"怪不得都说'远来的和尚会念经'。就凭头上这几个戒疤？"

"还要有一份戒牒。"

"闹半天，受戒就是领一张和尚的合格文凭呀！""就是！"

"我划船送你去。"

"好。"

小英子早早就把船划到荸荠庵门前。不知是什么道理，她兴奋得很。她充满了好奇心，想去看看善因寺这座大庙，看看受戒是个啥样子。

善因寺是全县第一大庙，在东门外，面临一条水很深的护城河，三面都是大树，寺在树林子里，远处只能隐隐约约看到一点金碧辉煌的屋顶，不知道有多大。树上到处挂着"谨防恶犬"的牌子。这寺里的狗出名的厉害。平常不大有人进去。放戒期间，任人游看，恶狗都锁起来了。

好大一座庙！庙门的门槛比小英子的肐膝都高。迎门矗着两块大牌，一边一块，一块写着斗大两个大字："放戒"，一块是："禁止喧哗"。这庙里果然是气象庄严，到了这里谁也不敢大声咳嗽。明海自去报名办事，小英子就到处看看。好家伙，这哼哈二将、四大天王，有三丈多高，都是簇新的，才装修了不久。天井有二亩地大，铺着青石，种着苍松翠柏。"大雄宝殿"，这才真是个"大殿"！一进去，凉飕飕的。到处都是金光耀眼。释迦牟尼佛坐在一个莲花座上，单是莲座，就比小英子还高。抬起头来也看不全他的脸，只看到一个微微闭着的嘴唇和胖墩墩的下巴。两边的两根大红蜡烛，一搂多粗。佛像前的大供桌上供着鲜花、绒花、绢花，还有珊瑚树、玉如意、整根的大象牙。香炉里烧着檀香。小英子出了庙，闻着自己的衣服都是香的。挂了好些幡。这些幡不知是什么缎子的，那么厚重，绣的花真细。这么大一口磬，里头能装五担水！这么大一个木鱼，有一头牛大，漆得通红的。她又去转了转罗汉堂，爬到千佛楼上看了看。真有一千个小佛！她还跟着一些人去看了看藏经楼。藏经楼没有什么看头，都是经书！妈吔！逛了这么一圈，腿都酸了。小英子想起还要给家里打油，替姐姐配丝线，给娘买鞋面布，给自己买两个坠围裙飘带的银蝴蝶，给爹买旱烟，就出庙了。

等把事情办齐，晌午了。她又到庙里看了看，和尚正在吃粥。好大一个“膳堂”，坐得下八百个和尚。吃粥也有这样多讲究：正面法座上摆着两个锡胆瓶，里面插着红绒花，后面盘膝坐着一个穿了大红满金绣袈裟的和尚，手里拿了戒尺。这戒尺是要打人的。哪个和尚吃粥吃出了声音，他下来就是一戒尺。不过他并不真的打人，只是做个样子。真稀奇，那么多的和尚吃粥，竟然不出一点声音！他看见明子也坐在里面，想跟他打个招呼又不好打。想了想，管他禁止不禁止喧哗，就大声喊了一句：“我走啦！”她看见明子目不斜视地微微点了点头，就不管很多人都朝自己看，大摇大摆地走了。

第四天一大清早小英子就去看明子。她知道明子受戒是第三天半夜——烧戒疤是不许人看的。她知道要请老剃头师傅剃头，要剃得横摸顺摸都摸不出头发茬子，要不然一烧，就会“走”了戒，烧成了一片。她知道是用枣泥子先点在头皮上，然后用香头子点着。她知道烧了戒疤就喝一碗蘑菇汤，让它“发”，还不能躺下，要不停地走动，叫做“散戒”。这些都是明子告诉她的。明子是听舅舅说的。

她一看，和尚真在那里“散戒”，在城墙根底下的荒地里。

一个一个，穿了新海青，光光的头皮上都有十二个黑点子——这黑疤掉了，才会露出白白的、圆圆的“戒疤”。和尚都笑嘻嘻的，好像很高兴。她一眼就看见了明子。隔着一条护城河，就喊他：

“明子！”

“小英子！”

“你受了戒啦？”

“受了。”

“疼吗？”

“疼。”

“现在还疼吗？”

“现在疼过去了。”

“你哪天回去？”

“后天。”

“上午？下午？”

“下午。”

“我来接你！”

“好！”

……

小英子把明海接上船。

小英子这天穿了一件细白夏布上衣，下边是黑洋纱的裤子，赤脚穿了一双龙须草的细草鞋，头上一边插着一朵栀子花，一边插着一朵石榴花。她看见明子穿了新海青，里面露出短褂子的白领子，就说："把你那外面的一件脱了，你不热呀！"

他们一人一把桨。小英子在中舱，明子扳艄，在船尾。

她一路问了明子很多话，好像一年没有看见了。

她问，烧戒疤的时候，有人哭吗？喊吗？

明子说，没有人哭，只是不住地念佛。有个山东和尚骂人："俺日你奶奶！俺不烧了！"

她问善因寺的方丈石桥是相貌和声音都很出众吗？"是的。"

"说他的方丈比小姐的绣房还讲究？"

"讲究。什么东西都是绣花的。"

"他屋里很香？"

"很香。他烧的是伽楠香，贵得很。"

"听说他会作诗，会画画，会写字？"

"会。庙里走廊两头的砖额上，都刻着他写的大字。""他是有个小老婆吗？"

"有一个。"

"才十九岁？"

"听说。"

"好看吗？"

"都说好看。"

"你没看见？"

"我怎么会看见？我关在庙里。"

明子告诉她，善因寺一个老和尚告诉他，寺里有意选他当沙弥尾，不过还没有定，要等主事的和尚商议。

"什么叫'沙弥尾'？"

"放一堂戒，要选出一个沙弥头，一个沙弥尾。沙弥头要老成，要会念很多经。沙弥尾要年轻，聪明，相貌好。""当了沙弥尾跟别的和尚有什么不同？"

"沙弥头，沙弥尾，将来都能当方丈。现在的方丈退居了，就当。石桥原来就是沙弥尾。"

"你当沙弥尾吗？"

"还不一定哪。"

"你当方丈，管善因寺？管这么大一个庙？！"

"还早呐！"

划了一气，小英子说："你不要当方丈！"

"好，不当。"

"你也不要当沙弥尾！"

"好，不当。"

又划了一气，看见那一片芦花荡子了。

小英子忽然把桨放下，走到船尾，趴在明子的耳朵旁边，小声地说：

“我给你当老婆，你要不要?”

明子眼睛鼓得大大的。

“你说话呀!”

明子说：“嗯。”

“什么叫‘嗯’呀！要不要，要不要?”

明子大声地说：“要!”

“你喊什么!”

明子小小声说：“要——!”

“快点划!”

英子跳到中舱，两只桨飞快地划起来，划进了芦花荡。芦花才吐新穗。紫灰色的芦穗，发着银光，软软的，滑溜溜的，像一串丝线。有的地方结了蒲棒，通红的，像一枝一枝小蜡烛。青浮萍，紫浮萍。长脚蚊子，水蜘蛛。野菱角开着四瓣的小白花。惊起一只青桩（一种水鸟），擦着芦穗，扑鲁鲁鲁飞远了。

……

【讲评】

汪曾祺（1920—1997），沈从文先生的高徒，现当代著名小说家、散文家，京派小说的传人，被称为“中国最后一个纯粹的文人，中国最后一个士大夫”。他在短篇小说创作上颇有成就，对戏剧与民间文艺也有深入钻研。

汪曾祺把《受戒》当成一个梦来写，因为这是一个永远已逝的梦，也是梦想。这是作家创作《受戒》的目的，表面上写小明子与小英子的初恋，实际上还有更丰富的内涵，那就是他们的初恋中所表现出来的清纯、和谐，小明子的聪明能干，小英子的活泼大方，他们对戒律的藐视，他们旺盛的生命力，而所有这一切美好的东西，经过几十年新生活的改造，已不复存在。于是，表面上欢快的《受戒》，便包含了作家的隐痛，表面上的初恋题材，表现的却是作家对纯朴人性的歌颂与对理想生活的渴望。

第三讲
戏剧人生

1. 雷雨（节选）

曹禺

——杏花巷十号，在鲁贵家里——

下面是鲁家屋外的情景。

车站的钟打了十下，杏花巷的老少还沿着那白天蒸发着臭气，只有半夜才从租界区域吹来一阵好凉风的水塘边上乘凉。虽然方才落了一阵暴雨，天气还是郁热难堪，太空黑漆漆地布满了恶相的黑云，人们都像晒在太阳下的小草，虽然半夜里沾了点露水，心里还是热燥燥的，期望着再来一次雷雨。倒是躲在池塘芦草下的青蛙叫得起劲，一直不停。闲人谈话的声音有一阵没一阵地。无星的天空时而打着没雷的闪电，蓝森森地一晃，闪露出来池塘边的垂柳在水面颤动着。闪光过去，还是黑黝黝的一片。

渐渐乘凉的人散了，四周围静下来，雷又隐隐地响着，青蛙像是吓得不敢多叫，风又吹起来，柳叶沙沙地。在深巷里，野狗寂寞地狂吠着。

以後闪电更亮得蓝森森地可怕，雷也更凶恶似地隆隆地滚着，四周却更沉闷地静下来，偶尔听见几声青蛙叫和更大的木梆声，野狗的吠声更稀少，狂雨就快要来了。

最後暴风暴雨，一直到闭幕。

不过观众看见的还是四凤的屋子（即鲁贵两间房的内屋），前面的叙述除了声音只能由屋子中间一层木窗户显出来。

在四凤的屋子里面呢：

鲁家现在才吃完晚饭，每个人的心绪都是烦恶的。各人有各人的心思，在一个屋角，鲁大海一个人在擦什么东西。鲁妈同四凤一句话也不说，大家静默着。鲁妈低着头在屋子中间的圆桌旁收拾筷子碗，鲁贵坐在左边一张靠椅上，喝得醉醺醺地，眼睛发了红丝，像个猴子，半身倚着靠背，望着鲁妈打着噎。他的赤脚忽然放在椅子上，忽然又平拖在地上，两条腿像人字似地排开，他穿一件白汗衫，半臂已经汗透了，贴在身上，他不住地摇着芭蕉扇。

四凤在中间窗户前面站着：背朝着观众，面向窗外不安地望着，窗外池塘边有乘凉的人们说着闲话，有青蛙的叫声。她时而不安地像听见了什么似的，时而又转过头看了看鲁贵，又烦厌地迅速转过去。在她旁边靠左墙是一张搭好的木板床，上面铺着凉席，一床很干净的夹被，一个凉草枕和一把蒲扇，很整齐地放在上面。

屋子很小，像一切穷人的屋子，屋顶低低地压在头上。床头上挂着一张烟草公司的广告画，在左边的墙上贴着过年时粘上的旧画，已经破烂许多地方。靠着鲁贵坐的唯一的一张椅子立了一张小方桌，上面有镜子，梳子，女人用的几件平常的化妆品，那大概是四凤的梳妆台了。在左墙有一条板凳，在中间圆桌旁边孤零零地立着一个圆凳子，在右边四凤的床下正排着两三双很时髦的鞋，鞋的下头，有一只箱子，上面铺着一块白布，放着一个瓷壶同两三个粗的碗。小圆桌上放着一盏洋油灯，上面罩一个鲜红美丽的纸灯罩；还有几件零碎的小东西；在暗淡的灯影里，零碎的小东西虽然看不清楚，却依然令人觉得这大概是一个女人的住房。

这屋子有两个门，在左边——就是有木床的一边——开着一个小门，外面挂着一幅强烈的有花的红幔，里面存着煤，一两件旧家俱，四凤为着自己换衣服用的。右边有一个破旧的木门，通着鲁家的外间，外面是鲁贵住的地方，是今晚鲁贵夫妇睡的处所。那外间屋的门就通着池塘边泥泞的小道。这里间与外间相连的木门，旁边侧立一副铺板。

开幕时正是鲁贵兴致淋漓地刚刚倒完了半咒骂式的家庭训话。屋内都是沉默而紧张的。沉闷中听得出池塘边唱着淫荡的春曲，参杂着乘凉人们的谈话。各人在想各人的心思，低着头不做声。鲁贵满身是汗，因为喝酒喝得太多，说话也过于卖了力气，嘴里流着涎水，脸红得吓人，他好像很得意自己在家里的位置同威风，拿着那把破芭蕉扇，挥着，舞着，指着。为汗水浸透了似的肥脑袋探向前面，眼睛迷腾腾地，在各个人的身上扫来扫去。

大海依旧擦他的手枪，两个女人都不做声，等着鲁贵继续嘶喊，这时青蛙同卖唱的叫声传了过来。四凤立在窗户前，偶尔深深地叹着气。

贵　（咳嗽起来）他妈的！（一口痰吐在地上，兴奋地问着）你们说，你们哪一个对得起我？（向四凤同大海）你们不要不愿意听，你们哪一个人不是我辛辛苦苦养到大？可是现在你们哪一件事做的对得起我？（先向左，对大海）你说？（忽向右，对四凤）你说？（对着站在中间圆桌旁的鲁妈，胜利地）你也说说，这都是你的好孩子啊！（啪，又一口痰）。［静默。听外面胡琴，同唱声］

大　（向四凤）这是谁？快十点半还在唱？

四　（随意地）一个瞎子同他老婆，每天在这儿卖唱的。（挥着扇，微微叹一口气）

贵　我是一辈子犯小人，不走运。刚在周家混了两年，孩子都安置好了，就叫你（指鲁妈）连累下去了。你回家一次就出一次事。刚才是怎么回事？我叫完电灯匠回公馆，凤儿的事没有了，连我的老根子也拔了。妈的，你不来，（指鲁妈）我能倒这样的霉？（又一

口痰）

大　（放下手枪）你要骂我就骂我，别指东说西，欺负妈好说话。

贵　我骂你？你是少爷！我骂你？你连人家有钱的人都当面骂了，我敢骂你？

大　（不耐烦）你喝了不到两盅酒，就叨叨叨，叨叨叨，这半点钟你够不够？

贵　够？哼，我一肚子的冤屈，一肚子的火，我没个够！当初你爸爸也不是没叫人伺候过，吃喝玩乐，我哪一样没讲究过！自从娶了你的妈，我是家败人亡，一天不如一天，一天不如一天……

四　那不是你自己赌钱输光的！

大　你别理他，让他说。

贵　（只顾嘴头说得畅快，如同自己是唯一的牺牲者一样）我告诉你，我是家败人亡，一天不如一天。我受人家的气，受你们的气。现在好，连想受人家的气也不成了，我跟你们一块儿饿着肚子等死。你们想想，你们是哪一件事对得起我？（忽而觉得自己的腿没处放，面向鲁妈）侍萍，把那凳子拿过来，我放放大腿。

大　（看着鲁妈，叫她不要管）妈！（然而鲁妈还是拿了那唯一的圆凳子过来，放在鲁贵的脚下。他把腿放好）

贵　（望着大海）可是这怪谁？你把人家骂了，人家一气，当然就把我们辞了。谁叫我是你的爸爸呢？大海，你心里想想，我这么大年纪，要跟着你饿死；我要是饿死，你是哪一点对得起我？我问问你，我要是这样死了？

大　（忍不住，立起，大声）你死就死了，你算老几？

贵　（吓醒了一点）妈的，这孩子！

鲁　大海！（同时惊恐地喊出）

四　哥哥！

贵　（看见大海那副魁梧的身体，同手里拿着的枪，心里有点怕，笑着）你看看，这孩子这点小脾气！——（又接着说）咳，说回来，这也不能就怪大海，周家的人从上到下就没有一个好东西。我伺候他们两年，他们那点出息我哪一样不知道？反正有钱人家顶方便，做了坏事，外面比做了好事装得还体面；文明词越用得多，心里头越男盗女娼。王八蛋！别看今天我走的时候，老爷太太装模作样地跟我尽打官话，好东西，明儿见！他们家里这点出息当我不知道？

四　（怕他胡闹）爸！你可，你可千万别去周家！

贵　（不觉骄傲起来）哼，明天，我把周家太太大少爷这点老底子给他一个宣布，就连老头这老王八蛋也得给我跪下磕头。忘恩负义的东西！（得意地咳嗽起来）。他妈的！（啪地又一口痰吐在地上，向四凤）茶呢？

四　爸，你真是喝醉了么？刚才不跟你放在桌上么？

贵　（端起杯子，对四凤）这是白水，小姐！（泼在地上）。

四　（冷冷地）本来是白水，没有茶。

贵　（因为她打断他的兴头，向四凤）混帐。我吃完饭总要喝杯好茶，你还不知道么？

大　（故意地）哦，爸爸吃完饭还要喝茶的。（向四凤）四凤，你怎么不把那一两四块八的龙井沏上，尽叫爸爸生气！

四　龙井，家里连茶叶末儿也没有。

大　（向贵）听见了没有？你就将就喝杯开水吧，别这样穷讲究啦（拿一杯白开水，放在他身旁桌上，走开。）

贵　这是我的家。你要看着不顺眼，你可以滚开。

大　（上前）你，你——

鲁　（阻大海）别，别，好孩子。看在妈的份上，别同他闹。

贵　你自己觉得挺不错，你到家不到两天，就闹这么大的乱子，我没有说你，你还要打我么？你给我滚！

大　（忍着）妈，他这样子我实在看不下去。妈，我走了。

鲁　胡说。就要下雨，你上哪儿去？

大　我有点事。办不好，也许到车厂拉车去。

鲁　大海，你——

贵　走，走，让他走。这孩子就是这点穷骨头。叫他滚，滚，滚！

大　你小心点。你少惹我的火！

贵　（赖皮）你妈在这儿。你敢把你的爹怎么样？你这杂种！

大　什么，你骂谁？

贵　我骂你。你这——

鲁　（向贵）你别不要脸，你少说话！

贵　我不要脸？我没有在家养私孩子，还带着个（指大海）嫁人。

鲁　（心痛极）哦，天！

大　（抽出手枪）我——我打死你这老东西！（对鲁贵）

［鲁贵叫，站起。急到里间，僵立不动］

贵　（喊）枪，枪，枪。

四　（跑到大海的面前，抱着他的手）哥哥。

鲁　大海你放下。

大　（对鲁贵）你跟妈说，说自己错了，以後永远不再乱说话，乱骂人。

贵　哦——

大　（进一步）说呀！

贵　（被胁）你，你——你先放下。

大　（气愤地）不，你先说。

贵　好。（向鲁妈）我说错了，我以後永远不乱说，不骂人了。

大　（指那唯一的圆椅）还坐在那儿！

贵　（颓唐地坐在椅上，低着头咕噜着）这小杂种！

大　哼，你不值得我卖这么大的力气。

鲁　放下。大海，你把手枪放下。

大　（放下手枪，笑。）妈，妈您别怕，我是吓唬吓唬他。

鲁　给我。你这手枪是哪儿弄来的？

大　从矿上带来的，警察打我们的时候掉下的，我拾起来了。

鲁　你现在带在身上干什么？

大　不干什么。

鲁　不，你要说。

大　（狞笑）没有什么，周家逼着我，没有路走，这就是一条路。

鲁　胡说，交给我。

大　（不肯）妈！

鲁　刚才吃饭的时候我跟你说过。周家的事算完了，我们姓鲁的永远不提他们了。

大　（低声，缓慢地）可是我们在矿上流的血呢？周家大少爷刚才打在我脸上的巴掌呢？就完了么？

鲁　嗯，完了。这一本帐算不清楚，报复是完不了的。什么都是天定，妈愿你多受点苦。

大　那是妈自己，我——

鲁（高声）大海，你是我最爱的孩子，你听着，我从来不用这样的口气对你说过话。你要是伤了周家的人，不管是那里的老爷或者少爷，你只要伤害了他们，我是一辈子也不认你的。

大　可是妈——（恳求）

鲁　（肯定地）你知道妈的脾气，你若要做了妈最怕你做的事情，妈就死在你的面前。

大　（长叹一口气）哦，妈，您——（仰头望，又低下头来）那我会恨——恨他们一辈子。

鲁　（叹一口气）天，那就不能怪我了。（向大海）把手枪给我。（大海不肯）交给我！（走近大海，把手枪拿了过来。）

大　（痛苦）妈，您——

四　哥哥，你给妈！

大　那么您拿去吧。不过您搁的地方得告诉我。

鲁　好，我放在这个箱子里。（把手枪放在床头的木箱里）可是（对大海）明天一早我就报告警察，把枪交给他。

贵　对极了，这才是正经。

大　你少说话！

鲁　大海。不要这样同父亲说话。

大　（看鲁贵，又转头）好，妈，我走了。我看车厂子里有认识的人没有。

鲁　好，你去。你可得准回来。一家人不许这样怄气。

大　嗯。就回来。

[大海由左边与外间通的房门下，听见他关外房大门的声音。鲁贵立起来看着大海走出去，怀着怨气又回来站在圆桌旁]

贵　（自言自语）这个小王八蛋！（问鲁妈）刚才我叫你买茶叶，你为什么不买？

鲁　没有闲钱。

贵　可是，四凤，我的钱呢？——刚才你们从公馆领来的工钱呢？

四　您说周公馆多给的两个月工钱？

贵　对了，一共连新加旧六十块钱。

四　（知道早晚也要告诉他）嗯，是的，还给人啦。

贵　什么，你还给人啦？

四　刚才赵三又来堵门要你赌帐，妈就把那个钱都还给他了。

贵　（问鲁妈）六十块钱？都还了帐啦！

鲁　嗯，把你这次的赌帐算是还清了。

贵　（急了）妈的，我的家就是叫你们这样败了的，现在是还帐的时候么？

鲁　（沉静地）都还清了好。这儿的家我预备不要了。

贵　这儿的家你不要么？

鲁　我想，大后天就回济南去。

贵　你回济南，我跟四凤在这儿，这个家也得要啊。

鲁　这次我带着四凤一块儿走，不叫她一个人在这儿了。

贵　（对四凤笑）四凤，你听你妈带着你走。

鲁　上次我走的时候，我不知道我的事情怎么样。外面人地生疏，在这儿四凤有邻居张大婶照应她，我自然不带她走。现在我那边的事已经定了。四凤在这儿又没有事，我为什么不带她走？

四　（惊）您，您真要带我走？

鲁　（沉痛地）嗯，妈以後说什么也不离开你了。

贵　不成，这我们得好好商量商量。

鲁　这有什么可商量的？你要愿意去，大后天一块儿走也可以。不过那儿是找不着你这一帮赌钱的朋友的。

贵　我自然不到那儿去。可是你要带四凤到那儿干什么？

鲁　女孩子当然随着妈走，从前那是没有法子。

贵　（滔滔地）四凤跟我有吃有穿，见的是场面人。你带着她，活受罪，干什么？

鲁　（对他没有办法）跟你也说不明白。你问问她愿意跟我还是愿意跟你？

贵　自然是愿意跟我。

鲁　你问她！

贵　（自信一定胜利）四凤，你过来，你听清楚了。你愿意怎么样？随你。跟你妈，还是跟我？（四凤转过身来，满脸的眼泪）咦，这孩子，你哭什么？

鲁　哦，凤儿，我的可怜的孩子。

贵　说呀，这不是大姑娘上轿，说呀！

鲁　（安慰地）哦，凤儿，告诉我，刚才你答应得好好地，愿意跟着妈走，现在又怎么哪？告诉我，好孩子。老实地告诉妈，妈还是喜欢你。

贵　你说你让她走，她心里不高兴。我知道，她舍不得这个地方。（笑）

四　（向鲁贵）去！（向鲁妈）别问我，妈，我心里难过。妈，我的妈，我是跟你走的。妈呀！（抽咽，扑在鲁妈的怀里）

鲁　哦，我的孩子，我的孩子今天受了委屈了。

贵　你看看，这孩子一身小姐气，她要跟你不是受罪么？

鲁　（向鲁贵）你少说话，（对四凤）妈命不好，妈对不起你，别难过！以後跟妈在一块儿。没有人会欺负你，哦，我的心肝孩子。

【讲评】

曹禺（1910—1996），中国杰出的现代话剧剧作家，原名万家宝，字小石，小名添甲；汉族，祖籍湖北潜江，出生在天津一个没落的封建官僚家庭里。其父曾任总统黎元洪的秘书，后赋闲在家，郁郁不得志。曹禺幼年丧母，在压抑的氛围中长大，个性内向。1922年，曹禺入读南开中学，并参加了南开新剧团。

曹禺笔名的来源是因为本姓“萬”（万的繁体字），于是他将“萬”字上下拆为“草禺”，又因“草”不像个姓，故取谐音字“曹”，两者组合而得曹禺。

曹禺是中国现代话剧史上成就最高的剧作家。他自小随继母辗转各个戏院听曲观戏，故从小心中便播下了戏剧的种子。其代表作品有《雷雨》《日出》《原野》《北京人》。

1996年12月13日，因长期疾病，曹禺在北京医院辞世，享年86岁。

曹禺作为中国新文化运动的开拓者之一，与鲁迅、郭沫若、茅盾、巴金、老舍齐名。他是中国现代戏剧的泰斗、戏剧教育家，历任中国文联常委委员、执行主席；中国戏剧家协会常务理事、副主席；中国作协理事、北京市文联主席；中央戏剧学院副院长、名誉院长；北京人民艺术剧院院长等职务。他所创造的每一个角色，都给人留下了难忘的印象。1934年曹禺的话剧处女作《雷雨》问世，在中国现代话剧史上具有极其重大的意义，被公认为是中国现代话剧成熟的标志，曹禺先生也因此被誉为“东方的莎士比亚”。

《雷雨》所展示的是一幕人生大悲剧，是命运对人残忍的捉弄。该剧完全运用了三一律的戏剧结构，描写了两个家庭中的八个人物在短短一天之内发生的故事，却牵扯了周鲁两家几十年的恩恩怨怨。本剧情节扣人心弦，语言简练含蓄，人物各具性格特点，潜台词极为丰富。《雷雨》是戏剧家曹禺的第一部作品，也是中国现代话剧成熟的标志，是“中国话剧现实主义的基石”。作者出于一种“情感的迫切的需要”，“以一种悲悯的情怀来俯视这片土地上的人们”，通过两个在伦理、血缘上有着千丝万缕联系的家庭，剖析了社会和历史的深重罪孽。

2. 茶馆（节选）

老舍

第一幕

人物：王利发、刘麻子、庞太监、唐铁嘴、康六、小牛儿、松二爷、黄胖子、宋恩子、常四爷、秦仲义、吴祥子、李三、老人、康顺子、二德子、乡妇、茶客甲、茶客乙、茶客丙、茶客丁、马五爷、小妞、茶房一二人。

时间：一八九八年（戊戌）初秋，康梁等的维新运动失败了。早半天。

地点：北京，裕泰大茶馆。

〔幕起：这种大茶馆现在已经不见了。在几十年前，每城都起码有一处。这里卖茶，也卖简单的点心与饭菜。玩鸟的人们，每天在遛够了画眉、黄鸟等之后，要到这里歇歇腿，喝喝茶，并使鸟儿表演歌唱。商议事情的，说媒拉纤的，也到这里来。那年月，时常有打群架的，但是总会有朋友出头给双方调解；三五十口子打手，经调人东说西说，便都喝碗茶，吃碗烂肉面（大茶馆特殊的食品，价钱便宜，做起来快当），就可以化干戈为玉帛了。总之，这是当日非常重要的地方，有事无事都可以来坐半天。

〔在这里，可以听到最荒唐的新闻，如某处的大蜘蛛怎么成了精，受到雷击。奇怪的意见也在这里可以听到，像把海边上都修上大墙，就足以挡住洋兵上岸。这里还可以听到某京戏演员新近创造了什么腔儿，和煎熬鸦片烟的最好的方法。这里也可以看到某人新得到的奇珍——一个出土的玉扇坠儿，或三彩的鼻烟壶。这真是个重要的地方，简直可以算作文化交流的所在。

〔我们现在就要看见这样的一座茶馆。

〔一进门是柜台与炉灶——为省点事，我们的舞台上可以不要炉灶；后面有些锅勺的响声也就够了。屋子非常高大，摆着长桌与方桌，长凳与小凳，都是茶座儿。隔窗可见后院，高搭着凉棚，棚下也有茶座儿。屋里和凉棚下都有挂鸟笼的地方。各处都贴着"莫谈国事"的纸条。

〔有两位茶客，不知姓名，正眯着眼，摇着头，拍板低唱。有两三位茶客，也不知姓名，正入神地欣赏瓦罐里的蟋蟀。两位穿灰色大衫的——宋恩子与吴祥子，正低声地谈话，看样子他们是北衙门的办案的（侦缉）。

〔今天又有一起打群架的，据说是为了争一只家鸽，惹起非用武力解决不可的纠纷。假若真打起来，非出人命不可，因为被约的打手中包括着善扑营的哥儿们和库兵，身手都十分厉害。好在，不能真打起来，因为在双方还没把打手约齐，已有人出面调停了——现在双方在这里会面。三三两两的打手，都横眉立目，短打扮，随时进来，往后院去。

〔马五爷在不惹人注意的角落，独自坐着喝茶。

〔王利发高高地坐在柜台里。

〔唐铁嘴趿拉着鞋，身穿一件极长极脏的大布衫，耳上夹着几张小纸片，进来。

王利发　唐先生，你外边蹓蹓吧！

唐铁嘴　（惨笑）王掌柜，捧捧唐铁嘴吧！送给我碗茶喝，我就先给您相相面吧！手相奉送，不取分文！（不容分说，拉过王利发的手来）今年是光绪二十四年，戊戌。您贵庚是……

王利发　（夺回手去）算了吧，我送你一碗茶喝，你就甭卖那套生意口啦！用不着相面，咱们既在江湖内，都是苦命人！（由柜台内走出，让唐铁嘴坐下）坐下！我告诉你，你要是不戒了大烟，就永远交不了好运！这是我的相法，比你的更灵验！

〔松二爷和常四爷都提着鸟笼进来，王利发向他们打招呼。他们先把鸟笼子挂好，找地方坐下。松二爷文绉绉的，提着小黄鸟笼；常四爷雄赳赳的，提着大而高的画眉笼。茶房李三赶紧过来，沏上盖碗茶。他们自带茶叶。茶沏好，松二爷、常四爷向临近的茶座让了让。

常四爷　您喝这个！（然后，往后院看了看）

松二爷　好像又有事儿？

常四爷　反正打不起来！要真打的话，早到城外头去啦；到茶馆来干吗？

〔二德子，一位打手，恰好进来，听见了常四爷的话。

二德子　（凑过去）你这是对谁甩闲话呢？

常四爷　（不肯示弱）你问我哪？花钱喝茶，难道还教谁管着吗？

松二爷　（打量了二德子一番）我说这位爷，您是营里当差的吧？来，坐下喝一碗，我们也都是外场人。

二德子 你管我当差不当差呢!

常四爷 要抖威风，跟洋人干去，洋人厉害!英法联军烧了圆明园，尊家吃着官饷，可没见您去冲锋打仗!

二德子 甭说打洋人不打，我先管教管教你!(要动手)

〔别的茶客依旧进行他们自己的事。王利发急忙跑过来。

王利发 哥儿们，都是街面上的朋友，有话好说。德爷，您后边坐!

〔二德子不听王利发的话，一下子把一个盖碗搂下桌去，摔碎。翻手要抓常四爷的脖领。

常四爷 (闪过)你要怎么着?

二德子 怎么着?我碰不了洋人，还碰不了你吗?

马五爷 (并未立起)二德子，你威风啊!

二德子 (四下扫视，看到马五爷)喝，马五爷，你在这儿哪?我可眼拙，没看见您!(过去请安)

马五爷 有什么事好好地说，干吗动不动地就讲打?

二德子 [嗻]!您说得对!我到后头坐坐去。李三，这儿的茶钱我候啦!

常四爷 (凑过来，要对马五爷发牢骚)这位爷，您圣明，您给评评理!

马五爷 (立起来)我还有事，再见!(走出去)

常四爷 (对王利发)邪!这倒是个怪人!

王利发 您不知道这是马五爷呀!怪不得你也得罪了他!

常四爷 我也得罪了他?我今天出门没挑好日子!

王利发 (低声地)刚才您说洋人怎样，他就是吃洋饭的。信洋教，说洋话，有事情可以一直地找宛平县的县太爷去，要不怎么连官面上都不惹他呢!

常四爷 (往原处走)哼，我就不佩服吃洋饭的!

王利发 (向宋恩子、吴祥子那边稍一歪头，低声地)说话请留点神!(大声地)李三，再给这儿沏一碗来!(拾起地上的碎瓷片)

松二爷 盖碗多少钱?我赔!外场人不做老娘们事!

王利发 不忙，待会儿再算吧!(走开)

〔纤手刘麻子领着康六进来。刘麻子先向松二爷、常四爷打招呼。

刘麻子 您二位真早班儿!(掏出鼻烟壶，倒烟)您试试这个!刚装来的，地道的英国造，又细又纯!

常四爷 唉!连鼻烟也得从外洋来!这得往外流多少银子啊!

刘麻子 咱们大清国有的是金山银山，永远花不完!您坐着，我办点小事!(领康六找了个座儿)

〔李三拿过一碗茶来。

刘麻子 说说吧，十两银子行不行?你说干脆的!我忙，没工夫专伺候你!

康六 刘爷!十五岁的大姑娘，就值十两银子吗?

刘麻子 卖到窑子去，也许多拿一两八钱的，可是你又不肯!

康六 那是我的亲女儿!我能够……

刘麻子　有女儿，你可养活不起，这怪谁呢？

康六　那不是因为乡下种地的都没法子混了吗？一家大小要是一天能吃上一顿粥，我要还想卖女儿，我就不是人！

刘麻子　那是你们乡下的事，我管不着。我受你之托，教你不吃亏，又教你女儿有个吃饱饭的地方，这还不好吗？

康六　到底给谁呢？

刘麻子　我一说，你必定从心眼里乐意！一位在宫里当差的！

康六　宫里当差的谁要个乡下丫头呢？

刘麻子　那不是你女儿的命好吗？

康六　谁呢？

刘麻子　庞总管！你也听说过庞总管吧？伺候着太后，红的不得了，连家里打醋的瓶子都是玛瑙的！

康六　刘大爷，把女儿给太监作老婆，我怎么对得起人呢？

刘麻子　卖女儿，无论怎么卖，也对不起女儿！你糊涂！你看，姑娘一过门，吃的是珍馐美味，穿的是绫罗绸缎，这不是造化吗？怎样，摇头不算点头算，来个干脆的！

康六　自古以来，哪有……他就给十两银子？

刘麻子　找遍了你们全村儿，找得出十两银子找不出？在乡下，五斤白面就换个孩子，你不是不知道！

康六　我，唉！我得跟姑娘商量一下！

刘麻子　告诉你，过了这个村可没有这个店，耽误了事可别怨我！快去快来！

康六　唉！我一会儿就回来！

刘麻子　我在这儿等着你！

康六　（慢慢地走出去）

刘麻子　（凑到松二爷、常四爷这边来）乡下人真难办事，永远没有个痛痛快快！

松二爷　这号生意又不小吧？

刘麻子　也甜不到哪儿去，弄好了，赚个元宝！

常四爷　乡下是怎么了？会弄得这么卖儿卖女的！

刘麻子　谁知道！要不怎么说，就是条狗也得托生在北京城里嘛！

常四爷　刘爷，您可真有个狠劲儿，给拉拢这路事！

刘麻子　我要不分心，他们还许找不到买主呢！（忙岔话）松二爷（掏出个小时表来），您看这个！

松二爷　（接表）好体面的小表！

刘麻子　您听听，嘎噔嘎噔地响！

松二爷　（听）这得多少钱？

刘麻子　您爱吗？就让给您！一句话，五两银子！您玩够了，不爱再要了，我还照数退钱！东西真地道，传家的玩意儿！

常四爷　我这儿正咂摸这个味儿：咱们一个人身上有多少洋玩意儿啊！老刘，就看你身上吧：洋鼻烟，洋表，洋缎大衫，洋布裤褂……

刘麻子　洋东西可真是漂亮呢！我要是穿一身土布，像个乡下脑壳，谁还理我呀！

常四爷 我老觉乎着咱们的大缎子，川绸，更体面！

刘麻子 松二爷，留下这个表吧，这年月，带着这么好的洋表，会教人另眼看待！是不是这么说，您哪？

松二爷 （真爱表，但又嫌贵）我……

刘麻子 您先戴几天，改日再给钱！

〔黄胖子进来。

黄胖子 （严重的沙眼，看不清楚，进门就请安）哥儿们，都瞧我啦！我请安了！都是自家兄弟，别伤了和气呀！

王利发 这不是他们，他们在后院哪！

黄胖子 我看不大清楚啊！掌柜的，预备烂肉面，有我黄胖子，谁也打不起来！（往里走）

二德子 （出来迎接）两边已经见了面，您快来吧！

〔二德子同黄胖子入内。

〔茶房们一趟又一趟地往后面送茶水。老人进来，拿着些牙签、胡梳、耳挖勺之类的小东西，低着头慢慢地挨着茶座儿走；没人买他的东西。他要往后院去，被李三截住。

李三 老大爷，您外边蹓蹓吧！后院里，人家正说和事呢，没人买您的东西！（顺手儿把剩茶递给老人一碗）

松二爷 （低声地）李三！（指后院）他们到底为了什么事，要这么拿刀动杖的？

李三 （低声地）听说是为一只鸽子。张宅的鸽子飞到了李宅去，李宅不肯还……唉，咱们还是少说话好，（问老人）老大爷您高寿啦？

老人 （喝了茶）多谢！八十二了，没人管！这年月呀，人还不如一只鸽子呢！唉！（慢慢走出去）

〔秦仲义，穿得很讲究，满面春风，走进来。

王利发 哎哟！秦二爷，您怎么这样闲在，会想起下茶馆来了？也没带个底下人？

秦仲义 来看看，看看你这年轻小伙子会做生意不会！

王利发 唉，一边做一边学吧，指着这个吃饭嘛。谁叫我爸爸死的早，我不干不行啊！好在照顾主儿都是我父亲的老朋友，我有不周到的地方，都肯包涵，闭闭眼就过去了。在街面上混饭吃，人缘儿顶要紧。我按着我父亲遗留下的老办法，多说好话，多请安，讨人人的喜欢，就不会出大岔子！您坐下，我给您沏碗小叶茶去！

秦仲义 我不喝！也不坐着！

王利发 坐一坐！有您在我这儿坐坐，我脸上有光！

秦仲义 也好吧！（坐）可是，用不着奉承我！

王利发 李三，沏一碗高的来！二爷，府上都好？您的事情都顺心吧？

秦仲义 不怎么太好！

王利发 您怕什么呢？那么多的买卖，您的小手指头都比我的腰还粗！

唐铁嘴 （凑过来）这位爷好相貌，真是天庭饱满，地阁方圆，虽无宰相之权，而有陶朱之富！

秦仲义 躲开我！去！

王利发 先生，你喝够了茶，该外边活动活动去！（把唐铁嘴轻轻推开）

唐铁嘴　唉！（垂头走出去）

秦仲义　小王，这儿的房租是不是得往上提那么一提呢？当年你爸爸给我的那点租钱，还不够我喝茶用的呢！

王利发　二爷，您说的对，太对了！可是，这点小事用不着您分心，您派管事的来一趟，我跟他商量，该长多少租钱，我一定照办！是！嗻！

秦仲义　你这小子，比你爸爸还滑！哼，等着吧，早晚我把房子收回去！

王利发　您甭吓唬着我玩，我知道您多么照应我，心疼我，决不会叫我挑着大茶壶，到街上卖热茶去！

秦仲义　你等着瞧吧！

〔乡妇拉着个十来岁的小妞进来。小妞的头上插着一根草标。李三本想不许她们往前走，可是心中一难过，没管。她们俩慢慢地往里走。茶客们忽然都停止说笑，看着她们。

小妞　（走到屋子中间，立住）妈，我饿！我饿！

〔乡妇呆视着小妞，忽然腿一软，坐在地上，掩面低泣。

秦仲义　（对王利发）轰出去！

王利发　是！出去吧，这里坐不住！

乡妇　哪位行行好？要这个孩子，二两银子！

常四爷　李三，要两个烂肉面，带她们到门外吃去！

李三　是啦！（过去对乡妇）起来，门口等着去，我给你们端面来！

乡妇　（立起，抹泪往外走，好像忘了孩子；走了两步，又转回身来，搂住小妞吻她）宝贝！宝贝！

王利发　快着点吧！

〔乡妇、小妞走出去。李三随后端出两碗面去。

王利发　（过来）常四爷，您是积德行好，赏给她们面吃！可是，我告诉您：这路事儿太多了，太对了！谁也管不了！（对秦仲义）二爷，您看我说的对不对？

常四爷　（对松二爷）二爷，我看哪，大清国要完！

秦仲义　（老气横秋地）完不完，并不在乎有人给穷人们一碗面吃没有。小王，说真的，我真想收回这里的房子！

王利发　您别那么办哪，二爷！

秦仲义　我不但收回房子，而且把乡下的地，城里的买卖也都卖了！

王利发　那为什么呢？

秦仲义　把本钱拢到一块儿，开工厂！

王利发　开工厂？

秦仲义　嗯，顶大顶大的工厂！那才救得了穷人，那才能抵制外货，那才能救国！（对王利发说而眼看着常四爷）唉，我跟你说这些干什么，你不懂！

王利发　您就专为别人，把财产都出手，不顾自己了吗？

秦仲义　你不懂！只有那么办，国家才能富强！好啦，我该走啦。我亲眼看见了，你的生意不错，你甭再耍无赖，不涨房钱！

王利发　您等等，我给您叫车去！

秦仲义　用不着，我愿意蹓跶蹓跶！

〔秦仲义往外走，王利发送。

〔小牛儿搀着庞太监走进来。小牛儿提着水烟袋。

庞太监　哟！秦二爷！

秦仲义　庞老爷！这两天您心里安顿了吧？

庞太监　那还用说吗？天下太平了：圣旨下来，谭嗣同问斩！告诉您，谁敢改祖宗的章程，谁就掉脑袋！

秦仲义　我早就知道！

〔茶客们忽然全静寂起来，几乎是闭住呼吸地听着。

庞太监　您聪明，二爷，要不然您怎么发财呢！

秦仲义　我那点财产，不值一提！

庞太监　太客气了吧？您看，全北京城谁不知道秦二爷！您比做官的还厉害呢！听说呀，好些财主都讲维新！

秦仲义　不能这么说，我那点威风在您的面前可就施展不出来了！哈哈哈！

庞太监　说得好，咱们就八仙过海，各显其能吧！哈哈哈！

秦仲义　改天过去给您请安，再见！（下）

庞太监　（自言自语）哼，凭这么个小财主也敢跟我斗嘴皮子，年头真是改了！（问王利发）刘麻子在这儿哪？

王利发　总管，您里边歇着吧！

〔刘麻子早已看见庞太监，但不敢靠近，怕打搅了庞太监、秦仲义的谈话。

刘麻子　嗬，我的老爷子！您吉祥！我等您好大半天了！（搀庞太监往里面走）

〔宋恩子、吴祥子过来请安，庞太监对他们耳语。

〔众茶客静默一阵之后，开始议论纷纷。

茶客甲　谭嗣同是谁？

茶客乙　好像听说过！反正犯了大罪，要不，怎么会问斩呀！

茶客丙　这两三个月了，有些做官的，念书的，乱折腾乱闹，咱们怎能知道他们捣的什么鬼呀！

茶客丁　得！不管怎么说，我的铁杆庄稼又保住了！姓谭的，还有那个康有为，不是说叫旗兵不关钱粮，去自谋生计吗？心眼多毒！

茶客丙　一份钱粮倒叫上头克扣去一大半，咱们也不好过！

茶客丁　那总比没有强啊！好死不如赖活着，叫我去自己谋生，非死不可！

王利发　诸位主顾，咱们还是莫谈国事吧！

〔大家安静下来，都又各谈各的事。

庞太监　（已坐下）怎么说？一个乡下丫头，要二百银子？

刘麻子　（侍立）乡下人，可长得俊呀！带进城来，好好地一打扮、调教，准保是又好看又有规矩！我给您办事，比给我亲爸爸做事都更尽心，一丝一毫不能马虎！

〔唐铁嘴又回来了。

王利发　铁嘴，你怎么又回来了？

唐铁嘴　街上兵荒马乱的，不知道是怎么回事！

庞太监　还能不搜查搜查谭嗣同的余党吗？唐铁嘴，你放心，没人抓你！

唐铁嘴　嗻，总管，您要能赏给我几个烟泡儿，我可就更有出息了！

〔有几个茶客好像预感到什么灾祸，一个个往外溜。

松二爷　咱们也该走啦吧！天不早啦！

常四爷　嗻！走吧！

〔二灰衣人——宋恩子和吴祥子走过来。

宋恩子　等等！

常四爷　怎么啦？

宋恩子　刚才你说“大清国要完”？

常四爷　我，我爱大清国，怕它完了！

吴祥子　（对松二爷）你听见了？他是这么说的吗？

松二爷　哥儿们，我们天天在这儿喝茶。王掌柜知道：我们都是地道老好人！

吴祥子　问你听见了没有？

松二爷　那，有话好说，二位请坐！

宋恩子　你不说，连你也锁了走！他说“大清国要完”，就是跟谭嗣同一党！

松二爷　我，我听见了，他是说……

宋恩子　（对常四爷）走！

常四爷　上哪儿？事情要交代明白了啊！

宋恩子　你还想拒捕吗？我这儿可带着“王法”呢！（掏出腰中带着的铁链子）

常四爷　告诉你们，我可是旗人！

吴祥子　旗人当汉奸，罪加一等！锁上他！

常四爷　甭锁，我跑不了！

宋恩子　量你也跑不了！（对松二爷）你也走一趟，到堂上实话实说，没你的事！

〔黄胖子同三五个人由后院过来。

黄胖子　得啦，一天云雾散，算我没白跑腿！

松二爷　黄爷！黄爷！

黄胖子　（揉揉眼）谁呀？

松二爷　我！松二！您过来，给说句好话！

黄胖子　（看清）哟，宋爷，吴爷，二位爷办案哪？请吧！

松二爷　黄爷，帮帮忙，给美言几句。

黄胖子　官厅儿管不了的事，我管！官厅儿能管的事呀，我不便多嘴！（问大家）是不是？

众　嗻！对！

〔宋恩子、吴祥子带着常四爷、松二爷往外走。

松二爷　（对王利发）看着点我们的鸟笼子！

王利发　您放心，我给送到家里去！

〔常四爷、松二爷、宋恩子、吴祥子同下。

黄胖子　（唐铁嘴告以庞太监在此）哟，老爷在这儿哪？听说要安份儿家，我先给您道喜！

庞太监　等吃喜酒吧！

黄胖子　您赏脸！您赏脸！（下）

〔乡妇端着空碗进来，往柜上放。小妞跟进来。

小妞　妈！我还饿！

王利发　唉！出去吧！

乡妇　走吧，乖！

小妞　不卖妞妞啦？妈！不卖了？妈！

乡妇　乖！（哭着，携小妞下）

〔康六带着康顺子进来，立在柜台前。

康六　姑娘！顺子！爸爸不是人，是畜生！可你叫我怎办呢？你不找个吃饭的地方，你饿死！我弄不到手几两银子，就得叫东家活活地打死！你呀，顺子，认命吧，积德吧！

康顺子　我，我……（说不出话来）

刘麻子　（跑过来）你们回来啦？点头啦？好！来见总管！给总管磕头！

康顺子　我……（要晕倒）

康六　（扶住女儿）顺子！顺子！

刘麻子　怎么啦？

康六　又饿又气，昏过去了！顺子！顺子！

庞太监　我要活的，可不要死的！

〔静场。

茶客甲　（正与茶客乙下象棋）将！你完啦！

——幕落

【讲评】

老舍（1899—1966），本名舒庆春，字舍予，满族正红旗人，生于北京，中国现代著名作家，杰出的语言大师、人民艺术家（中华人民共和国成立以后第一位获得“人民艺术家”称号的作家）。其著有长篇小说《小坡的生日》《猫城记》《牛天赐传》《骆驼祥子》等，以及短篇小说《赶集》等。老舍的文学语言通俗简易，朴实无华，幽默诙谐，具有较强的北京韵味。

话剧《茶馆》是人民艺术家老舍先生创作的一部不朽名著，1957年完成，1958年由北京人民艺术剧院首排。此剧以茶馆作为社会缩影，透过半个世纪的世事变化，由70多个角色演出各阶层人民的生活局面。故事讲述了茶馆老板王利发一心想让父亲的茶馆兴旺起来，为此他八方应酬，然而严酷的现实却使他每每被嘲弄，最终被冷酷无情的社会吞没；经常出入茶馆的民族资本家秦仲义从雄心勃勃搞实业救国到破产；豪爽的八旗子弟常四爷在清朝灭亡以后走上了自食其力的道路。此外，故事还揭示了刘麻子等一些小人物的生存状态。全剧以老北京一家大茶馆的兴衰变迁为背景，向人们展示了从清末到抗战胜利后的50年间，北京的社会风貌及各阶层人物的不同命运。

艺海拾贝

1.课外阅读《史记》选本、“唐宋八大家”作品选本，了解中国古代散文的辉煌成就。

2.“五四”以来的现代散文是中国现代文学最具丰姿的文学门类，建议同学们课外读些现代散文的选本，熟悉鲁迅以及其他现代文学大师们的散文写作成就。

3.以张爱玲的作品为突破口，较广泛地了解民国女作家的生活与创作。课外搜集相关材料，写一篇有关某位民国女作家的评论文章。

4.成立话剧社，排演名家剧作或自创剧作，然后拍成视频，借以了解戏剧创作、表演的要求和技巧。

第三篇 练就应对流利、得体的口头表达能力

第一讲 热爱汉语

第二讲 论辩有术

现代社会要求人们的口头表达高社交化，即学会文明社会的交际用语，把话说得使人愿意听，使人爱听，使人感到动听；高效率化，即语言清晰、简洁、易懂；高信息化，即讲话准确、有条理，符合语言规范。可以说，是社会需要将加强口头表达能力训练提到教学重要位置上来的。加强口头表达能力训练是全面提高学生语文素养的需要。叶圣陶先生说："口头为语，书面为文，文本于语，不可偏指，故合言之。"在语文素养中，"说"是处于基础地位的，对"听""读""写"能力的发展起着重要的支持作用。但说的能力在教学中往往被忽视。本篇针对学生口头表达能力锻炼少和在日常生活中口头表达能力很重要的实际情况，旨在加强对学生口头表达能力的锻炼和培养。

第一讲

热爱汉语

1. 《汉字书法之美》自序

蒋勋

汉字书法的练习，大概在许多华人心中都有很深刻的记忆。

以我自己为例，童年时期跟兄弟姐妹在一起相处的时光，除了游玩嬉戏，竟然有一大部分时间是围坐在同一张桌子写毛笔字。

写毛笔字从几岁开始？回想起来不十分清楚了。好像从懂事之初，三四岁开始，就正襟危坐，开始练字了。

“上”“大”“人”，一些简单的汉字，用双钩红线描摹在九宫格的练习簿上。我小小的手，笔还拿不稳。父亲端来一把高凳，坐在我后面，用他的手握着我的手。

我印象很深，父亲很大的手掌包覆着我小小的手。毛笔笔锋，事实上是在父亲有力的大手控制下移动。我看着毛笔的黑墨，一点一滴，一笔一画，慢慢渗透填满红色双钩围成的轮廓。

父亲的手非常有力气，非常稳定。

我偷偷感觉着父亲手掌心的温度，感觉着父亲在我脑后均匀平稳的呼吸。好像我最初书法课最深的记忆，并不只是写字，而是与父亲如此亲近的身体接触。

一直有一个红线框成的界线存在，垂直与水平红线平均分割的九宫格，红色细线围成的字的轮廓。红色像一种“界限”，我手中毛笔的黑墨不能随性逾越红线轮廓的范围，九宫格使我学习“界限”“纪律”“规矩”。

童年的书写，是最早对“规矩”的学习。“规”是曲线，“矩”是直线；“规”是圆，

“矩”是方。

大概只有汉字的书写学习里，包含了一生做人处世漫长的“规矩”的学习吧！

学习直线的耿直，也学习曲线的婉转；学习“方”的端正，也学习“圆”的包容。

东亚文化的核心价值，其实一直在汉字的书写中。

最早的汉字书写学习，通常都包含着自己的名字。

很慎重地，拿着笔，在纸上，一笔一画，写自己的名字。仿佛在写自己一生的命运，凝神屏息，不敢有一点大意。一笔写坏了，歪了、抖了，就要懊恼不已。

我不知道为什么“蒋”这个字上面有“艹”？父亲说“蒋”是茭白，是植物，是草本，所以上面有“艹”。

“勳”（简体字为“勋”）的笔画繁杂，我很羡慕别人姓名笔画少、笔画简单。当时有个广播名人叫“丁一”，我羡慕了很久。

羡慕别人名字的笔画少，自己写“勳”的时候就特别不耐烦，上面写成了“動”，下面四点就忘了写。老师发卷子，常常笑着指我“蒋動”。

老师说：那四点是“火”，没有那四点，怎么“勳”起来？

我记得了，那四点是“火”，以后没有再忘了写，但是“勳”写得特别大。在格子里写的时候，常常觉得写不下去，笔画要满出来了，那四点就点到格子外去了。

长大以后写晋人的“爨[①]宝子碑”，原来西南地方还有姓“爨”的，真是庆幸自己只是忘了四点“火”。如果姓“爨”，肯定连“火”带“大”带“林”一起忘了写。

写“爨宝子碑”写久了，很佩服书写的人，“爨”笔画这么多，不觉得大，不觉得繁杂；“子”笔画这么少，这么简单，也不觉得空疏。两个笔画差这么多的字，并放在一起，都占一个方格，都饱满，都有一种存在的自信。

名字的汉字书写，使学龄儿童学习了“不可抖”的慎重，学习了“不可歪”的端正，学习了自己作为自己“不可取代”的自信。那时候忽然想起名字叫“丁一”的人，不知道他在儿时书写自己的名字，是否也有困扰，因为少到只有一根线，那是多么困难的书写；少到只有一根线，没有可以遗忘的笔画。

长大以后写书法，最不敢写的字是“上”“大”“人”。因为笔画简单，不能有一点苟且，要从头慎重端正到底。

现在知道书法最难的字可能是“一”。弘一的“一”，简单、安静、素朴，极简到回来安分做“一”，是汉字书法美学最深的领悟吧！

大部分的人可能都忘了儿童时书写名字的慎重端正、一丝不苟。

随着年龄增长，随着签写自己的名字次数越来越多，越来越熟练，线条熟极而流滑。别人看到赞美说：你的签名好漂亮。但是自己忽然醒悟，原来距离儿童最初书写的谨慎、谦虚、端正，已经太远了。

父亲一直不鼓励我写“行”写“草”，强调应该先打好“唐楷”基础。我觉得他太迂腐保守。但是他自己一生写端正的柳公权《玄秘塔碑》，我看到还是肃然起敬。

也许父亲坚持的“端正”，就是童年那最初书写自己名字时的慎重吧！

签名签得太多，签得太流熟，其实是会心虚的。每次签名流熟到了自己心虚的时候，

① 爨：cuàn。释义：烧火做饭；灶；姓。

回家就想静坐，从水注里舀一小勺水，看水在赭红砚石上滋润散开，离开溪水很久很久的石头仿佛忽然唤起了在河床里的记忆，被溪水滋润的记忆。

我开始磨墨，松烟一层一层在水中散开，最细的树木燃烧后的微粒微尘，成为墨，成为一种透明的黑。

每一次磨墨，都像是找回静定的呼吸的开始。磨掉急躁，磨掉心虚的慌张，磨掉杂念，知道“磨”才是心境上的踏实。

我用毛笔濡墨时，那死去的动物毫毛仿佛一一复活了过来。

笔锋触到纸，纸的纤维也被水渗透。很长的纤维，感觉得到像最微细血脉的毛吸现象，像一片树叶的叶脉，透着光，可以清楚知道养分输送到了哪里。

那是汉字书写吗？或者，是我与自己相处最真实的一种仪式。

许多年来，汉字书写，对于我，像一种修行。

我希望能像古代洞窟里抄写经文的人，可以把一部《法华经》一字一字写好，像最初写自己的名字一样慎重端正。

在这本《汉字书法之美》的写作过程中，我不断回想起父亲握着我的手书写的岁月。那些简单的“上”“大”“人”，也是我的手被父亲的手握着，一起完成的最美丽的书法。

我把这本书献于父亲灵前，作为我们共同在汉字书写里永远的纪念。

【讲评】

蒋勋（1947—　），台湾知名画家、诗人与作家，福建长乐人，生于古都西安，成长于台湾；台湾中国文化大学史学系毕业，现任《联合文学》社社长。1972年负笈法国巴黎大学艺术研究所，1976年返台后，曾任《雄狮美术》月刊主编，并先后执教于文化、辅仁及东海大学。其文笔清丽流畅，说理明白无碍，兼具感性与理性之美，有小说、散文、艺术史、美学论述作品数十种，并多次举办画展，深受各界好评。本文摘自蒋勋《汉字书法之美》一书，该书由广西师范大学出版社于2014年8月出版。

2. 认得几个字（节选）

张大春

张容（作者的儿子，后面提到的张宜为作者的女儿——编者注）念了一年小学，终于能给考试下一个定义了，他说：“考试就是把所有的功课在一张纸上做完，而且不能看书，也不要看别人。”接着他神秘兮兮地告诉我：“有几个小朋友看别人的考卷被老师抓到，分数一下子就变成零鸭蛋。”所以，“考试”这件事最重要的内容就是“除了题目，任何东西都不能看地做功课”。

作为一个多义之字，“考”的意义发展应该有先后之别。最初，这个字不过就是一个拄着拐棍儿的、披头散发的老人家的象形，《诗经·大雅·棫朴》里的“周王寿考”是也。到了《礼记》里，对于死去的父亲称“考”。在《书经》之中，以成就、成全、完成为“考”，大概也就是“完成”这个意义，征之于普遍人事经验，任何事物完成了，总得验看验看、省察省察。从这一义，大约才能转出刑讯鞫[1]问的“考”，以及审核成绩的“考”。

然而，字义的开展无疑也正是这个字某一部分本质的发扬。在我们的文化里，一个活到很老很老的人，似乎总比那些年轻的更有资格考他人。惟大老能出题，其小子目不斜视也。

我自己深受考试文化的荼毒，一言难尽。要之就得从上小学的时候说起。大约是我十岁左右那年，听说以后要实施九年国民教育了，要废止恶补了，报纸上连篇累牍地颂扬其事，真有如日后秦公孝仪在蒋老先生去世之后所颂者：“以九年国民教育，俾我民智益蒸。”

可是当时我父亲眼够冷，他说：“天下没那么好的事。此处不考爷，自有考爷处，处处考不取，爷爷家中住。”这几句从平剧戏文里改来的词儿毕现了我们家默观世事的态度，和“肚子疼要拉屎”“一天吃一颗多种维他命”以及“绝对不许骑机车”并列为我们张家的四大家训。

“此处不考爷，自有考爷处，处处考不取，爷爷家中住”一方面也具体显示了我们从不相信公共事务会有一蹴可及于善的运气。以事后之明按之，多少改革教育的方案、计划、政策相继出炉，多元入学、一纲多本、资优培育，到头来“此处不考爷，自有考爷处”仍然是唯一的真理。

我已经是坐四望五之人，没有什么生活压力，也没有非应付不可的工作，一向就不必写任何一篇我不想写的文章，可是到目前为止，我平均一年要做十次以上有关考试的噩梦。有的时候是记错考试日期，有的时候是走错考场，有的时候是背错考题，有的时候是作弊被抓。内容五花八门，不一而足。大部分的时候，我会在梦中安慰自己：“不要紧的，你早就毕业了！”“你早就不需要学位了……那个老师已经死了好几年了！”

每当从这样的噩梦中醒来，我就觉得我的性格里一定有某一个部分是扭曲的。最明显的一点是，我厌恶种种自恃知识程度“高人一等”的语言。包括当我的电台同事对着麦克风说“一般人可能不了解……”这样普通的话时，我都忍不住恶骂一声：“×你×个×！你不是‘一般人’吗？”

我上初中的时候，每周一三五表定名目是定期考试，周二周四叫抽考，周六的名目当然就是周考，再加上无日无之的随堂测验，一年不下三百场，三年不止一千场，这样操练下来的结论是什么？我的结论只有一个：当我两鬓斑白之际，看见揉着惺忪睡眼、准备起床上学去的张容，便紧张兮兮、小心翼翼地问他：“你还没有梦见考试吧？”

西

五岁的妹妹除了在直排轮上纵横捭阖、如入无人之境外，所有的学习都落后哥哥一大截。全家人一点儿都不担心——反正她还小——我们似乎认为这是生日相去两年三个月自然的差异。

可是且慢！那直排轮该怎么说？经过八小时正式的直排轮课程操练，张宜已经能够站在轮鞋上一连闯荡两小时，完全没有受过训练的张容却只能屡起屡仆，挫中鼓勇。妹妹风驰而过，撇转头问一句：“你怎么又摔跤了呢？”

---

① 鞫：jū。释义：审问犯人；姓。

暑假接近尾声的时候，我试探地问张宜："你直排轮学得那么好，要不要跟哥哥一样学写几个字呢？"

张宜想了想，说："写字跟直排轮有什么关系？一点关系都没有。等一下等一下！有关系有关系——直排轮跟写字都有'老——师'。"

但是她没有想到，教写字的老师是我。一听说我要像京剧名伶裴艳玲她爹那样一天教写五个字，张宜的脸上很快地掠过一副难以置信的表情，说："你不是只会打计算机吗？"

我已经很久不用硬笔写恭楷了，稍一斟酌笔顺，反而踯躅——耳鼓深处蹦出来一个简单的问题：孩子为什么要认字？有没有比书写文字本身更深刻的目的？张宜却立刻问："你忘了怎么写字吗？"

"没有忘。"

"那你在想什么？"

就是那一刻，我想得可多了。我想我不应该只是为了教会孩子写出日后老师希望她能运笔完成的功课而已。我应该也能够教的是这个字的面目、身世和履历。这些玩意儿通通不合"时用"，也未必堪称"实用"，但却是我最希望孩子能够从文字里掌握的——每个字自己的故事。

我先在纸上画了一个带顶儿的鸟巢。一横，底下一个宽度相当而略扁的椭圆圈儿，圈中竖起两根支柱，顶着上头那一横划，是个"西"字。

"这是什么？"

"这一横杠是树枝，底下悬着的是鸟巢，有顶、有支架、有墙壁——通通都有，你看像不像一个鸟的房子？"

"昨天门口树上有一个被台风吹下来的，是绿绣眼的巢。"

"这个'东西'的'西'字，本来就是指鸟巢。小鸟晚上要回窝睡觉了，叫作'栖息'。'栖息'这个意思，原先也写成'西'，就是这个像鸟巢一样的字。可是这个字后来被表示方向的'西'字借走了，只好加一个'木'字偏旁，来表示小鸟回窝里睡觉，还有'回家'、'定居'这些意思。"

"为什么表示方向的字要借小鸟的家？"

"表示方向的这个字也读'西'这个音，但是没有现成的字，就借了意思本来是鸟巢的这个字。"

"小鸟把自己的家借给别人哟？这样好吗？"

"所以刚刚我们说，为了表示'鸟窝'、'鸟巢'这个意思，就不得不另外再造一个字形。"我再写了一次那个加了木字偏旁的"栖"。

"你会把我们家借给别人吗？"

"不会罢。"

"好，那我可以去看《凯搂喽军曹》了吗？"

厌

我有不少讨厌读书的朋友。他们不讨厌我，我也没有必要拿建立书香社会那一套陈腔滥调去讨他们的厌。不过生命中总有这样一种时刻，他们会忽然认真计较起来，跟我争一个理："读那么些书干吗？"

真正读了不少书的人应该本乎受惠于阅读之故起而捍卫知识的尊严，他们也许有令人心服口服的答辩。而我自觉读书太少，没有骄人献曝的资格，只好答说："别的更不会了，只好读点儿书。"

可是在寒假期间，我无意间从女儿的困惑里发现了另一个答案。原来，她总在闹别扭的时候说："讨厌爸爸！"问她："为什么讨厌爸爸？"她是不会进一步给答案的，只重复一句："讨厌爸爸！"有一天，在重复了这一句之后，她忽然大惑不解地喃喃自语起来："为什么'讨厌'的时候要说'讨厌'呢？"

是呀！为什么会是"厌"这个字呢？我想起《诗经》里用这个字的时候表现的还是"苗草盛美"之类的意思呢。越是接近《诗经》那个时代的文献里使用的"厌"字，反而越多正面的意义。

作为"饱足"之义的"厌"，见于《老子》；作为"满足"之义的"厌"，见于《左传·僖公》；作为"合乎心意"之义的"厌"，见于《国语·周语》。即使读音成平声（如"烟"字），取义为"安然""和悦"之貌的"厌"，也在《荀子·王霸》中出现。还有一个如今已经阵亡了千年以上的音义组，就是发音如同"揖"字的"厌"，意思也就是作揖——只不过我们寻常熟知的作揖是抱拳向外推拱，而"厌"则是抱拳向内牵引——这个行礼的讲究，具载于《仪礼·乡饮酒礼》。

整个儿看起来，"厌"字跟一个人吃饱喝足了之后，感到惬心满意、神情和悦的这么一个状态有关。正因为饱足满意这个状态是不容许失其节制甚至不应该贪欲其长久维持的，于是，"厌"的负面意义便如影随形地浮现了。古人使用"厌"字表达怨憎不喜之意，或多或少是基于对"吃饱喝足，惬心满意"的戒慎疑惧之心罢？

我把这一大堆意义和用法用最简单的白话文和生活中常用到的实例解释给张宜听，到末了她只对"抱拳向内牵引"的动作有兴趣——所幸的是，当下就忘记了"讨厌爸爸"。

几天之后，她和我的同事聊起寒假来。我的同事随口问道："寒假好玩吗？"张宜说："一开始还不错。"

"那后来呢？"

"还是天天要去国语日报上课呀。"

"上什么课？"

"就是玩桌上游戏呀，下老鼠棋、跳棋、这个棋、那个棋，一直玩一直玩一直玩。"

"那不是很过瘾吗？"

"一直都在干什么一直都在干什么，有点讨厌。这就是'讨厌'的意思，你不懂吗？"

我的同事摇了摇头，她显然不太懂张宜的意思。但是，就在那一刹那之间，我发现了"读书干吗"的另一个答案：一起分享了某种知识的人自有其相互会心的秘密乐趣。

然而这不是张宜的结论。张宜当下支起腮帮子，露出无聊至极的表情（诸如"这一成不变的寒假"之类），接着，她跟我的同事说："唉！所以我想换工作了。"

字

关心我而不常来往的老朋友们在最近几年经常问起我的一个题目是："干吗写起诗来了？"他们的问话之中刻意省略了一个对比以及一个"旧"字。该对比的是"小说写得少了"。而另一方面，他们想问的其实是："干吗写起旧诗来了？"写白话新诗，似乎还有点儿跟得上时代潮流的况味，一意孤行向古而游，看来只是跟自己的现实过不去。

而我的答复总一样："越过越觉得认识的字儿不多，全靠写诗重新体会。"这话实在到不写诗的人根本无从体会，而即使是写诗，却一心想着要结集、传诵、留名的骚人怕也很难揣摩。于我而言，写作一首诗的目的，无非是借着创作的过程——尤其是格律的要求、声调的讲究、情辞的锻炼……种种打磨用字的功夫，聊以重返初学识字的儿时，体会那透过表意符号印证大千世界的乐趣。

我总是跟一笔一画、迤逦歪斜地刚学写字的张容说："爸爸也在做功课。"孩子不免一而再、再而三地质疑："那你的功课交给谁改呢?"我说："大多数是自己改。"

"那真好，真羡慕。"张容说，"那你会罚自己写很多遍吗?"

"写诗的处罚更恐怖，"我说，"写不好你当时不知道，过几天、过几个月甚至过几年，你就会发现自己从前以为好得不得了的诗原来不是个玩意儿，就像你原来以为熟悉得不得了的字原来根本不认识。"

这是今年元月初的事，我当天就写了一首七律，题为《诗多无甚佳者，书壁自嘲做一律》：

闻道惟穷而后工，艰难此语古今同。三年两句泪中得，一腐千毫肠已空。

交易羊皮残墨卷，相知蠹箧老诗菁。行吟卧占自荒遁，字里无时无国风。

在这首诗里，"两句三年"之语化自贾岛，"一腐千毫"之语，用司马相如故实，都算平易，惟"羊皮"，出自韩愈《送穷文》，原意是指智穷、学穷、文穷、命穷、交穷等五个穷鬼挖苦文人的话："携持琬琰[①]，易一羊皮，饫[②]于肥甘，慕彼糠糜。"意思就是说：文章是无价之珍，拿来换取世俗所珍爱的财富是多么愚昧的念头！这话的根骨本是穷酸语，但是被韩愈翻迭出另一层的自嘲，酸气升华成一种孤绝冷隽的况味，特别显得清峭。我日后常翻出旧作来改改，每读到这一首，都想把来让张容读——好教他认得他爸爸的一点心事。不料，他一遍读完，就问道："在你写过的诗里用得最多的字是什么?"

"这我没算过。"

"我觉得就是'字'这个字。"

我回头翻检一下近日之作："老摩彝字甘无用，细铸毫吟信有神""尘根字句堪零落，法鼓节操犹孑遗""体贴旗亭真画壁，数来无字不辛酸""千载江湖凭何寄，寻常字句细绸缪""穷锼字句云山外，潦倒心情酒肆间""化骨耘残千万字，先埋朽笔再埋书"，乃至于"已外人间世，惟参文字谛"。

"我用的'字'好像真的太多了。"我苦笑着，像是忽然间没留神，被他看破了手脚，的确有些窘。

"字就是一个宝盖头下面有一个小孩在学写字，一直罚写一直罚写，很辛苦。"

"'字'的原意是养育——宝盖头是指家庭，孩子要有家庭的养育。"我说。

蹲在一旁地上玩儿的妹妹抬起头来看我们一眼，说："小孩明明就是在家里玩，是一直玩一直玩的意思才对!"

字有别解，信然。

资料来源　张大春．认得几个字［M］．上海：上海人民出版社，2009.

---

① 琬琰：wǎn yǎn。释义：泛指美玉；比喻品德或文词之美。
② 饫：yù。释义：古代家庭私宴的名称；饱食。

【讲评】

张大春，华语小说家，山东济南人；好故事、会说书、擅书法、爱赋诗；台湾辅仁大学中国文学硕士，曾任教于辅仁大学、文化大学；现任辅仁大学中文系讲师、News98电台主持人。曾获时报文学奖、吴三连文艺奖等。著有《鸡翎图》《公寓导游》《四喜忧国》《大说谎家》《张大春的文学意见》《欢喜贼》《化身博士》《异言不合》《少年大头春的生活周记》《我妹妹》《没人写信给上校》《撒谎的信徒》《野孩子》《寻人启事》《小说稗类》（卷一）（卷二）《城邦暴力团》（1～4）《聆听父亲》《认得几个字》等。

在文中，张大春以父亲的口吻与视角，在日常与孩子们的交流片段中向孩子们解说汉字。张大春用浅近和活泼的语言，在最为普通的生活情景中选取了89个孩子们所不熟悉的字，由浅入深，追根溯源，最终又落回于孩子们的生活情境。张大春渊博深厚的文字学和历史知识，以及浓浓的人文关怀，加上孩子们天真无邪的童言无忌，皆为这些我们看似熟悉的汉字做了既准确又生动甚至有些意外的注解。而在小说家张大春的笔下，这些日常中父亲对儿女的教导、儿女与父亲的对谈也生出了无限的丰富乐趣，可谓既是有趣的家庭课堂，又是意味深长的情感教育。

第二讲

论辩有术

1. 烛之武退秦师

左丘明

晋侯、秦伯（1）围郑，以其无礼于晋（2），且贰于楚（3）也。晋军函陵（4），秦军氾南（5）。

佚（yì）之狐（6）言于郑伯曰："国危矣，若（7）使烛之武见秦君，师必退。"公从之。辞（8）曰："臣之壮也（9），犹（10）不如人；今老矣，无能为也已（11）。"公曰："吾不能早用（12）子，今急而求子，是寡人之过也（13）。然（14）郑亡，子亦有不利焉！"许之。（15）

夜缒（zhuì）（16）而出，见秦伯，曰："秦、晋围郑，郑既（17）知亡矣。若亡郑而有益于君，敢以烦执事（18）。越国以鄙远（19），君知其难也，焉用亡郑以陪邻（20）？邻之厚，君之薄也（21）。若舍郑以为东道主（22），行李（23）之往来，共（gōng）其乏困（24），君亦无所害。且君尝为晋君赐矣（25），许君焦、瑕（26），朝济而夕设版焉（27），君之所知也。夫（fú）晋，何厌（28）之有？既东封郑（29），又欲肆其西封（30），若不阙（quē）（31）秦，将焉取之？阙秦以利晋，唯君图之。"秦伯说（yuè 32），与郑人盟。使杞子、逢（páng）孙、杨孙戍（shù）之，乃还（huán）。

子犯请击之。公曰："不可。微夫人之力不及此（33）。因人之力而敝之，不仁（34）；失其所与，不知（zhì）（35）；以乱易整，不武（36）。吾其还也（37）。"亦去之（38）。

【注释】

(1) 晋侯、秦伯：指晋文公和秦穆公。(2) 以其无礼于晋：指晋文公即位前流亡国外经过郑国时，没有受到应有的礼遇。倒装句，于晋无礼。以，因为，连词。其，代词，它，指郑国。于，对于。(3) 且贰于楚：并且从属于晋的同时又从属于楚。且，并且，表递进。贰，从属二主。于，对，介词。(4) 晋军函陵：晋军驻扎在函陵。军，名词作动词，驻军。函陵，郑国地名，在今河南新郑北。(5) 氾（fán）南：氾水的南面，也属郑地（古汉语字典注：氾，作水名时念第二声）。(6) 佚（yì）之狐：郑国大夫。(7) 若：假如。使：派。见：拜见、进见。从：听从。(8) 辞：推辞。(9) 臣之壮也：我壮年的时候。(10) 犹：尚且。(11) 无能为也已：不能干什么了。为，做。已，同“矣”，语气词，了。(12) 用：任用。(13) 是寡人之过也：这是我的过错。(14) 然：然而。(15) 许之：答应这件事。许，答应。(16) 缒（zhuì）：用绳子拴着人（或物）从上往下运。(17) 既：已经。(18) 敢以烦执事：冒昧地拿（亡郑这件事）麻烦您手下的人。这是客气的说法。敢，冒昧的。执事，执行事务的人，对对方的敬称。(19) 越国以鄙（bǐ）远：（然而）越过别国而把远地（郑国）当作边邑。越，越过。鄙，边邑。(20) 焉用亡郑以陪邻：为什么要灭掉郑国而给邻国增加土地呢？焉：何。用：介词，表原因。陪：增加。邻：邻国，指晋国。(21) 邻之厚，君之薄也：邻国的势力雄厚了，您秦国的势力也就相对削弱了。之：主谓之间取消句子独立性。厚，雄厚。(22) 若舍郑以为东道主：如果您放弃围攻郑国而把它作为东方道路上（招待过客）的主人。舍：放弃（围郑）。(23) 行李：古今异义，出使的人。(24) 共（gōng）其乏困：供给他们缺乏的东西。共，通“供”，供给。其：代指使者。(25) 尝为晋君赐矣：曾经给予晋君恩惠（指秦穆公曾派兵护送晋惠公回国）。尝，曾经。为，给予。赐，恩惠。为……赐：施恩。(26) 许君焦、瑕：（晋惠公）许诺给您焦、瑕两城。(27) 朝济而夕设版焉：指晋惠公早上渡过黄河回国，晚上就修筑防御工事。济，渡河。设版，修筑防御工事。版，筑土墙用的夹板。朝，在早晨。(28) 厌：通“餍”，满足。(29) 东封郑：在东边让郑国成为晋国的边境。封，疆界。这里作动词用。(30) 肆其西封：扩展它西边的疆界。指晋国灭郑以后，必将图谋秦国。肆，延伸，扩张。封：疆界。(31) 阙（quē）：侵损，削减。(32) 说：“说”同“悦”，喜欢，高兴。盟：结盟。戍：守卫。还：撤军回国。(33) 微夫人之力不及此：假如没有那个人的力量，我是不会到这个地步的。微：没有。夫人：远指代词，那人，指秦穆公。(34) 因人之力而敝之，不仁：依靠别人的力量，又返回来损害他，这是不仁道的。因：依靠。敝，损害。(35) 失其所与，不知：失掉自己的同盟者，这是不明智的。与，结交，亲附。知：通“智”。(36) 以乱易整，不武：用混乱相攻取代联合一致，是不符合武德的。易，代替。整，指一致的步调。武，指使用武力时所应遵守的道义准则。不武，不符合武德。(37) 吾其还也：我们还是回去吧。其，表商量或希望的语气，还是。(38) 去之：离开郑国。之，指代郑国。

【译文】

晋文公、秦穆公出兵围攻郑国，因郑国对晋国无礼，而且在与晋国交好的同时，又私下对晋国的敌人楚国表示友好。晋军驻在函陵，秦军驻在氾南。

郑国大夫佚之狐对郑文公说："国家很危险了！如果派烛之武去见秦国的国君，秦国的军队必定撤退。"郑文公听从了他的话。烛之武推辞说："我在壮年的时候还比不上别人，现在老了，无能为力啊！"郑文公说："我不能早早重用你，今日情急而求你，这是我的罪过啊。然而，郑国灭亡了，你也有所不利啊！"烛之武答应了他。

深夜，烛之武用绳子将自己吊出城墙。他见到秦穆公后说："秦国与晋国围攻郑国，郑国已明白自己将会灭亡。如果灭亡了郑国而有利于您，怎么敢冒昧地拿亡郑这件事情来麻烦您。跨越晋国，把秦国的边界置于远方，您也知道这有多大困难。怎么可以用灭亡郑国来扩大邻国的疆土呢？邻国的势力越雄厚，您的势力就越薄弱。如果饶恕了郑国，并且把它作为东边大道上的主人，那么秦国使节来往时，我们就可以供给他所缺的东西，您并没有损失什么。何况，您曾经对晋君赏赐过好处，他答应把焦、瑕两地给您。可是，晋君早晨渡过河去，晚上就筑城来防备您，这是您所知道的吧。晋国，哪里有满足的时候呢？它既然能把郑国当成自己东边的国境，那就会肆意扩大它西边的国境。如果不损害秦国，又将从何而去取呢？损害秦国来壮大晋国，就请您认真想想吧。"秦穆公很高兴，便与郑国订立了盟约，派杞子、逢孙、杨孙守卫那里，自己就回去了。

晋国大夫子犯请晋文公追击秦军，晋文公说："不行。没有那个人的力量，我今天也到不了这一地位。依靠别人的力量，而后伤害他，这是不仁义；失去了自己所结盟的力量，真是不明智；利用混乱去改变已有的协调，这并不是威风。我还是回去吧。"于是，他也带军队也离开了郑国。

【讲评】

《左传》全称《春秋左氏传》，是儒家十三经之一。《左传》既是古代汉族史学名著，也是文学名著。它是中国第一部叙事详细的编年史著作，为春秋末年鲁国史官左丘明根据鲁国国史《春秋》而编成，记叙范围起自鲁隐公元年（公元前722年），迄于鲁哀公二十七年（公元前468年），主要记载了东周前期254年间各国政治、经济、军事、外交和文化方面的重要事件、重要人物，是对研究中国先秦历史很有价值的文献，也是优秀的散文著作。

左丘明姓丘，曾任鲁国左史官（左史官记言，右史官记事），故在姓前添"左"字。左丘明也就是左史官丘明先生。左丘明的籍贯，一说为鲁国中都人，一说为春秋末年鲁国都君庄（今山东省肥城市石横镇东衡鱼村）人，按新见《左传精舍志》，当以后说近是。

左氏世为鲁国太史，至丘明则约与孔子（公元前551—公元前479）同时代，而年辈稍晚。他是当时著名的史家、学者与思想家，著有《春秋左氏传》《国语》等。他品行高洁，为孔子所推崇，称"左丘明耻之，丘亦耻之"，即与其同好恶；汉司马迁亦称其为"鲁君子"，且以"左丘失明，厥有《国语》"为己著述《史记》的先型典范。

左丘明的最重要贡献在于其所著的《春秋左氏传》与《国语》二书。左氏家族世为太史，左丘明又与孔子一起"乘如周，观书于周史"，故熟悉诸国史事，并能深刻理解孔子的思想。

《左传》《国语》对中国传统史学影响深远，对司马迁的《史记》创作尤其具有重要启发作用。从这个意义讲，左丘明堪为中国传统史学的鼻祖之一。后世或称其为"文宗史圣""经臣史祖"，或誉为"百家文字之宗、万世古文之祖"。历代帝王多有敕封：唐封经师；宋封瑕丘伯、中都伯；明封先儒、先贤。今山东泰安肥城市建有丘明中学，以纪念其乡先贤左丘明。

《烛之武退秦师》见《左传·僖公三十年》。在公元前632年（僖公二十八年）发生的城濮（在今河南陈留镇）之战中，晋文公战胜楚国，建立了霸业。公元前631年（僖公二十九年），晋、周、鲁、宋、齐、陈、蔡、秦在翟泉（今河南洛阳市旧城）会盟，晋国在会上“谋伐郑”。公元前630年（僖公三十年），晋国和秦国合兵围郑。围郑对秦国没有什么好处，郑国大夫烛之武看到了这点，所以向秦穆公说明利害关系，劝秦穆公退了兵，晋文公也只得撤退，一场战争被瓦解了。

该篇以对话著名。有郑文公与烛之武的对话，有烛之武与秦穆公的对话。烛之武对郑文公说的话是话里有话；对秦穆公说的话，是完全看到了秦、晋间的矛盾，看到了围郑对秦、晋的利害关系，所以能说服秦穆公。最后写子犯请击秦军，晋文公不同意，这里预伏了后来的秦晋之战。

2. 诸葛亮舌战群儒

罗贯中

肃乃引孔明至幕下。早见张昭、顾雍等一班文武二十余人，峨冠博带，整衣端坐。孔明逐一相见，各问姓名。施礼已毕，坐于客位。张昭等见孔明丰神飘洒，器宇轩昂，料到此人必来游说。张昭先以言挑之曰：“昭乃江东微末之士，久闻先生高卧隆中，自比管、乐。此语果有之乎？”孔明曰：“此亮平生小可之比也。”昭曰：“近闻刘豫州三顾先生于草庐之中，幸得先生，以为‘如鱼得水’，思欲席卷荆襄。今一旦以属曹操，未审是何主见？”孔明自思张昭乃孙权手下第一个谋士，若不先难倒他，如何说得孙权，遂答曰：“吾观取汉上之地，易如反掌。我主刘豫州躬行仁义，不忍夺同宗之基业，故力辞之。刘琮孺子，听信佞言，暗自投降，致使曹操得以猖獗。今我主屯兵江夏，别有良图，非等闲可知也。”昭曰：“若此，是先生言行相违也。先生自比管、乐——管仲相桓公，霸诸侯，一匡天下；乐毅扶持微弱之燕，下齐七十余城：此二人者，真济世之才也。先生在草庐之中，但笑傲风月，抱膝危坐。今既从事刘豫州，当为生灵兴利除害，剿灭乱贼。且刘豫州未得先生之前，尚且纵横寰宇，割据城池；今得先生，人皆仰望。虽三尺童蒙，亦谓彪虎生翼，将见汉室复兴，曹氏即灭矣。朝廷旧臣，山林隐士，无不拭目以待：以为拂高天之云翳，仰日月之光辉，拯民于水火之中，措天下于衽席[①]之上，在此时也。何先生自归豫州，曹兵一出，弃甲抛戈，望风而窜；上不能报刘表以安庶民，下不能辅孤子而据疆土；乃弃新野，走樊城，败当阳，奔夏口，无容身之地：是豫州既得先生之后，反不如其初也。管仲、乐毅，果如是乎？愚直之言，幸勿见怪！”孔明听罢，哑然而笑曰：“鹏飞万里，其志岂群鸟能识哉？譬如人染沉疴，当先用糜粥以饮之，和药以服之；待其腑脏调和，形体渐安，然后用肉食以补之，猛药以治之，则病根尽去，人得全生也。若不待气脉和缓，便以猛药厚味，欲求安保，诚为难矣。吾主刘豫州，向日军败于汝南，寄迹刘表，

① 衽席：rèn xí。释义：泛指卧席。

兵不满千，将止关、张、赵云而已，此正如病势尫[①]羸[②]已极之时也，新野山僻小县，人民稀少，粮食鲜薄，豫州不过暂借以容身，岂真将坐守于此耶？夫以甲兵不完，城郭不固，军不经练，粮不继日，然而博望烧屯，白河用水，使夏侯惇、曹仁辈心惊胆裂。窃谓管仲、乐毅之用兵，未必过此。至于刘琮降操，豫州实出不知，且又不忍乘乱夺同宗之基业，此真大仁大义也。当阳之败，豫州见有数十万赴义之民，扶老携幼相随，不忍弃之，日行十里，不思进取江陵，甘与同败，此亦大仁大义也。寡不敌众，胜负乃其常事。昔高皇数败于项羽，而垓下一战成功，此非韩信之良谋乎？夫信久事高皇，未尝累胜。盖国家大计，社稷安危，是有主谋。非比夸辩之徒，虚誉欺人：坐议立谈，无人可及；临机应变，百无一能——诚为天下笑耳！”这一篇言语，说得张昭并无一言回答。

座上忽一人抗声问曰：“今曹公兵屯百万，将列千员，龙骧虎视，平吞江夏，公以为何如？”孔明视之，乃虞翻也。孔明曰：“曹操收袁绍蚁聚之兵，劫刘表乌合之众，虽数百万不足惧也。”虞翻冷笑曰：“军败于当阳，计穷于夏口，区区求救于人，而犹言‘不惧’，此真大言欺人也！”孔明曰：“刘豫州以数千仁义之师，安能敌百万残暴之众？退守夏口，所以待时也。今江东兵精粮足，且有长江之险，犹欲使其主屈膝降贼，不顾天下耻笑——由此论之，刘豫州真不惧操贼者矣！”虞翻不能对。

座间又一人问曰：“孔明欲效仪、秦之舌，游说东吴耶？”孔明视之，乃步骘[③]也。孔明曰：“步子山以苏秦、张仪为辩士，不知苏秦、张仪亦豪杰也：苏秦佩六国相印，张仪两次相秦，皆有匡扶人国之谋，非比畏强凌弱，惧刀避剑之人也。君等闻曹操虚发诈伪之词，便畏惧请降，敢笑苏秦、张仪乎？”步骘默然无语。

忽一人问曰：“孔明以曹操何如人也？”孔明视其人，乃薛综也。孔明答曰：“曹操乃汉贼也，又何必问？”综曰：“公言差矣。汉传世至今，天数将终。今曹公已有天下三分之二，人皆归心。刘豫州不识天时，强欲与争，正如以卵击石，安得不败乎？”孔明厉声曰：“薛敬文安得出此无父无君之言乎！夫人生天地间，以忠孝为立身之本。公既为汉臣，则见有不臣之人，当誓共戮之：臣之道也。今曹操祖宗叨食汉禄，不思报效，反怀篡逆之心，天下之所共愤；公乃以天数归之，真无父无君之人也！不足与语！请勿复言！”薛综满面羞惭，不能对答。

座上又一人应声问曰：“曹操虽挟天子以令诸侯，犹是相国曹参之后。刘豫州虽云中山靖王苗裔，却无可稽考，眼见只是织席贩屦之夫耳，何足与曹操抗衡哉！”孔明视之，乃陆绩也。孔明笑曰：“公非袁术座间怀橘之陆郎乎？请安坐，听吾一言：曹操既为曹相国之后，则世为汉臣矣；今乃专权肆横，欺凌君父，是不惟无君，亦且蔑祖，不惟汉室之乱臣，亦曹氏之贼子也。刘豫州堂堂帝胄，当今皇帝，按谱赐爵，何云‘无可稽考’？且高祖起身亭长，而终有天下；织席贩屦，又何足为辱乎？公小儿之见，不足与高士共语！”陆绩语塞。

座上一人忽曰：“孔明所言，皆强词夺理，均非正论，不必再言。且请问孔明治何经典？”孔明视之，乃严畯[④]也。孔明曰：“寻章摘句，世之腐儒也，何能兴邦立事？且古耕

---

① 尫：wāng。释义：胫、背或胸部弯曲的病；瘦弱。
② 羸：léi。释义：瘦弱。
③ 骘：zhì。释义：排定，雄马。
④ 畯：jùn。释义：指中国西周时管理奴隶耕种的官。

莘伊尹，钓渭子牙，张良、陈平之流，邓禹、耿弇[①]之辈，皆有匡扶宇宙之才，未审其生平治何经典——岂亦效书生，区区于笔砚之间，数黑论黄，舞文弄墨而已乎？”严畯低头丧气而不能对。

忽又一人大声曰：“公好为大言，未必真有实学，恐适为儒者所笑耳。”孔明视其人，乃汝阳程德枢也。孔明答曰：“儒有小人君子之别。君子之儒，忠君爱国，守正恶邪，务使泽及当时，名留后世——若夫小人之儒，惟务雕虫，专工翰墨，青春作赋，皓首穷经；笔下虽有千言，胸中实无一策。且如扬雄以文章名世，而屈身事莽，不免投阁而死，此所谓小人之儒也；虽日赋万言，亦何取哉！”程德枢不能对。众人见孔明对答如流，尽皆失色。

同坐上张温、骆统二人，又欲问难。忽一人自外而入，厉声言曰：“孔明乃当世奇才，君等以唇舌相难，非敬客之礼也。曹操大兵临境，不思退敌之策，乃徒斗口耶！”众视其人，乃零陵人，姓黄，名盖，字公覆，现为东吴粮官。当时黄盖谓孔明曰：“愚闻多言获利，不如默而无言。何不将金石之论为我主言之，乃与众人辩论也？”孔明曰：“诸君不知世务，互相问难，不容不答耳。”于是黄盖与鲁肃引孔明入。至中门，正遇诸葛瑾，孔明施礼。瑾曰：“贤弟既到江东，如何不来见我？”孔明曰：“弟既事刘豫州，理宜先公后私。公事未毕，不敢及私。望兄见谅。”瑾曰：“贤弟见过吴侯，却来叙话。”说罢自去。

鲁肃曰：“适间所嘱，不可有误。”孔明点头应诺。引至堂上，孙权降阶而迎，优礼相待。施礼毕，赐孔明坐，众文武分两行而立。鲁肃立于孔明之侧，只看他讲话。孔明致玄德之意毕，偷眼看孙权：碧眼紫髯，堂堂仪表。孔明暗思：“此人相貌非常，只可激，不可说。等他问时，用言激之便了。”献茶已毕，孙权曰：“多闻鲁子敬谈足下之才，今幸得相见，敢求教益。”孔明曰：“不才无学，有辱明问。”权曰：“足下近在新野，佐刘豫州与曹操决战，必深知彼军虚实。”孔明曰：“刘豫州兵微将寡，更兼新野城小无粮，安能与曹操相持。”权曰：“曹兵共有多少？”孔明曰：“马步水军，约有一百余万。”权曰：“莫非诈乎？”孔明曰：“非诈也。曹操就兖州已有青州军二十万；平了袁绍，又得五六十万；中原新招之兵三四十万；今又得荆州之军二三十万：以此计之，不下一百五十万。亮以百万言之，恐惊江东之士也。”鲁肃在旁，闻言失色，以目视孔明，孔明只做不见。权曰：“曹操部下战将，还有多少？”孔明曰：“足智多谋之士，能征惯战之将，何止一二千人。”权曰：“今曹操平了荆、楚，复有远图乎？”孔明曰：“即今沿江下寨，准备战船，不欲图江东，待取何地？”权曰：“若彼有吞并之意，战与不战，请足下为我一决。”孔明曰：“亮有一言，但恐将军不肯听从。”权曰：“愿闻高论。”孔明曰：“向者宇内大乱，故将军起江东，刘豫州收众汉南，与曹操并争天下。今操芟除大难，略已平矣；近又新破荆州，威震海内；纵有英雄，无用武之地，故豫州遁逃至此。愿将军量力而处之：若能以吴、越之众，与中国抗衡，不如早与之绝；若其不能，何不从众谋士之论，按兵束甲，北面而事之？”权未及答。孔明又曰：“将军外托服从之名，内怀疑贰之见，事急而不断，祸至无日矣！”权曰：“诚如君言，刘豫州何不降操？”孔明曰：“昔田横，齐之壮士耳，犹守义不辱。况刘豫州王室之胄，英才盖世，众士仰慕。事之不济，此乃天也。又安能屈处人下乎！”孙权听了孔明此言，不觉勃然变色，拂衣而起，退入后堂，众皆哂[②]笑而散。鲁肃责

---

① 弇：yǎn。释义：覆盖、遮蔽。
② 哂（shěn）笑。释义：微笑、讥笑。

孔明曰："先生何故出此言？幸是吾主宽洪大度，不即面责。先生之言，藐视吾主甚矣。"孔明仰面笑曰："何如此不能容物耶！我自有破曹之计，彼不问我，我故不言。"肃曰："果有良策，肃当请主公求教。"孔明曰："吾视曹操百万之众，如群蚁耳！但我一举手，则皆为齑粉矣！"肃闻言，便入后堂见孙权。权怒气未息，顾谓肃曰："孔明欺吾太甚！"肃曰："臣亦以此责孔明，孔明反笑主公不能容物。破曹之策，孔明不肯轻言，主公何不求之？"权回嗔作喜曰："原来孔明有良谋，故以言词激我。我一时浅见，几误大事。"便同鲁肃重复出堂，再请孔明叙话。权见孔明，谢曰："适来冒渎威严，幸勿见罪。"孔明亦谢曰："亮言语冒犯，望乞恕罪。"权邀孔明入后堂，置酒相待。

数巡之后，权曰："曹操平生所恶者：吕布、刘表、袁绍、袁术、豫州与孤耳。今数雄已灭，独豫州与孤尚存。孤不能以全吴之地，受制于人。吾计决矣。非刘豫州莫与当曹操者；然豫州新败之后，安能抗此难乎？"孔明曰："豫州虽新败，然关云长犹率精兵万人；刘琦领江夏战士，亦不下万人。曹操之众，远来疲惫；近追豫州，轻骑一日夜行三百里，此所谓强弩之末，势不能穿鲁缟者也。且北方之人，不习水战。荆州士民附操者，迫于势耳，非本心也。今将军诚能与豫州协力同心，破曹军必矣。操军破，必北还，则荆、吴之势强，而鼎足之形成矣。成败之机，在于今日。惟将军裁之。"

【译文】

鲁肃到驿馆接孔明同往孙权大帐中。孔明只见张昭、顾雍等二十多位文武官员，峨冠博带，整衣端坐。孔明一一见礼，之后在客位上落座。张昭等人看到诸葛孔明丰神飘洒、器宇轩昂，料他一定是来游说的。张昭便率先开口试问孔明道："我张昭乃江东的小人物，早就听说先生高卧隆中，自比管仲、乐毅，有这样的事吗？"孔明回答道："这只不过是亮平生的一个小可之比。"张昭道："新近听说刘备刘豫州三顾先生于草庐之中，幸得先生，以为'如鱼得水'因而欲想席卷荆襄。如今荆襄却一下归属了曹操，不知你们是何用意啊？"孔明暗想：张昭乃孙权手下的第一谋士，若不先难倒他，如何说服得了孙权？于是答道："在我看来，我主取汉上之地易如反掌。我主刘备谦卑仁义，不忍去夺同宗兄弟的基业，因此将荆州推让掉了。刘琮是个小孩子，听任佞言，私自投降，致使曹操很猖獗。如今我主屯兵江夏，是另有良图，这可不是等闲之辈所能理解的。"张昭道："如果是这样，先生可就自相矛盾了。先生自比管仲、乐毅，管仲辅佐桓公称霸诸侯，一统天下；乐毅扶持微弱的燕国，拿下齐国70多个城池。这两个人可都是济世之才啊！而先生只会在草庐之中笑傲风月、抱膝危坐。如今既然事从刘备，就该为百姓谋利，除害灭贼。然而刘备在得先生之前，尚能够纵横天下，割据城地；如今得了先生，人们更加仰望，就连三岁的幼童都说刘备是如虎添翼，不久汉室兴旺，曹操可灭了。朝野上下无不拭目以待，对先生抱着极大希望。可为何自从先生跟了刘备，曹兵一来，你们就丢盔卸甲，望风而窜，弃新野，走樊城，败当阳，奔夏口，无容身之地。那刘豫州自从有了先生，为何反倒不如当初了呢？管仲、乐毅难道就是这样的吗？我的话愚鲁直率，请先生不要见怪！"孔明听罢，无声地笑了笑，说道："大鹏展翅飞万里，它的志向难道是那些小燕雀能认识的吗？比如一个人得了痼疾，应当先给他喝点稀粥，同药一起服下。等到他腑脏调和、形体慢慢养得安稳些了，再用肉食补养，加上效力强的药治疗，这样病根才能除尽，人得以全面康复。如果不等病人气脉缓和，就给他吃烈药和味道厚重的食物，想要求得平安，实在太难了。我主刘备，以前兵败于汝南，寄靠在刘表门下，兵不到一千，将只关、张、赵云，正像是到了病重危急的时刻。新野小县地僻人稀粮又少，他不过是暂时借以安身，怎可能长久坐守在那里呢？但就是在这样的处境下，却能够火烧博望，水淹曹军，令夏侯惇、曹仁等心惊胆寒。依我看来，就是管仲、乐毅用兵，也不过如此吧。至于刘琮投降曹操，豫州当时根本不知，且又不忍心乘乱夺取同宗之业，此乃大仁大义。当阳之败，豫州不忍丢下百姓，几十万人扶老携幼相随渡江，每日与民一同颠簸十余里路而放弃去取江陵，这也是大仁大义啊！寡不敌众，胜负乃兵家常事。昔日汉高祖刘邦多次败给项羽，然而垓下一战却取得了决定性胜利，难道不是因为韩信为他出了良谋吗？可韩信辅佐刘邦那么久，也没得几次胜利啊。因此说，国家大事，天下安危，要靠谋划。那些夸夸其谈、善于巧辩之徒，靠虚荣之气压人；尽管能够坐着议论、站着高谈，可是到了关键时刻应付各种形势变化，却什么都不行了——这才真正是叫天下耻笑的呀！”孔明一番话，说得张昭没有一句可以对答。

这时座中一人忽然高声问道：“如今曹公屯兵百万，列将千名，虎视眈眈要踏平、吞食江夏，先生认为该怎么办呢？”孔明望去，乃是虞翻。孔明道：“曹操收并了袁绍蚁聚之兵，劫刘表乌合之众，虽然百万之军，也没什么可怕的。”虞翻一听冷笑道：“你军败于当阳，计穷于夏口，区区求救于人，还说‘不怕’，这可真是大言不惭啊！”孔明道：“刘备不是只靠几千仁义之师，就能抵抗百万残暴之众的吗？退守夏口是为了等待更好的时机。而如今，你们江东兵精粮足，且有长江之天险，有的人却还想要主公孙权屈膝投降曹贼，而竟不顾天下人的耻笑——从这一点来看，刘备难道是怕曹操的吗？”虞翻被说得哑口无言了。

座中又一人发问道：“孔明先生难道想效法张仪和苏秦来游说我们东吴吗？”孔明一看，是步骘，回敬道：“步子山先生以为张仪、苏秦是辩士，却大概还不知道他二人也是豪杰吧：苏秦佩挂六国相印，张仪两次为秦国宰相，都是匡扶国家的谋士，可不是那些畏强欺弱、怕刀怕枪的人所能比的。君等只听曹操虚发的假诈之词，就吓得想去投降，还竟好意思在这里笑话苏秦和张仪吗？”步骘也被问得说不出话了。

忽然，又有人问道：“孔明认为曹操是个什么样的人呢？”孔明看那人，乃是薛综，答道：“曹操乃汉贼，这还用问吗？”薛综道：“先生说得不对。汉朝历代至今，天数眼看就要完了。如今曹公拥有三分之二的天下，人都归心与他。刘备不识天时，强要与之分争，正是好比以卵击石，怎能不败呢？”孔明这时厉声说道：“薛敬文怎么能说出没有君臣父子、高低伦理这样的话呢？人生在天地之间，应以忠孝作为立身之本。薛公既然是汉臣，却有不臣之心，应当打消这些思想，才是为臣的正道。曹操的祖宗食汉禄，却不思报效汉室，反怀有篡权叛逆之心，让天下人憎忿，薛公却说天数归之曹操，真是无父无君、没有纲常的人呀！我没有必要同你讲话，请不必多言了！”薛综满面羞惭，无话对答。

座上又有一人应声问道：“曹操虽然挟天子以令诸侯，可毕竟也是相国曹参的后代。刘备虽自说是所谓中山靖王的苗裔，却没有考证，人们亲眼所见的，他只不过是一个编草席卖草鞋的俗夫罢了，有什么资格来和曹操抗衡呢！”孔明看去，原来是陆绩。孔明笑起来，道：“公莫非就是那个在袁术面前往兜里藏起两个橘子的陆郎？请坐，听我讲：曹操既然是曹相国的后代，就更证明他世代都为汉臣，而如今他却手握王权，肆意横行，欺君罔上，不仅是目无君主，而且是蔑视祖宗，不仅是汉室之乱臣，而且是曹氏之贼子。刘备是堂堂正正的汉室之胄，当今皇帝依据世宗祖谱赐予他官爵，你凭什么说‘无可查考’呢？况且高祖就是从区区亭长开始建业起身的，织席卖鞋又有什么耻辱的呢？我看你真是小儿之见，怎能和高士一起理论！”陆绩不禁闭口塞舌。

席中又一人说道：“孔明所言，都是强词夺理，全不是正经之谈，不必再说了。只请问孔明著有什么经典之论吗？”孔明看他，是严畯，说道：“寻章摘句，是世上那些迂腐儒士的所为，哪能够依此兴国立事？古时候躬耕的莘伊尹，垂钓于渭水的姜子牙，还有张良、陈平、邓禹、耿弇等名士高人都没见他们有什么经典论著——难道说你整天就光只是效仿那些酸腐的书生，区区于笔砚之间，数黑论黄、舞文弄墨而已吗？”严畯垂头丧气地无以作答。

忽然一个人大声说道：“诸葛公好说大话，未必有真才实学，恐怕到时恰恰要被文人学者所笑呢。”孔明看那人，乃是程德枢，便回答道：“文人学者有君子与小人之分。作为君子的文人，忠君爱国，坚守正义，憎恶邪佞，尽力为时代做出自己的贡献，美名传于后世。而作为小人的学者，只钻营雕虫小技，用心于文墨，年轻时作赋，人老了把经都念完，笔下即便有千言，胸中却没有一点实实在在的计策。就像杨雄那样，虽然以文章著称于世，却屈身于草莽强盗之中，走投无路最后跳楼而死。这就是所谓的小人之儒。即使他每天吟诗作赋上万言，可又有什么用呢！”程德枢也不能应对了。众人见孔明对答如流，全都已惊慌失色。

此时座中还有张温、骆统二人想要问难孔明，忽然有个人从外面走进来，厉声说道：“孔明乃当世奇才，诸位以唇舌相难，可不是敬客之礼。曹操大军压境，你们不商讨退兵之策，光在这里斗嘴！”众人一看，是督粮官黄盖黄公覆。黄盖对孔明道：“我听说逞口舌之快，不如沉默不言，先生何不将金石之论对我主说去，却用来与别人辩论？”孔明道：“诸君不识世务，互相问难，容不得我不答。”于是黄盖和鲁肃带孔明进入中门，正巧遇到诸葛瑾，孔明给兄长施礼。诸葛瑾说：“贤弟既然已来到江东，为何不来见我呢？”孔明说：“弟已辅佐刘备，理当先公后私。公事没办完，不敢旁及私事。请哥哥见谅。”诸葛瑾道：“贤弟拜见过吴侯，就到我那里叙话。”说完便走了。

鲁肃对孔明嘱咐道：“今天见到我家主公，千万别说曹操兵多。”孔明笑说：“亮自会随机应变。”他们来到大堂之上，孙权下阶而迎，厚礼相待，请孔明坐，众文武分列两旁，鲁肃站在孔明边上。孔明见孙权碧眼紫发，仪表堂堂，暗想，此人相貌不一般，只能用话激他，不能光讲道理。于是，等孙权问起曹操现有多少兵马时，孔明说有一百多万。孙权道：“怕不是在诈我们吧？”孔明说：“没有诈您，曹操原有的兵力加上从袁绍、中原和荆州那里新增的兵力算在一起，不下一百五十万。我方才说一百万，是怕吓着江东之士。”鲁肃在旁一听，惊慌失色，连忙向孔明使眼色不让他再说了，孔明却只装作没有看见。孙权问道：“曹操部下战将还有多少？”孔明说：“足智多谋之人、能征善战之将何止一两千人啊。”这时孙权又问：“曹操平了荆楚之地，还有其他图谋吗？”孔明道：“他如今已沿江边安营扎寨，准备战船，不图你们江东，又是想取哪里呢？”孙权道：“若他真有吞并之意，请先生替我想想该怎么办。”孔明道：“亮有一句话，只怕将军不肯听从。”孙权道：“愿闻高论。”孔明说：“以前天下大乱，将军（您）在江东起兵，刘豫州在汉南招兵买马，与曹操共同争夺天下。现在曹操削平大乱，中原大致已稳定，他于是又攻破荆州，声威震动天下。即便是英雄，也没有施展本领的地方，所以刘豫州逃到这里，希望将军估量自己的实力来对付这个局面：若有能力与曹抗衡，不如趁早消灭他；若没有能力对抗，不如听从众谋士的建议，投降曹操算了。”孙权未答。孔明又说：“如今，将军嘴上说要降曹，心里又不想降曹，形势危急，却总是拿不定主意，大祸可就要临头了！”孙权道：“若像先生说的这样，刘备为什么不投降曹操呢？”孔明道：“过去，像齐国的田横那样的壮士都能坚守大义，不容屈辱，何况刘备是汉室宗亲，英才盖世，众士仰慕。事之不成乃天意，怎么能自己就先屈服于他人之下呢！”孙权听了孔明这番话，不觉脸色顿变，站起身来拂袖而去，众人一见，也都一笑而散了。鲁肃责怪孔明道：“先生为何说出这样的话来？幸亏我们主公宽洪大度，没有当面责怪你，你的话过于藐视他了。”孔明仰面笑道：“何必这样不能容人呢！我自有破曹之计，他不问我，我怎敢说呢？”鲁肃忙道：“原来先生是有良策的，我这就去请主公来向你求教。”孔明说：“我看曹操的百万大军，不过是一群小蚂蚁罢了，只要我一抬手，它们就都成了粉末。”鲁肃听孔明这么一说，便立即到后堂去见孙权。孙权怒气未消，对鲁肃说：“孔明欺人太甚！”鲁肃说：“臣也责备了孔明，但他却说主公不能容人，破曹军的计策，孔明不肯轻言，主公何不向他求教呢？”孙权一听，转怒为喜，道：“原来他是用话在激我。我一时浅见，险些误了大事。”于是又出来与孔明互致歉意，讨教良策。

酒过三巡，孙权说：“曹操现在痛恨又忌惮的无非是这几个人：吕布、刘表、袁绍、袁术、刘备和我。现在几路群雄都被消灭了，只有刘备和我尚存。我不能为了保全江东的领地而受制于曹操。我已经决定了。除了刘备也没有谁能抵挡曹操的。可是刘备刚打了败仗还在逃命，有这个本事对抗曹操吗？”孔明说：“刘备虽新败，但关云长仍带有精兵万人；刘琦在江夏也有万人。曹兵虽多，却是远道而来，征战疲惫，正所谓‘强弩之末，势不能穿鲁缟’。并且北方人不习惯水战。荆州之民依附于曹操，是迫于当时的形势，而并不是出于本心所愿。将军如果现在能诚心诚意地和刘备结成联盟，破曹之事必成。曹军败了，自然退回北方，那么荆州和东吴的势力也就加强了，三足鼎立的局面也得以形成。成败的关键即在眼下，就看将军怎样决断了。”

【讲评】

罗贯中（1330—1400），名本，号湖海散人，元末明初通俗小说家。他的籍贯一说是今山西太原，一说是今浙江杭州，不可确考。据传说，罗贯中曾充任过元末农民起义军张士诚的幕客。罗贯中是中国章回小说的鼻祖。作为与“倡优”“妓艺”为伍的戏曲平话作家，当时被视为勾栏瓦舍的下九流，正史不可能为他写经作传。唯一可看到的是一位明代无名氏编著的不可靠的一本小册子《录鬼簿续编》，上写：“罗贯中，太原人，号湖海散人。与人寡合，乐府隐语，极为清新。与余为忘年交，遭时多故，天各一方。至正甲辰复会，别来又六十余年，竟不知其所终。”

罗贯中一生著作颇丰，主要作品有：剧本《赵太祖龙虎风云会》《忠正孝子连环谏》《三平章死哭蜚虎子》；小说《隋唐两朝志传》《残唐五代史演义》《三遂平妖传》《粉妆楼》《三国演义》（全名《三国志通俗演义》）等。

诸葛亮舌战群儒的故事出自章回小说《三国演义》第四十三回：诸葛亮舌战群儒　鲁子敬力排众议。故事讲述诸葛亮在联合孙权抵抗曹操的过程中遭到东吴诸谋士的责难，最后诸谋士都被诸葛亮一一反驳，哑口无言。

3.　93国际大专辩论赛决赛辩词

辩题　正方：台湾大学队　人性本善

　　　反方：复旦大学队　人性本恶

主席：黎学平

时间：1993年8月29日下午

主席：观众朋友，欢迎光临1993年国际大专辩论会大决赛。这个国际大专辩论会是由新加坡广播电视局和中国中央电视台联合举办的。过去的一个星期，辩论会的八支队伍经过四场初赛、两场半决赛之后，其中的六支队伍被淘汰了。今天进入大决赛的两支队伍可以说是辩论经验丰富的精英，他们肯定会在今天的比赛中大展辩才，给大家带来场“带劲儿”的（比赛），让大家大饱耳福。今天我们非常荣幸地邀请到了新加坡副总理李显龙准将出席我们的大决赛（掌声）。国际大专辩论会的冠军队将获得一万元的现金奖，亚军队可获得五千元。另外，我们也将从过去几场和今天的辩论群英会中选出一位最佳辩论员，他可以获得两千元的现金奖励。现在向您介绍参加今天大决赛的两支队伍——台湾大学和复旦大学。在我右手边的是正方台湾大学的代表，第一位是吴淑燕，政治系二年级；第二位是蔡仲达，会计系二年级；第三位是许金龙，政治系二年级；第四位是王信国，哲学系二年级（掌声）。在我左手边的是反方复旦大学的代表：第一位是姜丰，中文系中国语言文学研究生二年级；第二位是季翔，法律系二年级；第三位是严嘉，法律系四年级；第四位是蒋昌建，国际政治系硕士班三年级（掌声）。

今天我们的评判团阵容也特别强大。五人评判团是由本地和海外专业人士组成的。他们是：郭振羽教授，他是南洋理工大学传播学院院长（掌声）；第二位是吴德耀教授，他是前东亚哲学研究所所长（掌声）；第三位是查良镛先生，他是香港《明报》创办人，也是著名武侠小说家，笔名金庸（掌声）；第四位是杜维明教授，他是美国哈佛大学东方语言及文明学系教授（掌声）；第五位是许廷芳律师，他是新加坡广播局董事（掌声）。

今晚的辩题是人性本善，反方的立场是人性本恶。双方的立场是由抽签决定的。现在我宣布1993年国际大专辩论会大决赛正式开始。首先将由正方一辩吴淑燕同学表明立场和发言，时间为三分钟（掌声）。

吴淑燕：大家好！哲学家康德主张，人不分聪明才智、贫富美丑，都具有理性。孟子认为人性本善，所以进一步又加了一句，每个人都有恻隐之心。而佛家说，一心迷是真身，一心觉则是佛。正因为人性本善，所以人随时随地都可以放下屠刀、立地成佛。我方主张人性本善，就是主张人性的根源点是善的，有善端才会有善行。我方不否认在人类社会中存在恶行，但是恶行的产生由外在环境所造成，所以恶是结果而不是原因。如果硬要说恶是因不是果，也就是说人性本恶，那么人世间根本不能产生真正的道德。虽然英国哲学家霍布斯极力主张在人性本恶的前提下人类可以形成道德。但是想想看，如果人性本恶，人类一切道德规范都是人类最大的利己手段。当道德成为手段时，道德还是道德吗？也就是说，人一旦违反道德而不会受到处罚，人就不会遵守道德的约束了。深夜两点我走在道路上看到红灯，如果人性本恶我就会闯过去，因为不过是为了个人方便。但事实上并非如此，仍然有许多人遵守交通规则。而根据人性本恶的前提假设，霍布斯认为必须有一个绝对的、无所不在的权威监督每个人履行道德规约。如果人性本恶，没有一个人会心甘情愿地遵守道德规约。但是事实证明：人还是有善行、还是有道德、还是有利他的行为。如果人性本恶，（时间警示）那么我们只有两种选择：第一个是活在一个“老大哥”无时无刻不监督我们的世界当中；第二个是我们人类社会将彼此不再相信。如果这样的话，我就会看到一个老太太跌倒了有人把她扶起来，人们则说他居心不良；而我们在辩论会中建立起来的友谊都是虚假的装腔作势。但是我们会发现，在人类历史社会当中，没有一个绝对权威的君主曾经产生过，但是舍己为人的事情在不断地发生。而在生活当中，为善不为人知的生徒小民更是比比皆是。泰丽莎修女的善行，大乘佛教中所说的“众生永远不得渡，则已终身不作佛”的慈悲宏愿，难道不正是人性本善的最佳印证吗？（时间到）谢谢！（掌声）。

主席：谢谢吴淑燕同学，接下来请反方第一位代表姜丰同学表明立场和发言，时间也是三分钟（掌声）。

姜丰：谢谢主席，大家好！我先要指出一点的是，康德并不是一个性善论者。康德也说过这样一句话：“恶折磨我们的人，时而是因为人的本性，时而是因为人的残忍的自私性。”对方不要断章取义。另外，对方所讲到的种种善行，那完全是后天的，又怎么能够说明我们命题当中的“本”呢？神话归神话，现实归现实。对方同学请你们摘下玫瑰色的眼镜看看这个现实的世界，就在你陈辞的这三分钟当中，这个世界又发生了多少战争、暴力、抢劫、强奸事件。如果人性真是善的话，那么这些罪恶行为到底从何而来呢？对方为什么在自己的陈辞当中，自始至终对这个问题避而不答呢？我方立场是：人性本恶。

第一，人性是由社会属性和自然属性组成的，自然属性指的就是无节制的本能和欲望，这是人的天性，是与生俱来的；而社会属性则是通过社会生活、社会教化所获得的，它是后天属性。我们说人性本恶当然指的是人性本来、先天就是恶的。

第二，提到善恶，正如一千个观点会有一千个“哈姆雷特”，一千个人心目当中也许会有一千个善恶标准。但是，归根到底恶指的就是本能和欲望的无节制扩张，而善则是对本能的合理节制。我们说人性本恶正是基于人的自然倾向无限扩张的趋势。曹操不是说过“宁可我负天下人，不可天下人负我”吗？路易十五不是也说过“在我死后哪怕洪水滔天”。还有一个英国男孩，他为了得到一辆自行车竟然卖掉了自己三岁的妹妹。这些对方还能说人性本善吗？

第三，虽然人性本恶，但是我们这个世界并没有在物欲横流中毁灭掉，这是因为人有理性（时间警示）。人性可以通过后天教化加以改造。当人的自然倾向无限向外扩张的时候，如果社会属性在同一方面推波助澜，那么人性就会更加堕落；相反，如果我们整个社会倡导扬善避恶，那么人性就有可能向善的方向发展，这一点不也正说明了儒家思想所倡导的修齐、治平、内圣、外王是何等重要吗！对方辩友，如果真的是人性本善的话，那么孔老夫子何必还诲人不倦呢？

今天，对方辩友所犯的错误就在于以理想代替现实，以价值评判代替事实评判。从感情上讲我们同所有善良的人一样也是希望人性是善的。但是历史、现实和理性都告诉我们，人性是恶的！这是一个事实，我们只有正视这个事实，才有可能扬善避恶。（时间到）谢谢各位！（掌声）

主席：谢谢姜丰同学，接下来我们听听正方第二位代表蔡仲达同学的发言，时间三分钟（掌声）。

蔡仲达：大家好！刚才对方同学谈了很多，我们就一一来检视到底善是本还是恶是本？到底善是表象还是恶是表象？我们先举一个例子来说吧。如果我们今天要吃西瓜，是不是先要种西瓜种子呢？如果我们种红豆、绿豆，长得出西瓜吗？所以人世间为什么这么多善行呢，当然是在人的本性中就有着善的种子嘛。那人世中为什么有恶的表象呢？很简单嘛，我们都知道种西瓜只要丢西瓜种子就好了吗？我们还要施肥，还要浇水啊，而且一不小心，万一再下了十几天的大雨，那么西瓜不仅长不好，而且还会烂掉。所以同样，在人类充满污染的环境中，我们承认有些人他虽然有善根，但是他长不出善果。他是长得不好，但是这并不是说他的人性中没有善的种子啊！所以我们发现很多罪犯到最后他们都良心发现。我们说他们是良心未泯，那么想想看，如果人的良心自始就不存在于人的本性中的话，那么我们怎样去解释人有后悔的行为呢？大家不都曾经后悔过吗？

好的，对方同学又指出了另外一点，说人的恶是因为人有欲望，人有这样的本质，那我就不懂了，为什么欲望一定带来恶呢？我今天喜欢一个女生，这个女生也喜欢我，我们都想跟对方结婚，我们组成美好家庭，这是恶吗？（笑声、掌声）再说吧，人有本能，人肚子饿了就想吃饭，那人跟狮子不就是一样了吗？对方同学您如何解释呢？另外我们再想一想吧，对方同学说人的本性可以教育，所以恶的本性可以教育成善，我们就来想一想，为什么人的本性可以被教育成善呢？我们说小鸟会飞，它只要学了飞就可以飞，为什么我们人怎么教，我们都不会自己飞呢？因为我们没有飞的本性嘛，（时间警示）那么人为什么被教成行善呢？就是因为我们相信人的本性中有善性嘛。如果说人的本性是恶的而能够教成善的，那我们就觉得很奇怪了。人的本性如果没有善性为什么我们一学就知道什么是善，一教就知道怎么行善，而怎么飞再怎么教你都不会呢？就算如果本性是恶，那到底谁来教我们，是本恶的人来教我们本恶的人吗？他们为什么要教我们呢？他们到底有什么动机？我们能够信任他们吗？他们教育我们行善，孔夫子要教育我们行善，他们背后是不是有一个更大的恶的动机呢？（笑声、掌声）我们觉得很奇怪，对不对？比如说吧，一个老人跌倒了，我们把他扶起来；我们来新加坡，交这么多朋友，以辩会友，我们情意真挚；我们看到非洲饥民，人人心中都有孤拯、悲哀、悯天地不悯的心情，如果说扶老人就是沽名钓誉；交朋友这是虚伪矫情……（时间到）谢谢！（掌声）

主席：谢谢蔡仲达同学。接下来我们听听反方第二位代表季翔同学怎么反驳，时间三分钟（掌声）。

季翔：谢谢主席，各位好！对方辩友我倒真想请问你这样一个问题，既然社会是由人构成的，对方却认为社会环境中的恶和人之恶没有关系，那请问：外界环境中的恶是从哪里来的呢？你的善又是怎样导出恶的呢？我方从来不认为本能和欲望就是恶，本能和欲望的无节制扩展才是恶（掌声）。对方辩友，孔子早就告诉过我们："道听途说，德之弃也。"我方认为，人性本恶主要基于如下理由：

第一，人性本恶是古往今来人类理性认识的结晶。早在两千年前，所谓人类文明的轴心时代，荀子的性恶论与犹太教的原罪说便遥相呼应。而到近代，从马基雅维里到弗洛伊德，无一不主张人性本恶，这难道仅是历史的巧合吗？不！伟大的哲学家黑格尔一语道破天机，"人们以为当他们说人性本善时是说出了一种伟大的思想，但他们忘记了。当他们说人性本恶时，他们是说出了一种伟大得多的思想。"（掌声）令人遗憾的是，对方辩友面

对这样的真知灼见，至今未能幡然醒悟，这不由得使我想起乔西·比林斯的那句话，“真理尽管稀少，却总是供过于求”。(掌声)

第二，人性本恶是日常生活一再向我们显示的道理。从李尔王的不孝女儿们到《联合早报》上拳击妻子脸部的丈夫们，从倒卖血浆的联合国维和部队到杀人不眨眼的拉美毒枭，恶人恶事真可谓横贯古今，不胜枚举。对方辩友，难道你还要对着《天龙八部》中恶贯满盈、无恶不作、凶神恶煞、穷凶极恶这四大恶人谈什么人性本善吗?(掌声、笑声)

第三，尽管我们承认人性本恶，(时间警示) 但这并不意味着人类前途一片黑暗，人之所以成为宇宙之精华、万物之灵长，并不因为他白璧无瑕、完美无缺，而在于能有认识自己的勇气，承认人性本恶；人有判断是非的理性，能够扬善弃恶。为了矫治本恶的人性，人们不仅制定法律以平息暴力、规范道德以减少争斗、设立政府以处罚叛逆，而且倡导坚贞以反对意乱心迷、编写童话去诅咒忘恩负义 (掌声)。真可谓苦心孤诣、殚精竭虑。而对方辩友却坚持人性本善，言下之意人类所有的道德教化都是多此一举了！心痛之余我不禁请问对方辩友，如果人性本善，那么我们要道德法律、交通规则干什么呢？如果人性本善的话，个人修养、社会教化还有存在的必要吗?(时间到) 谢谢！(长时间掌声)

主席：谢谢季翔同学，接下来我们请正方第三位代表许金龙同学发言，时间三分钟(掌声)。

许金龙：孔老夫子孜孜不倦，因为他是个勤于灌溉善根的人。如果说人性真的是本恶的，我想问对方辩友下面几个问题：如果说驯兽师可以改变狮子本性的话，那么我们想想看，我们可以教狮子敬礼，也可以教狮子行善吗？我想再问对方辩友，如果说今天是人性本恶的话，对方辩友说的种种教育，那可能实行吗？谁会信任谁，由哪一个性善的人来教，还是性恶的人来教呢？如果说性恶的人来教的话，那谁会服谁呢？他教的凭什么就是善的呢？今天对方辩友最关键的矛盾、错误就在于说，他相信人性本恶，但本恶的人会摒弃恶的价值吗？本恶的人会喜欢恶吧，他讨厌的是什么呢？讨厌的是某个人加在他身上的恶行。所以说，本恶的人应当是非常快乐地去行恶才对，他最讨厌、难过的是别人的恶加在他身上。今天对方辩友在这样的错误矛盾之下，怎么能告诉我们说，人性本恶的，但人又会摒弃恶的价值呢？既然人性本恶，人就会欢欢喜喜地接受恶的价值。接下来我们再来看对方辩友今天还说了什么。对方辩友今天说人性有两种：一种是自然属性，是天性；再一种是社会属性，那种是后天的。自然属性就是说人的天性就跟动物一样，有欲望的本能。人就只有自然属性、本能的欲望而已吗？那人跟动物有什么差别呢？跟狮子、老虎又有什么差别呢？对方辩友，请您待会儿要解释给大家听。(笑声) 那么再说到人的社会属性，我就更不懂了，人的社会属性为什么就是后天的，不是本性？人的社会属性就是说人可以被教，人有善根，人有善端，那这不就是人的本性了？对方辩友，如果说今天本性可以移来移去，从恶换到善，从善换到恶，那我想请问，本来的性到底是什么?(鼓掌) 如果对方辩友说今天坚信，历史演进过程当中都是往恶的方向移动，我方今天没有话说。但整个历史演进过程都是往善的方向去移动，所以我们相信，对方辩友也相信，该往善的方向去移动。如果说对方辩友真的坚信本恶的话，那我就要称赞对方辩友一句：你是泯灭天性、没有天良的人了！(笑声、掌声) 因为那就是您顺性而为、顺乎自然、应乎天理、顺乎人心了吗？所以，我们再来想想看，如果说我们建立起来一个本恶的世界的话，我们的社会会怎样？相信我，我们在这里谈，不是谈输赢，是谈真理。如果说人性本恶，我们彼此无法信任。你坐在那里，我坐在这里，我们彼此有什么样的语言可以进行沟通？因为你会怀疑我，我会猜忌你，如果没有本善，如果没有善良的端行，没有善良种子，我们怎么在这里进行流畅的沟通呢？在这里，我方要一再强调的是，对方辩友，如果今天（时间到）相信人性本恶的话，就不会有我们这群和善的人群了。（掌声）

主席：接下来我们听听反方第三位代表严嘉同学怎么反驳，时间三分钟（掌声）。

严嘉：谢谢主席，各位好！对方一辩说，有的人是“放下屠刀，立地成佛”的，这不错，但我请问，如果人都是本善的话，谁会拿起屠刀呢？（掌声）第二，对方二辩说，人一教一学就能够善，但我们看到好多人他们做恶事的时候，是不用教不用学，就会去做的。（笑声、掌声）此外，对方辩友认为恶都是外因，那我请问，如果鸡蛋没有缝的话，苍蝇会去叮它吗？所以，还是有内因在起作用的。至于善端是从哪儿来的，我告诉对方辩友，如果人人皆自私的话，那么人人都不能自私。因此制约、权衡中会产生节制，这就是最早的善源。至于后天的教化，它自然而然形成了。对方辩友不要对历史事实视而不见。好，下面我从现实和历史的层面进一步阐述我方的观点。

第一，人类在诞生之初，就已经把本恶的人性充分地显示出来了。人类学研究表明，周口店猿人已经懂得用火把同类的头骨烤着吃，这种生猛烧烤，是何等凶残啊！而《人类的起源》一书中告诉我们，当一个土人的小孩不小心把一筐海胆摔进海里的时候，土人竟把他活活地摔死在石崖上。面对着原始人这种凶残的天性，对方辩友，难道还告诉我们人性本善吗？

第二，正是由于人性本恶的存在，所以，在人类社会沧海桑田的演进过程之中，教化才显得尤其重要，而且也相当艰巨。“十年树木，百年树人”，我方从来不否认，通过后天的教化和修养，人是可以对他的人性加以改变甚至形成伟大的人格的。但是，正因为有本恶的人性存在，所以，我们要知道，“学好三年，学坏三天”，（时间警示）请大家想一想，看暴力片、色情片，是从来没有什么公开的倡导和鼓励的，但为什么总有那么多人趋之若鹜呢？（笑声、掌声）

第三，认识到人性本恶，其实并不是人类的羞耻。真正应该反省的，是面对着真理，却不敢去正视它。其实，人类社会演进的过程，从某种意义上也就是人的尊严这种虚假的虚荣被不断剥去的过程。我们看到在神学灵光笼罩之下，人类曾经是相当得夜郎自大。但是，哥白尼的日心说，抹去了人在宇宙中的中心地位；达尔文的进化论揭示了人与动物之间必然的内在联系；而弗洛伊德则披露了在理性的冰山尖之下，人的巨大的本能的冲动与欲望。今天，我们也只有真正地认识到人性本恶这一基础，（时间到）才能做到抑恶扬善。谢谢！（掌声）

主席：谢谢严嘉同学，听过双方代表对善恶的陈辞后，现在是他们大展辩才的时候了。在自由辩论开始之前先提醒双方代表，你们每队各有四分钟的发言时间，正方同学必须先发言。好，现在自由辩论开始！（掌声）

王信国：我想首先请问对方辩友，既然人性本恶，世界上为什么会有善行的发生？

蒋昌建：我方一辩已经解释了。我倒想请问对方辩友，在评选模范丈夫时，你能告诉我，这个模范丈夫本性是好的，就是经不起美色的诱惑吗？（笑声、掌声）

许金龙：对方辩友，这要有人勤加灌溉。我想请问对方辩友，请您正面回答我，您喜不喜欢杀人放火？（笑声）

季翔：我当然不喜欢，因为我受过了教化。但我并不以我的人性本恶为耻辱。我想请问对方，你们的善花是如何结出恶果的？（掌声）

吴淑燕：我想先请问对方同学，您的教育能够使您一辈子不流露本性吗？如果您不小心流露出本性，那我们大家可要遭殃了。

严嘉：所以我要不断地注意修身呀！曾子为什么说“吾日三省吾身”呢？所以，我再次想请问对方辩友，你们说内因没有的话，那恶花为什么会从善果里产生呢？

王信国：我来告诉大家为什么会有，这是因为教育跟环境的影响嘛！我想请对方辩友直接回答我们的问题，到底人世间为什么会有善行的发生？请你告诉大家。

姜丰：我方明明回答过了，为什么对方辩友就是对此听而不闻呢？到底是没听见，还是没听懂啊？（笑声、掌声）

许金龙：你有本事再说一遍，为什么我们听了，从来没有听懂过呢？我想请问对方辩友，您说“荀子说性恶”，但是所有的学者都知道荀子是无善无恶说。

蒋昌建：我第三次请问对方辩友，善花如何开出恶果呢？第一个所谓恶的老师从哪来的呢？

吴淑燕：我倒想请问对方同学了，如果人性本恶，是谁第一个教导人性要本善的？这第一个到底为什么会自我觉醒？

季翔：我方三辩早就解释过了，我想第四次请问对方辩友，善花是如何结出恶果的？

王信国：我再说一次，善花为什么结出恶果，有善端，但是因为后天的环境跟教育的影响，使他作出恶行。对方辩友应该听清楚了吧？我想再请问对方辩友，对于今天泰丽莎修女的行为以及世界上盛行的好的行为，您又如何解释呢？

季翔：如果恶都是由外部环境造成的，那外部环境中的恶又是从何而来的呢？

蔡仲达：对方辩友，请你们不要回避问题，台湾的证严法师救济安徽大水中的灾民，按你们的推论不就是泯灭人性吗？

严嘉：但是对方要注意到，8月28号《联合早报》也告诉我们这两天新加坡游客要当心，因为台湾出现了千面迷魂这种大盗。（笑声、掌声）

许金龙：我们就很担心人性本恶如果成立的话，那样不过是顺性而为，有什么需要惩罚的呢？

蒋昌建：对方终于模糊了，我倒想请问，你们开来开去善花如何开出恶果啊？第五次了啊！（笑声、掌声）

吴淑燕：我方已经说过了，是因为外在环境的影响。我倒想请问对方同学了，你们告诉我们，人有欲望就是本恶，那么对方同学想不想赢这场比赛呢？如果想的话，你们可真是恶啊！（笑声、掌声）

姜丰：对方辩友口口声声说，因为没有善端就没有善，我们要问的是，都是善的话，那第一个恶人从哪里来？又哪里有你们所说的那种环境呢？

许金龙：环境天险，天险狡恶。对方辩友，您没有听说过吗？环境会让人去行恶的。

严嘉：对方似乎认为有了外部恶的环境，人就会变恶。请问在南极、在生存非常艰难的沙漠之中，人就会变坏了吗？

王信国：我方没有这样说，对方又在第二次栽赃，我是要告诉大家，说人有善端，看你在哪个环境，好的环境会变好，坏的环境会变坏。

季翔：如果都如对方所说的那样，人性本善，都是阳光普照，雨水充足，那还要培育它干什么呢？让它自生自灭好了。（笑声、掌声）

许金龙：照对方辩友那样说的话，人性本恶，我们要教育干什么？“师傅领进门，修行在个人”这句话也早就不成立了，应该是“师傅领进门，教鞭跟你一辈子”。（笑声、掌声）

严嘉：按照对方辩友的这种逻辑，教化应该是非常容易的，每个人都是“心有灵犀不点通”了？（笑声、掌声）

王信国：我倒想请问对方辩友，在人性本恶之下，我们为什么要法律？为什么要惩治的制度呢？

姜丰：对呀，这不正好论证了我方观点嘛！（笑声、掌声）如果人性都是善的，还要法律和规范干什么？（掌声）

蔡仲达：犯错、犯罪都是人性本恶，就符合您本恶的立场了吗？那么犯罪干嘛要处罚呢？

蒋昌建：我还没听清楚，你们论述人性是本善的，是在进化论原始社会的本，还是人一生下来的本？请回答！

许金龙：我方早就说过的嘛！孟子说良心啊，你有没有恻隐之心，你有没有不安不忍之心，这就是良心嘛！你怎么不听清楚了呢？（笑声、掌声）

蒋昌建：如果人生来就是善的话，那我想那个“宝贝”纸尿布怎么那么畅销啊？（笑声、掌声）

吴淑燕：我想再次请问对方同学，如果人性本恶的话，到底是谁第一个去教导人要行善的呢？

季翔：我方已经不想再次回答同样一个问题了！我倒想请问孟子不也说过“形色，天性也”嘛？请问什么叫天性呀？

许金龙：您讲得吞吞吐吐，我实在听不懂。对方辩友，请您回答我们荀子说的是性恶说还是性无善无恶？

严嘉：这点都搞不清楚，还来辩论性善性恶？（笑声、掌声）我想请问，孔子说“七十而从心所欲，不逾矩”，像这样的圣人都要修炼到古稀之年，何况我们凡夫俗子呢？（掌声）

王信国：对方辩友，所有的问题都不告诉我们答案。我倒想请问，康德的主张到底有没有道德？

姜丰：不是我们不告诉对方，是我们一再一再地告诉，你们都不懂。（笑声、掌声）

许金龙：对方辩友这句话回答的是什么，我们实在没有听出来。不过我想告诉对方辩友解决一下性恶的问题吧！荀子说“无伪则性不能自美”。说性像泥巴一样，它塑成砖就塑成砖，塑成房子就塑成房子，这是无恶无善说啊！对方辩友。

蒋昌建：荀子也说后天的所谓善是在“注错习之所积耳”，什么叫“注错习之所积耳”呀？请回答。

许金龙：荀子说错了！荀子说他看到什么是恶的，还是说没有看到善，你就说是恶的。没有看到善是不善，不是恶，对方辩友。

蒋昌建：你说荀子说错了就说错了吗？那要那么多儒学家干什么？（笑声、掌声）

许金龙：儒学就是来研究荀子到底是说了性恶还是性善嘛！

季翔：荀子明明白白地告诉我们："人性之恶，其善者伪也。"（掌声）

蔡仲达：对方同学，如果说荀子说恶就是恶的话，那我们今天还要辩什么呢？

严嘉：对方辩友不要一再地引用语录了，我们看看事实吧！历史上那么多的真龙天子们，他们有几个不是后宫嫔妃三千，但为什么自己消费不了，却还要囤积居奇，到最后暴殄天物呢？（笑声、掌声）

王信国：那也想请对方辩友看看历史上仁人志士的善行，对方辩友如何来解释呢？

姜丰：没有规矩不成方圆，到底何为善？何为恶？

吴淑燕：要谈现实，就来谈现实吧！如果人性本恶，我和对方同学订立契约，对方可千万不能相信哪，因为我可能会占你便宜！（笑声）

蒋昌建：对方说，有人的话那就是人性善的，拳击场上没有恻隐之心，没有慈让之心，那些观众、那些拳击者就不是人了？请回答。

许金龙：拳击场上是比竞技，有竞赛规则，又不是拿刀子来互相砍杀，对方辩友。（笑声）我们看看伊索比亚[①]的难民，谁不会掉泪，谁不会动心忍性呢？

季翔：当然会动心忍性了，因为人都受过教化嘛。

许金龙：对方辩友，如果人都受过教化的话，那本在哪里呢？本为什么移来移去，可以从善变到恶，从恶变到善，本在哪里？

严嘉：佛祖释迦牟尼可算是至德至善之人了吧，但他在释迦族作王子的时候，不也曾六根不清静过吗？

王信国：所以他最后变好了，为什么？因为他的本心，他的根源是善的。（掌声）

姜丰：如果我们光说本的话，我们只要说人性恶就行了，你们论证本了吗？

许金龙：我们当然论证本了，良心就是本哪！对方辩友，您才没有论证本呢！您说的那是跟动物一样啊！（掌声）

蒋昌建：那我就不知道了，哪个人过马路的时候，是捧着这个良心过去的吗？我倒听说过孤胆英雄，却没有听说过"孤心英雄"啊！（笑声、掌声）

许金龙：人过马路当然是捧着良心过去的，而且，看到老弱病残的时候，我们还要扶他一下。对方辩友，人是带着良心过去的。

严嘉：为什么我们要进行交通法则教育呢？这不是后天让他向善吗？

王信国：因为有人要变坏，所以要纠正他，纠正他是因为他会变好。

季翔：对方始终没有告诉我们，既然人性都是本善的，怎么会有人变坏呢？

吴淑燕：请对方同学正面回答如何利用教育来把人性恶改过去？

姜丰：我方早已回答，倒是请对方正面回答，按照种瓜得瓜的逻辑……（时间到）

主席：对不起……

许金龙：对方辩友从来没有回答过这个问题，就说回答过。我们来看一下，对方一辩说人是理性的动物，那么如果说这个社会上人有一个智障的，那人就不理性了。（掌声）

主席：经过了精彩激烈的自由辩论之后，我们的节目到这里暂时告一段落，广告过后我们再见。

① 伊索比亚，即埃塞俄比亚，中国台湾翻译为依索比亚。

主席：欢迎各位回到辩论会现场，现在我们请反方第四位代表蒋昌建同学总结陈辞，时间四分钟。（掌声）

蒋昌建：谢谢各位，一个严肃的辩论场需要一个严肃的概念。对方多次问我们人性怎么样，人性怎么样，始终没有问我们人性本怎么样。我想请问对方，人性是什么和人性本是什么是同样的一个概念吗？你们如果连这个概念都没有根本建立基础的话，那你们的立论从何而来呢？我们多次问对方的善花里面如何结出恶果，对方说要浇水、要施肥。那我就不懂了，大家都承蒙这个阳光雨露的话，为何有那么多罪行横遍这个世界呢？难道这个水、那个肥还情有独钟吗？为何要跟恶的人作一个潇洒的"吻别"呢？（笑声、掌声）

今天我们本着对真理的追求来同对方一起探讨这个千年探讨不完的话题。无论是宣扬性善论的孟子还是宣扬性恶论的荀子，又有哪一家哪一派不要我们抑恶扬善呢？抑恶扬善是我方今天确立立场的一个根本出发点。下面我再一次总结我方的观点。

第一，只有认识人性本恶，才能正视历史和现实。回顾历史的时候，我的内心总感到痛苦而颤抖。从希波战争到十字军东征，从希特勒的奥斯维辛集中营到日寇在我国华北的细菌试验场，真可谓"色情与贪婪齐飞，野心共暴力一色"。以往的人类历史，可以说是交织着满足人类无限贪欲而展开的狼烟与铁血啊！可见，本恶的人性如果不加以控制的话，将会给这个世界带来什么啊！

第二，只有认识人性本恶，才能重视道德、法律教化的作用，才能重视人类文明引导的结果，培养健全而向上的人格。在历史的坎坷当中，人类并没有自取灭亡，尤其是在彬彬有礼、亲切友善的新加坡朋友面前，我们更有理由相信，人类明天会更好，这其中要感谢新加坡政府孜孜不倦地建立起他们优良的社会教化系统。人类文明是在人类智慧之光照耀下不断茁壮成长的。饮水思源，借此我们要感谢那些在人类教化路途中洒进他们辛勤汗水的中西先哲们。正是从他们的理论智慧当中，从他们的身体力行当中，人们才从外在的强制走上理性的自约，自约人的本性的恶，从而培养一个健全而又向善的人格。可见，人性本恶，并不意味着人终身成为恶，只要通过社会的教化就可以弃恶扬善，化性起伪啊！

第三，只有认识人性本恶，才能调动一切社会教化手段来扬善避恶。光阴荏苒，逝者如斯，在物质和科学技术突飞猛进的今天，人类的精神家园却是花果飘零。在这个时候，我们要警惕人性本恶这个基本的命题。可喜的是，在东方的大地上，传统文化的发扬光大，已经从一阳来复走向了新的春天。我们也相信，传统文化的精华，必将使人类对无节制的欲望合理地扼制并加以引导，从他律走向自律，从执法走向立法。这样人类才可能挽狂澜于既倒，扶大厦于将倾。"黑夜给了我黑色的眼睛，而我却要用它来寻找光明"！谢谢各位！（掌声）

主席：谢谢蒋昌建同学，最后我们请正方第四位代表王信国同学总结陈辞，时间也是四分钟。（掌声）

王信国：大家好！让我们先回到对方所建构的一个恶的世界来看看这个世界里边到底发生了什么事情。对方辩友告诉我们人性本恶，首先就犯了三大错误。第一大错误就是从经验事实的法则里面归纳出来的错误。对方辩友列举出了人世间很多的恶事，告诉我们因此人性本恶，这是错的！为什么呢？对方辩友的立论告诉我们人性本恶是因为欲望。但是我方已经论证过了，欲望有好有坏，今天我喜欢你，我想要跟你结婚，这是一个不好的欲望吗？所以最终我们知道了，今天对方辩友是看到了人世间某些恶行，然后告诉我们说人性本恶。那为什么对方辩友忽略了经验事实上面呈现的善行呢？人世间的很多善行，你一定听过了，有人跌倒在地上你把他扶起来，你在汽车上让座给老人。这些难道不是人世间的善行吗？这是对方辩友犯的第一大错误。第二大错误是倒果为因的错误。对方辩友借用一种经验事实的法则告诉我们说，我们有恶的果，所以导出来恶就是因。如果真的这样说的话，我们会发现什么呢？每一个人都是恶的，尤其对方辩友口口声声告诉我们要教育，要道德教育，你如何去教育呢？每一个人都是恶的，由此制定出的法律就是善法吗？恶人制定出来的是恶法。你这样制定出的法律如何去遵循？每一个人都恶，我为什么要信任你？就像大家在这个地方，我为什么要相信你呢？你可能在骗我，于是我们这里所有的人都戴上面具，大家互相欺骗、互相蒙蔽，这样的世界是对方辩友所建构出来的。他告诉我们由于有欲望就建构出来个恶的世界。对方辩友犯的第三个错误是什么呢？他告诉我们人性的性就是欲望。这一点我方一开始就论证了，人性就是人的心。孟子告诉我们“人有四端之心”。这是一个善的种子，我们从来没有否认过人世间有恶行。你有善苗，不见得你就不会有恶行。为什么呢？我们发现了，因为外在环境，因为资源缺乏，所以我们人在无形之中会做出一些恶的事情来伤害别人，这是不得已的。所以，我们的教育跟法律就在于纠正人的行为。如果按照对方辩友告诉我们的人性本恶的话，你为什么去纠正它？纠正的结果还是回到本。所以我们说人性本善，因为我们知道每一个人都有一颗向善的心，于是通过道德、通过教育、通过法律，他有可能会变好。教育和法律的功能就是辅导，辅导他走上善途，于是，教育就在这个地方茁壮了。对方辩友举例告诉我们说，原始人如何地烧杀虏掠，原始人如何地生灵涂炭。我们告诉大家的是，原始人一开始那个是求生的欲望，这跟本性是有区别的。比如，有五个人同时处于饥饿的状态下，有一块面包在那边，一个人跑过去吃，这个时候绝对不会有人用道德来非难他。因为这个时候生存是立于道德之上的。没有个人的生命，没有生存的欲望，你如何来谈道德呢？所以原始人那个状况是一种动物性的本能。（掌声）开始对方辩友犯的错误就是告诉我们说，人性是欲望，如果真的是欲望的话，人跟动物怎么区分呢？人之异于禽兽者，己心就是一个本心的问题，所以我们说人有善苗。今天对方辩友告诉我们说都是阳光雨露，没有错！但是有风吹雨打，因为风吹雨打、外在环境的影响，人当然会做出恶的行为。所以，我们要纠正他，让他走向善的世界大同。让我们来看看世界上所有善行的发生吧！从历史上、从目前的经验事实上，我们发现古往今来众多志士仁人杀身成仁。此外，泰丽莎修女的善行、证严法师的慈济行为等等，对方辩友如何来解释呢？孟子就曾告诉我们说：“今人乍见孺子将入于井，皆有怵惕恻隐之心。”在那一刹那之间你都会救他，你不可能把他推下去。为什么？人的本性是善的，你不要告诉我说，原来你救那个小孩子是为了虚名；原来你过马路遵守交通规则是不得已的，你是虚假的；原来泰丽莎修女救了你，那是一个骗人的行为。到最后，你会发现，只有浅水湾的鲨鱼才是一个大善人。（时间到）这是一个什么样的世界？这是一个恐怖的世界，这个世界之所以能够存在，就是因为我们有善根。谢谢！（掌声）

主席：谢谢王信国同学。在这一片善恶声中，人性到底是什么呢？还是让评判专家们去伤脑筋吧！接下来我们请评判团退席！我们稍后见。（休息、评判团评决）

主席：各位来宾，观众朋友，欢迎大家回到辩论会现场。在宣布成绩之前，先让我邀请评判团代表杜维明教授给我们分析今晚的赛情。杜教授请！

杜维明：主席，评判同仁，台大和复旦的辩论员，各位来宾！作为一个海外华人，并且是关注中国文化发展前景的学术工作者，我谨代表评判团向举办1993年国际华语大专辩论赛的新加坡广播局和中国中央电视台表示恭贺和感激。他们从世界各地，包括亚洲、澳大利亚、西欧和北美的著名大学邀请到八队三十多位口若悬河的青年才俊，在一周之间，针锋相对，辩论了大众传播、现代化、环保、经济、道德乃至生老病死种种既有宏观的全球视野，又有切身的现实意义的课题，充分体现了华语国际化的精神。

还值得提出的是，昨天休会，主办单位又通过轻松愉快的旅游，为参赛朋友们提供了交谈和沟通的机会，也使大家对这个在企业竞争上勇猛如狮，而在自然环境方面又艳丽如花的星洲留下了深刻的印象。对了，新加坡建国以来的第一位民选总统王鼎昌先生和今天特别前来颁奖的李显龙副总理都是华校出身的辩才无障的政治领导，给我们很大的鼓舞和勉励。(掌声)

过去六天，台湾大学成功地建构了“现代化不等于西方化”和“安乐死应该合法化”两个命题；复旦大学也说服了评判员，“温饱不是谈道德的必要条件”，“艾滋病是社会问题”。今天呢，正反两方来辩论人性本善，究竟鹿死谁手呢？今天下午正反两队似乎都直接或间接地采取了古文章法里的起承转合这种策略。正方一辩以高屋建瓴的方式引述康德、孟子和佛教的言论，建立了性善为本、恶行为果的基本理论，脱俗不凡，条理简洁。我好像已经被说服了。但是，这个交通规则的比喻不甚恰当。反方一辩呢，有排山倒海之势，坚持“人性本恶，其外者伪也”的观点，分辨自然属性和社会属性，简洁明了，很有震撼力，而且，用词精练，有条不紊。我好像又被她说服了。(笑声）正方二辩呢，承接了一辩的论述，又以西瓜种子为例，很贴切。其认为欲望本身不是恶，也有理趣，对观点作了进一步的深入展开，还作了一些实证的补充。反方二辩呢，妙语如珠，既承接了一辩的观点加以发挥，又猛攻正方二辩的经验基础，并且旁征博引，荀子、犹太教、黑格尔甚至《天龙八部》(笑声)，使正方好像陷入了防御的态势。正方三辩作了一个转折，很有新意，但是没有充分地发挥。反方三辩大有异军突起之势，从新的思维角度展示了一些观点。比如说“放下屠刀”，屠刀何来呀？也很恰当地引用了达尔文、弗洛伊德的观点。在资料运用方面，大家都能引经据典，而且也可以说妙语如珠。那么，似乎反方的知识结构比较谨严，也比较全面。在语气方面，正方是严厉质问，恳切坦诚，有的时候情绪比较激动。(笑声）那么反方呢，有排山倒海之势，义正词严，有时候又轻松活泼，而且引逗幽默。但是，用词显得有点华丽，也许可以向平实方面再努力一些。自由辩论期间，双方短兵相接，此起彼落，好像双方都从金庸先生的武侠小说中学到了出奇制胜的新招。(笑声）我们觉得双方势均力敌，用了先发制人、连续发问、分而治之乃至巧设陷阱、声东击西等各种策略。反方四辩语言流畅，好像行云流水。在结论这方面可以说是缝隙不留，圆而不滑。正方四辩呢，有理有据，特别是指出原始人的凶残是为了求生，也很有说服力。但是，我提到了情绪有点激动。而反方颇能显示一种流动的整体意识，整个队伍运用了整体配合的作战方略，加强了整体的攻击力，保证了对重点目标攻击的一种优势，也增强了整个辩论队伍的气势，显得中心课题比较明确，活而不乱，而且错落有致。

最后，让我发表一点感想：中国传统文化的儒释道都强调体会、体验，体味这种体之于身、身体力行的具体真知。在这个思想导引之下，目明耳聪，也就是明察秋毫的视德和从善如流的听德，才是雄辩的基础。能说善道固然很好，巧言令色就背离了仁厚的核心价值了。因此，这次华语辩论，虽然常有排山倒海甚至咄咄逼人的气势，但却一再地体现出

同情、坦诚的美德，树立了非常良好的风气，值得我们效仿。谢谢大家！（掌声）

主席：谢谢杜教授为我们的大决赛所作的分析。在宣布评决之前，先让我邀请我国副总理李显龙准将上台为我们颁发参赛证书。李准将请！（热烈掌声）我们首先颁发参赛证书给剑桥大学的代表（掌声）、马来亚大学的代表（掌声）、悉尼大学的代表（掌声）、香港大学的代表（掌声）、新加坡国立大学的代表（掌声）、英属哥伦比亚大学的代表（掌声）。接下来我们看看谁是那位词锋锐利、反应敏捷的最佳辩论员。从过去的四场初赛、两场半决赛到今天的大决赛，评判团一致认为全场最佳辩论员是复旦大学的蒋昌建（热烈掌声）。现在是大家屏息以待的紧张时刻，究竟是台湾大学还是复旦大学能够荣登冠军宝座呢？评判团经过慎重考虑之后，一致同意：优胜队伍是——反方复旦大学（经久不息的掌声）。

谢谢！谢谢各位！首先我们颁发参赛证书和奖品给亚军队伍，就是台湾大学。请台湾大学领队林火旺教授和辩论代表上台，（掌声）他们获得奖杯一座和五千元的现金。现在我们请冠军队伍复旦大学的领队俞吾金教授和辩论代表上台领奖。（热烈掌声）冠军队伍获得奖杯一座和现金一万元。我们谢谢李显龙准将、副总理。（掌声）

各位来宾，观众朋友，1993年国际大专辩论会大决赛在这里圆满结束。谢谢各位！

【讲评】

首届国际大专辩论赛（International Varsity Debate）于1993年举行，此后每两年举行一届，轮流在新加坡和北京举办，历届以来备受从普通的爱好者到专家学者的瞩目，逐渐成为华语辩论的最高舞台之一。来自各大院校的辩手在这一舞台上各显神通，大力推广和发扬了辩论艺术及华语文化。自首届以来，大赛赛制也不断完善，令比赛更具有观赏性和竞争性。比赛中辩手精彩的辩词、深厚的理论功底以及较强的临场应变能力和密切的团队配合往往让人们抚掌击节、念念不忘。

2005年比赛规则及赛程：

立论（即阐述基本观点）：由双方各派出一名队员（一般是一辩），时间各三分钟。

论证辩驳阶段：由双方各派一名队员论辩，主要针对对方的立论进行反驳，对己方论点进行完善和保护，时间各三分钟。

盘问阶段：这个阶段分两个环节：第一个环节是正方开始发问（也可以是反方先发问），指明对方某一个或两个队员回答，此阶段发问和回答都是一分三十秒。每一次盘问共六分钟，问答方各三分钟。第二个环节与第一个环节相同。

论辩小结：一般是双方的一辩总结对方在辩论中暴露出的问题并对自己的观点进行小结，时间为一分半钟。

自由辩论：此阶段交叉计时，双方各有四分钟，每方用完为止。

总结陈词：一般是各方的四辩，时间是各三分钟。

各个阶段在时间仅剩30秒时有铃声提示；时间结束又有不同的铃声提示。

最后是观众提问和评委点评，主席宣布本场比赛的得分情况和最终结果。

艺海拾贝

1.举行一次演讲比赛，请老师担任评委。

2.举行一次正规的辩论赛，全场录像，事后进行研究，弥补不足，发扬长处。

第四篇 通晓各类实用文体的写作规范

第一讲 应用文写作

第二讲 学术论文

实用文体是各种实用型文章的总称。与欣赏型文章相对，是指为解决实际问题而撰写的文章，是社会生活中具有特定用途的文章。实用文体在内容和形式上，表现出两大特征：一是内容上为解决实际问题或处理具体工作而写；二是形式上有固定的格式。对绝大多数高职高专学生来说，能够掌握一些与个人专业和所要从事的职业有关的实用文体写作技能，既是职业素质的体现，也是职业岗位的要求。本篇的设置旨在利用课堂教学去完成精选的实用文体写作教学任务，学习和掌握相关的实用文体写作知识，这对学生来说，能够提高他们的专业素质。而对非专业的学生来说，可以使他们掌握一些实用文体的写作技巧，为学习、工作和生活提供便利，拓宽他们的发展空间。

第一讲

应用文写作

1. 书信（含求职信）与个人简历的写作

书信是人们以文字交流思想感情、交谈事务或互通信息的一种应用文体。我国古代把一切文字著作通称为书，借助文字互通信息的信函，自然也包括在内。那时候书信往往称作“书”，而“信”却是指送信的使者。刘义庆在《世说新语》中写道：“谢公与人围棋，俄而谢玄淮上信至，看书竟，默然无言。”这里的“信”便是送信的使者，“书”指的是“书信”。春秋时郑国大夫郑子家写给晋国正卿赵宣子（赵盾）的信，为我国现在能找到的最早的信。随着社会的进步、文化的发展，书信逐渐成为人们普遍使用的工具。

人们哪怕远隔千里，借助书信便可交流。在电报、电话、电视、电脑等现代通信工具产生之前，书信的迅捷、灵活、方便以及可保存等特点是显而易见的。即使在网络时代，书信仍是一种重要的通信工具，有着它特殊的作用和魅力。

作为一种交际手段，书信大致可以分为两类，即用于私人交往的一般书信和用于公事交往的专用书信。人们在长期运用书信的过程中，逐渐形成了约定俗成的书信格式。一般书信与专用书信的格式虽有一些差别，但在共性上是一致的。现对书信的格式作如下介绍：

一、一般书信的格式

（1）称谓。它是书信的第一句话，是寄信人对收信人的称呼。完整的称谓由姓名、称呼和修饰语三部分组成，如“尊敬的老师”。往往是关系越亲密，称呼越简化，如“哥哥”“老师”等。称呼对方要注意礼貌，给长辈写信应该按照关系来称呼，一般不宜直呼其名；给平辈或晚辈写信，可以随便些。

称谓可写在第一行的顶格位置上，后面加上冒号，表示有话要说。

（2）问候。书信来往如同见面，一般说来，问候是少不了的。问候工作、学习、身体安康，或表示思念之情，使收信人感到快慰，达到交流感情的目的。

问候语应在称谓的下一行空两格的位置起笔，可以单独成段。一般说来，问候语的位置在正文前和称谓后。

（3）正文。这是书信的主要部分。写的内容要清楚、明白、简洁，即字要写清楚，话要说明白；行文要有顺序，详略得当。此外，还要注意文风朴实，感情真挚。

正文部分在书信中有相对的独立性，可以是叙事绘景、写人记事，可以介绍物品的特征、性能，也可以是观点犀利、论证周密的议论。因此结构、立意、选材都应构思周详。

正文的格式与一般文章相同。内容多的信可分段写，每段开头要另起一行，在空两格的位置起笔。

（4）结尾语。其也可称为“致敬语”或“祝颂语”，是书信中不能缺少的部分。常用的结尾语有：“敬祝安康”“祝你工作顺利”“祝好”，或者“此致敬礼”等。书写时要注意：“敬祝”“祝你”“祝”“此致”等字样可以接在正文后面写，也可另起一行，在空两格的位置上；“安康”“工作顺利”“好”“敬礼”等字样要在上面字样之后，另起一行顶格写。

结尾语的样式很多，哪怕是常见的样式，在选择使用中也应该体现写信人的个性，选择的标准要根据自己与对方的年龄、身份、关系等因素而定。

（5）具名。在结尾语的右下方写上写信人的姓名。完全的具名是修饰语或身份再加姓名，如“你的外甥”；对关系亲密的可以只写姓名或名。具名书写要工整，易于让对方辨认。

（6）日期。在具名的下一行应写上完信的日期，一般包括年、月、日。

此外，信写完后寄出前，如又想加些内容，可在信纸空白处写上“附”或“附言”，之后写上增加的部分。

二、信封的写法

寄信应该使用标准信封，信封上有三部分内容：

（1）收信人的邮政编码和地址。在信封的左上方方格中写上收信人所在地的邮政编码，阿拉伯数字书写要工整，易于邮局机器辨识。在方格下面写上收信人的地址，要依次写清收信人所在地的省、市、县、区、街（路）和门牌号（或省、市、县、乡、村）；一行写不完可转下一行接着写，但不要把名称词语拆开。

（2）收信人的姓名。写在信封中间，字体可稍大一些。姓名后面还可写上“同志”“先生”或职务称谓等。因为信封是专给邮局人员或送信者看的，所以在收信人姓名之后不能写亲属之间的称谓。

（3）寄信人的地址和姓（姓名）。写在信封右下方邮编方格的上面或前面，同时应在邮编方格中写上寄信人所在地的邮政编码。

三、写信的注意事项

（1）内容要写得清楚明白，不能让对方费解、误解，不要有歧义。

（2）严格按照书信的格式写，不要随意变更格式，信封的书写尤其要规范、准确、详细，以免投递困难，耽误正事。

（3）正确使用礼貌用语，用词造句注意自己与对方的身份、关系。

（4）字迹要清楚。

四、专用书信

专用书信是指专门用于联系、处理某种具体事务的信件。它的行文格式与一般书信基本相同，不同的地方主要有以下几点：①公开的专用书信大多有标题，如“慰问信”“申请书”等，写在正文上方第一行的中间；有的还可在标题前加上涉及内容的修饰语，如“致员工家属的春节慰问信”等。②专用书信的内容一般比较单一，通常一事一信。③专用书信较多用于团体、单位，可以不用问候词，也可以不用结尾语。④由单位出面的专用书信，一般应加盖公章。

专用书信种类很多，按内容和作用分，主要有三类：一是致意、表态的，如感谢信、祝贺信、慰问信、表扬信、保证书等；二是用以呼告、吁请的，如倡议书、申请书、邀请书、推荐书、应聘书、咨询书等；三是提供凭证的介绍信、证明书、聘书等。

专用书信不是私人之间的通信，但它的格式与私人书信基本相同。不同之处在于，专用书信大都有明确的标题，标明书信的性质。如介绍信、证明信、感谢信、表扬信、慰问信、倡议书、自荐书、简历、求职信等。

简历，也叫履历，是求职者向用人单位介绍其籍贯（出生地）、学习经历和工作经历的文书。简历以纪年式按内容分类撰写为好，如依次写出身、学习经历、工作经历和主要特长等。工作经历中又可分为全部工作经历和相关工作经历。其中，相关工作经历是最重要的经历。

写作简历必须注意以下几点：

（1）简历贵在简，不要啰嗦。例如，“张××，男，益阳市人，1993年5月生，2011—2015年就读于湖南城市学院中文系汉语言文学专业，文学学士”。接下来再写学业情况、突出的成绩和工作能力。简历的繁简视个人经历的不同而有差别，但一般以一页打印纸为宜。如果是整套规范的求职材料，则以写满设置的表格为准。

（2）要朴实，不要浮华；要诚实，不要虚假；要突出共性，不要彰显个性。在文字上，少用形容词和长句子。如出身农家，能吃苦，可以写。但是工作努力这种话还是不说为好，用人单位不想听你表决心。与其在文字上追求浮华以吸引招聘者，不如把你的文字写通顺、明确，让它无懈可击。

文如其人，用人单位会通过简历揣摩你的道德修养和学识水平。此外，如果你写得一手好字，那么你的简历和求职信可以运用手书。在内容上，要诚实，假的就是假的，就算作假高手也有可能留下漏洞，假简历不被识破的可能性很小，何况作假违背大学生的行为准则。从写作角度讲，要突出共性，不要彰显个性。有人认为只有彰显个性，才能吸引用人单位。其实不然。用人单位招聘的，恰恰是那种具有好员工所共有的特点的求职者，很少有职业要求那种个性张扬的职员。有时，求职者会向用人单位表明自己的创新能力，但应记住创新应当是符合公司意旨的有条件的创新。很难想象有这样的单位，其招聘几个人来，是为了打破现有的工作次序。

（3）不要遗漏重要资讯。你的联系方式是很重要的，不要遗漏。联系方式以电话为最重要，其次是电子信箱，最后才是常住地址。一般来说，招聘单位会选择快捷方式与你联系。电话要留自己的，以免他人接电话时不明就里，给用人单位留下不好的印象。如果你有一个很出色的个人主页，你可以在简历结尾处写上一句："更多情况请登录我的主页"，并写出主页地址。有些经历是重要的，如你的实习获优秀奖，或者你的毕业论文是学院级优秀论文，这些都是很重要的资讯，应当写在简历上。你的实习在哪个工厂或单位，实习内容及评价，也许是用人单位最想明白的，你也要写上。如果你当过学生会干部，也可以带一笔。

（4）不要写进不该写的内容。作为一个大学生，你中学以及小学在哪里上，学习成绩如何，是不是因为发挥不好才没有考进重点大学等内容，用人单位是不关心的，这些最好不要写，或者一笔带过。你也许觉得自己天资聪颖，应届毕业就金榜题名，但你的年龄已经告诉人家这个信息了，你仿佛很随意地带一笔，用人单位也可能认为你在卖弄，所以这个内容不要写。不要写的内容还有身体和长相，这是个敏感问题，不论你在这方面的自然条件如何，你都不要写。因为美是没有客观标准的，你写出"长相姣好"，人家对你的期望值就很高了，这样反而会在面试时给人以不过尔尔的感觉。你的照片已经在附加的资料中了，所以不说为好。身高也不要说，现在智慧的就业指导中心已经把身高以至体重做成表格放在基本情况栏了，有数字为证。此外，不是当过什么干部都宜写进简历中。如果你当过寝室长，不写为好，因为你写进去，用人单位会认为这是微乎其微的，你写出来是没有更重要的业绩能写了。你如果不触及这个内容，用人单位倒以为你是疏忽了。你如果跳槽过几次，或者被用人单位辞退过，在简历中要谨慎书写，必须把原因写好，最好不要有自己能力不行或你看不起原来公司的意思。你可以写客观原因，如公司业务转向或者倒闭，或者因为家里有重要事情你主动辞职回家一段时间，或者你辞职进修去了。说谎不好，说大实话也不行。再一个是婚否问题，如果有婚史，不要轻易写出来，不管你离婚是因为对方多么不好，人们还是轻易视离婚者为失利者，你可以写"单身"；如果你已有确定的朋友，只差举行婚礼了，你写"已婚"无妨。

（5）电子简历。应当认真写一个文本格式的简历作为附件发给用人单位。不要用Word文档，因为很多单位都喜欢用文本存档，编辑起来方便。电子邮件要写一个醒目的标题，如"应聘销售部经理，个人简历"，不要只用"简历"二字，以免被忽视。电子邮件的交流比传统的文书随意、便捷得多，但还是应当当说才说，不当说的不说，除非你本来就是不抱很大希望。比如，工资要求，还是不问为好。如果招聘单位要你表态，你也要灵活地讲，不要让自己没有退路。这一条同样适合传统的纸媒简历和求职信。电子简历由于用附件发送，这就要求在简历之外，还要写一封邮件。现在，写作界有很多人在关注电子信函的写作问题，并为此写了很多文章。其实，电子信函只是形式变了，信函还是信函，格式与纸媒信函无异。如果说有不同，那就是电子信函的内容一般较简洁，并可以灵活地选择信函背景、附加flash和其他附件。而求职信要求庄严，这些花哨的东西派不上用场。

以下是简历和求职信的样例：

简历

基本资料：

姓名：范韦

性别：女

民族：汉

政治面貌：团员

学历（学位）：硕士

专业：中国现当代文学

教育背景：

毕业院校：

（1）北京师范大学中文系，1997.9—2000.7，中国现当代文学，硕士在读。

（2）太原师范学院中文系，1993.9—1997.7，汉语言文学专业，学士。

其他培训情况：

（1）通过了大学英语六级考试（CET-6）和北京市研究生英语学位统考，英汉互译表达流畅。

（2）擅长利用Internet进行各种网际信息交流，具有一定的网站建设、规划经验。

（3）能熟练运用HTML、FrontPage 98等工具制作各类网页及特效图。

（4）能熟练操作Windows平台上的各类应用软件（如Word 97、Excel 97、PowerPoint和Internet Explorer、Netscape Communicator等）。

工作经历：

1997.9—1998.9，中日青年交流中心对外汉语教师。

1998.9—1999.7，《中国电影报》外国电影版记者。

1999.8至今，《乡镇企业报》编辑。

个人简介：

文字功底好，能高效率地完成上级交与的工作计划、工作总结等文字工作；执行能力强，能独立制订工作计划并有序执行，且不断改善；语言表达能力、沟通能力良好，能处理突发事件，反应灵敏，能不断吸收新知识。

求职信

尊敬的××公司张信方先生：

读了贵公司在《××报》上刊登的招聘启事，我不由心动。贵公司在国内乃至海外都享有很高的声誉，有极佳的发展前景，我有志于成为贵公司的一员，竭诚服务，为公司的发展尽心尽力。

我的姓名是×××，现年34岁，2004年毕业于××大学企业管理专业，现在××财经大学攻读MBA，职称为经济师，具有统计员资格证、会计证。我有10余年的工作经历，先后担任过会计、销售经理、行政主管、总经理助理等职务。我责任心强，工作无差错、过失，历年来均受到部门负责人的好评。

虽然贵公司的招聘要求很高，但我认为自己具备应聘的条件。我能胜任贵公司的总经理、咨询师等职务。

若张先生经审核有意向，请给我打电话（130××××××××）或致函，联系地址××路×号×室，邮编200432。

顺祝

事业辉煌！

×××

2016年11月28日

附：本人身份证、学历等证书复印件。（略）

2. 演讲稿的写作

演讲稿也叫演说辞，是在较为隆重的仪式上和某些公众场所发表的讲话文稿，是人们在工作和社会生活中经常使用的一种文体。它可以用来交流思想、感情，表达主张、见解；也可以用来介绍自己的学习、工作情况和经验等。演讲稿具有宣传、鼓动、教育和欣赏等作用，可以把演讲者的观点、主张与思想感情传达给听众以及读者，使他们信服并在思想感情上产生共鸣。

一、演讲稿的写作要求

（1）了解对象，有的放矢。演讲稿是讲给人听的，因此，写演讲稿首先要了解听众对象，包括他们的思想状况、文化程度、职业状况，他们所关心和迫切需要解决的问题等等；否则，不看对象，演讲稿写得再下功夫，说得再天花乱坠，听众也会感到索然无味，无动于衷，也就达不到宣传、鼓动、教育和欣赏的目的。

（2）观点鲜明，感情真挚。演讲稿观点鲜明，显示着演讲者对一种理性认识的肯定、对客观事物见解的透辟程度，能给人以可信性和可靠感。演讲稿观点不鲜明，就缺乏说服力，就失去了演讲的作用。

此外，演讲稿还要有真挚的感情，这样才能打动人、感染人，有鼓动性。因此，它要求在表达上注意感情色彩，把说理和抒情结合起来。既有冷静的分析，又有热情的鼓动；既有所怒，又有所喜；既有所憎，又有所爱。当然，这种深厚动人的感情不应是“挤”出来的，而要发自肺腑，就像泉水喷涌而出。

（3）行文变化，富有波澜。构成演讲稿波澜的要素有很多，有内容，有安排，也有听众的心理特征和认识事物的规律。

如果能掌握听众的心理特征和认识事物的规律，恰当地选择材料、安排材料，也能使演讲在听众心里激起波澜。换句话说，演讲稿要写得有波澜，要靠内容的有起有伏，有张有弛，有强调，有反复，有比较，有照应。

二、演讲稿的结构及写作方法

从内部结构来说，演讲需要形成或营造现场的情绪氛围，所讲的内容应该较为集中，通常一篇演讲稿最多只能讲两三个问题，而且这两三个问题还得很紧密地在逻辑上串连起来，以层层推演的方式，一环扣一环地展开。演讲稿的结构分开头、主体、结束语三个部分，其结构原则与一般文章的结构原则大致一样。但是，由于演讲是具有时间性和空间性的活动，因而演讲稿的结构还具有其自身的特点，尤其是它的开头和结尾有特殊要求。

演讲稿的具体结构如下：①标题（多为主题句）。②称谓（如各位同学、同志们）。③开场白（类型包括开门见山，提出问题；采用设问式；借题发挥，或者表示感情等）。④结束语（可以强调主题或抒发感情或展望未来，可以表示态度，可以表示感谢）。

1）开场白——“抓住”听众，引人入胜

演讲稿的开头也叫开场白，在演讲稿的结构中处于显要的地位，具有重要的作用。瑞士作家温克勒说：“开场白有两项任务：一是建立说者与听者的同感；二是如字义所释，打开场面，引入正题。”好的演讲稿，一开头就应该用最简洁的语言、最经济的时间，把听众的注意力和兴奋点吸引过来，这样，才能达到出奇制胜的效果。开场白的技术主要有：

（1）楔子。用几句诚恳的话同听众建立个人间的关系，获得听众的好感和信任。

（2）衔接。直接地反映出一种形势或是将要论及的问题，常用某一件小事、一个比喻、个人经历、轶事传闻、出人意料的提问，将主要演讲内容衔接起来。

（3）激发。可以提出一些激发听众思维的问题，把听众的注意力集中到演讲上来。

（4）触题。一开始就告诉听众自己将要讲些什么。世界上许多著名的政治家、作家和国家领导人的演讲都是这样的。

演讲稿的开头有多种方法，通常用的方法主要有：

第一，开门见山，提示主题。这种开头是一开讲就进入正题，直接提示演讲的中心。例如，宋庆龄在接受加拿大维多利亚大学荣誉法学博士学位仪式上的讲话的开头："我为接受加拿大维多利亚大学荣誉法学博士学位感到荣幸。"运用这种方法，必须先明晰地把握演讲的中心，把要向听众提示的论点摆出来，使听众一听就知道讲的中心是什么，注意力马上集中起来。

第二，介绍情况，说明根由。这种开头可以迅速缩短与听众的距离，使听众急于了解下文。例如，恩格斯在1881年12月5日发表的《在燕妮·马克思墓前的讲话》的开头："我们现在安葬的这位品德崇高的女性，1814年生于萨尔茨维德尔。她的父亲冯·威斯特华伦男爵在特利尔城居住时和马克思一家很亲近；两家人的孩子在一块长大。当马克思进大学的时候，他和自己未来的妻子已经知道他们的生命将永远地连接在一起了。"这个开头对发生的事情、人物作出了必要的介绍和说明，为进一步向听众提示论题作了铺垫。

第三，提出问题，引起关注。这种方法是根据听众的特点和演讲的内容，提出一些激发听众思考的问题，以引起听众的注意。例如，弗雷德里克·道格拉斯1854年7月4日在美国纽约州罗彻斯特市举行的国庆大会上发表的《谴责奴隶制的演说》，一开讲就引发了听众的积极思考，把人们带到一个愤怒而深沉的情境中去："公民们，请恕我问一问，今天为什么邀我在这儿发言？我或者我所代表的奴隶们，同你们的国庆节有什么相干？《独立宣言》中阐明的政治自由和生来平等的原则难道也普降到我们的头上了？因而要我来向国家的祭坛奉献上我们卑微的贡品，承认我们得到并为你们的独立带给我们的恩典而表达虔诚的谢意吗？"

2）主体——环环相扣，层层深入

这是演讲稿的主要部分。在行文的过程中，要处理好层次、节奏和衔接等几个问题。

（1）层次。它是演讲稿思想内容的表现次序，体现着演讲者思路展开的步骤，也反映了演讲者对客观事物的认识过程。

怎样才能使演讲稿结构的层次清晰明了呢？根据听众以听觉把握层次的特点，显示演讲稿结构层次的基本方法就是演讲者在演讲中反复设问，并根据设问来阐述自己的观点，这样就能在结构上环环相扣，层层深入。此外，演讲稿用过渡句，或用"首先""其次""最后"等语词来区别层次，也是使层次清晰的有效方法。

（2）节奏。它是指演讲内容在结构安排上表现出的张弛起伏。演讲稿结构的节奏，主要是通过演讲内容的变换来实现的。演讲内容的变换，是在一个主题思想所统领的内容中，适当地插入幽默、诗文、逸事等内容，以便听众的注意力既保持高度集中而又不因为高度集中而产生兴奋性抑制。优秀的演说家没有一个不长于使用这种方法。演讲稿结构的节奏既要鲜明，又要适度。平铺直叙，呆板沉滞，会使听众紧张、疲劳；而内容变换过于频繁，会造成听众注意力涣散。所以，插入的内容应该为实现演讲意图服务，而节奏的频率也应该根据听众的心理特征来确定。

（3）衔接。它是指把演讲中的各个内容层次联结起来，使之具有浑然一体的感觉。由于演讲的节奏需要适时地变换演讲内容，因而容易使演讲稿的结构显得零散。衔接是对结构松紧、疏密的一种弥补，它使各个内容层次的变换更为巧妙和自然，使演讲稿富于整体感，有助于演讲主题的深入人心。演讲稿结构衔接的方法主要是运用同两段内容、两个层次有联系的过渡段或过渡句。

3）结束语——简洁有力，余音绕梁

结束语是演讲内容的自然收束。简洁有力、余音绕梁的结尾能够使听众精神振奋，并促使其不断地思考和回味；而松散疲沓、枯燥无味的结尾只能使听众感到厌倦，并随着时间的流逝而被遗忘。怎样才能给听众留下深刻的印象呢？美国作家约翰·沃尔夫说："演讲最好在听众兴趣到高潮时果断收束，未尽时戛然而止。"演讲稿的结尾没有固定的格式，或对演讲全文进行简明扼要的小结，或以号召性、鼓动性的话收束，或以诗文名言以及幽默俏皮的话结尾。但一般原则是要给听众留下深刻的印象。

资料来源 http：//www.diyifanwen.com/yanjianggao/yanjianggaoxiezuo/1242516332017636_3.htm.

3. 商业计划书的写作

一、计划要点

（一）公司名称、地址、邮编、电话、传真。

（二）主要人员的姓名、地址、电话、背景资料。

（三）公司的主要业务。

（四）研究和开发情况。

（五）市场情况。

（六）发展战略。

（七）资金需求及使用计划。

（八）近三年的财务状况（包括资产负债表及利润表）

二、计划详述

（一）公司业务背景。其主要叙述公司的发展历史，包括成立时间、主要历史事件等。

（二）公司业务的详述：

1.公司业务现状。其包括公司产品（服务）介绍、业务的独特性及市场情况等。

2.公司的经营规划。其包括公司的主要业务及发展目标等。

3.影响业务发展的主要因素。其包括价格、质量、耐用性、可信性、技术性、特色等。

（三）市场分析

1.产品的潜在购买者。

2.市场中的用户数量。

3.年购买力、总需求、单位产品（服务）的市场份额。

4.用户购买行为的周期性分析：①公司产品（服务）是耐用品还是常规消费品；②公司产品（服务）是否有季节性。

5.市场目标。主要分析对潜在用户的了解情况：①分析公司产品（服务）有哪些特性能影响客户的购买决策；②公司产品（服务）与市场中同类产品（服务）的比较；③分析用户在选择同类产品时有哪些偏好。

6.市场外的影响因素。其包括：①经济环境因素，如通货膨胀、经济萧条、失业率高低等；②社会环境因素，了解消费者的年龄构成，销售地区的人口结构、收入水平、家庭规模等。

（四）竞争对手分析

1.已经存在的竞争对手分析：①已知的主要竞争对手情况；②分析目标市场中顾客购买竞争对手的产品的原因。

2.对可能进入市场成为竞争对手的企业的分析：①这些企业会在何时进入市场，它们要进入市场的原因是什么；②这些企业进入市场后对本公司市场占有率可能造成的影响。

3.每个竞争对手的业务优势和劣势，包括对手向目标市场推广的产品计划、定价策略、广告策略等。

（五）公司的组织和管理情况

1.公司的组织状况。其包括：①公司的性质（是股份制企业、合作经营企业还是个人独资企业）；②股本情况和股权结构；③组织结构及各部门的职能。

2.当前或未来可能参与公司经营和业务研发的主要人员（包括董事、监事、高级管理人员、主要技术人员）介绍，包括他们的背景和能够为单位业务发展做出贡献的特殊才能。

3.单位人力资源开发计划，包括人才招聘计划、员工培训计划、报酬及分红体系和激励机制等。

4.介绍单位聘请的财务顾问、会计师、律师以及银行，包括费用情况和业务往来情况。

（六）财务计划

1.最近三年的财务报表及当期财务报表，包括资产负债表、现金流量表、利润表及主要财务指标分析。

2.单位的融资计划。其包括：①融资方案，包括方式、时机、条件、资金数量等；②融资前后的资本及股权结构变化情况；③资金预算，包括何时需要资金，何时和通过何种方式产生回报；④经营成本预算，包括原材料、人工、设备、营销及管理费用和其他成本（如开办费用等）；⑤未来的盈利预测，预计资产负债表、现金流量表和利润表的编制；⑥盈亏分析，包括盈亏平衡点及预计投资回收情况；⑦资金退出计划及可能的方式：向社会发行股票、向其他单位出售等。

（七）风险因素

对可以预见的不确定因素进行定量和定性分析，包括市场风险、技术风险、经营风险、管理风险、财务风险、政策性风险、投资风险以及其他有可能存在的风险。

（八）分项实施计划和进度

详细分项列述实施计划和进度。

（九）其他

列述上述各项未涉及但在计划中应列述的有关问题。

【例文】

广州某公司帽子生产基地建设项目商业计划书

项目概况：

项目公司将投资建立帽子品牌，主要针对各类人群进行帽子设计。

项目缘起：

从行业整体看，随着全球经济一体化和世界产业整合重组的日益加剧，帽类产品具有的劳动密集型特点，决定着这一传统行业越来越不适应在发达国家生存和发展，所以现在全球制帽业的生产已经基本转移到发展中国家。一些发达国家的制造企业纷纷在中国、印度、越南、斯里兰卡、柬埔寨等发展中国家建立独资或合资企业，或者选择、培育产品质量优秀、信誉良好的生产加工基地，迅速由生产型向经营型转变。我国作为世界上最大的发展中国家，具有政治安定、社会稳定、劳务资源丰富等优势，特别是在加入世界贸易组织后，与国际惯例和运行规则的逐步接轨，使我国日渐成为全球性的产品加工基地。目前，我国帽类产品由于特有的产业优势，显示出了极强的生命力和发展潜力。

2013年我国各类帽子总产量为13.55亿顶，同比2012年，增长了11.1%。太阳帽的产量最高，超过5亿顶；运动帽为3.52亿顶，占比达到26%；然后是休闲帽，产量超了2亿顶。随着人们偏好的改变及休闲旅游的盛行，休闲帽的市场需求量越来越大，是近几年销量增长最快的一类帽子。2013年我国帽子销售额达到了602.22亿元，出口额为44.42亿美元，增长率为13.1%。

目前，我国帽类产品由于特有的产业优势，显示出了极强的生命力和发展潜力。从帽类产业的市场前景看，随着帽子种类的不断丰富和功能的不断完善，以及人们消费品位、服饰理念、保健和生活观念的逐步提高，帽类产品作为服饰必需品，其消费需求日益强劲，市场不断扩大。

从帽类产品的流行趋势看，随着人们崇尚自然、追求个性、标新立异等消费理念的兴起，当今帽类服饰用品的消费潮流，已由原来的标志、功能型，向着自然、潇洒、便携型快速转化。据美国《时尚》杂志统计分析，帽类产品在市场上的卖点主要分为两部分：传统功能型和时尚流行型。近两年来，就帽子产品的购买而言，市场上流行型消费心理已占到74%，远远大于功能型消费。因此制帽行业必须顺应这一潮流，与时俱进，进行从材料选用、款式设计、颜色搭配到追求环保、融合品位等的相应变革。

当前，我国的帽子产业集聚地大多是以单一品种或专业帽子生产为特点，各区域有自身特有的优势。企业已不再盲目扩张，而是力求将区域和企业优势作强，在优势较弱或不具备生产能力的领域理智地寻求合作，区域交叉合作应运而生。专业化激发了区域交叉合作，区域交叉合作又促进了专业化，共同把我国帽子产业集群发展带入了新的历史阶段，即网络化发展阶段。这一阶段的特征恰恰是专业化和合作。区域的网络化发展成为企业发展壮大的一个加速器，也为跨区域企业乃至跨国企业的诞生打下了基础。区域内已形成联动关系，小企业最终放弃了创品牌的混战，开始为大品牌贴牌加工，区域内品牌集中度逐步提高。

目录

第一部分 摘要
一、项目背景
二、项目简介
(一) 项目名称
(二) 项目单位
(三) 项目内容
(四) 投资估算和资金筹措
三、项目竞争优势
从市场前景、需求、产品等方面分析项目的竞争优势。
四、融资与财务说明
第二部分 市场分析
一、宏观环境分析
二、行业发展概况
三、目标市场分析
四、市场分析小结
第三部分 项目单位介绍
一、公司基本情况
二、发展业绩
三、团队介绍
第四部分 产品方案
第五部分 发展规划
一、战略目标
二、发展计划
第六部分 融资说明
一、资金需求
二、资金使用规划及进度
三、资金筹集方式
四、投资者权利
五、退出机制
六、项目估值
第七部分 财务分析与预测
一、基本假设及参数
二、经营收入分析
三、成本费用分析
四、编制财务报表
1.利润表和利润分配表

2.现金流量表

五、项目财务评价指标计算

六、财务小结

第八部分　风险分析

一、风险因素

二、应对措施

4. 社会调查与社会实践报告的写作

一、社会调查的前提——调查研究

要想写出具有科学性、指导性的社会调查报告，必须进行深入细致的社会调查。而正确的指导思想、实事求是的态度以及科学的调查方法是必不可少的。首先，要认真学习，不断提高政策理论水平；其次，要努力深入到基层，扎扎实实地把社会调查工作做好；最后，要讲究科学的方法，提高调查研究的水平。

科学的调查研究包括两方面内容：一是调查研究的具体操作方法要科学。仅靠过去传统的手工方式进行调查显然不够了，系统论、信息论、控制论等一系列的自然科学研究方法逐渐渗透到社会科学研究领域中来，形成了社会调查研究方法现代化的三大特征：数学方法在社会研究中的应用、自然科学研究方法对社会科学研究的渗透、定量研究和定性研究的综合运用。这就为调查研究的方法提供了科学的依据。我们除了要了解并掌握有关普遍调查、典型调查、个案调查、抽样调查以及文献调查法、问卷调查法、访问调查法、观察调查法等各种具体的调查方法以外，还必须注重对调查对象的正确引导，确保其讲真话、讲实话。在实地考察时，要防止被假象所蒙蔽，要透过现象看本质，确保调查的科学性。二是调查研究的思想方法要科学。

二、社会调查报告的材料整理

对社会调查报告材料的整理，一般分成三个步骤：

第一，检查鉴别。首先检查社会调查报告材料是否契合研究的需要；其次要鉴别材料的真实性、数据的准确性，保证材料真实可靠，确实反映客观实际。

第二，制作图表、数表，以其直观形象帮助读者理解社会调查报告的内容。

第三，分类分组。就研究目的而言，社会调查报告材料可按其性质分为记录资料、文献资料、问卷资料、统计调查资料等；可根据研究目的按年龄、性别分类，或按职业分类，也可分为背景材料、统计材料、典型（人或事例）材料等。

对社会调查报告材料的分析，应该说是调查研究中一个十分关键的步骤，是能否将社会调查报告材料化为研究成果的关键所在。所谓社会调查报告材料分析，就是用科学的方法审查、剖析调查材料中包含的研究对象的状况、特点、社会背景、基本结构、本质属性与成因、组成因素与相互关系，以及运动机制和结论的过程。对社会调查报告材料进行分析研究，最基本的方法是定性分析和定量分析，应该用辩证的观点从质和量两个方面进行综合考察。

（一）社会调查报告材料的定性分析

社会调查报告材料的定性分析是据事论理，用思辨的方式，依靠个人经验、判断能力和直观材料，确定社会现象或事物发展变化的性质和趋向，以划清事物性质界限的方法。定性分析的根本方法是哲学方法，即揭示事物发展的一般规律。除此之外，还可采用系统方法、逻辑方法。其常用的方法包括：

1.社会调查报告材料分析——矛盾分析法

矛盾分析法，是运用唯物辩证法对立统一的原理，具体分析事物内部矛盾及其运动状况，从而认识客观事物的方法。其具体做法分三个步骤：

（1）从调查所得的大量材料中找到事物的矛盾，即找到问题。因为问题即应该消除或缩小的差距，差距就是矛盾。

（2）对事物存在的矛盾进行分类，看它们是属于历史遗留-现实产生、客观存在-主观思想、自然条件-人为造成、局部-全局、根本-枝节、眼前-长远的矛盾。

（3）分析矛盾的对立面，考察矛盾的主要方面与其他方面互相依存、斗争、转化的条件，从而把握矛盾的特性。

2.社会调查报告材料分析——比较分析法

社会调查报告常用的比较方法有横向比较法和纵向比较法。常用的分类方法为：先进行比较，弄清事物的异同，根据共同点将事物归集为一大类，然后再根据差异将大类划分为几个小类。依此类推，事物就被区分为具有一定从属关系、不同层次的大小类别，从而明确地反映出客观事物之间的区别和联系。

3.社会调查报告材料分析——因素分析法

因素分析法，是从社会调查报告材料中寻找出对事物产生、发展、运动起作用的要素，通过系统分析和科学归纳，探寻到对事物变化起着关键作用的要素系列，掌握决定事物变化的原因，从而了解事物的本质及其运动规律的方法。运用因素分析法，首先应进行总体分析。

第一步是把蕴藏在现象之中的各个方面的基本因素清理出来，并在初步分析的基础上，将它们按一定的标准组成一个有机的多层面的网络结构。影响事物变化的因素有很多，归纳起来可以分为外因（客观因素）和内因（主观因素）两大系列。在这一层面下，又可以从不同角度将因素分为：主要因素、次要因素；积极因素、消极因素；一般因素、特殊因素；直接因素、间接因素；必然因素、偶然因素；历史因素、现实因素；起始因素、终极因素；潜在因素、诱发因素；阶级因素、经济因素、社会因素、学校因素（或工作单位因素）、家庭因素、个人因素等。各个系列因素有可能相互交织，错综复杂，显现出一种网络状态。

第二步就是通过对这一网络的分析，从总体上考察研究对象，分析出现某一社会现象的综合原因。这就要求做到以下几点：首先，实事求是地把握诸因素的内部联系，把握其特征和转化规律，对事物的总体进行多维、系统、内因与外因、客观与微观相结合的辩证分析。其次，对因素与因素之间的各种关系进行分析。要着重分析因素之间的因果关系、功能关系、转化关系、共因关系。共因往往是事物存在或变化的最根本原因，如诸多腐败现象的出现，其共因是私欲恶性膨胀，再进一步深究，就可找出其根本原因是权力作祟，从而找到问题的关键，抓住事物的本质。最后，进行因素树分析，即以某种关键性的因素系列为主要分析目标，并对其进行系统的多层次剖析，按因素之间的联系绘出因素树图。

这样逐层深入，直至找出最基础的原始性要点，即具体行为表现。

定性分析除了以上方法外，还有分析综合法、归纳演绎法、科学抽象法、社区研究法(是分析社区人口集体与特定生活环境、社会条件之间的相互关系，探讨社区的社会构成、社会功能、价值观念、日常生活及发展变化的方法)、历史研究法等多种。

（二）社会调查报告材料的定量分析

社会调查报告的定量分析，是对社会现象或事物的规模、范围、程度、速度等方面数量关系的情况和变化进行变量计算和考察分析，弄清其数量特征的方法。简言之，就是从事物的数量方面入手进行分析研究。目前，在调查研究中进行定量分析已越来越普遍，使用定性、定量相结合的方法已成为大势所趋，也是调查研究走向完善的标志。定量分析的基本方法有：

1.社会调查报告材料分析——统计分析法

统计分析法，即运用统计学原理，对社会调查报告所得的数据资料进行综合处理，分析事物在一定时间、地点、条件下的数量关系，以揭示事物的性质、特点及变化规律的过程和方法。统计分析法包括描述分析和统计推论两个部分。

(1) 描述分析，是对收集到的数据进行整理加工，找出其中的规律以及现象之间的关系，并用统计量对这些资料进行描述。它主要包括：编制次数分布表，绘制次数分布曲线，测绘现象的集中趋势、离散趋势以及现象之间的相关关系等。例如：我们研究城市居民近五年来生活水平提高的情况，根据调查所得的材料，把每户居民的年收入划分为6个等级：100 000元以上，85 000 ~ 100 000元，70 000 ~ 85 000元，55 000 ~ 70 000元，40 000 ~ 55 000元，40 000元以下。然后计算每一个等级中有多少户居民，这就是事件次数分布统计；计算各等级居民在全体居民中所占的比重，就是比例分布统计；计算全体居民的平均收入，就是对这个数列的集中趋势的统计；计算全体居民平均相差多少钱，就是离散趋势的统计。

(2) 统计推论，是指在随机抽样调查的基础上，根据样本资料对全体进行推论。它常用的方法有两种：区间估计和统计假设检验。

2.社会调查报告材料分析——社会测量法

社会测量法，是通过测量评定某一社会群体或团体中社会关系或社会意向的一种方法。其包括社会关系测量和社会意向测量两种具体方法。社会关系测量法较为常用，是将所研究的某一社会团体内部成员相互吸引或排斥的关系状态数量化，从而分析其人际关系的一种方法。运用此法可分以下5个步骤：

第一步，确定选择标准，有6种类型：①工作标准，测量工作团体内部的关系；②娱乐标准，测量娱乐群体内部的关系；③社交标准，测量社交群体内部的关系；④生活标准，测量生活团体内部的关系；⑤学习标准，测量学习团体内部的关系；⑥服从标准，测量被领导与领导之间的关系。

第二步，选择指示项。一个标准可以拟出多个指示项。如服从标准可拟出以下几个指示项：你认为本单位谁当领导最合适？谁威信最高？你最不服谁的领导？等等。

第三步，制作测试答卷：给出选择标准，限定选择数目，交代测试目的、选择范围(团体之内)，说明对测量结果保密等。

第四步，填答试卷。当面填写，当场收回。

第五步，对试卷进行整理分析。

对社会调查报告材料的选择要注意以下三点：

其一，运用典型材料说明观点。典型材料是最具代表性的材料，显示着事物和现象的某些本质特征，有着以一当十的力量。

其二，运用综合材料说明观点。将一组有可比性的材料进行对比（今昔、成败、好坏、新旧、内外、先进与落后、正确与错误等），能使观点更加鲜明突出，增强说服力。

其三，用精确的统计数据说明观点。统计数据具有很强的概括力和表现力，恰当地加以运用，可以增强社会调查报告的科学性、准确性和说服力。

三、社会调查报告的格式

社会调查报告一般包括四个部分：题目、前言、正文、结语，有的还有附录。

（一）社会调查报告——题目

社会调查报告的题目可分为两类：

（1）单行标题。只有一个正题，直接写明调查的事项、对象、范围，如《关于成都市国有企业科技人员作用发挥情况的调查与思考》。

（2）双行标题。正题下加一个副题，正题概括文章的主要内容、主题思想，副题补充说明调查对象和调查内容，如《感情越拉越近——对江苏省“三下乡”活动的调查》。

（二）社会调查报告——前言

社会调查报告的前言一般包括三项内容：①调查研究的缘由和目的——调查什么、解决什么问题；②调查对象、范围；③调查的经过——时间、地点、过程及调查方法。

（三）社会调查报告——正文

正文是社会调查报告分析问题、解决问题的部分，包括两部分内容：一是对调查对象进行叙述，真实准确地列举调查所得的确凿事实、典型事例和具体数据；二是进行分析论证，即对资料进行客观的定性与定量分析，将其上升到理论高度，提出自己的新观点，或证实一种观点，或推翻一种观点。这部分的写作既要防止单纯地罗列资料，也要防止过多的议论和说理。社会调查报告的正文部分常见的结构有四种：

（1）纵式结构，即根据事物发展的始末顺序或脉络、材料的内部逻辑关系叙述事实，由事入理，分析研究，最后推导出结论。采用这种结构时，各部分之间的前后顺序不能颠倒，否则将会眉目不清、条理紊乱。

（2）横式结构，即根据材料的性质，将其概括为若干平列的几个部分，并分别加以说明和阐述，从不同方面集中揭示其主题。

（3）对比式结构。这是一种特殊的横式结构，适用于先进与后进、正确与错误两种事物的相互比较，明确肯定什么、否定什么。

（4）纵横交叉式结构。它是将纵横两种结构结合起来使用，以纵为主或以横为主，纵横交错，以便灵活透彻地说明问题。

（四）社会调查报告——结语

社会调查报告的结语可长可短可无，其内容有时是总括全文，深化主题；有时是交代社会调查报告中未能解决而又需引起注意的问题；有时提出继续调查的希望和建议。总之，应视其具体情况而定。

（五）社会调查报告——附录

有的社会调查报告还有附录部分，内容包括：部分原始资料、少数典型个案资料、调查统计图表的诠释和说明，正文中有关材料的出处，参考文献，旁证材料，以及其他必须说明的问题或情况。

资料来源　侯平．社会调查报告写作刍议［J］．中共成都市委党校学报，1999（5）．

【例文】

××县商务工作调查报告

××县商务局于2000年9月成立。近年来，在机构成立较晚、人员不到位的情况下，局主要领导亲临工作一线，既做指挥员，又当战斗员，多次跑市进省，汇报工作，联络感情，短期内，××县商务工作在市局有了位次，在省厅也挂上了号。但是，目前仍有部分同志对商务工作不了解，甚至认为商务局是将物资、商业、外贸三个烂摊子合在一起，换汤不换药。为消除误解，扩大商务工作的影响，笔者对我县商务工作进行了专题调研。现将报告呈上，供领导参阅。

一、现状

（一）商务工作职责

1.贯彻落实国家、省、市对外开放政策，组织实施县委政府确定的对外开放战略。

2.提出我县流通体制改革意见，培育发展城乡市场，负责全县商业网点和农村市场体系建设工作及大型商品批发市场、大商场（超市）的规划与审批。

3.依法负责全县生猪屠宰工作的监督管理和定点资格认证，查处违法和违章屠宰、销售行为。

4.依法负责拍卖业、典当业、报废汽车回收、旧机动车交易活动的监督管理和许可证审核发放，查处违反规定的行业；监督民用爆破器材、剧毒化学品等特种商品市场。

5.依法管理全县煤炭经营市场，负责煤炭经营主体资格的审查认定。

6.负责全县成品油批发、仓储和零售业经营资格的审核认定，管理成品油市场，指导加油站（点）的经营活动。

7.负责全县涉外劳务及世贸组织的相关工作、成品油进出口工作，管理派驻县外的商贸工作机构。

8.依法审核上报全县大型外商投资项目，指导管理全县外资企业，加快外商投资企业的审批工作。

9.负责全县对外经济合作工作，接收和组织实施国际援助项目。

10.组织、申报、指导以政府名义在境外举办的各种经贸交易会、洽谈会、展销会等商贸活动。

11.负责全县商务出口的申报和审查工作。

12.负责县委县政府交办的临时工作事项。

（二）基本情况

商务局是县政府22个工作部门之一，目前人员没有全部到位，相关职能科室仍在原单位。物资流通中心、商业总公司、外贸总公司组成了新的商务系统。三个单位的基本情况是：三个单位共有干部职工1 381人，其中在岗145人，离退休348人，失业372人，下岗516人，三个单位累欠养老金537.05万元。所属单位大部分属无资产、无业务、无收入，只有牌子的烂摊子，人心涣散，靠等靠要生活；运行中的企业改制不规范，产权不明晰，未能按现代企业制度规范运作；部分企业资产闲置，未能充分发挥效益，造成资源浪费；企业筹资、融资困难，无银行支持，经营举步维艰。三个单位的机关属自收自支单位，除物资流通中心机关外，商业总公司、外贸总公司机关无经费收入，面临较大的生存压力。商务局一方面要担负政府赋予的工作职责，完成对上、对外的各项任务；另一方面又要妥善处理好系统内部的生存、改制、发展、稳定等问题，工作任务重大且艰巨。

（三）商务局成立以来的工作开展情况

1.稳字当头，因企制宜，逐步解决系统内企业的生存、发展问题。商务局成立后，主要领导深入企业，走访座谈，实地了解企业情况，对所属三个单位的资产、经营、班子、下岗职工、历史遗留问题等进行了全面细致的了解。

（1）物资企业：经过前任主要领导和班子的共同努力，物资企业呈现出稳步发展的态势。物资企业的主业民爆产品、危险化学品的经营得到加强；采取租赁承包形式经营的燃料公司、煤炭公司运转良好，招商引资项目稳步发展，煤炭执法工作有序开展；金属回收、车辆报废、二手车辆交易等工作即将启动。同时，企业为下岗失业职工提供再就业优惠证明、低保证明等相关手续，全力服务下岗职工再就业，解决困难职工的实际困难，物资系统连续八年未发生信访案件。

（2）商业企业：摸清家底，对于综合公司、食品公司、饮食服务公司，要求企业加强盘活资产力度，采取灵活多样的形式，将企业做强、做大；对于五交化公司，要求企业利用商业老字号的传统优势，力争使公司成为家电市场的龙头；对于糖酒公司，要求企业重新整理思路，做好白酒专销工作；对于肉联厂，积极协调财政局核销因312国道改道而给该厂带来的国有资产损失，为企业减轻负担。同时，筹资10余万元解决商业总公司机关人员被拖欠13个月的工资问题，以稳定干部职工的情绪；在商业系统推行集资入股创办经营实体，以增加收入，解决机关经费困难及增强企业“造血”功能；引导干部职工转变观念，适应竞争形势，明确共同努力、奋力拼搏才是商业企业的唯一出路。

（3）外贸企业：巩固外派劳务成果，要求企业超额完成我县外派劳务任务；同时，拓宽视野，拓展业务领域，实现我县其他产品的出口。对原外贸总公司院内闲置的土地进行规划，争取早日开发，使闲置资产发挥效益。

同时，对三个单位的不稳定因素进行排查，共排查出拖欠款等问题26起，接待人访24起、164人次，已解决23起。在调查了解的基础上，商务局主要领导提出了“发挥优势、寻求生路、保持稳定、巩固发展”的工作思路，制定了“预测问题责任制、分包领导责任制、个案领导负责制”三项制度，以务实的工作态度、行之有效的措施，使商务系统呈现出稳定求发展的新局面。

2.紧紧围绕县委县政府的工作导向，扎实做好外贸工作。商务局成立后，紧紧围绕县委县政府把我县建成“工业强县”的目标，将外经贸工作作为商务工作的重点，以争创××省对外开放县为目标，以市政府为我县下达的“三外”目标任务为努力方向，加强与发改委、中小企业局、招商局及各乡镇的联系，充分了解情况，掌握第一手资料，督办全县外经、外资、外贸工作进展情况。截至2005年12月底，全县合同引进外资681.7万美元，超出预定目标13.6个百分点；实际利用外资505万美元，超出预定目标68.3个百分点；出口创汇51万美元，超出预定目标2个百分点。完成了我县22家内资企业出口经营权的登记工作，出口经营权证书已审批完毕，为我县企业产品出口创造了先决条件，为

2006年我县争取省对外开放试点县奠定了坚实的基础。

3.强力推进“万村千乡”市场工程项目建设，构建农村新型消费网络，为我县新农村建设做贡献。“万村千乡”市场工程项目建设，是商务部在2005年正式启动的推进社会主义新农村建设的一项具体工作，是社会主义新农村的具体表现形式之一，是为了大力开拓农村市场、提高农村消费水平、缩小城乡消费差距的重大举措，是为农民营造一个“货真、价实、方便、安全”的消费环境、造福亿万农民的民心工程。我县是全省35个试点县之一。商务局根据我县实际情况，提出了通过实施“万村千乡”工程，构建我县城乡大流通、大商贸、大市场、大网络的工作思路，制定了我县实施“万村千乡”市场工程建设三年规划。在人员缺位的情况，组建了“万村千乡”办公室，在全市建起了第一个“万村千乡”市场工程项目电子档案，实现了办公网络化，提升了“万村千乡”市场工程项目建设水平。2005年10月初，当得知项目实施企业供销社由于受资金困扰，工程只进行了一半，而离商务部规定的验收时间只有一个多月的情况后，在时间紧、任务重的情况下，商务局多方筹资20万元借给供销社弥补前期工程资金的投入不足，并派常务副局长王守新同志用一个多月的时间到省、市学习“万村千乡”市场工程方面的技术规范和要求，具体指导我县“万村千乡”市场工程的实施，监督实施企业的行为。此外，还先后三次抽专人进行检查自验。省、市验收组验收后，对我县“万村千乡”工程项目建设予以高度评价。其他试点县网点验收后大多被裁减了，而我县网点不减反增，验收后市局又给我县20个网点指标。目前，各网点正在加紧完善，有望争取上级政策性资金200万元，为今后3年完善我县农村消费网络奠定坚实基础，为建设新农村、缩小城乡差距作出积极贡献。此外，我县城区几家超市的成功运营已得到广大城乡居民的认可，乡村农家店的规范发展必将为我县农村带来新气象。

4.跳出山城封闭圈，放眼全国、全球大市场，坚定不移地发展外向型经济。投资、消费和出口是拉动经济增长的“三驾马车”。商务工作几乎涵盖了“三驾马车”的全部内容。为将我县产品推向全国乃至全世界，实现县委县政府“开放带动”的战略，县商务局成立后，先后三次组团参加了郑州全国商品交易会、河南（浙江）经济技术合作项目洽谈会、珠海商品交易会。在县委刘新年书记、辛文珂副县长的亲自指导下，商务局安排我县农副产品、中药材、螺旋藻、淮河源系列饮料、佗王药业产品等商品参展，宣传我县及我县产品，展示特大资源宝库县的独特魅力。商务局摒弃了在山城小圈子内孤芳自赏的旧习，把我县商务的触角伸向了全国。同时，经上级主管部门批准建立了商务网，把我县信息传遍全球。商务局在实现我县由资源大县变成工业强县的进程中，发挥着越来越重要的作用。

5.把握国家经贸政策动向，主动出击跑项目，为我县企业发展创造条件。商务局成立后，局主要领导多次主动到省厅、市局汇报工作，了解政策信息，通过工作对接，把握国家、省内外的外贸政策动向。《河南省外资发展促进资金管理实施细则》（试行）下发后，商务局主动与县财政局沟通，争取支持，两家联合转发了该文件，下发给相关企业，并组织召开专门会议，安排企业组织申报材料。为确保企业项目申报成功，局主要领导先后四次跑市进省，做好申报项目的前期准备工作。现已完成黄岗东裕、吴城怡健等4家企业的申报和新潮大市场申报省级农产品批发市场指标化建设项目。黄岗东裕公司的项目已通过省厅项目组的审定，相关配套政策即将到位。2006年商务局将加大向省申报项目配套资金的力度，力争使我县30家有进出口经营权的企业均进入省外贸发展促进资金扶持的"笼子"，形成外经项目多点开花、外经工作与县其他中心工作齐头并进的局面。

6.履行市场监督职责，规范我县重要生产、生活资料市场秩序。商务局作为政府行政部门，担负着全县煤炭市场监督检查，生猪定点屠宰监管，成品油仓储、零售企业监管年审，直销审核、登记，汽车、建材市场管理，监管白酒直销、拍卖、典当、租赁、旧货流通、美容美发规范运作等重要职责。商务局相关执法部门配合我县工商、技术监督等部门，为保证我县人民用上放心煤、优质建材、合格油、吃上放心肉做了大量工作。2005年共查出非法煤球加工点3处、生猪私屠滥宰窝点33处，处罚违规违纪人员24人；对全县37家成品油零售网点进行了年检，规范了全县成品油秩序；审验核准了安利公司在我县的直销网点5个；对白酒专销、拍卖、典当、租赁、旧货流通、美容美发等相关工作正在积极着手准备，力争早日进入监管角色。商务局为我县流通市场正做着积极的大量工作。

二、存在的问题

（一）商务局机关自身存在的问题

1.人员不到位，机构不健全，工作开展力不从心。

2.对商务工作宣传不够，有些同志甚至有些领导干部不知道我县已成立了商务局，对商务局工作职责的认识模糊不清。

（二）工商企业存在的问题

1.部分企业、乡镇分管企业的领导对相关政策了解甚少，不注重企业长远发展的问题研究。如在对外经营者备案登记工作中，通知到有关企业后，企业无动于衷；有些乡镇的分管领导接到通知后根本不重视，造成有些乡镇的备案登记工作空白。

2.少数企业缺乏外向型经济的眼光，缺乏借力发展的谋略，小富即安，没有做全国乃至世界名牌的胆识及气魄。

3.企业决策者的品牌意识差，不注重企业无形资产的价值，欠缺对企业知识产权进行保护的意识，以致我县目前还没有一个全省驰名商标。

4.企业产、供、销网络不健全，产品售后服务工作做得不好。

5.企业间信息沟通渠道闭塞，没有实现信息资源共享，企业的决策者缺乏沟通、交流平台。

（三）商务系统内部存在的问题

1.下岗失业人员多，历史包袱沉重，加之破产企业配套政策没有落实，人访、信访压力巨大。

2.企业改制工作不彻底。

3.职工思想观念沉旧，缺乏拼搏进取的勇气。

4.企业发展筹资困难，缺乏银行的支持。

三、建议

1.尽快使商务局机关人员到位，以便更好地担负起县委县政府交办的各项工作职责。

2.加大商务工作宣传力度，不但在工作实绩上在省市有位次，而且在宣传工作上也要有新突破。

3.注重对企业经营管理者的培训，提高企业经营决策水平。政府及相关职能部门要为企业提供优质服务，使我县在企业做强、做大的同时，能迅速建立起一支高素质的企业家队伍。

4.建立企业家联谊制度，为企业间相互沟通、交流信息提供渠道，实现资源共享，培养企业团队精神。

5.加快实施品牌发展战略，引导和帮助企业树立品牌意识，注重产品质量，提升包装档次，创新服务手段，完善服务网络，加强品牌推广。

6.加强外宣工作，利用我县的商务网将我县的资源、人文、环境、企业、产品、相关政策措施等信息发布出去；同时，建立域外投资意向信息库，搜集商务工作各方面的信息，不断提升我县的商务工作水平。

7.加大商务局直属企业改革力度，针对企业实际，因企制宜，一企一策，盘活资产，使流通领域重现生机。

第二讲

学术论文

1. 我的读书经验

曹聚仁

中年人有一种好处，就是会有人来请教什么什么之类的经验之谈。一个老庶务善于揩油，一个老裁缝善于偷布，一个老官僚善于刮刷，一个老政客善于弄鬼作怪，这些都是新手所钦佩所不得不请教的。好多年以前，上海某中学请了许多学者专家讲什么读书方法读书经验，后来还出了一本专集。我约略翻过一下，只记得还是“多读多看多做”那些“好”方法，也就懒得翻下去。现在轮到我来谈什么读书的经验，悔当年不到某中学去听讲，又不把专集仔细看一看；提起笔来，觉得实在没有话可说。

记得四岁时，先父就叫我读书。从《大学》《中庸》读起，一直读到《纲鉴易知录》《近思录》；《诗经》统背过九次，《礼记》《左传》念过两遍，只有《尔雅》只念过一遍。要说读经可以救国的话，我该是救国志士的老前辈了。那时候，读经的人并不算少，仍无补于满清的危亡，终于做胜朝的遗民。先父大概也是维新党，光绪三十二年就办起小学来了。虽说小学里有读经的科目，我读完了《近思录》就读商务印书馆出版的《高等小学图文教科书》，我仿读史的成例，用红笔把那部教科书从头圈到底，以示倾倒爱慕的热忱，还换了先父一顿重手心。我的表弟在一只大柜上读《看图识字》，那上面有彩色图画，趁先父不在的时候，我就抢过来看。不读经而爱圈教科书，不圈教科书而抢《看图识字》，依痛哭流涕的古主任古直江、博士江亢虎的“读经”“存文”义法看来，大清国是这样给我们亡了的。我一想起，总觉得有些歉然，所以宣统复辟，我也颇赞成。

先父时常叫我读《近思录》，《近思录》对于他有很多不利之处。他平常读《四书》，只是用朱注，《近思录》上有周敦颐、张载、邵雍、程明道、程伊川种种不同的说法，他不能解释为什么同是贤人，有那样的不大同；最疑难的，明道和伊川兄弟俩也那样不大同，不知偏向哪一面为是。我现在回想起来，有些地方他是说得非常含糊的。有一件事，他觉得很惊讶：我从《朱文公文集》找到一段朱子说岳飞跋扈不驯的记载，他不知道怎样说才好，既不便说朱子说错，又不便失敬岳武穆，只能含糊了事。有一年，他从杭州买了《王阳明全集》回来，那更多事了；有些地方，王阳明把朱熹驳得体无完肤，把朱熹的集注统翻过身来，谁是谁非，实在无法下判断。翻看的书愈多，疑问之处愈多，一个十一二岁的小孩已经不大信任朱老夫子了。

我的姑夫陈洪范，以善于幻想、善于口辩为人们所爱好，亦以此为人们所嘲笑，说他是"白痞"。他告诉我们："尧、舜未必有其人，都是孔子、孟子造出来的。"他说得头头是道，我们很爱听。第二天，我特地去问他，他却又改口否认了。我的另一位同学，姓朱的，他说他的祖先朱××于太平天国乱事初起时在广西做知县，"洪大全"的案子是朱××所捏造的；他还告诉我许多胥吏捏造人证、物证的故事。姑夫虽否认孔、孟捏造尧、舜的话，我却有点相信。

我带着一肚子疑问到杭州省立第一师范去读书，从单不庵师研究一点考证学。我才明白不独朱熹说错，王阳明也说错；不独明道和伊川之间有不同，朱熹的晚年本与中年本亦有不同；不独宋人的说法分歧百出，汉、魏、晋、唐多代亦纷纭万状；一部经书，有打不清的官司。本来想归依朴学，定于一尊，而吴、皖之学又有不同，段、王之学亦出入；即使是一个极小的问题，也不能依违两可，非以批判的态度，便无从接受前人的意见。姑夫所幻设的孔、孟捏造尧、舜的论议，从康有为《孔子改制考》《新学伪经考》能找到有力的证据；而岳武穆跋扈不驯的史实，在马端临《文献通考》中得了确证。这才恍然大悟，"前人恃胸臆以为断，其袭取者多谬，而不谬者反在其所弃"。（戴东原语）信古总要上当的。单师不庵读书之博，见闻之广，记忆力之强，足够使我们佩服；他所指示正统派的考证方法和精神，也帮助解决了不少疑难。我对于他的信仰，差不多支持十年之久。

然而幻灭期毕竟到来了。五四运动所带来的社会思潮，使我们厌倦于琐碎的考证。胡适的《中国哲学史大纲》带来实证主义的方法，对人生问题、社会问题的讨论，带来广大的研究对象，文学、哲学、社会……的名著翻译，带来新鲜的学术空气，人人炽燃着知识欲，人人向往于西洋文明。在整理国故方面，梁启超的《中国历史研究法》、顾颉刚的古史讨论，也把从前康有为手中带浪漫气氛的今文学，变成切切实实的新考证学。我们那位姓陈的姑夫，他的幻想不独有康有为证明于前，顾颉刚又定谳于后了。这样，我对所尊敬的单不庵师也颇有点怀疑起来，甚而对于戴东原的信仰也大大动摇，渐渐和章实斋相近了。我和单不庵师第二次相处于西湖省立图书馆（民国十六年），这一相处使我对于他完全失了信仰。他是那样的渊博，却又那样地没有一点自己的见解；读的书很多，从来理不成一个系统。他和鹤见祐辅所举的亚克敦卿一样，"蚂蚁一般勤劬[①]的学殖，有了那样的教养，度着那么具有余裕的生活，却没有留下一卷传世的书；虽从他的讲义录里，也不能寻比一个创见来。他的生涯中，是缺少着人类向上的那种创造力的。他就像戈壁的沙漠的吸流水一样，吸收了知识，却并一泓清泉，也不能喷到地上面来。"省立图书馆中还有一位

① 勤劬：qín qú。释义：辛勤劳累。

同事——嘉兴陆仲襄先生也是这样的。这可以说是上一代那些读古书的人的共同悲哀。

我有点佩服德国大哲人康德（Kunt），他能那样地看了一种书，接受了一个人的见解，又立刻能把那人那书的思想排逐出去，永远不把别人的思想砖头在自己的周围砌起墙头来。那样博学，又能那样构成自己的哲学体系，真是难能可贵的。

我读了三十年，实在没有什么经验可说。若非说不可，那只能这样：第一，时时怀疑古人和古书；第二，有胆量背叛自己的父师；第三，组织自我的思想系统。

若要我对青年们说一句经验之谈，也只能这样："爱惜精神，莫读古书！"

【讲评】

曹聚仁（1900—1972），民国著名记者、作家，浙江浦江墩头镇蒋畈村（今属兰溪梅江镇蒋畈村）人，毕业于浙江第一师范。1922年到上海，任教于爱国女中、暨南大学、复旦大学等校，曾主编《涛声》《芒种》等杂志。抗日战争爆发后，任战地记者，曾报道淞沪战役、台儿庄大捷等。1950年赴香港，任新加坡《南洋商报》驻港特派记者。50年代后期，主办《循环日报》《正午报》等报纸。后多次回内地，促进祖国统一事业。著有《中国学术思想史随笔》《万里行记》《现代中国通鉴》等。

曹聚仁幼时读的多是儒家经典，但是随着阅读量的增加，他却发现很多著作中的观点和理论有一些矛盾甚至相悖的地方，这使他开始对历史、圣贤产生了一些疑问，渐渐地养成了学习知识的同时自己进行思考的习惯。对于书中的观点要有自己的判断，学习就会在不断地怀疑-思考-求证的过程中取得进步。

2. 毕业论文的写作

一、论文题目的确定

论文题目设计需要遵守三项规则：一是题目必须是动宾结构的短语，不能是句子；二是题目只确定研究对象，不表达作者的观点；三是题目应力求明确、简短，忌冗长。论文的题目，在一定程度上就是论文的主题、帽子。因此，确定什么样的题目是确定写作什么内容论文的关键。

1.选具体的问题，不宜选过于宽泛的

高职高专的毕业论文一般要求4 000～6 000字，论文的题目不宜太大，较适宜写某一问题的某个方面，如"论交通肇事逃逸行为的认定及其处理"，就是交通肇事罪中的一个具体问题。如果题目太大，在高职高专论文的字数限制下，论文中的问题可能会论述得不透彻；题目小一些，就可以集中篇幅展开论证、说明论点。如有同学选择"论青少年犯罪"作论文题目，写了青少年犯罪的现状、成因、特点、危害、预防、意义。看完其文，感觉什么问题都涉及了，但是却看不出论文的重点在哪里，而且每个方面都只是点到为止，都没有深入论述。后来，将题目改为"论青少年犯罪的成因及其预防"，正文经修改，文章的论证就很有针对性了。所以，如果题目涵盖面太大，就要缩小范围，将问题具体化。

2.选有充足资料的问题，不宜选没有或很少有论据的

高职高专的毕业论文写作，实际上考察的是学生是否掌握了学术论文的基本写作要

求，重点并不是考察学生的学术水平。写毕业论文，考察点之一是看学生对论文所涉及领域的现状的了解程度，以及利用现有研究资料的能力。所以，选题还应当考虑的一个重要问题就是资料是否足够。有的选题虽然有重大的理论意义和实践性，但缺乏足够的资料，不可能成就一篇高质量的论文。因此，选题是否适当，不能只看学术性、实践性，一定要考虑资料是否充分。没有充分的资料，再好的选题也应舍弃，不可勉强。如果学生在实习单位实习，能够利用的资料有单位订阅的杂志（特别是专业杂志）、单位的实际工作数据以及单位网络资源。

3.选感兴趣的问题，不选陌生的或未知的

兵法上说“知己知彼，百战不殆”，学术研究也是如此。要了解自己的长处和短处，尽可能回避自己的短处，发挥自己的长处。自己的经历和学识达不到该选题的层次时，就不要勉强。如果选题是自己实习的时候所接触的或者是自己感兴趣的，写起来就会得心应手；反之，没有自己的思想而东拼西凑写出来的文章，只会让他人怀疑文章的真实性。另外，选择自己感兴趣的问题，也较容易面对论文答辩评审老师的提问。

4.选现实或热点的问题，不宜选过时或没有现实意义的

如果一个课题虽然有学术性和理论性，但在现代已经没有地位，现代社会不会发生这样的问题，则该课题不具有实践性、针对性。如有的学生选的论文题目是“论经济合同”，写作的内容是针对计划经济时代的，资料来自于原《经济合同法》《涉外经济合同法》。这样的文章在当代没有什么实际意义，是已经过时的。现实性的论文题目，应该是对解决现实问题有帮助意义的，如“试析社区警务的特点及加强社区警务的对策”。热点问题，是当下理论界或实务界关注的问题，如目前《刑事诉讼法》修改中的某一问题，就可以作为论文题目。

二、论文的撰写步骤

一篇文章在下笔之前，首先要有构思，对篇幅和容量、主题、结构、论证方法、表述形式都要有成熟的想法；同时，还要对怎样开头、怎样结尾，以及文中重要的段落和主要的部分怎样说明，进行反复思考，打好腹稿。达到这样的程度，就可以进行写作了。

1.根据论题拟定论文提纲

拟定的论文提纲可以是简单的，也可以是详细的。简单提纲只是概括地提示论文的要点；详细提纲则是把论文的主要论点和展开部分都较详细地列出来，这样写作时更顺利。提纲可以采用标题式、提要式和图表式三种。标题式较为常用，用简洁的标题形式把论文各部分的内容要点概括出来，同时这些标题还可直接作为论文中各部分的小标题。

2.撰写正文

正文是论文的核心部分，占据论文的主要篇幅，要提出问题和解决问题，是作者理论水平和创造能力的集中体现，决定着论文水平的高低和质量。

高职高专论文的正文一般包括三部分：开头、本论和结论。论文的开头部分，主要讲清楚研究的动机、写作的理由、目的和意义、提出问题、概述内容、明确中心论点等，一般要求语言简洁扼要，开门见山，引人注目，也可以简要交代确定选题的过程和有关背景材料，目的是使读者更好地了解论文的主旨。

本论是论文的主体，要求以充分有力的材料阐述观点，条理要清晰，逻辑要严密，内容要扎实、丰厚。本论主要是展开论题，对论点进行分析论证，是阐述作者的见解和研究

成果的中心部分。毕业生在这一部分必须根据论题的性质正面论证，或反面批驳不同的看法，或解决别人未解决的问题，或论述新思想、新发现等。在该部分中，论证是极其重要的，它决定着论文的成败。要写好这一部分，应注意以下几点：①论点是明确、新颖、深刻、严肃的。论点不管是否需要论证，都必须是可以论证的。②论点必须有可用来证明使其成立的材料的支撑。③论证必须根据论题的需要选择不同的论文结构形式。④论证逻辑要严密。合乎逻辑的论证，别人是无法驳倒的。

结论是对论文全文的总结，总体的结论，是对整篇论文中分析、论证的问题的综合性概括，是论文的精华所在。其内容主要阐述研究结果说明了什么问题，得出了什么规律，有何创新，解决了什么理论和实际问题，还存在哪些不足。此外，还可以对自己和他人在这一领域的研究进一步提出展望，以及对有关人士致谢等。结论要完整、明确，不能含糊其词、模棱两可；不能与本论相矛盾，应与绪论相呼应；对成果的评价要恰如其分，不能自鸣得意或借故贬低他人；语言应简洁、干净利落。

3.论文的修改、定稿

正文初稿写好以后，应该多修改几遍。检查并修改初稿时应注意以下几点：①论点与论题的一致性；②观点与材料的统一性；③论文的结构层次与逻辑思维的密切性；④论文语言表达的准确性；⑤文章中标点符号使用的正确性；⑥采用的数据、年代、人物名及地名是否准确；⑦引用的注释、参考资料的列举是否真实恰当；⑧封面署名是否遗漏、装订是否工整等。经反复多次修改的论文，应再次送给指导老师审阅，直到其认可并签署“同意定稿”字样，该篇论文才算是完成了。

4.论文的体例及打印

一篇定稿的毕业论文应当具备：①论文标题。标题在正文部分的第一页，且居于第一行的居中位置，字体要比正文的字体大一些。②作者姓名。在标题下的居中位置，字体要比标题稍小一些。③内容摘要。一般为中文摘要，如有英文要求，则要附上英文摘要。摘要应该包括研究目的、研究方法、研究结果和结论，围绕主题展开，明确介绍重点，一般用200～300字高度概括全篇论文的精华。④关键词。它又称主题词，是从论文中选出的用以表示全文主题内容信息的单词或术语。一般是3～8个词，采用醒目的字体；另起一行，排在摘要的左下方。⑤正文。它分为三大部分，是论文的实质内容体现，包括开头、本论、结论。⑥参考文献。在论文主体的后面列出，目的在于表明作者的科学态度和对前人劳动成果的尊重；同时，也表明自己的观点和认识不是随意的，是站在前人和他人基础之上的认识，甚至是有所创新的。

作为一篇毕业论文，封面的内容和格式是由所属院校决定的。但是，法学论文由于其学术性，决定了封面的严肃性，一般不得使用插图或其他彩页来设计封面。纯白的封面和黑色的字体是法学毕业论文较为正规的呈现。封面按规定格式写上论文题目、学校、专业全称、指导老师和作者的姓名、论文完成时间等。正式提交的论文封面应当是整洁的。

三、论文的论证方法

1.确定文章的基本论证方法（是立论还是驳论）

在一般情况下，法学论文的基本论证方法应当是立论，就是在这篇论文中确立一种什么观点，其实也就是文章的基本论点。围绕着这个主题，全面阐述它的正确性、必要性，以及具体的适用方法，使这个观点立得住，别人批不倒，这样立论就成立了。有时候，法学论文也要用驳论，即集中一个错误的观点，进行全面的批驳，展现这一观点的谬误所在，认识它的错误本质，推翻这个主题，使之不能够在理论界兴风作浪，让它没有市场。采用驳论写作的论文不多。驳论的结果，还是要确立自己的观点，没有自己的观点，驳论就没有力量。当然，在一篇论文中既有立论也有驳论的，是最为常见的。立论和驳论在一篇论文中结合得好，文章就是成功的。

2.常见的具体论证方法

比较法、演绎法、归纳法、推介法、综述法等都可以在论文中使用。有的时候写一篇论文，就使用一种论证方法。但实际上，在一篇论文中，尤其是分量较重的论文中，往往不会只用一种论证方法，而是根据论文的具体情况需要，综合运用各种方法。

3.论证的要求

（1）论文主题要鲜明。它是指论文的内容要体现“标题”的内涵。例如，标题是“防卫过当若干问题探讨”，那么到底是哪几个问题，要在防卫过当的概念特征介绍完之后重点分析论证。一般来说，这几个问题是要写的重点。

（2）论文要有一定的新意。一篇论文的价值在于它能分析一些认识误区或解决现实疑难问题等。高职学生的论文内容不要求很深奥，但是一定要围绕一个主题把相关问题讲清楚。这就需要了解你所写的内容，在理论方面、在人们的认识中有哪些问题是需要通过论文来说明的，也就是你要写的若干问题。

（3）逻辑结构关系要清晰。论文的逻辑结构是通过大小标题的顺序和内容来反映的，或者是并列关系，或者是递进关系，或者转折关系等。

四、资料的收集及使用

1.论文资料的来源

论文资料可以通过图书馆等各类藏书机构的信息检索系统检索，或通过互联网远程登录、查询、浏览或阅读大量文献资料来获取，还可以进行实地调查，或通过开会、访谈、观察、统计、论证、实验学习等方法来获取。

2.收集资料要注意的问题

收集资料主要注意以下三种：①与论题直接相关的原始资料；②他人对该论题或相关论题的研究成果；③与论题有关的社会、文化、语言、历史背景等方面的资料。收集的资料既要有历史资料，也要有现实资料；既要有正面资料，也要有反面资料；既要有面上的资料，也要有点上的资料。只有全面地拥有资料，才有可能产生正确而富有创见的观点，展开深刻而周密的论述。

3.必要的注释

毕业论文是科学研究论文，是严肃的科研论证，必须引经据典，而不应自己胡想乱想，胡说八道。现在有一种现象，很多同学写论文时，无论对多久之前何人论证的问题，都不说明，都变成自己首创的观点。事实上，写作学术论文，不仅要说明不是自己的观点的观点是谁的观点，而且要查明首创这个观点的人是谁。这些都需要用好注释。

除上述方面外，论文在写作之前及写作过程中，应多征求指导老师的意见，这样可以及时调整或修改论文，少走弯路。上交论文的时间应该在答辩前一个月，这样可以预留一些时间再做修改、完善。

3. 总结的写作

一、体例要求

工作总结有自己独特的格式：

（1）标题。直截了当写明是什么单位、什么事项、什么时间的工作总结。如农业部财务司2016年工作总结，就是“财务司2016年工作总结”，不玩任何花样，搞什么概括式、结论式、提问式或正标题、副标题之类。

（2）正文。其一般由三部分组成，即导语、总结分析、结束语或后段打算。

第一，导语。它又叫前言，必须高度概括，提纲挈领，紧扣主题，简明扼要；侧重交代本总结时间和空间范围内的主要工作概貌，以统领全篇。

第二，总结分析。这部分是总结的核心，主要总结分析两个方面的情况：一是本期间工作好的方面及取得的主要成绩和主要经验；二是存在的主要问题及教训等。这是总结与经验文章不同的地方之一。经验文章是不必也不允许展开写存在的相关问题的。总结的分析部分文字一般较长，除单项工作总结、短时间的工作总结外，均应分条列目叙述，以求纲目清楚、层次分明。总结分析的撰写方式常见的有三种类型，即纵式、横式、交叉式。

第三，结束语。这部分除了写一些基本的结论性文字外，还可简明扼要地写一点下一阶段工作的打算。这也是总结与经验文章等不同的地方。不过，也可不写下一阶段的工作打算。

二、正文要求

（1）要分条列目，采用明细分类账式写法。明细分类账是对全部经济业务事项按照会计要素的具体类别而设置的分类账户进行登记的账簿。以类登记，条理清楚，层次分明。此外，还可采用编纂地方志和年鉴的办法，横排到边不缺项；越境不书，也不多出子项。对于各项内容材料，也可这样分条列目；即使不这样明分，也要这样暗写，条分缕析、层次清楚，并写实、写细，一目了然。

（2）要点面结合，有血有肉。每个条目就是一个事项，以类系事，将本类事实材料集中在一起，突出重点，兼顾一般；或者说明一项工作的成绩，或者证实一条经验的成立，都做到有理有据、有血有肉；有观点、有论据；并且由观点统帅论据事实，由论据事实说明观点。

（3）典型实例要完整准确，特点鲜明、生动，要做到一个典型就是一个完整独立的事实掌故。可参考年鉴条目写作的要求收集整理典型实例：一要记实、记要，时间、地点、事件、人物、经过、原委等六要素齐全；二要从整体上看是服务和说明观点，分开来看是独立成篇，在信息、知识与资料、条理上形成独立的单元实体；三要注重年度性，以年为限，突出年度特点。

（4）要实事求是，有成绩、经验写成绩、经验，有问题、教训写问题、教训，秉笔直书，不溢美、不诿过。

三、总结写作要做好“四理”

无论是一个地区、一个部门、一个单位还是一个企业，只要稍具规模，一个年度的工作总结就头绪繁多，必须认真回顾、检查、核实、分析、研究、归纳、提炼，将丰富的感性材料集中起来汇总，再分条列目，使之条理化、系统化，上升到理性认识高度，肯定成绩，得出经验，找出教训，摸索规律，明确发展方向，以指导、推动今后的工作。其中，最重要的一环是条分缕析，把丰富的感性材料条理化、系统化，获得真理性认识，使人得到经验性、规律性的启示和教育。总结写作主要应该做好“四理”：

（1）梳辫子，分条目，理出头绪。这就是把收集到的资料进行认真梳理、整理，为写好总结打下基础。其要求作者对所拥有的材料进行整理辨析，去粗取精，去伪存真，使之系统化、条理化，头绪清楚：①制成目录索引。可以利用有关的现存资料，如文件、资料室的目录卡片等，根据总结的需要编写。②制成文摘卡。对总结所涉及的时间和空间范围内的简报、报告、报表、典型经验、调查记录、领导讲话等资料进行全面认真的搜集、整理。搜集、整理工作要力求真实、准确、细致，做到眉目清楚、分类合理。③制成“流水账”。其主要是全面编辑、整理好大事记和工作安排、会议记录及一般季节性、专项性的工作总结、小结等资料。通过对这一类资料的编写、整理，加强对总结资料的总体印象，有利于在胸有全局的基础上深化对全部工作及某一侧面、某一问题的总结和回顾。

（2）抓本质，找规律，理出经验。这是写好总结的关键，要求作者在对所拥有的事实材料分类归纳的基础上，进一步辨析事物发展的客观规律，筛选主题，从中悟出经验性、理论性的认识和体会。所谓经验，一是指人们在实践过程中通过自己的感观直接接触客观事物而获得的对事物表面现象的初步认识；二是指通过实践反复检验的理论性认识，即对客观事物的本质、规律的正确反映。总结写作就是要从拥有的事实材料中筛选主题，理出经验，并按照理出的经验分条列目，按观点统帅材料的要求，以类系事，把各种事实材料整理成“分类账”。

（3）遵政策，循原则，就事论理。其主要是抓住党的路线、方针、政策及有关的理论原则，提高总结的理论深度，深化理论。这要求作者把从广泛占有的事实材料中筛选出来的经验性、理论性、系统性的认识，同党的路线、方针、政策和有关理论原则相对照，看哪些是对的，哪些是错的，并加以分析，使主题深化，从根本上避免总结的“全、浅、杂、散”及一般化、公式化、概念化毛病。

（4）去芜杂、补精粹，理顺全篇。总结初稿写完后，不能以为完事大吉了。写出初稿，只是完成了总结写作的一半，它还是个半成品，还有许多芜杂之物必须剔除；还有一些精粹的材料甚至精辟的观点必须补上；有些事实材料必须反复核对；还需交群众讨论，送领导把关，最后才能定稿，使半成品成为成品、优等品甚至精品，用于存史、资政、教化，或者广泛交流，流芳百世。

资料来源　陈方柱．创新调研写作三十六讲［M］．北京：中国言实出版社，2011.

艺海拾贝

1.举办一次商业调查实践活动，写出相应的报告，然后进行评比。

2.模拟一次毕业论文或结业论文答辩会，借以感受论文写作的各项“限制”。

第五篇 濡染先进文化形成正确价值观

马克思在《关于费尔巴哈的提纲》一文中说："人的本质并不是单个人所固有的抽象物。在其现实性上，它是一切社会关系的总和。"这种复杂的社会关系就决定了人的本质，形成了人的社会属性。所以，从教育的根本目的来看，文化能够帮助教育对象完成社会化，使其成为具有健全人格和独立意志的社会人。本篇分三部分，坚持"育人为本"的理念，用先进文化教育学生，使之形成正确的价值观。"育人为本"的教育思想，要求教育不仅要关注人的当前发展，还要关注人的长远发展，更要关注人的全面发展；不仅要关注被育之人、育人之人，还要关注所服务之对象——国家和人民，为国家服务、为人民服务，以不断满足国家和人民群众的需要，这才是教育的最终目的和最高境界。

第一讲

诸子思想

1. 《论语》说“孝”

一

子夏（1）曰：“贤贤（2）易（3）色；事父母能竭其力；事君，能致其身（4）；与朋友交，言而有信。虽曰未学，吾必谓之学矣。”

【注释】

（1）子夏：姓卜，名商，字子夏，孔子的学生，比孔子小44岁，生于公元前507年。孔子死后，他在魏国宣传孔子的思想主张。（2）贤贤：第一个“贤”字作动词用，有“尊重”的意思，贤贤即尊重贤者。（3）易：有两种解释；一是“改变”的意思，即为尊重贤者而改变好色之心；二是“轻视”的意思，即看重贤德而轻视女色。（4）致其身：致，意为“献纳”“尽力”，即把生命奉献给君主。

【译文】

子夏说：“一个人能够看重贤德而不以女色为重；侍奉父母，能够竭尽全力；服侍君主，能够献出自己的生命；同朋友交往，说话诚实、恪守信用。这样的人，尽管他自己说没有学习过，我一定说他已经学习过了。”

二

子游（1）问孝，子曰：“今之孝者，是谓能养。至于犬马，皆能有养（2），不敬，何以别乎？”

【注释】

（1）子游：姓言，名偃，字子游，吴人，比孔子小45岁。（2）养：音yàng。

【译文】

子游问什么是孝，孔子说："如今所谓的孝，只是说能够赡养父母便足够了，然而，就是对马、对狗，也都能做到饲养它。如果不存心孝敬父母，那么赡养父母与饲养犬马又有什么区别呢？"

三

子夏问孝，子曰："色难（1）。有事，弟子服其劳（2）；有酒食，先生（3）馔（4），曾是以为孝乎？"

【注释】

（1）色难：色，脸色；难，有"不容易"的意思。（2）服其劳：服，从事、负担。服其劳，即负担那劳动工作。（3）先生：指长者或父母；前面说的弟子，指晚辈、儿女等。（4）馔（zhuàn）：意为饮食、吃喝。

【译文】

子夏问什么是孝，孔子说："（当子女的要尽到孝），最不容易的就是对父母和颜悦色。仅仅是有了事情，儿女替父母去做；有了酒饭，让父母吃，难道认为这样就可以算是孝了吗？"

【讲评】

孔子（公元前551—公元前479），名丘，字仲尼，祖籍宋国栗邑（今属河南省商丘市夏邑县），出生地鲁国陬邑（今属山东省曲阜市）。中国著名的大思想家、大教育家。孔子开创了私人讲学的风气，是儒家学派的创始人。

《论语》是儒家的经典著作之一，由孔子的弟子及其再传弟子编撰而成。它以语录体为主、叙事体为辅，记录了孔子及其弟子的言行，集中体现了孔子的政治主张、伦理思想、道德观念及教育原则等。《论语》与《大学》《中庸》《孟子》并称四书，通行本《论语》共20篇。

孔子在不同时间、不同地方向自己的弟子解释"孝"，既有正面的倡导，也有反面的批评。如子游问孝，孔子就从反面批判了那些"是谓能养"的不孝者，认为他们不能怀着敬爱的心情，以至于和饲养犬马没有区别。不论是正面还是反面，我们都能深深地感觉到一点，那就是《论语》谈孝并不像后世统治者所宣传的那样，使孝成为一种外在的、教条的、束缚人的东西，而是认为孝是人内心深处亲情的自然流露，这种孝是一切人际交往、社会生活先天的基础。

2. 《庄子》说“材与不材”

庄周

庄子行于山中，见大木枝叶盛茂，伐木者止其旁而不取也。问其故，曰：“无所可用。”庄子曰：“此木以不材得终其天年。”夫子（1）出于山，舍于故人之家。故人喜，命竖子杀雁而烹之（2）。竖子请（3）曰：“其一能鸣，其一不能鸣，请奚杀？”主人曰：“杀不能鸣者。”

明日，弟子问于庄子曰：“昨日山中之木，以不材得终其天年，今主人之雁，以不材死；先生将何处？”

庄子笑曰：“周将处乎材与不材之间。材与不材之间，似之而非也，故未免乎累。若夫乘道德而浮游则不然（4），无誉无訾（5），一龙一蛇（6），与时俱化，而无肯专为；一上一下，以和为量（7），浮游乎万物之祖（8），物物而不物于物（9），则胡可得而累邪！此神农、黄帝之法则也。若夫万物之情，人伦之传（10），则不然。合则离，成则毁；廉（11）则挫，尊则議（12），有为则亏，贤则谋，不肖则欺，胡可得而必乎哉！悲夫！弟子志之（13），其唯道德之乡乎！”

【注释】

（1）夫子：庄子。（2）竖子：童仆。雁：鹅。烹：读作“享”，有“进献、款待”的意思。古代“亨”“享”“烹”三字同，往往混用。（3）请：问。（4）乘：因循；道德：自然之道；浮游：指游于虚无之中。（5）訾（zǐ）：诋毁。（6）龙、蛇：喻指屈伸不定，随时变化。（7）和：和顺；量：度，则。（8）万物之祖：未始有物之先。（9）物物：主宰万物，前一个“物”字作动词用；不物于物：不役使于外物。（10）伦：类；传：习俗、习惯。（11）廉：锋利。（12）議同议：非议。（13）志：记。

【译文】

庄子行走于山中，看见一棵大树枝叶十分茂盛，伐木的人停在树旁却不动手砍伐。问他们是什么原因，说：“没有什么用处。”庄子说：“这棵树就是因为不成材而能够终享天年啊！”庄子走出山来，留宿在朋友家中。朋友高兴，叫童仆杀鹅款待他。童仆问主人：“一只能叫，一只不能叫，请问杀哪一只呢？”主人说：“杀那只不能叫的。”

第二天，弟子问庄子：“昨日遇见的山中的大树，因为不成材而能终享天年，如今主人的鹅，因为不成材而被杀掉；先生你将怎样对待呢？”

庄子笑道：“我将处于成材与不成材之间。处于成材与不成材之间，好像合于大道却并非真正与大道相合，所以这样不能免于拘束与劳累。假如能顺应自然而自由自在地游乐也就不是这样了，没有赞誉没有诋毁，时而像龙一样腾飞，时而像蛇一样蛰伏，随时间的推移而变化，而不愿偏执于某一方面；时而进取，时而退缩，一切以顺和度量，悠游自得地生活在万物的初始状态，役使外物，却不被外物所役使，那么，怎么会受到外物的拘束和劳累呢？这就是神农、黄帝的处世原则。至于说到万物的真情、人类的传习，就不是这样的。有聚合也就有离析，有成功也就有毁败；棱角锐利就会受到挫折，尊显就会受到倾覆，有为就会受到亏损，贤能就会受到谋算，而无能也会受到欺侮，怎么可以一定要偏执于某一方面呢！可悲啊！弟子们记住了，恐怕还只有归向于自然吧！”

【讲评】

庄子（公元前369—公元前286），姓庄名周，字子休，道家学说的主要创始人之一，中国著名哲学家、思想家、文学家、辩论家。祖上系楚国公族，后因吴起变法楚国发生内乱，先人避夷宗之罪迁至宋国蒙地（蒙地多有争议，一说河南商丘市民权县，另说安徽蒙城县）。庄子生平只做过地方漆园吏，因崇尚自由而不应同宗楚威王之聘。庄子与道家始祖老子并称“老庄”，他们的哲学思想体系，被思想学术界尊为“老庄哲学”，代表作为《庄子》，名篇有《逍遥游》《齐物论》等。庄子主张“天人合一”和“清静无为”。代表作《庄子》被尊崇者演绎出多种样本。

庄子的学说涵盖着当时社会生活的方方面面，但精神还是皈依于老子的哲学。庄子曾做过漆园吏，生活贫穷困顿，却鄙弃荣华富贵、权势名利，力图在乱世保持独立的人格，追求逍遥无恃的精神自由。对于庄子在中国文学史和思想史上的重要贡献，封建帝王尤为重视，在唐开元二十五年，庄子被诏号为“南华真人”，被道教隐宗妙真道奉为开宗祖师，视其为太乙救苦天尊的化身。《庄子》一书也被称为《南华真经》。其文章具有浓厚的浪漫主义色彩，对后世文学有深远影响。

《庄子·山木》篇主要讨论处世之道。篇内写了许多处世不易和世事多患的故事，希望找到一条最佳途径，其主要精神仍是虚己、无为。选文写山木无用却能保全、雁不能鸣因而被杀，说明很难找到一条万全之路，最好的办法也只能是役使外物而不被外物所役使，浮游于“万物之祖”和“道德之乡”。这一部分对于揭示篇文题旨最为重要。

3. 《韩非子》谈“法”

韩非

国无常强，无常弱。奉法者强，则国强；奉法者弱，则国弱。荆庄王并国二十六，开地三千里；庄王之氓社稷也，而荆以亡。齐桓公并国三十，启地三千里；桓公之氓社稷也，而齐以亡。燕襄王以河为境，以蓟为国，袭涿、方城，残齐，平中山，有燕者重，无燕者轻；襄王之氓社稷也，而燕以亡。魏安釐王攻燕救赵，取地河东；攻尽陶、魏之地；加兵于齐，私平陆之都；攻韩拔管，胜于淇下；睢阳之事，荆军老而走；蔡、召陵之事，荆军破；兵四布于天下，威行于冠带之国；安釐王死而魏以亡。故有荆庄、齐桓公，则荆、齐可以霸；有燕襄、魏安釐，则燕、魏可以强。今皆亡国者，其群臣官吏皆务所以乱而不务所以治也。其国乱弱矣，又皆释国法而私其外，则是负薪而救火也，乱弱甚矣！

故当今之时，能去私曲就公法者，民安而国治；能去私行行公法者，则兵强而敌弱。故审得失有法度之制者，加以群臣之上，则主不可欺以诈伪；审得失有权衡之称者，以听远事，则主不可欺以天下之轻重。今若以誉进能，则臣离上而下比周；若以党举官，则民务交而不求用于法。故官之失能者其国乱。以誉为赏，以毁为罚也，则好赏恶罚之人，释公行，行私术，比周以相为也。忘主外交，以进其与，则其下所以为上者薄也。交众、与多，外内朋党，虽有大过，其蔽多矣。故忠臣危死于非罪，奸邪之臣安利于无功。忠臣之所以危死而不以其罪，则良臣伏矣；奸邪之臣安利不以功，则奸臣进矣。此亡之本也。若是，则群臣废庆法而行私重，轻公法矣。数至能人之门，不一至主之廷；百虑私家之便，不一图主之国。属数虽多，非所尊君也；百官虽具，非所以任国也。然则主有人主之名，而实托于群臣之家也。故臣曰：亡国之廷无人焉。廷无人者，非朝廷之衰也；家务相益，不务厚国；大臣务相尊，而不务尊君；小臣奉禄养交，不以官为事。此其所以然者，由主之不上断于法，而信下为之也。故明主使法择人，不自举也；使法量功，不自度也。能者不可弊，败者不可饰，誉者不能进，非者弗能退，则君臣之间明辩而易治，故主雠[①]法则可也。

贤者之为人臣，北面委质，无有二心。朝廷不敢辞贱，军旅不敢辞难；顺上之为，从主之法，虚心以待令，而无是非也。故有口不以私言，有目不以私视，而上尽制之。为人臣者，譬之若手，上以修头，下以修足；清暖寒热，不得不救；镆铘[②]传体，不敢弗搏感，无私贤哲之臣，无私事能之士。故民不越乡而交，无百里之感。贵贱不相逾，愚智提衡而立，治之至也。今夫轻爵禄，易去亡，以择其主，臣不谓廉。诈说逆法，倍主强谏，臣不谓忠。行惠施利，收下为名，臣不谓仁。离俗隐居，而以诈非上，臣不谓义。外使诸侯，内耗其国，伺其危险之陂，以恐其主曰："交非我不亲，怨非我不解"。而主乃信之，以国听之。卑主之名以显其身，毁国之厚以利其家，臣不谓智。此数物者，险世之说也，而先王之法所简也。先王之法曰："臣毋或作威，毋或作利，从王之指；无或作恶，从王之路。"古者世治之民，奉公法，废私术，专意一行，具以待任。"

夫为人主而身察百官，则日不足，力不给。且上用目，则下饰观；上用耳，则下饰声；上用虑，则下繁辞。先王以三者为不足，故舍己能而因法数，审赏罚。先王之所守要，故法省而不侵。独制四海之内，聪智不得用其诈，险躁不得关其佞，奸邪无所依。远在千里外，不敢易其辞；势在郎中，不敢蔽善饰非；朝廷群下，直凑单微，不敢相逾越。故治不足而日有馀，上之任势使然之。

夫人臣之侵其主也，如地形焉，即渐以往，使人主失端，东西易面而不自知。故先王立司南以端朝夕。故明主使其群臣不游意于法之外，不为惠于法之内，动无非法。峻法，所以凌过游外私也；严刑，所以遂令惩下也。威不贰错，制不共门。威、制共，则众邪彰矣；法不信，则君行危矣；刑不断，则邪不胜矣。故曰：巧匠目意中绳，然必先以规矩为度；上智捷举中事，必以先王之法为比。故绳直而枉木断，准夷而高科削，权衡县而重益轻，斗石设而多益少。故以法治国，举措而已矣。法不阿贵，绳不挠曲。法之所加，智者弗能辞，勇者弗敢争。刑过不避大臣，赏善不遗匹夫。故矫上之失，诘下之邪，治乱决缪，绌羡齐非，一民之轨，莫如法。厉官威民，退淫殆，止诈伪，莫如刑。刑重，则不敢以贵易贱；法审，则上尊而不侵。上尊而不侵，则主强而守要，故先王贵之而传之。人主释法用私，则上下不别矣。

【译文】

国家没有永久的强，也没有永久的弱。执法者强，国家就强；执法者弱，国家就弱。楚庄王并吞国家二十六个，开拓疆土三千里；庄王灭了他国，楚也就衰弱了。齐桓公吞并

---

① 雠：chóu。释义：同等、给价、应对。
② 镆铘：mò yé。释义：古代宝剑名。

国家三十个，开辟疆土三千里；桓公灭了他国，齐也就衰弱了。燕昭襄王把黄河作为国界，把蓟城作为国都，外围有涿和方城，攻破齐国，平定中山，有燕国支持的就被人重视，无燕国支持的就被人看轻；昭襄王灭了他国，燕也就衰弱了。魏安釐王攻打燕国，救援赵国，夺取河东地；攻占陶、卫领土；对齐用兵，占领平陆；攻韩，拿下管地，一直打到淇水岸边；睢阳交战，楚军疲敝而退；上蔡、召陵之战，楚军败；魏军遍布天下，威振于中原各国；安釐王死，魏随即衰弱。所以有庄王、桓公在，楚、齐就可以称霸；有昭襄王、安釐王在，燕、魏就可以强盛。如今这些国家都成了弱国，是因为这些国家的群臣、官吏都专干乱国的事，而不干治国的事。这些国家混乱衰弱了，又都丢掉国法去营私舞弊，这好比背着干柴去救火，混乱衰弱只会加剧。

所以当今之时，能除私欲趋国法的就会民安而国治；能除私行行国法的，就会兵强而敌弱。所以明察得失有法律制度的，加在群臣头上，君主就不会被狡诈虚伪所欺骗；明察得失有衡量标准的，用来判断远方的事情，君主就不会被天下轻重不一所欺骗。现在若按声誉选用人才，臣子就会背离君主而在下面联络勾结；若凭朋党关系举用官吏，臣民就会营求交结而不求依法办事。所以官吏不称职的，国家就会混乱。凭好名声行赏，凭坏名声处罚，那么好赏恶罚的人，就会弃公务，行私术，紧密勾结来互相包庇、利用。忘记君主，在外搞私人交情，引荐他的同党，那么这些人为君主出力就少了。交情广、党羽多，内外结成死党，即使犯了大罪，为他掩饰的人却很多。所以忠臣无罪却遭难而死，奸臣无功却安然得利。忠臣遭难而死并不因为有罪，于是他们就会隐退；奸臣安然得利并不凭功，于是他们就会进用。这是国家衰亡的根源。像这样下去，群臣就会废弃法治而注重私利、轻视国法了。他们多次奔走于奸臣门下，一次也不去君主的朝堂；千方百计地考虑私家的利益，一点也不为君主的国家着想。属臣数目虽多，却不能用来尊奉君主；百官虽备，却不能用来担当国事。这样，君主就徒有虚名，而实际上是依附于群臣的。所以我说：衰弱国家的朝廷无人在里边。朝廷里边没有人，不是指朝廷里边臣子少。私家致力于互谋私利，不致力于利国；大臣致力于互相推崇，不致力于尊奉君主；小臣拿俸禄供养私交，不把官职当回事。造成这种情况的原因，是由于君主在上不依法断事，而听凭臣下任意去做。所以明君用法选人，不用己意推举；用法定功，不用己意测度。能干的人不可能埋没，败事的人不可能掩饰，徒有声誉的人不可能升官，仅受非议的人不可能斥退，那么君主对臣下就辨得清楚而易于控制了，所以君主依法办事就可以了。

品德高尚的人做臣子，面北献礼，效忠君主，没有二心。在朝廷不敢推辞贱事，在军队不敢推辞难事；顺从君主的行为，遵从君主的法令，虚心等待命令，不挑弄是非。所以有嘴不因私事而说，有眼不因私事而看，君主控制着他们的一切。做臣子的，如同双手，上用来理头，下用来理脚；冷暖寒暑，不能不管；刀剑近身，不敢不拼。不要因私使用贤明臣子，不要因私使用智能之士。所以百姓不离乡私交，没有远道奔走的忧虑。贵贱不改变，愚智各得其所，这是治的最高境界。现今那种轻视爵禄，轻易流亡，去选择他的主子的人，我不认为是廉。谎言抗法，违背君主而强行进谏的人，我不认为是忠。施行恩惠，收买人心来抬高自己声望的人，我不认为是仁。避世隐居，而用谎言非议君主的人，我不认为是义。出使他国，损害祖国，等待祖国陷入危境，便恐吓君主说："交往没有我就不能亲近，积怨没有我就不能解除"，而君主也便相信他，把国家托付给他；这样以贬低君主的名声来抬高自己、损害国家的利益来便利自己的人，我不认为是智。这几种行为，是乱世君主喜欢的、先王法治看轻的。先王法令说："臣下不要逞威，不要牟利，顺从君主的旨意；不要作恶，跟随君主的脚步。"古代太平社会的百姓，奉行公法，废止私术，一心一意为君主办事，准备条件来等待任用。

做君主的亲自考察百官，就会时间不够、精力不足。而且君主用眼睛看，臣子就修饰外表；君主用耳朵听，臣子就修饰言辞；君主用脑子想，臣子就夸夸其谈。先王认为这三种器官不够，所以放弃自己的才能而依赖法术，严明赏罚。先王掌握着关键，所以法令简明而君权不受侵害，独自控制四海之内，使聪明多智的人不能使用欺诈手段，阴险浮躁的人不能使用花言巧语，奸邪的人就没有什么可依赖。即便臣子远在千里之外，也不敢改变说辞；地位处于郎中的官吏，不敢隐善饰非；朝廷中的群臣，集中的或单独的，不敢相互逾越职守。所以政事不多而时间有余，是君主运用权势所得来的。

臣子侵害君主，就像行路时的地形一样，由近及远，地形渐变，使君主失去方向，东西方向改变了自己却不知道。所以先王设置指南仪器来判断东西方向。明君不让他的群臣在法律之外乱打主意，在法令规定的范围内谋求利益，举动没有不合法的。严峻的法令是用来禁止犯罪、排除私欲的；严厉的刑法是用来贯彻法令、惩办臣下的。威势不能分置，权力不能同享。威势、权力与他人同享，奸臣就会公然活动；法令不坚定，君主的行为就危险了；刑罚不果断，就不能战胜奸邪。所以说：巧匠目测合乎墨线，但必定先用规矩作标准；智商高者办事敏捷、合乎要求，必定用先王的法度作依据。所以墨线直了，曲木就要砍直；测准器平了，高坎就要削平；称具拎起，就要减重补轻；量具设好，就要减多补少。所以用法令治国，不过是把法令制定出来、推行下去罢了。法令应不偏袒权贵，墨绳应不迁就弯曲。法令该制裁的，智者不能逃避，勇者不敢抗争。惩罚罪过不回避大臣，奖赏功劳不漏掉平民。所以矫正上面的过失，追究下面的奸邪，治理纷乱，判断谬误，削减多余，纠正错误，统一民众的规范，没有比得上法的。整治官吏，威慑民众，除去淫乱怠惰，禁止欺诈虚伪，没有比得上刑的。刑罚重了，就不敢因地位高轻视地位低的；法令严明，君主就尊贵而不受侵害。尊贵而不受侵害，君主就强势而掌握要害。所以先王重法并传授下来。君主弃法用私，君臣之间就没有区别了。

【讲评】

韩非（约公元前280—公元前233），又称韩非子，战国末期韩国（今河南省新郑）人，是我国著名的思想家、法家代表人物。韩非是韩王（战国末期韩国的君主）之子、荀子的学生。作为秦国的法家代表，韩非备受秦王嬴政的赏识，但遭到李斯等人的嫉妒，最终被下狱毒死。韩非被誉为得老子思想精髓最多的二人之一（另一人为庄周），著有《韩非子》一书，共55篇、10余万字，在先秦诸子散文中独树一帜。韩非极为重视唯物主义与效益主义思想，积极倡导君主专制主义理论，目的是为专制君主提供富国强兵的思想。除《韩非子》外，他还先后写出了《孤愤》《五蠹》《说难》等著作。

《韩非子·有度第六》把"奉法"作为治乱兴邦的关键，用一系列的历史事件，申述了"因法数，审赏罚""奉公法，废私术"对治理国家的重要作用。文中提出的"法不阿贵，绳不挠曲""刑过不避大臣，赏善不遗匹夫"的思想，与儒家"刑不上大夫"的观念正好相反，体现了积极进步的历史意义。

第二讲

名人传记

1. 异地的追寻——《鲁迅传》节选

刘再复

家，无可挽回地破落了。家庭的破落逼着十八岁的鲁迅去寻求新的路。

现实的路，除了鲁迅蔑视的没落书香世家子弟常走的充当幕友、师爷和商人之外，可行的只有两条：一是传统的路，即读书应试的科举之路。中国一代代的旧知识分子在这条风波险恶的道路上颠簸、挣扎和苦斗着，而他的祖父也正是沿着这条路走向彩色的宝塔，然后又摔进囚徒的牢狱的。鲁迅不是不想在这种充满着悬崖与荆棘的道路上试试自己的命运，只是艰难的家境实在无法支持他继续读书。另一条却是异端的路，即学洋务。书生去当兵，这在当时并不光彩，它被世俗的人们看成是走投无路而把灵魂出卖给洋鬼子的邪门歪道。然而，世间的路虽多，对于陷入困顿的人们，是没有太多选择的自由的，鲁迅只能走后一条路。

洋务运动在中国近代史上真是一场悲剧。鲁迅出生时，这个运动正处在高潮中，以李鸿章为代表的洋务派，想通过引进西方技术来富国强兵，以挽救清政府的危局，然而这种微弱的变革却遭到以慈禧太后为代表的“闭关锁国”的顽固派的抵制。最后随着甲午战败，丧权辱国，洋务运动也宣告破产。洋务运动的失败，使得洋务学堂的名声更坏了。绍兴城内曾办了一个中西学堂，不仅教汉文，而且教洋文和算术，可是在绍兴的圣贤之徒眼里，这简直是可笑之极。如今，洋务运动走到了它的终点，而这个终点，却成了鲁迅走向社会的起点和第一个阶梯。

鲁迅对于自己将要踏上的阶梯，是满怀希望的——也许这里正潜伏着光明。鲁迅不相信中国社会到处都像家乡一样黑暗，都那样充塞着狗一样的势利眼。他悄悄地下定决心：不管前面的路上有着怎样崎岖的山岭，怎样迷茫的风沙，也要闯一闯。中国的土地这么辽阔，应该去寻找别一样的人们，别一样的土地，别一样的冷暖。

1898年5月1日，鲁迅决定远走，他带着母亲辛苦张罗到的八元川资，把母亲为他远行而洒下的热泪收进心里，便告别了爱憎交融的故乡，也告别了苦乐参半的少年时代。

家乡混浊的河水把鲁迅送到了上海，然后他又乘船沿着长江逆流而上。刚刚惜别故园的青年，立在船头，翘首南望，只见江天茫茫，烟波浩渺，大地正笼罩着一派落日余晖。在徐徐行进着的船上，他听着陌生人操着异乡口音在交谈，突然感到一阵悲怆。一种交织着悲哀的思念之情像喷泉般地涌上心头：在大江那边，在看不见的远方，有慈爱的母亲和弟弟，他们这时在想些什么呢？哦，一定是在思念着我，猜想着我走到哪里了。几年之中，家庭里常是风风雨雨，祖父入狱，父亲长逝，只有母亲和弟弟守着那凄冷的家园。想到这里，他禁不住泪水夺眶而出。与母亲、弟弟朝夕相处的家庭生活结束了，他将要跨进社会的门槛了。在江那边的烟波迷蒙处，留下的是自己的少年时代，而在大江的这一边，他就要开始自己的青年时代了。

经过一个星期的旅程，他来到了古老的南京城。

踏进南京的时刻，正是震动中国的戊戌变法的前夜。再过一个多月，即6月11日，光绪皇帝就要下诏“明定国是”，开始维新运动了。

1894年甲午战争失败之后，帝国主义列强们更放肆地吞食中国的河山，台湾、澎湖、旅大相继被掠走。1897年年底，德国舰队又强占胶州湾，这一新的陆沉之耻，震撼了大清帝国的朝野。康有为就在这个时候第五次上书。他沉痛地写道，如不变法，将要国破家亡。光绪皇帝随即也向慈禧痛哭陈词，说他不愿当亡国之君，慈禧太后无言以对。于是，光绪下令让康有为统筹新政。1898年年初，康有为第六次上书，提出定国是、征贤才、定宪法三大政治纲领。鲁迅到南京时，正是整个受伤的民族在寻找新的出路的动荡年月。

鲁迅乘坐的轮船在下关码头上停泊，这时，他心中跃动着希望。他贪婪地看着这个古旧的大都市，奔流不息的东去的大江里，忧郁的波浪拍击着堤岸，吼叫着，用力地冲刷着那乌黑的、布满着绿苔的码头。在浮动着泡沫的江面上，停泊着几艘外国军舰，另有几艘外国货轮正在江上穿梭，其中一艘突然发出一声汽笛的怪响，得意地从船尾鼓起一叠叠白色的浪花。

鲁迅不想多看这一切，他匆匆走上码头，只见衣衫褴褛的码头工人们正淌着大颗大颗的汗珠在搬运货物。在忙碌的人群后面，有几家引人注目的洋货店，那里排着“摩尔登糖”和各种洋货。鲁迅匆匆离开码头，走上一个长长的高坡，这就是仪凤门。门的左边是狮子山，上边设有炮台，驻守的清兵在山下看守，中国人不得走近，只允许洋人去“游览”，从江边到仪凤门下，仿佛都是洋人的世界，鲁迅感到一种莫名的愁闷。

过了仪凤门，鲁迅便看到自己将要在这里生活的江南水师学堂了。他的追求将从这里出发，于是，他轻轻地抬起头仔细地看了看这个海军学堂。学堂比他原先所料想的要糟得多，没有什么像样的建筑物，只有一排低矮的陈旧的平房，四周还丛生着不知名的杂草，一根二十多丈高的桅杆和一个不知有多高的烟囱，矗立在地上，这就是学堂的标志。

这所衙门式的官办学堂，是洋务派为了训练水兵而建立的。当时清政府认为英国的海军是世界上最强大的，因此聘请了几个英国的下级军官当教员，并且一星期有四天的英语课。鲁迅所以会在广阔的中国选择这个地方，是因为他的一个名叫椒生的叔祖，在这里当管轮班的监督。监督是州县一级的官吏。鲁迅一到南京，就先借住在这个叔祖家。鲁迅称周椒生为庆爷爷。庆爷爷中过举，在周氏家族中称得上是个重要人物。那个骂鲁瑞放脚是想嫁给洋鬼子的“金鱼”，就是他的儿子。这父子二人都是视改革为荒唐事的顽固党。周椒生平时爱穿上面三分之二是白洋布、下面三分之一是湖色绸的“接衫”，长长的两色绸衫，肥肥的袖子，是忠于传统的大清官吏的打扮。他是道教信徒，每天早上都要去净室里跪诵几遍《太上感应篇》。为了表达自己的虔诚与仁慈，他还特地雇了一个人，整天挑一副写着“敬惜字纸”的竹篓，沿街拣着字纸。这个工人还替周椒生上街买螺蛳，然后又去放生。每天晚上，庆爷爷都要自省，记功过格，然后才坦然睡下。鲁迅到这个大都市里寻找别样的人们，遇到的第一个重要人物，就是这个做官的叔祖。这位叔祖，自己在水师学堂里当官，却对这种洋务学堂极为蔑视，他觉得自己的本家侄孙，竟穷酸到付不起学费，未能走科举的光宗耀祖的正路，而到这里来准备当一名摇旗呐喊的水兵，实在很不体面。为了不给九泉之下的祖宗丢脸，他觉得鲁迅不宜使用家谱中的名字，就这样，他把“豫才”改名为“树人”。鲁迅万万没有想到，身在水师学堂的叔祖，竟是这样瞧不起学习洋务。

鲁迅在学堂里试习三个月之后，被编入最末的一级的三班，而且是管轮班。这个学堂原有驾驶、管轮、鱼雷三个班，此时鱼雷班已经办不起来了。如果能分在驾驶班，将来还可以到舱面上看看雄浑的大海，呼吸大海上的强劲而新鲜的风，管轮的水兵却只能关在舱底吸着闷热的空气，这对于自尊心很强的鲁迅是一个打击。而使鲁迅更不满的是，他补不上二班的缺额，当个三班生总是低人一头。这个小小的学堂，也是一个小小的等级社会。低班生衣食住行都低人一等。就说吃吧，早餐号一吹，三班生得连翻带跑地赶到饭厅，然后端端正正地把稀饭和腌萝卜咽到肚里。而高班生就用不着这样了，他们可以高卧在自己的床上，等会儿自然有人托着长方木盘，把饭送上门。午餐、晚餐更是紧张，高班生一桌六人，座位固定，低班生不得随意闯入；而低班生这里却没有固定座位，他们一听到吃饭的号声，又须直奔饭厅，在不是高班生所占据的桌子边抢个空位，赶紧坐下，才能够安稳地吃起来。在这种紧张的奔窜之中，高班生自然是可以从从容容的，他们在通向饭厅的走廊上，慢吞吞地、大摇大摆地踱方步，并且将两臂撑开，活像一只大螃蟹，走在他们后面的低班生虽然着急，却不敢绕越僭先，只在高班生的后面老老实实地跟着。一到饭厅，低班生们就像是傍晚寻不到巢的鸡，急忙地到处乱钻，待找到位置坐下，菜碗中的雪里蕻上面那可怜的几薄片肥肉早已不见，只好吃素餐饭了。鲁迅真看不惯那些拥有小小的特权的高班生。这些螃蟹似的家伙，尚未成为名公巨卿，就已经官架子十足，这与鲁迅所预想的别一样的人们，真是相去太远了。

死水般的学校生活乏味到了极点。一个星期有四天读英文，一天读《左传》，一天读汉文。嘟嘟囔囔地读几天英语“It is a cat.”“Is it a rat?”（“这是一只猫”“这是一只老鼠吗?”），又嘟嘟囔囔地读古板的“君子曰，颍考叔可谓纯孝也已矣，爱其母，施及庄公”。特别是那些散发着陈腐气息的八股式的作文题，什么“咬得菜根则百事可做论”，更叫鲁迅伤透了脑筋，早晨刚吃了千篇一律的稀饭和腌萝卜，并没有什么特别好的味道和感受，更谈不上什么可做百事的雄心，现在硬着头皮作这样的文章，实在不是滋味。那些老先生们对于新知识又是一窍不通，对于新名词、新概念总是望文生义。连“地球”是什么东西也搞不清楚，有个教汉文的老先生就以为地球有两个，一个自动，一个被动，一个叫东半球，一个叫西半球。至于什么叫作社会，更是说不清，因此就解释成古代的结社讲学。有的老师还抽鸦片，学生们对此倒也可以不管，但他们讲课时那种比鸦片烟气味还要浓的八股气味真叫人难受。既学洋文，又学八股，既要革新，又要崇古，洋与汉，古代与现代，摩肩挨肩地并存，几十个世纪压缩在一时，当时的中国社会就是充满矛盾的，学堂也生存在这种矛盾之中。世界虽大，然而彷徨的民族能寻得出一个位置吗？鲁迅是怀疑的。

学堂又是那样地名不副实，如果真的像个海军学校，也许还不会那么沉闷，上专业实习课时，还可以让这些血气方刚的十八九岁的小伙子，去品尝一下飞腾的浪花，大千的雄伟，增加一点生活的色彩和情趣。然而，一点也没有。每星期中只是爬桅杆一次，按着名次，两人一班地爬上爬下，只爬到一半，便从左边转到右边，走了下来，但这好像是在乏味的生活中放下的一点盐，鲁迅是喜欢的。他爬到桅杆的高处时，可以近看狮子山，远看莫愁湖，山光湖色映入他的眼帘，他心里仿佛跃动起一点愉悦之波。然而时间一久，老是这样千篇一律地爬杆，也是很枯燥的。至于在吃午饭时，突然吹号上体操课，更没有什么意思。一般学生弄弄哑铃，或弄弄像酒瓶似的木制棍棒，有点本事的学生还可玩木马、云梯和杠杆，或者翻筋斗、竖蜻蜓。不过刚咽下饭就舞枪弄棒，是很不符合卫生习惯的。本来可以调节一下沉闷生活的供训练水兵用的游泳池，却已经被填平了，因为在鲁迅到这里之前，曾经有两个年幼的学生在池里淹死，学堂的大人们实在仁厚得很，他们决定填平游泳池，并在填平的地面上盖起一座关帝庙，每年七月十五日，总要请一群和尚到雨天操场来放焰口，超度那两个年幼的屈死的灵魂。现在这个关帝庙里住着一个打更的老头子，这个久经世故的老头，参加过攻打太平军的战争，是个不大不小的都司，现在已是六十开外的人了。他在庙里也很舒坦，在关帝爷的保护下自得其乐，还养了几只母鸡，有时可以隔着窗门偷偷地向未来的水兵们兜售他的鸡蛋，赚几个钱换酒喝。鲁迅尽管没有什么当大清水兵的抱负，然而看到堂堂的水师学堂连个水池也没有，而且还这样求神问鬼，毫无上进的气息，不能不感到异常失望，感到这里简直是乌烟瘴气。

更叫鲁迅不满的是，这个并非真正是衙门的学堂，却偏偏要摆着衙门的架势。例如，在大堂里还要摆着“令箭”，谁要是冒犯军令，甚至会有被杀头的危险。鲁迅在这里上学还不到半年，竟受到了一次处分。原因是一个派头很大的新教员，老是睁着一双傲气的眼睛，装着学者的模样，可是有一次却露了马脚，竟把一个名叫“沈钊”的学生唤作“沈钧”，于是，看不惯装模作样的淘气的学生们，就把这位教员叫作“沈钧”。大家越叫劲头越大，连叫带哄过了头，同学之间竟吵起架来。这种胆大妄为的犯上行径，叫学校的统治者们十分恼怒，两天之内，给鲁迅和另外十几个同学记了两次小过、两次大过，差一个小过，就要被开除了。

鲁迅所寻找的别一样的人间，原来与家乡一样严酷、寒冷和黑暗，乌烟瘴气弥漫在这个被他寄托着希望的地方，他心里感到沉重，感到告别母亲时那种天真的幻梦在嘲弄着他，原来洋务运动竟是这样不景气。在这种心境下，他于12月间请假回乡一次，并与他的弟弟周作人一起去参加了12月18日的县试，这是鲁迅一生中头一次也是唯一的一次参加科举考试。

那时的考试都是做八股文章，从“破题”“起讲”，一直追加到“后股”，共成八股，才算完篇。而八股文的题目都出在“四书”上面，算是“代圣人立言”，因此“四书”要读得滚瓜烂熟，能够背诵，这才有进考场的资格。踊跃走进这个命运的赌博场里去试试自己运气的人还真不少，会稽一县的考生就有五百余人。当时出榜以五十人为一图，写成一个圆图的样子。共有十图左右，而每年考取秀才的定额只有四十名，即首图上的前四十名。鲁迅初试的成绩不坏，名列第三图的第三十七名，周作人考在第十图的第三十四名。鲁迅虽然得了这样的成绩，但是没有去参加复试——府试和第二年的院试，就回南京了。而鲁迅的母亲在其他参加考试的叔辈再三怂恿下，也花了三两块钱，雇了本家族叔周仲翔的妻弟莫与京去冒名替考，最后大榜公布，鲁迅在八图第三十名，而周作人则在四图第十七名。

鲁迅回乡唱出人生中的这段小插曲时心情是矛盾与烦忧的。这个刚刚十八岁的青年，旧学底子是很厚实的，如果往这条路走下去，他也许会夺取榜上更大的光荣，这条路仿佛又在他眼前展示出美丽的幻梦，然而他并不真想走这条路，他这次参加考试，只是人们所常有的在人生十字路口上的一次小小的徘徊。与其说是他对科举道路的一次回首瞻望，不如说是他对乌烟瘴气的学堂的不满的一种发泄。鲁迅的确不能忍受水师学堂那种难堪的、近于古怪的生活。所以，从家乡返回南京后，便转换了学校，到江南陆师学堂附设的矿路学堂学开矿去了。

矿路学堂和水师学堂一样，都是那个写过《劝学篇》的洋务派大官僚、两江总督张之洞开办的。初办时，只是一个附设的铁路学堂，后来继任张之洞的刘坤一听说青龙山藏有烟煤，便想训练一批开矿的技师，把铁路与矿务合在一块而办成矿务铁路学堂，附设在陆师学堂，简称矿路学堂。

鲁迅进矿路学堂的时候，戊戌政变已遭到失败。谭嗣同等“六君子”被以慈禧为代表的顽固派杀害了，康有为、梁启超也已亡命日本。光绪所颁布的改革的诏书、谕令和各种条律被一笔勾销，不少新开设的报馆也被封闭，与改革相应的其他设施均被废除，所有与维新运动有牵连的官员也被革职。但是，抽刀断水水更流，顽固派的一切反动措施，反而推进了改革运动的蓬勃发展。康、梁亡命日本后，针对慈禧废黜光绪的阴谋，成立保皇会。而在横滨、檀香山等地，兴中会又迅速崛起，探索着比改良主义运动更彻底的革命，慈禧所控制的王朝统治已如日薄西山，她只能控制住直隶与北洋的军权，而对南方各省则已鞭长莫及。例如，矿路学堂的靠山刘坤一，在慈禧探询废立旨意的时候，他就以“君臣之分久定，中外之口宜防”的回答，抵制了慈禧废黜光绪的计划。因此，维新派的报纸仍在南方继续发行，许多自然科学、社会科学和文学的新书仍相继问世，并感染与征服着人们的心。鲁迅进了矿路学堂的第二年，学校读新书的风气更浓厚了。因为那时来了一个新派人物俞明震当总办，他坐在马车上的时候，大抵看着《时务报》，考汉文也自己出题目，和教员出的很不同，有一次他出的是“华盛顿论”，汉文教员反而惴惴地来问学生道：“华盛顿是什么东西呵?”

这个学堂还设有阅报处，鲁迅常常扑在那里。那里不仅有梁启超主办的《时务报》，而且还有中国留学生在日本创办的《译书汇编》。前者是改良运动的喉舌，它以慷慨的言辞鼓动着中国的变革，梁启超那些笔端常带感情的文字，颇激动了一部分中国人的心。后者译载各国政治、法律著作，编著者们怀着爱国的热情，正在给古老的沉睡的父母之邦，注入苏醒的药剂。这些警觉之声，在鲁迅心中引起深深的共鸣。

鲁迅觉得这里比水师学堂有意思多了。他正处于生命力最旺盛的年月，求知的欲望像熊熊烈火在胸中燃烧。他独立地去猎取自己所需要的一切，贪婪地读着各种新的教材和课外新书籍，大胆地跨进另一个知识世界。在这个新的世界中，他努力地攀登一个又一个山峰，呼吸着在当时对于中国人还是神秘而陌生的资产阶级社会科学与自然科学的新鲜空气。他学习了格致（物理学、化学）、地学（地质学）、金石学（矿物学），还阅读了一些生理学与医学的书。从“颍考叔曰”到西方自然科学，鲁迅仿佛从一个密不透风的沉闷的古屋，走到另一个春风回荡的广阔天地中。于是，他的眼光冲破了原先的狭小范围，看到了无穷的远方：他的内心世界正在经历着一种深刻的、从未体验过的奇异的变迁。

在这个不平常的变化中，一个星期天，他又意外地发现了另一个诱人的境地。这一天，他照例到城南一家书铺去，那里赫然摆着一本《天演论》。鲁迅急忙把书拿来，翻开书本，如饥似渴地读着：赫胥黎独处一室之中，在英伦之南，背山而面野。槛外诸境，历历如在几下。乃悬想二千年前，当罗马大将恺撒未到时，此间有何景物。计唯有天造草昧，人功未施，其借征人境者，不过几处荒坟，散见坡陀起伏间。而灌木丛林，蒙茸山麓，未经删治如今日者，则无疑也……一个莫测高深的神秘境界顿然展现在鲁迅的面前，他完全被吸引住了，于是，他拿出平时积攒下的五百文钱欣然买下了这本书，深夜，他贪婪地读着，恨不能把这种新鲜的精神食粮一口吞下。赫胥黎，这个在地球的另一隅的科学家，声名赫赫的达尔文的朋友和信徒，真是个胆大包天的魔鬼，他竟是那样蔑视至高无上的神与上帝，而从比较解剖学、胚胎学、古生物学这些侧面生动地论证了一个大逆不道的观点，即人与猿猴是同一个祖宗。他无畏地向宗教的绝对权威挑战，证实了万物之灵的人，并不是神创造的，而是猿猴变来的。世界万物都在进化，在发展，在变革，人类也正是进化长索上的一个环节。达尔文学派用以开启世界秘密的钥匙，也开启了鲁迅的心扉。鲁迅深深地被这部著作中新鲜的、大胆的叛逆思想所激动，他的思想仿佛变成一只脱了缆绳的小船，在这新奇的知识海洋中被那来自另一个未知世界的清新而强烈的风摇曳着、撼动着。他感到了畅游另一天地的无穷的欢乐。

严复是中国近代的思想启蒙家，他把赫胥黎的《进化论与伦理学》译成汉文，题为《天演论》，目的是很明确的，在译序中他声明这是为自强保种而发的。他在告诉自己的同胞，中国如果能顺应天演规律而实行变法维新，就会由弱变强，如果违反这一规律而保守不变，则将面临亡国灭种的灾难，从地球上被淘汰。他用科学的不可抗拒的逻辑力量，敲响了严厉的警钟。钟声的大波，震撼了当时整个中国的思想界，也震撼了矿路学堂的这个年轻人的魂魄。对中国社会的黑暗早已感到不满的鲁迅，当他发现了这一思想火炬之后，更加看清了社会的黑暗和变革社会的迫切，他的眼前一下子明亮了：应该告别自己的过去，开始新的追求。为了表达此时的心情，他刻下了三颗图章：一颗是“文章误我”，一颗是“戛剑生”，还有一颗是“戎马书生”。被进化论思想灼热了心灵的鲁迅，感到自己再不能埋进古老的书堆，听任陈腐的文章贻误和摆布了，他要抽出青春的长剑，斩断古老幽灵的魔爪，在尘土飞扬的戎马生涯中，寻找变革祖国的道路，为祖国的生存而进行勇敢的征战。那种守旧的传统的缰绳，再也无法拉回他这颗已经变化了的像野马般驰骋的心灵了。

就在鲁迅如饥似渴地阅读《天演论》和其他新书时，他的叔祖周椒生已感到自己招引来的这个本家的孩子有被变法的风涛卷走的危险，他不能不郑重地开导鲁迅："康有为是想篡位，所以他的名字叫有为；有者，富有天下，为者，'贵为天子'也。非图谋不轨而何？"

图谋不轨、想篡夺天下的贼子，这还不严重吗？然而，这种严厉的警告竟没有使被新思潮迷住的鲁迅惊醒，于是，他又把一份自己认为特别重要的报纸塞给鲁迅，并命令说："你这孩子有点不对了，拿这篇文章去看去，抄下来去看去！"

鲁迅打开报纸，一看是《申报》，上头载有清政府大臣、原浙江巡抚、反对变法运动的著名顽固分子许应骙[①]的奏折《明白回奏并请斥逐工部主事康有为折》。鲁迅又看了看许老头子的慷慨陈词："盖康有为与臣同乡，稔知其少即无行，迨通籍旋里，屡次构讼，为众议所不容……今康有为逞厥横议，广通声气，袭西报之陈说，轻中朝之典章，其建言既不可行，其居心尤不可测。"椒生老先生对于新党越来越看不惯，对于鲁迅弟兄那样热衷于新思想也越来越看不顺眼，前些时候，周作人写信时，竟写什么"公元某年某月"，这使他非常生气，不得不申斥一番"无君无父"，现在鲁迅竟对康梁这些叛逆者那么有兴趣，这不能不使他担心。许应骙这份忠君保国的奏折，实在是合乎礼义人心，他不能不深为感动，他让鲁迅也看看，希望他也能感动，然而鲁迅看了，竟无动于衷，只感到一股陈腐的朽味袭上心头，他把报纸扔在一旁，又拿起《天演论》，一边思索着，一边吃侉饼[②]，剥花生米……

被进化论思想打开了眼界的鲁迅，愈是读书，愈是感到祖国需要改革，他充满着献身祖国的渴望，然而，他不知道怎么办。眼前没有现成可供他驰骋的道路，长剑戛然一声，乌云即刻散开的情景只存在于天真的幻梦中，他所看到是混浊的现实，是变革的失败，是庞大的黑暗依然笼罩着祖国的泛着血泪的山川，他深深地被苦恼折磨着。

他学的是开矿，要是运用自己的本领，多挖一点煤，让国家富强一点，大约也不失"戎马书生"的本领。然而，学校没有教给他们这种本领，教员自己昏昏然，只懂得教学生抄书，而文抄公是很难成为国家的栋梁之材的。更糟的是教师们自己也不知道怎么开矿，他们觉得这并没有什么难处，把煤挖出来不就行了吗？这谈得上学问吗？因此学校把原来聘请的开矿的技师辞退了。这样一来，教矿务的老师竟连煤在哪里也不甚了然起来。而原先留下的矿井，挖出的煤也少得可怜，只能供烧那两架抽水机之用，于是抽了水掘煤，掘了煤来用于抽水，结了一笔出入两清的账。

更使鲁迅感到寒心的是那矿井下的情景：矿洞那么漆黑，那么狭窄，而且积着半尺深的污水，泛着绿荧荧的死光。一盏被油烟熏得乌黑的矿灯，闪出一点阴凄凄的火影，微微地摇摆着，瑟瑟欲熄。火影下有几个黑影在晃动，那是矿工，他们长年累月在这里像鬼一样地工作着。而洞顶还漏着，水滴一下一下地敲打着矿井里的积水，发出一种仿佛是在预告洞顶随时都会崩塌沉落的声音。鲁迅见到这阴森森的景象，感到一股冷气落在背颈上，并且一直伸延到心中，心也冷了起来。这时他才感到自己仿佛走进一个远古的荒坟，这荒坟，又好像是通向黑暗无边的地狱之口。他恍然大悟：呵，这样冰冷的地狱进口处，难道正是救国图强的起点吗？这样像幽灵似地挖着那一点可怜的煤块，能挖出中国通向光明的

① 骙：Kuí。释义：马强壮的样子。
② 侉（kuǎ）饼。释义：、一种用白面烙成的大而厚的饼。

大道吗？他想着，感到心里更加冰冷了。

然而，矿井下的黑暗终于使他更了解自己身处的是怎样的一种悲惨世界。

1902年1月，鲁迅结束了这个使他了解自然科学，也更多了解了贫弱祖国的学校生活。他学习成绩很好，获得了“第一等”的毕业文凭，然而一张白纸有什么用呢？实际上并没有学到什么本领：爬了几次桅杆，不消说不配做半个水兵，听了几年课，下了几回矿洞，就能掘出金、银、铜、铁、锡来吗？实在连自己也茫无把握，没有做“工欲善其事必先利其器论”那么容易了。爬上半空二十丈和钻入地下二十丈，结果呢，学问是“上穷碧落下黄泉，两处茫茫皆不见”。鲁迅在毕业时，凭着自己的诚实和对于祖国的责任感，他感到茫然，感到自己没有任何力量与本领可以贡献给祖国，唯一的办法只有走出自己的国土，走出家乡，到国外去造就真实的本领，再回来救治贫穷的祖国。而正在这时，两江总督刘坤一根据清朝政府的指令要选择一些学生到外国留学，鲁迅便趁此机会，东渡日本，展开了他青年时代的第二次追求。

资料来源　林非，刘再复．鲁迅传［M］．福州：福建教育出版社，2010.

【讲评】

刘再复，男，1941年出生于福建，曾任中国社会科学院文学研究所所长、学术委员会主任、研究员，《文学评论》主编，中国作家协会理事。1989年出国后在芝加哥大学、斯德哥尔摩大学、卑诗大学、科罗拉多大学担任客座教授和访问学者。

刘再复既从事学术研究，又从事文学创作。他的文学理论著作《性格组合论》是1986年全国十大畅销书之一，曾获“金钥匙”奖。《论文学的主体性》等论文，曾在国内引起全国性的讨论，改变了中国文学理论的基础模式。其学术著作还有《鲁迅美学思想论稿》《文学的反思》《论中国文学》《传统与中国人》《放逐精神》，以及与李泽厚先生合著的长篇学术对话录《告别革命》；文集有《读沧海》《太阳·土地·人》《人间·慈母·爱》《洁白的灯芯草》《寻找的悲歌》《人论二十五种》《漂流手记》（九卷本）等。

“鲁迅是出现在20世纪中国苦难大地上的一种天才‘异象’，他的作品是近现代中华民族苦闷的总象征”，这是刘再复先生对鲁迅的总体评价。鲁迅是20世纪中国最伟大的作家之一，其思想深度和文学水平，无人可以企及。鲁迅的名字在很大程度上塑造了中国知识分子的性格。至今，鲁迅仍然影响着中国的深层文化心理，在当今具体的历史时空中，鲁迅作品与鲁迅精神，仍然是观照中国历史与中国社会现实的巨大参照系。对于中国知识分子的骨骼与心灵，它仍然是一个光辉不灭的坐标。

2. 乔布斯退学

沃尔特·艾萨克森

乔布斯很快厌倦了大学生活。他喜欢待在里德学院，只是不想去上那些必修课。实际上，他惊讶地发现，尽管里德学院有着嬉皮士的氛围，但也有非常严格的课程要求，学生需要阅读《伊利亚特》这样的作品，还要研究伯罗奔尼撒战争史。沃兹尼亚克来访的时候，乔布斯挥舞着自己的课程表抱怨说：“学校强迫我上这么多课程。”沃兹回答：“是的，大学就是这样的，他们会给你指定一些课程。”乔布斯拒绝去上那些必修课，而是去上自己感兴趣的课，比如舞蹈课，在那里他既可以享受艺术，还有机会见到女孩子。“我绝不会不去上必修课，这就是我们性格上的差异。”沃兹尼亚克感到十分诧异。

乔布斯后来说，把父母的钱花在了根本不值那么多钱的教育上，他也开始有负罪感。“我那工薪阶层的父母省下来的钱全花在学费上了，”他在那场著名的斯坦福大学毕业典礼演讲中提到，“我不知道自己想要干什么，也不知道大学能如何帮我搞清楚自己的人生目标，但我却在花着父母的毕生积蓄。所以我决定退学，我也相信，一切都会顺利。”

他并不是真的想离开里德学院，他只是不想再付学费，也不想再去上那些提不起他兴趣的课程了。惊人的是，校方竟然容忍了这一切。“他有一颗渴求知识的心，这很让人感兴趣，”教导主任杰克·达德曼（Jack Dixdman）说，“他拒绝不动脑筋地接受事实，任何事情他都要亲自检验。”即使在乔布斯停止交学费之后，达德曼还是允许他旁听课程，并且可以继续待在宿舍和朋友们在一起。

“我一退学，就不用去上那些我不感兴趣的必修课了，我可以去上那些看起来有意思的课。”他说。这其中有一门书法课非常吸引他，因为他注意到校园里的大多数海报都画得很漂亮。“我学到了衬线字体和无衬线字体，怎样在不同的字母组合间调整其间距，以及怎样作出完美的版面设计。这其中所蕴含的美、历史意味和艺术精妙之处是科学无法捕捉的，这让我陶醉。”

这也再一次证明，乔布斯总是有意识地将自己置身于艺术与科技的交汇处。在他所有的产品中，科技必定与完美的设计、外观、手感，精致，人性化甚至是浪漫结合在一起。他是追求友好图形用户界面的先锋。在这方面，那门书法课程是意义非凡的。“如果我大学的时候从没有上过那门课，麦金塔计算机里绝不会有那么多种字形以及间距安排合理的字体。既然是Windows抄袭了Mac，那么很有可能所有个人电脑上也不会有这些。”

在此期间，乔布斯在里德学院作为一名边缘人物，过着放荡不羁的生活。他大多数时间都光脚走路，下雪的时候穿着凉鞋。伊丽莎白·霍姆斯为他做饭，努力照顾到他过分的饮食习惯。他会拿汽水瓶去换零钱，继续每个周日去哈雷·克里希纳寺吃免费的素食，穿着羽绒服住在他以每月20美元的价格租下的没有供暖的车库房间里。他需要钱的时候，就去心理学系的实验室，维护那些用于动物行为实验的电子设备。克里斯安·布伦南也会偶尔来访，他们的关系时好时坏，但他的主要精力还是放在自己的心灵以及对个人觉悟的追求上了。

“我当时身处一个神奇的时代，”他后来回忆说，“提升我们觉悟的是禅宗，还有迷幻药。”即便是后来，他依然赞扬致幻剂让自己得到了更多启发：“使用迷幻药是一段意义非凡的经历，也是我一生中最重要的事情之一。迷幻药让你看到硬币的另一面，当药效退去之后你就记不清楚了，但你知道有这么一回事。它让我更清楚什么是重要的——创造伟大的发明，而不是赚钱。应该尽我所能，将此生放回历史和人类思想的长河。”

【讲评】

沃尔特·艾萨克森（Walter Isaacson），阿斯彭研究所（Aspen Institute）CEO，历任美国有线电视新闻网（CNN）董事长和《时代》杂志总编。其主要作品有《爱因斯坦：生活和宇宙》《基辛格传》，其中《爱因斯坦：生活和宇宙》曾荣获美国国家科学院2008年度科学传播最佳图书奖。

史蒂夫·乔布斯（Steve Jobs），1955年2月24日生于美国加利福尼亚州旧金山，美国发明家、企业家，美国苹果公司联合创办人。乔布斯有如过山车般精彩的人生和炽热、激越的性格成就了一个传奇、一个极具创造力的企业领袖，他追求完美和誓不罢休的激情使个人电脑、动画电影、音乐、手机、平板电脑以及数字出版六大产业发生了颠覆性变革。2011年，中信出版社出版了《史蒂夫·乔布斯传》。

3. 瞿秋白最后的日子

李动

福建长汀西门外罗汉岭下，那座大宅院里的几棵老樟树和两棵百年松柏在风雨中傲然挺立，给人一种沧桑之感。这里就是瞿秋白被关押处。

当年国民党三十六师师部就驻扎在这个大院里，瞿秋白被关押在院东面的一个厢房里。木牌上书写着瞿秋白1935年5月至6月关押处。这是一间砖木结构、十多平方米的小屋，靠南的木窗中间有数根木栅栏，窗前有一张书桌，桌上摆放着一盏油灯、几支毛笔和一方砚台。

据小木牌上的文字介绍，瞿秋白在生命的最后日子里，每天除了刻图章或与人谈话外，大部分时间是伏案写字。他以漂亮的行书写下了那篇闻名遐迩的《多余的话》。这是一个赤诚君子的心灵独白，亦是一篇赤裸裸的精神剖析。我们从中看到了作者经历的人生悲情和其所坚守的人格操守，甚至是他思考的关于一生献身革命事业的历史教训。文章语言委婉，感情凄切，是一篇倾诉心绪的真情文字。

瞿秋白靠在木椅上，透过木栅栏，遥望着高远的苍穹，他的思绪回到了确立共产主义信仰之初的情景。1921年初冬，作为《晨报》特派记者，瞿秋白抵达莫斯科参加了俄共第十次代表大会，聆听了伟人列宁作的报告，他深为震撼，夜以继日地赶写出长篇通讯《共产主义之人间化》。不久，他又参加了共产国际第三次代表大会，会议期间，他鼓足勇气在走廊里追上列宁要求采访，列宁微笑着与他进行了简短的交流，由于会务繁忙，列宁推荐瞿秋白几篇文章，请他参考，便匆忙告辞。

回到故乡，瞿秋白任《新青年》主编、《向导》编辑，极力宣扬马列主义。他深情地写下了《新俄游记》《赤都心史》等介绍苏联社会主义革命的书籍，作品发表后，引起了热烈的反响。一支纤笔力量巨大，影响深远。1922年，瞿秋白经张太雷介绍加入了中国共产党。五年后的夏天，他被推上了中央政治局常委、主持中央工作的高位。其间，他参与决定和指导了南昌起义、秋收起义、广州起义等百余次起义。

蒋介石获悉瞿秋白被捕的消息后，即刻令中统局派人赶赴福建长汀做劝降工作。他们许以优厚条件劝说瞿秋白脱离共产党，并交代共产党内部的组织情况，瞿秋白断然拒绝。特派员又游说，不必发表反共声明和自首书，只要答应到南京政府去担任翻译，或做大学教授亦可，瞿秋白沉默对之。特派员最后说："中央是爱惜你的才学，我们才远道而来，你的家属也很想念你。"瞿秋白平静地说："我死就死，何必讲这些呢？"

1923年的夏天，由李大钊推荐，瞿秋白来到上海大学担任社会学系主任。他的讲课最受学生欢迎，一位叫杨子华的学生对瞿老师更是崇拜，两人相识相恋，但杨子华已是有夫之妇，而其丈夫沈剑龙是个纨绔子弟，瞿秋白特意来到萧山找沈先生"谈判"，通过真情交流，沈先生感到杨子华更适合才华横溢的瞿秋白，同意在《民国日报》上刊登启事，与妻子解除婚姻。这一天，有情人终成眷属，瞿秋白深情地在一枚金别针上刻下了“赠我生命的伴侣”，两人感情笃深，恩爱有加。

蒋介石召集官员商议如何处置瞿秋白，戴季陶叫嚣：“此人赤化了千万青年，这样的人不杀，杀谁？”6月17日，宋希濂师长接到电令：“着即将瞿秋白就地处决具报。”翌晨8时许，向参谋长来到瞿秋白关押处，递上蒋介石的电令，瞿秋白看罢电令，面色不改，从容淡定。他匆匆写完绝命书，于9时20分走出了小木屋，他冷静地扫视着道路两边的围观人群，神态自若、缓步从容地走向刑场。

瞿秋白戴着细巧的眼镜，身着黑色对襟衫，下身穿白布低膝短裤，脚穿黑线袜和黑布鞋，戴着手铐脚镣在众人的簇拥下来到中山公园。在场的围观者见共产党领袖面对死刑时那种视死如归的风骨气节，更为动容。

瞿秋白参加革命走到今天临刑的地步，他没有后悔。1930年，瞿秋白被解除了中央领导职务。革命初期，或许瞿秋白等领导人没有经验，患了左倾幼稚病，王明这时却在党内进行残酷斗争，无情打击。面对迫害，瞿秋白像中国历史上的文人一样，以“不以物喜，不以己悲”的旷达胸襟忍辱负重。

1931年夏天，瞿秋白来到上海领导左翼文化运动，大有回归之感。他与冯雪峰、茅盾、夏衍等人从事革命文学创作，与鲁迅先生更是酒逢知己，一见如故。他在上海的两年间，写下了许多犀利文字，深得鲁迅和同仁的赞赏。

1933年初夏，瞿秋白接到党组织要他赴江西苏区任人民教育委员的通知，临别前，他去鲁迅先生寓所辞行，与先生彻夜长谈，鲁迅给瞿秋白手书了一副对联：“人生得一知己足矣，斯世当以同怀视之。”

宋师长在黄埔军校听过瞿秋白上课，对其才华甚为敬佩。他特嘱，按习俗请瞿先生喝酒后上路。

瞿秋白信步至公园小亭前，见桌上小菜四碟，美酒一壶。他先是愣了一下，继而明白这是最后的午餐，便不客气地独坐其上，神色镇定，自斟自酌，酒半笑曰：“人之公余，为小快乐；夜间安眠，为大快乐；辞世长逝，为真快乐。我们共产党人的哲学是鞠躬尽瘁、死而后已。”

餐毕，瞿秋白用俄语哼唱了自己翻译介绍到中国的《国际歌》，蹒跚地走上公园的讲台，开始向在场的众人作了深情的十分钟演讲。他说：“共产主义是人类最伟大的理想，是要建立一个没有剥削、没有压迫的制度，使人人都能过上美好幸福的生活。我坚信这个理想迟早会实现，中国共产党最后一定会取得胜利！”

最后，他来到草坪上盘膝而坐，眺望了一下草木葱茏的远山，又深情地扫视了四周碧绿的草坪，笑曰：“青山绿水，此处甚好！”

执行官问他最后有什么要求，他平静地说：“不能屈膝跪着死，我要坐着；不能打我的头。”执行官默许。

几声枪响，一位卓越的革命先驱随风飘零。有句名言：老兵不死，只会凋零。是的，瞿秋白等先驱传播的共产主义种子已遍布中华大地，生根发芽，枝繁叶茂，郁郁苍苍。

资料来源　李动．瞿秋白最后的日子［N］．解放日报，2015-12-05．

【讲评】

瞿秋白，1899年1月29日生于江苏常州，是中国共产党早期主要领导人之一，伟大的马克思主义者，卓越的无产阶级革命家、理论家和宣传家，中国革命文学事业的重要奠基者之一。1917年秋，瞿秋白考入北京俄文专修馆学习。1922年春，正式加入中国共产党。1923年，主编中央的另一机关刊物《前锋》，参与编辑《向导》。1925年，瞿秋白先后在中共第四、五、六次全国代表大会上当选为中央委员、中央局委员和中央政治局委员，成为中国共产党的领导人之一。1927年2月7日，自编《瞿秋白论文集》。1934年，任中华苏维埃共和国中央执委会委员、人民教育委员会委员、中华苏维埃共和国中央政府教育部部长等职。

1935年2月，瞿秋白在福建长汀县被国民党军逮捕，6月18日慷慨就义，时年36岁。瞿秋白用他36个春秋的壮丽年华，谱写了一曲生命不息、战斗不止的凯歌。他的英雄业绩和崇高品德及坚贞不屈、视死如归的精神，将永远铭刻在人民心中。

第三讲

经典时评

1. 青年奋斗之精神与国家前途之希望

邹韬奋

吾国迍邅[1]困辱，盖莫甚于今日矣，而争权夺利者，犹未餍其欲壑，方且聚精会神于阋[2]墙之争，祸乱相寻，无有穷期。乃至全国人民咸嚣然丧其乐生之心，皇皇然若大祸之将至。望诸政府，而政府冥顽不灵，吾民哀号呼吁，曾不能感动毫末。望诸社会，而社会沈滞灭裂之象，莫可究诘。于是有志之士亦泰半目击心伤，以为大厦之倾，殆非一柱所能持挽，颓然自放，莫能自振，恣嗟叹息，慨我生之不辰而已。呜呼！吾国悲惨之象，思之惕然。心悸魄动，有不能自已者矣。然征诸各国史乘，其所经迍邅困辱之境，与吾国今日将毋同者，何国蔑有，且或加甚焉。不数十稔而政治修明，社会更新，勃焉兴隆，与并世雄国相驰驱者，比比皆是，则又何哉？吾于是憬然有所悟，以为国人固无庸以一时境遇，遂尔摧沮，以国家前途为竟无希望也。顾吾国事使人易流于悲观者固彰明较著，莫能为讳，所谓前途希望，果安在乎？吾尝为彷徨而求之，作而叹曰，吾国前途之希望，其在青年之奋斗精神乎！

抑吾所谓奋斗精神者，非以坚甲利兵与仇敌相见于疆场之谓也，盖以忠恳真挚之热诚，百折不回之毅力，与己身之腐败恶习奋斗，与社会之腐败恶习奋斗，与家庭之腐败恶习奋斗，不受前人种种腐败陈言所羁縻[3]，不受现在种种腐败环境所诱惑，卓然自立，奋往前迈，夫然后青年奋斗精神凯旋之时，即国家前途希望如愿之日。

---

① 迍邅：zhūn zhān。释义：处境不利；困顿。
② 阋：xì。释义：争吵、争斗。
③ 羁縻：jī mí。释义：笼络、控制。

青年之时代，天真未失，劣俗未染，盖在一国分子中，可谓志意最莹洁，思想最高尚，志气最焕发者。今谓有腐败恶习，当各个从事于精神上之奋斗焉，得毋厚诬青年耶？虽然，以吾所闻见，青年之中，为境遇所战胜而颓唐潦倒者不知凡几，为畏难所战胜而中途自画者不知凡几，为苟且所战胜而与世浮沈者不知凡几，其为声色货利所战胜而身败名裂者，更无论矣。为境遇畏难苟且声色货利所降伏之青年多一人，即志意莹洁思想高尚志气焕发之青年少一人，亦即国家前途希望失其一分之力。其结果虽非短时期中所遽能逆睹，其影响所及，亦岂可忽乎哉！然则如之何而后可？曰是在青年深明奋斗之精神及坚持此奋斗之精神而已。夫事业之大小与成败之枢机，咸视奋斗精神为转移。境遇坎坷，有奋斗精神者当之，适足以苦其心志，增益其所不能。苟无奋斗精神，虽逢顺泰境遇，适足养成惰性而陷没终身。此所以自来俊杰贤能每每出诸瓮牖绳枢[①]，而养尊处优者，辄不免骄奢淫逸，无所成就也。故有奋斗精神者不畏境遇，事业之大小与难易为正比例差。试执世人而问其所从事业，则其志嘐嘐然[②]者，殆居十之八九；而独于难之一字畏之避之不啻蛇蝎，亦见其惑也。惟富有奋斗精神者，深知事业愈大，则其难之程度亦愈甚。人而自甘暴弃，不愿有所树立于斯世也则已，否则必与难结不解之缘，可断言也。然则难事盖为我得成大业之机，方欢迎之不暇，何有于畏惧也，故有奋斗精神者不畏难。外诱之来，必恃有隙可乘，而后得肆其流毒，犹夫霉菌之害虽烈，但择孱弱躯体为其牺牲，其侵害于健壮躯体者终稍杀焉。今夫苟且声色货利之战胜青年，则亦有同然者。惟有奋斗精神者，闲邪存诚，仇敌匿迹远窜，莫敢交绥，故不畏声色货利之诱惑，己身腐败恶习铲除无遗，然后得各尽其聪明才智，随其偏正高下所宜，无不各如其量以献于国，至其最大限度而后已，于是一国之健全分子出焉矣。至是而中国庶其有豸，至是而中国庶其有豸。

然青年奋斗之精神，非仅仅青年期中之奋斗而已。苟非终身以之，始终坚持，则己身之腐败恶习未尽，而社会之腐败恶习，已挟其万钧莫御之吸收力、软化力、陶冶力以俱来，至可怖也。昔美国爱迪先生尝述其游历日本，遇吾国留东学子，与谈国事，未尝不见其眷怀宗邦，扼腕痛愤。既而其中有某生者，回国得某铁道总办事，则上下其手，舞弊营私，以窃盗国帑[③]中之数万金娶爱妾，置国事于不顾也。吾至今忆之，犹有余痛焉。近时全国人民所唾骂之“卖国贼”，以吾所闻，彼等十余年前，固亦优秀青年，太息流涕于国事之日坏，而以爱国救国为激昂慷慨之口头禅。而今何如者！彼等当时慨痛于危亡之迫，亲受刺激，固未尝不共矢天良，倏发其奋斗之精神焉。一旦得势，则哺糟啜醨[④]，蝇营狗苟。盖其奋斗之精神，至是已衰竭无复有余矣，为姬妾之艳所战胜矣，为舆马之华所战胜矣，为摴蒱[⑤]酒食之乐所战胜矣，于是顽钝无耻，黩祸乱政，国事乃不可问矣。今之卑劣不知人间有羞耻事之大多数腐败官僚，岂非类是者耶！故吾尝独居深念，以为豺狼当道，无复可望，吾侪小民但馨香默祷其速老且死，则不出十年或二十年，今日有奋斗精神志意莹洁思想高尚志气焕发之青年必有取而代之之日。则以贤易暴，国势之复，或仍可几。而追惟往事，则复令人悁[⑥]然以悲，矍然以愳[⑦]，以为天下事一误不可再误，苟仍为一丘之

① 瓮牖绳枢：wèng yǒu shéng shū。释义：以破瓮作窗户，以草绳系户枢，比喻贫穷人家。
② 嘐嘐（xiāo）然。释义：志大言大的样子。
③ 帑：tǎng。释义：古时收藏钱财的府库。
④ 哺糟啜醨：bǔ zāo chuò lí。释义：吃酒糟，喝薄酒，指追求一醉，亦比喻屈志从俗、随波逐流。
⑤ 摴蒱：chū pú。释义：古代一种类似掷骰子的博戏。
⑥ 悁：yuān。释义：恼怒。
⑦ 矍（jué）然以愳（jù）。释义：矍，惊恐的样子；愳，同“惧”。

貉，以暴易暴，则吾国前途一线之曙光，真乃永灭。此则愿吾全国青年念兹在兹，自审其责任之重，而坚持其奋斗之精神，与社会腐败恶习宣战也。

国家之改革在使政治入轨范，尤在使社会进化阻碍之腐败制度铲除务尽。为吾国社会进化阻碍之最大者，殆莫甚于家庭之腐败恶习，此其详情固非本题范围所及。但欧美国民以个人为单位，吾国国民以家庭为单位，其利弊所在，不待辩而自明。此时贤所为力倡家庭革命之说，以达健全国民之目的。其所主张，实获我心。然吾以为家庭之腐败恶习，作俑者实非吾侪[①]自身之父若母，吾侪自身之父若母固亦曾受此腐败恶习之酷遇也。故无知青年窃家庭革命之口实而攻讦乃父若母，为吾所极端反对。吾非顽固陈腐之流而以家庭腐败恶习为不当改革也，吾以为青年诚有改革家庭腐败恶习之志，不当从事攻讦父母，当求从自身为始造一新家庭，当以自身之奋斗精神造一新家庭，为后来者模范。何以言之？旧式家庭之最大腐败恶习，莫甚于彼此倚赖而互失其自立之精神。苟今后青年得父母尽其义务予我以教育之后，恃我奋斗之精神，自辟途径而求有所树立于世，毋以倚赖遗产之念萦怀，谁得阻我除此恶习者！欧美之风，无力成室者，宁鳏其身。而吾国则率妻子而仰给于父母，以酿成大家族之倚赖性质者，胡可胜数。苟今后青年但力求己身德智体之发达，不成室则已，成室必恃奋斗之精神而为自立之新家庭，谁得阻我除此恶习者！己身战胜旧式家庭之腐败恶习矣，自我身而授此善制于我后嗣，为事乃益顺而易致焉。据教育部颁布全国教育统计，全国学生之数达四二九四二五一。苟此事诚行，则不数载，中国可得四百余万之新家庭，其影响于社会进化为何如耶！其影响于国家前途复何如耶！致此之道，岂有他哉，全恃青年之奋斗精神耳。

故吾敬掬诚告吾全国青年曰，吾国惨景阴凄，几已无复可望，青年奋斗精神，吾国前途惟一之希望也。汝祖国之魂，方辗转哀号于泥滓之中，望其子孙加以拯救也。拯救之人，非吾青年而谁！拯救之方，非吾青年之奋斗精神而何耶！

资料来源　文章原载于1919年11月25日上海圣约翰大学《约翰声》第30卷第8号，署名邹恩润。

【讲评】

邹韬奋（1895—1944），原名恩润，江西余江县潢溪乡渡口村委会沙塘村人。1922年在黄炎培等创办的中华职业教育社任编辑部主任，开始从事教育和编辑工作。1926年接任《生活周刊》主编，以犀利之笔，力主正义舆论，抨击黑暗势力。

“九·一八事变”后，邹韬奋坚决反对国民党政府的不抵抗政策，他在上海主编的《生活周刊》以反内战和团结抗敌御辱为根本目标，成为国内媒体抗日救国的一面旗帜。1932年7月成立生活书店，任总经理。生活书店成立后，团结了一大批进步的作者，短短几年，使其在全国各地的分支机构扩展到了56家，先后出版了数十种进步刊物，以及包括马克思主义译著在内的1 000余种图书。1933年1月，邹韬奋参加了宋庆龄、蔡元培、鲁迅等发起的中国民权保障同盟，并当选为执行委员，不久被迫流亡海外。

2009年邹韬奋被评为100位为中华人民共和国成立作出突出贡献的英雄模范之一。

本文是邹韬奋先生求学期间（1919年“五四运动”期间）发表在《约翰声》上的文章，他向全社会发出了呐喊：“青年奋斗之精神，吾国前途惟一之希望也！”虽处和平年

---

① 侪：chái。释义：等辈、同类的人们。

代，你我仍需共勉。

2. 唯有走在变化之前——从乐凯胶卷停产、泊头火柴破产说开去

李忠志 张博

时隔不到两天，就在我们身边，两家曾经赫赫有名的企业传出的消息撩动了人们的神经：乐凯胶卷把曾经的辉煌永远定格到“底片”中——2012年9月4日，乐凯胶片股份有限公司发布公告称，由于数码影像对银盐影像产品的冲击，决定停止彩色胶卷的生产。

泊头火柴再也擦不出自己希望的“火花”——2012年9月6日，河北泊头火柴有限公司举行资产处置拍卖会，最后一批设备被拍卖，这标志着亚洲最大的火柴厂彻底走进历史。

胶卷和火柴，不只是两种产品，它们已经化身为一个时代的符号、人们生活的记忆。欢乐时刻，多少美好的瞬间定格在那一盒胶片中；漆黑夜晚，火柴盒上擦出的火花又带来了多少温暖和光亮。

乐凯胶卷、泊头火柴，当其盛时，何其壮哉！前者，曾经扛起了民族感光工业的大旗，当之无愧地成为“中国胶卷之王”；后者，则改写了国人依赖“洋火”的历史，并凭借先进的技术在火柴行业长期领跑。

再好的产品、再大的企业，一旦追赶不上时代发展的潮流，结果只有一个——出局。对于乐凯胶卷停产、泊头火柴破产，人们扼腕痛惜，颇有“此天之亡我也，非战之罪”的悲壮。数码浪潮的冲击，别说乐凯，全球胶卷行业的“老大”柯达也没能扛住。打火机、电子打火器等替代品纷至沓来，泊头火柴破产似乎也是命中注定。然而，这注定是难以逃脱的宿命吗？

胶卷退出了舞台，生产胶卷的企业并非一定没落；火柴淡出了生活，生产火柴的企业也并非注定破产。我们不禁想起了荷兰人引以为傲的飞利浦。这家世界上最大的电子公司之一，100多年前以生产碳丝灯泡起家。如今碳丝灯泡早已成为博物馆里的展物，生产碳丝灯泡的飞利浦按说有无数个理由退出历史舞台。可贵的是，飞利浦没有把自己局限在传统的照明领域，而是在20世纪的科技巨变中不断超越自我，先后发明了第一台电视机、卡式录音机、CD机等。如今飞利浦不仅是全球第一大照明公司，还是全球第一大医疗系统公司、第一大电动剃须刀生产商，等等。美国作家爱迪斯在其著作《企业生命周期》中说：“所有的企业都有一次生命的历程，都会有诞生、成长、成熟、衰落的过程，所不同的是，有些企业能够将其中的成长与成熟阶段无限延长。”在技术革命日新月异的时代，大者并非恒大，强者并非愈强，欲求基业长青，唯有求新求变，不断超越自我。

一位知名企业家曾经这样感叹：“要打造百年老店，就需要永远创新，守，永远守不住。”一扇门关上的同时，另一扇门往往已经打开；一个机遇消失的时候，另一个机遇或许正在招手。很多企业发现不了另一扇门，看不到另一个机遇，正是因为有“守”的惰性。在这方面，柯达就是一个教训。柯达一度拥有世界胶卷市场2/3的份额，在很多企业绞尽脑汁调整乃至更替核心业务的时候，柯达却继续躺在胶卷丰厚的利润上睡觉，尘封了自己已经掌握的数码成像技术。当它被数字化浪潮拍醒时，已经时过境迁、大势已去。

令人欣慰的是，泊头火柴虽然走到了尽头，乐凯胶卷却在全力转型。对任何一家企业而言，它的产品或许会失去市场，它的技术或许会落后于时代，但是机遇之门却永远敞开着。只要善于发现机遇、抓住机遇，还可以生产出更具市场竞争力的新产品，研发出更具前瞻性的新技术。我们期待乐凯“转”出一片新天地！

早转型，就主动；晚转型，就被动。求新求变的意识和转型升级的压力，应当始终伴随着企业的发展、成长。我们河北还有一家百年企业——享有“中国煤炭工业源头”盛誉的开滦集团。这些年，尽管挖煤让日子过得还不错，但开滦集团却主动走上了转型之路，大力发展现代物流、文化旅游、高端装备制造等产业，非煤产业比重占到企业经济总量的78%。主动转型让百年开滦重新充满了活力，2012年7月，开滦集团首次进入世界500强榜单。我们相信，即便某一天煤竭矿衰，开滦集团也不必惊慌，因为它已经凭借转型跳出了资源型企业的兴衰周期律。

身处一个转型的时代，唯有“变”是永远不变的，正如“现代管理学之父”彼得·德鲁克所言：“没有人能够左右变化，唯有走在变化之前”。乐凯胶卷停产，泊头火柴破产，我们期待更多的企业从中得到警示，并努力走在变化之前。

【讲评】

在第23届“中国新闻奖”的评选中，刊登在《河北日报》2012年9月15日一版上的《唯有走在变化之前——从乐凯胶卷停产、泊头火柴破产说开去》一文，受到评委们的高度赞誉，荣登评论作品榜首，获一等奖。

乐凯胶卷，曾是当之无愧的“中国胶卷之王”；泊头火柴，曾改写了国人依赖“洋火”的历史。当胶卷和火柴无奈地成为时代弃儿，两家具有标本意义的河北企业也陷入了困境。在人们感慨“此天之亡我也，非战之罪”时，本文却以敏锐的洞察力指出，未能“走在变化之前”才是企业陷入今日困境的根源。大者并非恒大，强者并非愈强，唯有求新求变，方可基业长青。在转方式、调结构的时代背景下，本文所揭示的主题契合了转型与调整的时代主题，有助于企业增强转型升级的主动性。

3. 宁要微词，不要危机

《人民日报》评论部

无论方案多么周密、智慧多么高超，改革总会引起一些非议：既得利益者会用优势话语权阻碍改革，媒体、公众会带着挑剔的目光审视改革，一些人甚至还会以乌托邦思维苛求改革。对改革者来说，认真听取民意，又不为流言所动，既需要智慧和审慎，更要有勇气与担当。

自1978年至今，中国的改革已如舟至中流，有了更开阔的行进空间，也面临着“中流击水、浪遏飞舟”的挑战。

发展起来的问题、公平正义的焦虑、路径锁定的忧叹……在邓小平南方谈话20周年、党的十八大即将召开之际，人们对改革的普遍关切，标注着30多年来以开放为先导的改革进入了新的历史方位。

冲破思想藩篱、触动现实利益，改革从一开始就挑战着既定格局，也无可避免地伴随着“不同声音”。无论是当年的联产承包、物价闯关、工资闯关，还是今天的官员财产公示、垄断行业改革、事业单位改革，改革总是在争议乃至非议中前行。

所不同的是，从“摸着石头过河”到“改革顶层设计”，从经济领域到社会政治领域，改革越是向前推进，所触及的矛盾就越深，涉及的利益就越复杂，碰到的阻力也就越大。用一句通俗的话来讲，容易的都改得差不多了，剩下的全是难啃的“硬骨头”，不能回避也无法回避。

改革就会招惹是非，改革就是“自找麻烦”，改革也很难十全十美。在改革的进程中，可怕的不是反对声音的出现，而是一出现不同声音，改革就戛然而止。现实中，或是囿于既得利益的阻力，或是担心不可掌控的风险，或是陷入“不稳定幻象”，在一些人那里，改革的“渐进”逐渐退化为“不进”，“积极稳妥”往往变成了“稳妥”有余而“积极”不足。这些年来，一些地方改革久议不决，一些部门改革决而难行，一些领域改革行而难破，莫不与此有关。然而，“改革有风险，但不改革党就会有危险”。综观世界一些大党、大国的衰落，一个根本原因就是只有修修补补的技巧，没有大刀阔斧的魄力，最终因改革停滞而走入死胡同。对当前各地各部门千头万绪的改革来说，面对“躲不开、绕不过”的体制机制障碍，如果怕这怕那、趑趄不前，抱着“多一事不如少一事”的消极态度，甚至将问题、矛盾击鼓传花，固然可以求得一时的轻松、周全某些利益，但只能把现时问题拖延成历史问题，让危机跑在了改革前面，最终引发更多矛盾、酿成更大危机，甚至落入所谓的“转型期陷阱”。

小平同志在20多年前就曾告诫：“不要怕冒一点风险。我们已经形成了一种能力，承担风险的能力。”“改革开放越前进，承担和抵抗风险的能力就越强。我们处理问题，要完全没有风险不可能，冒点风险不怕。”事实上，从改革开放之初的崩溃边缘，到南方谈话前的历史徘徊，我们党正是着眼于国家和人民的未来，以“天变不足畏，祖宗不足法，人言不足恤”的改革精神，敢于抓住主要矛盾、勇于直面风险考验，才化危为机，推动改革开放巨轮劈波斩浪，让中国成了世界第二大经济体。

宁要微词，不要危机；宁要“不完美”的改革，不要不改革的危机。一个长期执政的大党，尤其要时刻警惕短期行为损害执政根基，防止局部利益左右发展方向，力避消极懈怠延误改革时机，所思所虑不独是当前社会的发展稳定，更有党和国家事业的长治久安。面对全新的改革历史方位，当以“不畏浮云遮望眼”的宽广视野，以无私无畏的责任担当，按照胡锦涛总书记所要求的，“不失时机地推进重要领域和关键环节改革”“继续推进经济体制、政治体制、文化体制、社会体制改革创新”。如此，我们就一定能把风险化解在当下，让发展乘势而上，为党和国家赢得一个光明的未来。

资料来源　《人民日报》评论部．宁要微词，不要危机［N］．人民日报，2012-02-23．

【讲评】

2012年2月23日，《人民日报》评论部在8版首发《宁要微词，不要危机》一文，一时异评不少；时隔一个月的零时，评论部又发表评论二《不失时机，攻坚克难》；继而在3月29日5时发表题为《重要领域，重点突破》的评论三；4月5日7时在14版发表终结性的《立足国情，循序渐进》评论。四篇评论的推出，历时一月有余，在社会上引发了热烈反响。

艺海拾贝

1. 阅读一些春秋、战国时期诸子散文的选本，借以了解中国古代文化的博大精深。

2. 阅读《史蒂夫·乔布斯传》全书，写一篇读书报告，谈谈乔布斯一生所作所为给予你的人生启迪。

3. 了解网络时代网读、网写的特点和要求，做一位合格、自律又富有个性和创新精神的网民。

第六篇 在文学的工商世界里感知商海浮沉

第一讲 商贾世态

第二讲 茅盾商业题材小说研究

工商行业在中国历史上是一个屡遭打压的行业，尽管如此，重实际、讲求经世济民的不少仁人志士还是投入到这个行业。他们在“货畅其流”、为社会创造便利与财富的同时，也上演了一出出悲欢离合的人情悲喜剧。文学的触角深入社会生活的各个方面，工商行业也早早在文学的世界里找到了自己的位置。人们从工商题材的文学作品里逐步了解、熟悉、理解这个行业，甚至从中寻找、总结从事工商行业所需要的知识、诀窍。本篇分两部分：第一部分安排的是中国当代及国外的两篇工商题材小说，尤其是《花市》可以让学生感知20世纪80年代中国开始改革开放时农村的集市贸易场景；第二部分安排的是茅盾工商题材小说专题，目的是让学生产生研究工商行业的兴趣，理解工商行业与世道人心的关系。

第一讲

商贾世态

1. 欧也妮·葛朗台（节选）

巴尔扎克

某些外省的城区，总有一些房子让人一看就感到凄凉，就像见到最阴森的修道院、最萧条的旷野或者最破落的废墟一样。也许修道院的沉寂、旷野的荒漠和废墟的凋败，那些房子都兼而有之。里面的住户生活得悄无声息，让外地人直以为那是些无人居住的空宅；不过一有陌生人在街上走动，窗口倒会有人突然探出一张不动声色的面孔，像僧侣一般，朝窗外冷漠而阴沉地瞥上一眼。索缪城里有一所住宅就具备上述的凄凉成分。它坐落在一条起伏不平的街道的尽头，那是一条直通上城古堡的街道，如今已少有人来往；尽管冬天冷，夏天热，有几处还阴暗不堪，它却自有引人之处：石子的路面始终清洁干爽，而且回声清脆；街面狭窄，线路曲折，两旁的房屋属于老城区，安静地蜷伏在城墙脚下。三百多年的古宅虽然是木结构，倒还结实。房屋的格式多种多样，给索缪老城区的这一地段平添独特的情调，足使热心访古的游客和艺术家们驻足流连。谁能经过这里不赞叹纵横于屋面的那些厚实的木板呢？它们两端都雕刻着稀奇古怪的图案，构成一溜黑色的浮雕，横贯于大多数房屋的底层之上。这一家横木上覆盖着青石板，给单薄的外墙勾出一条条蓝线，木结构的屋顶被岁月压弯，朽蚀的屋面盖板经过多年日晒雨淋也扭曲走形；那一家发黑的窗台十分醒目，上面原先的精细雕纹如今模糊难辨，而且仿佛已脆弱不堪，承受不住贫苦女工放在上面的棕红色的陶土花盆，只勉强地支托着盆里瘦长的石竹和月季。再往前去，有几家大门上凸出粗壮的钉头，钉头上镌刻着家传的象形文字。这些象形文字本来就是老祖宗们随心所欲勾画出来的，其含义今天当然不易考证；有的或许是哪位新教徒表明信仰的记号；有的或许是反新教联盟的成员用来诅咒亨利四世[①]的咒符。有几户市民阶级的人家，门上也刻有乡绅的家徽，表示自己的祖辈曾享有主持市政的光荣，免得后人淡忘。总之，这里的门上记载了整部法国的历史。有一幢房屋破旧得一晃三摇，外墙的泥灰却留下当年能工巧匠的高超手艺；隔壁是一所贵族宅第，在石砌的拱形门楣上，祖传的纹章尚依稀可辨，但毕竟经受过1789年以来一次次席卷全国的革命风浪的吹打，如今只剩下劫后的余痕。这条街上的铺面既不像小店也不像货栈。热衷寻访中世纪文物的人会发现这里的一切跟上一辈的女工习艺工场一样简陋朴实。低矮的店堂既无货摊也无货架和玻璃橱窗，进深很大，里面阴暗，内外都没有一点装潢。大门分上下两截，门上很不讲究地钉上了铁箍、铁锔；门的上半截往里开着，下半截装有弹簧门铃，不断地被人推进推出。空气和阳光从门的上半截往里灌，或者通过气窗、天花板和矮墙之间的空档进入店堂，半人高的矮墙上面有便于装卸护窗板的滑槽，结实的护窗板清早卸下，傍晚装上之后再用铁闩锁得严严实实。这矮墙是用来陈列商品的，但是绝没有为招徕顾客而精心布置。陈列的商品按经营对象的不同而不同，无非是三两桶食盐和鳕鱼，或者几捆缆绳和帆布；楼板的横梁上挂几束闪闪发亮的黄铜丝，靠墙放一溜金属的酒桶箍，或者在几个架子上摆出一些布匹。进去看看？一位青春焕发的白净姑娘，裹着洁白的围巾，露出通红的手臂，应声放下正在编织的活计，忙向后铺叫她的父母；这时店东就会出来听你吩咐，态度或冷淡或殷勤，或有问必答或爱理不理，全凭店东不同的脾性。成交的也许不过是两个铜板的小交易，也许是高达两三万法郎的大生意。你还能见到专做橡木板材生意的老板坐在店堂门口，绕动着大拇指跟邻居聊天；表面看去，他不过有些做酒瓶架的劣质板条，但是在码头那边的木工场里，他的货源足以供应安茹地区一切箍桶作坊的全部用料。遇到好年景，他能算出箍桶匠们总共需要多少板材，计算之准确，误差不超过一两块板材。一天阳光能教他发财，一场恶雨能让他亏本。半天之内板材市价能跳到十一法郎或跌到六法郎。这一带跟都兰地区一样，气候的阴晴决定市场的盛衰。种葡萄的、有田产的、木材商、箍桶匠、客栈老板、船行老大，都眼巴巴地盼望晴天；晚上睡觉时唯恐天一亮就听说夜里上了冻。他们既怕刮风，又怕下雨，更怕天旱，只盼雨水、云彩和晴暖的气候能随人所愿而适时地降临。晴雨表让人时喜时忧，一会儿使人紧锁愁眉，一会儿又教人笑逐颜开。这条街是索缪城里的“大马路”。“好一个金子般的天气！”这句话促动整条街上家家户户都扳着手指算账；人人都会跟邻居说：“老天爷下金雨了！”他们心中有数：一道阳光，一场时雨，会带来多少好处。在晴朗的季节，每逢周末，尽管还没有到中午，你就别想买到一文钱的东西。这里讲信用的生意人也都有自己的葡萄园、自己的田地，他们需要趁着好天气到乡下去忙上几天。所以，买东西和卖东西，收支和盈亏，他们早都算计周全；平日里生意人尽可以把十二小时中的十小时用来说笑聊天，没完没了地发表高见，飞短流长地传递闲话、窥探隐私。谁家的主妇买回一只竹鸡，准有人要问她的丈夫：炖鸡的火候是否恰到好处？谁家的姑娘在窗口探一下脑袋，决躲不过一帮又一帮闲人的眼睛。总之，谁的内心都几乎袒露在光天化日之下，连黑乎乎、静悄悄、让人无法看透的深宅大院，也遮不住半点秘密。人人几乎都永远像生活在露天一样。家家户户都在大门外吃午饭，用晚餐，拌嘴斗气。路过这里的外乡人被他们品

① 亨利四世（1553—1610）：纳瓦尔国王，信奉新教；1589年袭承法兰西王位，为便于治国，于1594年皈依旧教（天主教），并倡导宽容。

头论足，挨个儿分析。从前，到内地来的人总不免挨家挨户地受到取笑，由此而产生一段段故事；擅长编制市井笑料的安茹居民也从而获得了“牛皮大王”的美名。老城区像样的旧宅都坐落在街道的高处，原先这都是些当地头面人物的公馆。我们要讲的故事就发生在这样的一所凄凉旧宅中，这些房屋在法兰西淳朴民风日益衰微的今天，只成了世道人心还朴实的旧时的遗物。顺着这条古色古香的曲折街道一路走去，连最不足挂齿的小东西都能唤起你思古的幽情，整个气氛使你不得不浮想联翩。你会发现有一处拐角相当阴暗，葛朗台先生的公馆的大门就龟缩在这凹处的中间。倘若不跟你说说葛朗台先生的身世，你就无法领会在内地把谁的家称作公馆该有多大分量。

葛朗台先生在索缪城里颇有声望，凡在内地只住过几天或者根本没有住过的人难以弄清这种声望的前因后果。当地还有人叫他葛朗台老爹，不过这么称呼他的人大多年事已高，人数日益减少。他在1789年的时候，是位相当有实力的箍桶匠，能读能写，善于算账。共和政府在索缪地区拍卖教会产业的那个年月，箍桶匠才四十上下，同一位富裕的板材商的女儿结婚不久。葛朗台把手头现款再加上妻子的陪嫁，凑成一笔两千金路易的资本，携款直奔县政府；他用岳父给的二百枚面值加倍的金路易，从监卖国有地产的凶狠的共和政府官员手中，廉价买到区里最好的几片葡萄园、一座修道院和几块按收成交租的分种地。这种便宜交易尽管不公道，却是合法的。索缪城的居民本来就没有什么革命思想，他们把葛朗台老爹看成敢作敢为的共和党，热衷于新潮流的爱国派。其实箍桶匠只看中了葡萄园。他被任命为索缪地区行政机构的委员。他的息事宁人的处世态度对当地的政治和商业都产生过明显的影响。政治上他包庇贵族，千方百计地阻挠当局拍卖流亡贵族的产业；商业上他承包供应共和军一两千桶白葡萄酒，共和政府把原来打算留作最后一批拍卖的地产、几片属于一家女修道院的肥沃的草场，划到他的名下，算是付给他的酒钱。到拿破仑的执政府上台之时，好好先生葛朗台被委任为市长。他治理有方，葡萄园的收成更好上加好。拿破仑称帝之后，葛朗台成了无职无权的白丁先生。皇帝不喜欢共和党，有“红帽子”嫌疑的葛朗台的职务于是被一位有贵族头衔的大地主接替；那人后来在第二帝国时期被晋封为男爵。丢掉官职，葛朗台先生并不惋惜。他当政时已经为民造福，修了好几条高质量的公路，从城里直达他在乡下的产业。他的产业在丈量登记时占了很大的便宜，只需缴纳微薄的税金。他在各处的庄园自从官方登记上册之后，靠他持久而精心的耕作，都成了享誉一方的“尖子”，这一术语专指那些能生产极品佳酿的葡萄园。为此，他简直有资格申请荣誉团的勋章。免职发生于1806年，当时葛朗台先生57岁，他的妻子36岁，他们合法爱情的结晶、独一无二的宝贝女儿才十来岁。大约是老天爷怜恤他丢官，想给他一点安慰吧，那一年他接连得到三笔遗产：先是他的岳母谷迪尼埃太太的，然后是他妻子的外公拉倍特里埃先生的，最后是葛朗台自己的外婆让蒂叶太太的。三笔遗产数目有多大？谁都不知道。三位老人生前爱钱如命，长期以来积金攒银，私下里以把玩金银当消遣。拉倍特里埃把放债叫挥霍，总觉得守着金钱比放高利贷实惠。所以索缪城的居民只能根据面上的收入估算他们究竟有多少积蓄。于是葛朗台先生得到新贵的头衔，那是我们拼命讲平等也抹杀不了的殊荣，他成了当地最举足轻重的纳税人。他经营的葡萄园总共有70公顷，遇上好年景，可以生产七八百桶好酒。他还有13处按年成交租的分种地和一座老修道院。为了省钱，他把修道院的门窗连同彩绘玻璃大窗统统用砖砌死，既可以免税，还便于保存；他还有八九十公顷草场，1793年，他在那里种了3 000株白杨。他现在住的房子也是他买下的产业。这些都是面上的财产。至于他手头的资金，只有两个人知道大致的数目：替葛朗台先生放债的公证人克吕旭先生和索缪城里最殷实的银行家格拉珊先生。葛朗台只在他认为合适的时候才私下里同格拉珊做点赚钱交易。在内地，若想得到别人的信任，或者若想发财，就得像克吕旭先生和格拉珊先生那样守口如瓶。尽管他们从不露半点口风，但是他们公然对葛朗台先生毕恭毕敬的态度，也足使旁观者揣度前任市长财力的雄厚。索缪城里人人都相信葛朗台家有个堆满钱财的秘密金库，并且传说他每天深夜要去察看成堆的金银，从中得到无法形容的快慰。爱财如命的人看到葛朗台的眼睛里透出一股仿佛已被染上金色的黄澄澄的目光，更相信这事决非虚传。大凡习惯于靠利滚利赚大钱的人，总不免跟色鬼、赌徒或马屁精一样，眼神中自有一些难以界定的习性，躲躲闪闪、贪得无厌、神秘莫测的表情，跟他们有相同癖好的人一眼就能识别。这种心心相通的暗语好比是着迷于酒色财气的人们之间通用的行话。葛朗台先生从不欠谁的人情，为了收成，要制作一千只酒桶还是五百只酒桶，老箍桶匠兼种葡萄的老手，计算起来精确得好比天文学家；他从来不曾打错算盘，每逢酒桶的市价比酒价还高的时候，他总有酒桶出售，并设法把自己的葡萄酒藏进地窖，等酒价涨到二百法郎一桶他再抛出，而一般的小地主早在五路易一桶时，就把酒售空了，所以葛朗台先生博得了大家的敬重。1811年的收成是臭名远扬的，那年他明智地紧收慢放，把货一点一点卖出去，一次收成就给他赚了24万法郎。说到理财的本领，葛朗台先生像猛虎、像大蟒。他懂得躺着、蹲着，耐着性子打量猎物，然后猛扑上去，打开血盆大口的钱袋，把成堆的金币往里倒，接着又安静地躺下，像填饱肚子的蛇，不动声色地、冷静地、按部就班地消化吞下的食物。他从谁跟前走过，谁不感到由衷的钦佩？对他既抱几分敬重，又怀几分恐惧。在索缪城里谁没有尝过他利爪的滋味？抓一下让你疼得入骨三分。有人为了买地，找克吕旭贷款，利率是11%。有人用期票到格拉珊那里去贴现，先得扣除一笔大得惊人的利息。市面上难得有哪天没有人提到葛朗台先生的大名，连晚上街头的闲聊也少不了要说起他。有些人甚至认为这位种葡萄的老手的殷实家产堪称当地引以为荣的一宝。所以不止一位做生意的或开客栈的索缪人，得意扬扬地在外地的来客面前吹嘘："先生，我们这一带百万元户有两三家，可是，葛朗台先生哪，连他本人都不知道自己究竟有多大的家底儿！"1816年，索缪城里最擅长计算的人做过估算，这位老先生的地产大约值400万法郎；可是，若以1793年到1817年之间每年平均收入十万法郎来推算，他手头积攒的现金应该跟他的不动产的价值不相上下。所以，当人们打完一局纸牌，或者谈过一阵葡萄种收，最后提到葛朗台的时候，自作聪明的人们会说："葛朗台老爹？……总该有五六百万吧。"倘若赶上克吕旭先生或格拉珊先生在场，听到这话准会搭腔："你倒比我还在行，我可是从来都没有法子知道这个总数。"要是巴黎来的客人提到罗启尔德或拉菲特等银行巨头，索缪城的居民就赶紧打听，问他们是否跟葛朗台先生一样有钱。如果巴黎人付之一笑，不屑地答道"是的"，索缪人就会面面相觑，难以置信地摇摇脑袋。这么大的家产给这位富翁的为人行事披上了金丝编织的外衣。就算最初他的生活起居有些特别，曾经是人们说笑的话柄，那么这话柄早已陈旧得无人再提。葛朗台先生的一言一行如今成为人们判别是非的规范。他说什么话，穿什么衣裳，他的一举一动，乃至于眨眨眼睛，都成为当地的金科玉律；人人都像自然学家研究动物本能的作用那样研究葛朗台，并能从他最琐细的动作中发现深邃而无言的智慧。人们说："今年冬天一定很冷，葛朗台老爹戴皮手套了，赶紧摘葡萄吧。""葛朗台老爹买进大批板材，今年酒的产量一定可观。”葛朗台先生从不买肉和面包。他的佃户每星期给他送来足够的食品，阉鸡、母鸡、鸡蛋、黄油和小麦，都是用来抵租的。他有一所磨坊，租用磨坊的人除了缴纳租金之外，还亲自登门拿小麦去磨，然后给他送回麸皮和面粉。他们家只雇用一个老妈子，人称大高个娜农，她尽管上了年纪，每逢周末还亲自做一家人吃用的面包。葛朗台先生跟租他菜园的菜农说好，要他们供应蔬菜。至于水果，他的果园收成之多，大部分还得拉到市场去出售。取暖用的木材，是从田园四周作为篱垣的矮树或烂掉一半的老树上锯下来的；佃户们把乱枝截成一段一段，用小车运进城，给他在柴房里堆好，讨他说声谢谢。他的众所周知的开支，无非是圣餐费，妻子和女儿的衣着花销以及教堂座位的租金；还有大高个娜农的工钱，买灯烛、给锅子镀锡、纳税、房屋修缮和作物种植等方面的费用。他最近又买进一片360多公顷的树林，委托一位邻近的居民代管，他答应付代管费。自从购置了这片树林，他才吃上野味。老先生生活上很不讲究，话不多，通常只用一些简短的现成的句子，轻声说出自己的想法。打从他出头露面的大革命时代起，每逢必须长篇大论或探讨什么问题的时候，他马上会结结巴巴、含糊其词，弄得听的人很吃力，还不得要领。这种口齿不清、前言不搭后语、思路凌乱的连篇废话，缺乏起码的逻辑，人家以为是他缺乏教育所致，其实他是装出来的。在我们下面的故事中，有些情节足以说明这一点。另外，凡遇到生活难题和商业难题要他对付、要他解决，他惯于搬出四句像代数公式一样准确的口诀，说：“我不知道，我不能够，我不愿意，等着瞧吧。”他从来不说“是”或“不是”，也从来不落下白纸黑字。有人跟他说话，他只冷冷地听着，右手托住下巴颏儿，肘弯支在左手背上；而且无论什么事，他拿准主意之后就决不反悔。哪怕一笔微不足道的生意，他都要盘算半天。当他的对手经过一番钩心斗角的谈判，自以为没有露出半点口风，而其实已经给他摸清底细，他却回答说：“这事我得跟内人商量商量，现在不能作出决定。”他的妻子早已给他压迫得成了百依百顺的奴隶，在生意上却是他最合适的挡箭牌。他从不上别人家去作客，也从不肯应邀赴饭局或请客吃饭。他从不大声喧哗，仿佛什么都讲节俭，连动作都力求省劲儿。由于他始终尊重所有权，所以他决不乱动别人的东西。然而，尽管他说起话来细声细气，举止稳重，箍桶匠的谈吐和习惯仍不免有所流露，尤其在家里，不像在别的地方那样因顾忌而克制自己。体格方面，他身高五尺，肥胖，结实，腿肚子的围长足有一尺，膝盖骨鼓溜溜的像个大结，肩膀宽阔；圆脸，皮色乌亮，布满了小麻点，下巴笔直，嘴唇没有一点曲线，牙齿雪白，眼睛里透出冷酷，像是要吃人，老百姓称之为蛇眼；脑门上皱纹密布，堆起一道道颇具奥妙的横肉，不知深浅的青年人拿葛朗台先生开心，把他发黄变灰的头发叫作雪里藏金。他的鼻尖肥大，顶着一颗布满血丝的肉瘤，有人不无道理地说这里面包藏着一团刁钻的主意。这副长相显示出阴险的精细、从不感情用事的清正和他的自私自利；他的感情只专注于吝啬的乐趣和对女儿欧也妮的爱怜，这是他唯一的继承人，是他心目中真正疼爱的宝贝。他的言谈举止，乃至于走路的步态，总之，他身上的一切，都显出由于事业上始终一帆风顺而养成的一种自信的习惯。所以，葛朗台先生尽管表面平易近人，骨子里却有一股铁石般的硬脾气。他的衣着始终如一，1791年是什么装束，今天还是什么装束。结实的鞋子，鞋带也是皮的；一年四季，他总穿一双毛料袜子，一条栗壳色粗呢短裤，在膝盖下面扣上银箍，黄褐两色交替的条绒背心，纽扣一直扣到下巴颏，外面套一件衣襟宽大的栗壳色上衣，脖子上系一条黑色的领带，头上戴一顶宽边教士帽。他的手套跟警察的手套一样结实，要用到一年零八个月之后才更换，为了保持整洁，他总以一种形成定规的动作，把手套放在帽檐的同一个部位。索缪城里的人对这位人物的底细，也就知道这些。

城里只有六位居民有资格出入他的公馆。前三位中最起眼的人物是克吕旭先生的侄子。自从这位青年当上索缪初级法庭的庭长之后，他在克吕旭的姓名之后，又加上了蓬丰这一名称，而且力求让蓬丰的身价超过克吕旭，他的签名已经改成克·德·蓬丰。辩护律师一旦冒失地照旧叫他克吕旭先生，出庭时马上就会后悔自己糊涂。凡是称他庭长先生的人都能得到他的庇护，他对叫他德·蓬丰先生的人更报以满意的微笑。庭长先生三十二岁，有一处名叫蓬丰的地产，年收入七千法郎；他还在等着继承两位老叔的遗产，一位是克吕旭公证人，另一位是克吕旭神父，图尔城里圣马丁大教堂的教士会成员，这两人据说都相当有钱。三位克吕旭靠许多本家弟兄撑腰，外加同城里的二十来家沾亲带故，跟从前佛罗伦萨的梅迪契家族一样，俨然结成一个私党；而且同梅迪契家族有帕齐家族这个宿敌一样，克吕旭叔侄也有自己的对头。德·格拉珊太太有一个二十三岁的儿子，所以常热心地来陪葛朗台太太打牌，走动很勤，希望自己心爱的儿子阿道尔夫能同欧也妮小姐结亲。银行家德·格拉珊先生竭力促成妻子的远谋，暗中不断给老财迷一些好处，决战的关头总能及时赶到前线。这三位格拉珊也有自己的同伙、本家弟兄和忠实的盟友。在克吕旭这一方，神父是智囊，由当公证人的兄弟全力支持，激烈地同银行家的太太争地盘，力图把葛朗台的大笔遗产留给自己的侄儿庭长。克吕旭和格拉珊两家明争暗斗的目标，就是欧也妮·葛朗台小姐的嫁奁；这事在索缪城里早已成为家家户户的热门话题。葛朗台小姐会嫁给庭长先生呢，还是阿道尔夫·德·格拉珊？各有各的说法。有些人的答案是：葛朗台先生既不会把女儿许配给庭长，也不会把女儿许配给德·格拉珊少爷。他们说，老箍桶匠野心大得很，要找个贵族院的议员当女婿，凭着一年三十万法郎的收入当陪嫁，谁还计较葛朗台家过去、现在和将来的酒桶生意？另一些人则反驳说，德·格拉珊本来就是贵族世家，有钱有势，阿道尔夫又是一表人才，除非葛朗台身边有教皇的侄儿在向他求亲，跟这样的人家联姻他还能不心满意足吗？他毕竟是个白丁，索缪城里谁没有见过他拿着削木刀做酒桶？况且他还戴过“红帽子”。更有心计的人提醒说，克·德·蓬丰先生随时都能出入葛朗台家，而他的对头只有星期天才能上门。一派人认为德·格拉珊太太同葛朗台家的女眷关系密切，胜过克吕旭叔侄，久而久之她会说动葛朗台母女，从而达到自己的目的。另一派却回答说，克吕旭神父是天下最巧于辞令的人，女人和僧侣斗法，正好势均力敌；用索缪城里一位出言俏皮的人的话来说：“他们是旗鼓相当。”据当地更熟谙内情的老人们的看法，像葛朗台老爹那样精明的人，决不会让家产落到外人的手里，索缪的欧也妮·葛朗台小姐只可能嫁给在巴黎做葡萄酒批发生意十分得法的葛朗台先生的儿子。对于这一看法，克吕旭派和格拉珊派异口同声地反对：“首先，葛朗台老哥儿俩三十年来没有见过两次面。其次，巴黎的葛朗台先生对儿子抱有很高的期望。他本人是巴黎城里的一区之长兼议员，又是国民卫队的上校，商务法庭的法官。他不承认索缪的葛朗台同他是本家，只妄想同拿破仑宠信的哪个公侯之家联姻结亲。”方圆七八十里，甚至在从安茹到布卢瓦的驿车里，人们七嘴八舌，谈论起这位富家独女的亲事来，什么话没有？1818年初，克吕旭派一度明显地占了格拉珊派的上风。素以花园、华宅、田庄、河流、池塘、森林而闻名的弗洛瓦丰地产，价值三百万法郎。年轻的德·弗洛瓦丰侯爵由于急需现款，不得不计划卖掉。克吕旭公证人、克吕旭庭长和克吕旭神父，在党羽的帮助下，设法打消了侯爵分段出售的念头。公证人劝说侯爵：分段出售，必得同投标人打无数次官司才能收齐他们应付的款项；倒不如卖给葛朗台先生一人，他买得起，而且还能付现钱。临了，公证人同侯爵做成这笔皆大欢喜的生意。于是好一片风光美丽的侯爵封地，被吞进葛朗台先生的血盆大口。索缪城的居民看到葛朗台先生办完手续，就把打了些折扣的田价一次付清，无不惊讶万状。这件新闻一直传播到南特和奥尔良。葛朗台先生搭一辆老乡回家的便车，到弗洛瓦丰察看新置的产业，他以主人的身份看了一遍之后，返回索缪城，认为这一笔投资等于放了一笔利息五厘的贷款，并立刻萌生一个宏伟的设想，打算把他的全部家当都归并到这片地产上来，扩展这片侯爵领地。然后，为了把几乎已经掏空的金库重新填满，他决定把他的树木森林全都砍平，把草场上种植的白杨也都当木材卖掉。

人称葛朗台先生的家叫公馆，现在你总该掂出这种叫法的分量了吧。这房屋惨淡无光，阴森森，静悄悄，坐落在城区的上部，坍塌的城墙脚下。组成门洞的两根支柱和支柱间的拱顶，跟房屋一样，是用凝灰岩砌成的；那是卢瓦尔河边特产的一种白石，质地松软，一般用不到二百年就不行了。寒冬酷暑给门洞的拱楣、侧壁，凿出无数大小不一、形状古怪的洞眼，表面看去就像法兰西建筑常见的那种蛀蚀斑斑的石料，又有几分监狱大门的模样。在门楣的上方，有一长条硬石浮雕，图案代表一年四季，形象已经剥蚀，而且通体发黑。浮雕上面有一条接缝的石板，突出在外，上面凌乱地长着些野草，黄色的苦菊，野牵牛花，旋复花，车前草，还有一株小小的樱桃树，已经相当高了。褐色的大门是用整块橡木板做的，到处都有干裂的缝隙，外表很单薄，其实很厚实，上面有一排排对称的钉子，组成几个图案。独扇大门的中央，开了一个装上铁栅的四方门眼，铁条排得很密，而且锈得发红。像是给下面的门槌提供了装置的理由，这门槌由一个铁环吊在门上，槌头正好敲在一颗大钉的头上，上面刻着一张扮鬼脸的面孔。长圆形的槌头跟我们老祖宗称之为傻瓜脑袋的钟锤相仿，又像一个巨大的惊叹号；好稽古的人倘若仔细打量，或许会发现这槌头上还留有当初的丑角形象的痕迹，只是年深月久，花纹早已磨平。装上铁栅的门眼在内乱不止的年月本来是用来张望访客的；如今爱东张西望的人可以从中看到在幽暗发绿的拱顶的尽头，有几级七零八落的台阶，通往一个厚墙围住的花园。潮湿的墙面到处是淋漓的水迹和一簇簇野生的小树，倒也别有情致。这墙原先是城墙，邻近几家的花园就筑在城墙上面。楼下最起眼的房间是客厅，客厅的进口就对着大门。在安茹、都兰、贝里等地的小城中，客厅的重要性外地人通常是体会不到的。它身兼数职，是穿堂、沙龙、书房、上房和饭厅，是家庭生活的中心，公用的起居室。地段的理发师一年两次到这里来给葛朗台先生理发；佃户、本堂神父、县长、磨坊伙计登门的时候，也是在这里受到接待。这间屋有两扇临街的窗户，地上铺着地板，四壁有灰色的护墙板，从上到下，整个铺满，而且镶嵌着一条条老式的分割线；顶上的梁木露在外面，也漆成灰色，梁木间的楼板填上白色的棉垫，如今早已发黄。一座黄铜的老式时钟，镶嵌了螺钿的花纹，点缀着刻工粗糙的白石面料的壁炉架；壁炉架上方挂着一面发出绿光的镜子，边缘削成显示厚度的斜面，把镜子的反光射到哥特式的镂花钢框的四周。壁炉两边各有一座金光闪闪的黄铜烛台，供待客和居家二用：拿掉玫瑰花瓣形的托盘，把烛台的主杆插进一个镶有黄铜的大理石的座子，这铜花黯淡的大理石座子就成了日常使用的烛台。老式的座椅包着花布，图案内容是拉封丹的寓言，不过不知底细的人看不出上面的主题，因为颜色褪尽，而且补丁摞补丁，原来的图案很难看清。房间的四角放着酒柜之类的角橱，角橱上面还有几层油腻的搁板。一张旧的细木镶嵌的牌桌，放在两扇窗户之间的空档里，桌面上画有棋盘。在桌子上方的墙上挂着一只椭圆形的晴雨表，黑框四周点缀着金漆的木刻花边，只是久经肆无忌惮的苍蝇一再地糟蹋，金漆被蹭得所剩无几了。壁炉对面的墙上挂着两幅水粉肖像，据称身穿法兰西卫队中尉衔军官制服的，是葛朗台太太的外公德·拉倍特里埃先生，另一个是已故的让蒂叶夫人，扮成古装的牧女。两扇窗户都挂着窗帘，用的是图尔出产的红色粗经布，两边由大坠子的黄丝带吊起。这种奢华的装潢同葛朗台家的习惯很不协调，原来这些都是买进这所房屋时就有的；还有镜框、座钟、软垫家具和粉红色的角柜，也都是连房屋一起买下的。离门最近的那个窗户跟前，放着一把草垫椅子，椅腿下面加了垫板，好让葛朗台太太坐着能看见街上的行人。一张褪了颜色的桃木针线桌填满窗下的空间，欧也妮·葛朗台坐的小椅子就放在针线桌边上。十五年来，母女俩天天在这里安静地消磨日子，手里总是做着活计，从四月春暖时起，到十一月冬季降临时止，年年如此。十一月初，她们可以坐到壁炉前歇冬了。只有到十一月初一，葛朗台才允许客厅里生火，一到三月三十一日就得熄火，他根本不考虑春寒和秋凉。大高个娜农设法从厨房炉膛里掏出她有意保留下来的木炭，放进烤火炉，让太太小姐抵御初春和深秋时节早晚的寒意。母女俩缝制全家的内衣和被服，整天像女工一样操劳；即使欧也妮想替母亲绣一条挑花领子，也只能利用自己的睡眠时间，而且还得设法骗取父亲的蜡烛。多年来，老财迷总是亲自分发蜡烛给女儿和娜农使用，同样，日常消费的面包和其他物品，也都由他在早晨分发。

大高个娜农也许是天下唯一能接受主人如此专制对待的佣人，城里家家户户都羡慕葛朗台夫妇能雇到这样好的老妈子。因为她身高五尺八寸，所以都叫她大高个娜农。她在葛朗台家已经做了三十五年。虽然她每年的工钱只有六十法郎，大家却认为她属于索缪最有钱的女佣之列。一年六十法郎，积攒了三十五年，最近居然有四千法郎存到公证人克吕旭那里，以备日后养老。大高个娜农靠长期而持久的积蓄，才凑成这笔巨大的数目；每个当女佣的，只看到六十上下的老妈子吃喝有靠，眼红得很，却不想想她的这笔血汗钱是当牛做马换来的。二十二岁那年，可怜她还是姑娘的时候，找不到人家落脚，因为她的长相似乎丑得吓人；其实这种看法很不公正：倘若把她的脸安放到榴弹兵的脖子上，准还能被人赞不绝口呢。可惜，据说什么都有个般配的问题。她早先是在一家农庄里放牛的，农庄失火，她丢了饭碗。凭干什么都不怵的勇气，她进城来找差事。葛朗台老爹那时想结婚而没有结婚，却已经考虑日后成家过日子了。他注意到这个到处吃闭门羹的姑娘了。身为箍桶匠，他判断一个人的体力是十拿九稳的；他盘算下来，认为这个体格像神话里的大力士那样粗壮的姑娘大可利用。她站着像一棵根深蒂固的六十年的老橡树，膀粗腰圆，后背四方，一双手像赶大车的，有一说一的诚实跟她守身如玉的贞洁一样牢靠。雄赳赳的脸上布满疣子，皮色红得像刚出窑的砖头，手臂上青筋暴起，穿一身破衣烂衫，娜农的这副模样并没有吓退箍桶匠，尽管他那时还处于见色动情的年纪。他给这可怜的姑娘衣着、鞋袜，供她吃住，给她工钱，又不过分粗暴地使唤她。大高个娜农受到这样的善待，快活得偷偷哭了，从此忠心耿耿服侍这位把她当家奴使唤的箍桶匠。她把家务全包了：做饭，蒸煮东西，下河洗衣裳，洗罢用肩膀扛回来；她天一亮就起床，深夜才睡觉；收割的季节，短工们的吃喝全由她做，她还帮着监看场地，防备有人捡走掉在地上的葡萄；她像狗一样忠实地看护主人的财物。总之，她对主人盲目地信服，主人的念头哪怕多么不合情理，她都照办，决无怨言。1811年是多事的一年，收葡萄的季节特别辛苦，葛朗台决定把自己的一只旧表送给在他家做了二十年工的娜农，那是她从主人那里得到的唯一礼物。尽管他不时把自己的旧鞋送给她穿（娜农穿着倒很合脚），但是总不能把三个月才得到一双穿破的旧鞋当作礼物吧。可怜的老丫头由于缺这少那变得十分吝啬，终于使葛朗台像喜欢一条狗那样喜欢起她来；娜农也乐得伸长脖子由主人套上颈圈，连颈圈上的铁刺，也扎不疼她了。要是葛朗台分发面包时切得太薄，娜农也决不抱怨；她高高兴兴地赞同这家人从节制饮食中得到卫生方面的好处，确实从来没有人生过病。娜农已跟这家人打成一片：葛朗台笑，她也笑；她跟主人一起发愁、挨冻、取暖、干活儿。享有这样的平等，她能得到多少亲切的补偿啊！主人从来不怪她在树底下贪吃杏子或酸桃、李子或油柿。“吃吧，吃够了算，娜农。”遇到果子把树枝压弯的年份，佃户们不得不用水果喂猪，葛朗台也乐得大方。从小只受到虐待的农村女子，总算有人发善心收留她，看见葛朗台老爹含义模糊的微笑，简直像看到灿烂的阳光一样。而且娜农心地纯朴、头脑简单，只容得下一种感情，一个心眼。三十五年来，她总时时看到自己光着脚，衣衫褴褛地站在葛朗台老爹的工场门口，听箍桶匠对她说：“你要什么呀，好孩子？”而她的感激之情始终同年轻时一样。有几次葛朗台先生想，这可怜虫从来没有听到过一句奉承话，也不知道女人能引发男人什么样的感情，将来被召到上帝跟前时，会比圣母玛丽亚更贞洁；想到这些，葛朗台动了恻隐之心，望着她，不禁说了句：“可怜的娜农！”老妈子听到这一声感叹，总是用一种难以形容的目光朝他看一眼。这感叹久而久之构成一条不断的友谊之链，每感叹一次等于给这链条又增添一环。葛朗台内心深处的这种怜悯之情，固然让老姑娘感激涕零，但其中总有点不知何来的恐怖成分。这种财迷才有的残忍的怜悯，固然唤醒了老箍桶匠的种种快感，对娜农而言，却构成了她的全部的幸福。谁不会也叫一声“可怜的娜农”啊？只有上帝才能从语气的抑扬顿挫和有所流露的奥妙的惋惜之情中听出谁才是怀有真正慈悲心肠的人。在索缪，不少人家对待佣人要好得多，佣人却仍对主人不满。于是就产生下面这种议论：“葛朗台家对大高个娜农不知下了什么功夫，能让她这样忠心耿耿，简直肯为他们赴汤蹈火！”厨房的窗户对着院子，窗上装着铁栅，里面总是干净、整洁、清冷，名副其实是守财奴的厨房。没有一样东西会糟蹋掉。娜农洗罢碗盏，收好剩菜，熄了灶火，便到跟厨房隔着一条过道的客厅去，坐在主人们的身旁绩麻。一支蜡烛就足够全家人一晚的照明。女佣睡在过道尽头一间小黑屋里，只有墙洞漏进一点光线。多亏她身子骨结实，睡在这样的窝里居然毫无亏损。她在那里可以听到日夜都静悄悄的这个家里的一丝一毫的响动，而且像警犬一样，竖着耳朵睡觉，休息时都不误守夜。

这幢房子里的其余部分，待故事发展下去的时候再来描述。但是对全家最奢华的那间客厅的素描足以使人预想到楼上的寒碜了。

1819年11月中旬的某天傍晚，大高个娜农第一次生火。那年秋天一直很暖和。那天恰好是克吕旭党和格拉珊党都熟记在心的节日。所有六位双方的主角准备全副武装到葛朗台家的客厅来交锋，比一比谁跟这家的交情更深。索缪城里的居民一早就看见娜农跟在葛朗台太太和小姐的后面，去教区的教堂望弥撒，他们都记得那天是欧也妮小姐的生日。所以，克吕旭公证人、克吕旭神父和克·德·蓬丰先生算准了葛朗台家该吃罢晚饭的时候，急忙抢在格拉珊一家之前，赶来祝贺葛朗台小姐生日快乐。他们三人都捧着从自家的小暖房里摘来的大束鲜花。庭长的那束鲜花精心地裹上了白缎带，还带着金色的流苏。那天一早，葛朗台先生照例像往常欧也妮过生日和命名日一样，趁她还没有起床就闯进她的房间，郑重其事地送她一件作为父亲的礼物，十三年来的老规矩，总是一枚稀罕的金币。葛朗台太太一般送给女儿一件冬天或夏天穿的连衣裙，这得看什么节日。一年两件连衣裙，还有父亲在元旦和节日送给她的金币，构成她一年一小笔约有五六百法郎的收入。葛朗台高兴地看到她都攒着。这样，他的钱不就等于只换个储钱罐吗？而且简直等于手把手地教女儿学会吝啬。他有时要问女儿一共攒下多少金币，里面还包括拉倍特里埃夫妇留给重外孙女的钱。他说："这是你将来陪嫁的压箱钱。"压箱钱是一种古老的风俗，如今在法国中部的一些地方还很盛行。在贝里、安茹一带，姑娘出嫁，娘家或婆家要给她一笔钱，十二枚，或十二份十二枚，或一百二十枚金币或银币，看家境而定。最穷的放羊姑娘出嫁时也得有压箱钱，哪怕用铜钱充数。听说伊苏屯有个富家千金出阁，压箱钱是一百四十四枚葡萄牙金币，不知道是娘家给的还是婆家给的，反正至今还有人说起这件事。卡特琳娜·德·梅迪契出嫁时，她的叔叔教皇克莱芒七世送她十二枚价值连城的古代金勋章，作为她同亨利二世成亲的陪嫁。在吃晚饭的时候，父亲看到欧也妮穿了一身新衣裳显得格外漂亮，便十分高兴地嚷道："既然是欧也妮的生日，咱们今天就生火！热热乎乎地取个吉利。"

"小姐今年准有喜事，要成亲了。"大高个娜农撤走桌上吃剩的鹅肉时，这么说道。鹅是箍桶匠家餐桌上的山珍。

"索缪城里我看没有与她般配的人。"葛朗台太太接茬说道，一面胆怯地望着丈夫。她这把年纪，还这样小心翼翼，足见她完全唯丈夫之命是从，可怜巴巴的连大气儿都不敢出一声。

葛朗台把女儿打量了一番，快活地叫道："她今天过二十三岁的生日，这孩子，得为她操点心了。"

欧也妮和她的母亲心照不宣地彼此看看。

葛朗台太太是个干瘦的女人，皮色蜡黄，举止迟缓笨拙，像是生来就受暴君压制似的。她大骨骼、大鼻子、大额头、大眼睛，乍一看有点像那种失去香味和水分、嚼起来像棉花球那样的果子。发黑的牙齿已所剩无几，嘴巴四周皱纹密布，下巴颏像鞋头往上翘的木靴。她为人极好，不愧是拉倍特里埃家的后代。克吕旭神父有心找机会说她当年曾长得不错，她信了。她像天使那样温柔，像被孩子们捉弄的昆虫那样与世无争，虔诚得少有，心境始终坦荡如水，什么都激不起丝毫波澜，心地善良，使得人人都可怜她，敬重她。丈夫给她的零花钱，从来没有一次超过六法郎。她虽然相貌可笑，但她的陪嫁和她承继到的遗产，给葛朗台老爹增添了三十多万法郎的家底儿，然而她始终打心眼儿里感到自卑，感到寄人篱下，仰人鼻息；柔和的天性不允许她反抗，她从来不要一分钱，克吕旭公证人要她签署什么文件，她从不提出什么问题。这种埋在心底的、愚不可及的傲气，这种一直不被葛朗台理解而且一直受到他伤害的慷慨胸怀，支配了她的行为。葛朗台太太长年穿一身绿得泛白的连衣裙，而且照例穿上一年；披一条棉料的白围巾，戴一顶草帽，胸前几乎总系一条黑色塔夫绸围裙。她深居简出，鞋子很省。总之，她从不想为自己要些什么。所以，葛朗台有时良心发现，想到自从上次给她六法郎之后已经很久，便在出售当年收成的契约中规定买主给他太太一些好处，要购货的荷兰人或比利时人破费四五枚金路易，这就是葛朗台太太年收入中最可观的进账。可是，当她收下那属于她的五枚金路易时，葛朗台往往会对她说，好像他们的钱都是公用的："你借我一点用用好吗?"可怜的妻子乐于为丈夫服务，她的忏悔师告诉她，丈夫是她的老爷、她的主人，所以在冬闲时她总要从所得的好处中掏出一些金币来还给她。葛朗台从口袋里掏出五法郎的硬币，作为日常零用和供女儿买针线服饰花销的月钱，扣上钱袋之后，总不忘问一声妻子："你呢，孩子她妈，你要买点什么?"

"亲爱的，"葛朗台太太顿时感到一种做母亲的尊严，回答说，"以后再说吧。"

这种崇高纯属多余！葛朗台自以为对太太慷慨得很呢。哲学家们倘若遇到娜农、葛朗台太太和欧也妮这样的人，不是有理由认为上帝的本质，从根本上说，是嘲弄人吗?那天晚饭桌上，第一次提到了欧也妮的婚事。晚饭过后，娜农到葛朗台先生的房里去拿一瓶果子酒，下楼时几乎摔一跤。

"大牲口，"男主人说道，"你也会像别人那样摔跤吗?"

"先生，是您的楼梯吃不住呀。"

"她说得对，"葛朗台太太说，"您早该让人来修修了。昨天，欧也妮差点儿崴了脚脖子。"

"那好，"葛朗台看到娜农面色刷白，对她说，"既然今天是欧也妮的生日，你又差点儿摔跤，你就喝一小杯果子酒压压惊吧。"

"真是，我算赚到了一杯酒，"娜农说，"换个别人，这瓶酒早摔碎了；可是我宁可摔断脖子，也要举着瓶子，不让它摔着。"

"这可怜的娜农!"葛朗台一边说一边替她倒酒。

"你摔疼了吧?"欧也妮望着她，关切地问。

"没有，我打了一个挺就站稳了。"

"好！既然今天是欧也妮的生日，"葛朗台说，"那我就去替你们修修踏脚板吧。你们啊，你们就不会把脚落在还结实的角上!"

葛朗台拿走了烛台，让妻子、女儿和女佣坐在除了壁炉里烧得正欢的火苗之外别无亮光的黑暗中。他到烤面包的小间里去找木板、钉子和木工工具。

"要帮忙吗?"娜农听到楼梯那边有敲敲打打的声音，朝那边喊道。

"不用！不用！这事我在行。"老箍桶匠回答说。

葛朗台在亲自修补虫蚀的楼梯时，想到年轻时的往事，尖声地吹起口哨来。这时，克吕旭叔侄敲门来了。

"是克吕旭先生吗?"娜农从门眼里往外看看，问道。

"是我。"庭长答道。

娜农打开大门，壁炉里的火光照到门洞上面，克吕旭叔侄总算看清客厅的门口。

"啊！你们是祝贺生日来的。"娜农闻到花香，说道。

"对不起啊，诸位，"葛朗台听出了朋友的声音，朝外间喊道，"我马上就来！不怕见笑，我在亲自动手修补楼梯踏板呢。"

“不忙，不忙，葛朗台先生，煤黑子在家，大小是市长。①”庭长引经据典地说罢，独自呵呵地笑了，为无人领会他的影射而得意洋洋。

【讲评】

巴尔扎克是19世纪法国伟大的批判现实主义作家、欧洲批判现实主义文学的奠基人和杰出代表。一生创作96部长、中、短篇小说和随笔，总名为《人间喜剧》，其中的代表作为《欧也妮·葛朗台》《高老头》等。100多年来，他的作品传遍了全世界，对世界文学的发展和人类进步产生了巨大的影响，被称为“法国社会的一面镜子”。马克思、恩格斯称赞他是“超群的小说家”“现实主义大师”。恩格斯这样评论《人间喜剧》：巴尔扎克在《人间喜剧》里给我们提供了一部法国社会特别是巴黎“上流社会”卓越的现实主义历史……

《人间喜剧》分“风俗研究”“哲理研究”“分析研究”三大类，原定书名为《社会研究》。1842年，巴尔扎克受但丁《神曲》谓之“神的喜剧”的启发，遂改此名，即把资产阶级社会作为一个大舞台，把资产阶级的生活比作一部丑态百出的“喜剧”。

《欧也妮·葛朗台》是巴尔扎克的代表作，是《人间喜剧》中“最出色的画卷之一”。小说以吝啬鬼葛朗台的家庭生活和剥削活动为主线，以欧也妮的爱情和婚姻悲剧为中心事件，层层剖析了葛朗台的罪恶发家史和泯灭人性的拜金主义，描写了资产阶级暴发户发家的罪恶手段，深刻地揭露了资产阶级的贪婪本性和资本主义社会中人与人之间冷酷无情的金钱关系。

2. 花市

贾大山

今天城里逢集，街上还很安静的时候，花市上就摆满了一片花草。紫竹、刺梅、石榴、绣球、倒挂金钟、四季海棠，真是花团锦簇，千丽百俏，半条街飘满了清淡的花香。

一个小小的县城里，为什么出现了这么多卖花的人？有人说，栽培花卉不但可以供人观赏，美化环境，而且许多花卉具有药用、食用和其他用途，可以增加社会财富；也有人说农民们见钱眼开，只要能赚钱，什么生意都想做一做；还有一种简单但是富有哲理的说法，那就是：“如今买花的人多了，卖花的人自然也就多了。”

“老大爷，你买了这盆三叶梅吧，这花便宜，好活，你看它开得多么鲜艳！”

花市东头，一个卖花的乡下姑娘在和一个看花的乡下老头谈生意。这个姑娘集集来卖花，经常赶集的人都认识她，但不知道她叫什么名字。姑娘不过二十一二岁，生得细眉细眼，爱笑，薄薄的嘴唇很会谈生意。

那老头蹲在她的花摊前面，摇摇头，对那盆开满粉红色零星小花的三叶梅表示不感兴趣。姑娘又说：“那就买了这盆兰花吧，古人说，它是‘香祖’……”

“那一盆多少钱？”老头抬起下巴朝花车儿上一指，打断她的话。

那是一盆令箭荷花。在今天的花市上，这是独一份儿。葱翠的令箭似的叶状枝上，四

① 本句原为“煤黑子在家，大小是个长”。克吕旭庭长有意把长说成市长，影射葛朗台当年曾主持索缪市政。

朵花竞相开放，那花朵大，花瓣儿层层叠叠，光洁鲜亮，一层紫红，一层桃红，一层粉红，花丝弯曲嫩黄，阳光一照，整个花朵就像薄薄的彩色玻璃做的一样。姑娘说："老大爷，那是令箭荷花。"

"我要的就是令箭荷花！"

"它贵。"

"有价儿没有？"

姑娘听他口气很大，把他仔细打量了一遍。老头瘦瘦的，大约60多岁，白布褂子，紫花裤子，敞着怀，露着黑黑的结实的胸脯，不像是养种花草的人。姑娘问："老大爷，你是哪村的？"

"严村的。"

"哪村？"

"严村，城北的严村。"

"晓得晓得。"一个看花的小伙子打趣说，"严村，好地方啊，那里的人们身上不缺'胡萝卜素'……"

看花的人们一齐笑了，姑娘笑得弯下腰去。严村是个苦地方，多少年来，那里的人们每年分的口粮只能吃七八个月，不足部分，就用胡萝卜接济。这一带人们教育自己不爱做活的姑娘时，总是这么说："懒吧，懒吧，捉不住针，拿不起线，长大了看到哪里找个婆家。拙手笨脚没人要，就把你嫁到严村吃胡萝卜去！"这个卖花的姑娘，小时候一定也受到过大人的这种警告吧？

在人们的笑声中，老头红了脸，好像受了莫大羞辱。他一横眉，冲着姑娘说："笑！你是来做买卖的，还是来笑的！"

姑娘一点也不急，反倒觉得这个老头很可爱，依然笑着说："老大爷，如今村里怎样啊？"

"不怎样！"

"去年，工值多少？"

老头没有回答，看看买花的人多起来了，就又指着那盆令箭荷花说："多少钱，有价儿没有？"

"15。"姑娘止住笑说。

"多少？"人们睁大眼睛。

"15。"姑娘重复道。

"坑人哩！"老头站起身。

"太贵了，太贵了。"人们也说。

姑娘看看众人，又笑了说："是贵。这东西不能吃，不能喝，一块钱一盆也不便宜。可是老大爷，人各一爱，自己心爱的东西，讲什么贵贱呀？想便宜买胡萝卜去，15块钱买一大车，一冬天吃不完——你又不买，偏偏想来挨坑，那怨谁呢？"

姑娘的巧嘴儿又把人们逗笑了。老头也咧着大嘴笑了说："不买不买，太贵太贵。"

"你给多少？"姑娘赶了一句。

"10块钱。"老头鼓鼓肚子。

"再添两块，12块钱叫你搬走。"姑娘最后表示慷慨。

老头用手捻着胡子，斜着眼珠望着那盆令箭荷花，牙疼似地咂起嘴唇儿。人们说："姑娘，自家出产的，让他两块吧！"

"老头，买了吧，值！"

"10块，多一分钱也不买。"老头坚定地说。

"12，少一分钱也不卖。"姑娘也不相让。

"不卖，你留着自己欣赏吧！"老头白了姑娘一眼，终于走了，但他不住回头望一望那盆令箭荷花。

上午10点钟，集上热闹起来，花市上也站满了人。那些买花的，看花的，和猪市、兔市、木器市上一样，大半是头上戴草帽或扎手巾的乡下人。原来乡下人除了吃饭穿衣，他们的生活中也是需要一点花香的。

姑娘的生意很好，转眼工夫，就卖了许多花。她正忙着，听见人群里有人嚷道："姑娘，拿来，买了！"抬头一看，那老头又回来了，脸上红红的，好像刚刚喝了酒。

"12。"姑娘说。

"给你！"老头忍疼说，"你说得对，人各一爱。我只当耽误了八天工，只当闺女少包了半垄棉花，只当又割资本主义尾巴呢，割了我两只老母鸡！"

姑娘笑了笑，把那盆令箭荷花搬到他跟前去。正要付钱，一个眉目清秀的干部打扮的年轻人挤上来说："多少钱？多少钱？"

"12。"姑娘答。

"我买我买！"年轻干部去掏钱包。

"我买了，我买了！"老头胳膊一乍，急忙护住那盆花。

年轻干部手里摇着黑色纸扇，上下看了老头一眼，似笑非笑地说："老头，你晓得这是什么花？"

"令箭荷花！"

"原产哪里？"

"原产……原产姑娘家里！"

年轻干部哈哈大笑。笑罢，用扇子照老头的肩上拍了两拍，说："墨西哥——让给我吧，老头。"

"我买的东西，为什么让给你？"

"唉，你买它做什么！"

"你买它做什么？"

"我看。"

年轻干部笑了一下，弯腰去搬那盆花。老头大手一伸，急忙捉住他的手，向后一扔，也给他笑了一下："我也看！"

人群里爆发了一片笑声。姑娘没有笑，手拿着一块小花手绢，在怀里扇着风，冷冷地注视着年轻干部的行动。年轻干部无可奈何，用扇子挡着嘴，对老头嘀咕了几句什么。老头立刻冷着脸说："不行不行，明天也是我的生日，我也爱花！"

"你这个人真难说话！这么贵，你吃它喝它？"

"咦，我不吃它喝它，你那个上级吃它喝它？"

人们听得明白，就又笑起来了。年轻干部不知出于一种什么心理，陡地变了脸色说：

"你是哪个村的?"

"严村的。"

"你们村的支书是谁?"

老头眨眨眼睛，向众人说："你们看这个人怪不怪，我买一盆花，他问我们村的支书是谁做什么?"

这一回，人们没有笑。乡下人自有乡下人的经验，他们望着年轻干部的脸色，猜测着他的身份、来历，纷纷说："老头，让给他吧，与人方便自己方便。"

"是啊，让给他吧，只当是学雷锋哩……"

老头听人劝说，心里好像活动了一点。他望着那盆令箭荷花，用手捻着胡子，又咂起嘴唇儿。年轻干部冷冷一笑，乘势说："就是嘛，你们乡下人，还缺花看吗? 高粱花、棒子花、打破碗碗花，野花野草遍地都是。姑娘，我出13块钱买了!"

说着，把钱送到姑娘脸前。

姑娘不接他的钱，手拿着小花手绢，依然那么扇着，冷冷地盯着他。他还想说什么，那老头一跳脚，从怀里掏出一把崭新的票子，扯着嗓子嚷道："你要那么说，我出14块钱!"

"我出15块钱!"

"我出……"

"你这个人真是自不量力!"姑娘好像生了很大的气，瞪了老头一眼说，"你干一天活，挣几个钱，充什么大肚汉子呢! 15不要，14不要，12也不要了，看在你来得早，凭着你那票子新鲜，依你，10块钱搬走吧! 记住，原产墨西哥，免得叫人再拿扇子拍你!"

"多少多少?"年轻干部睁大眼睛。

"10块钱，我们谈好了的。"姑娘轻轻一笑，对他倒很和气。

老头愣了一下，呵呵地笑了，赶快付了钱，搬起那盆令箭荷花就走。年轻干部气得脸色发白，用扇子指着姑娘的脸，一时不知说什么好："你你……"

"我叫蒋小玉，南关的，我们支书叫蒋大河，还问我们治保主任是谁吗?"

人们明白姑娘的心思，一齐仰着脖子大笑起来。在笑声中，人们都去摸自己的钱包，都想买姑娘一盆花，姑娘就忙起来了。她笑微微地站在百花丛中，也像一枝花，像一枝挺秀淡雅的兰花吧。

【讲评】

贾大山（1942—1997），河北正定县人，1964年作为下乡知青到正定县西慈亭村插队务农，后调至正定县文化馆，历任正定县文化局局长、政协副主席，河北省政协常委、河北省作家协会副主席。20世纪70年代开始在《人民文学》《北京文学》《河北文学》《上海文学》等多家刊物发表小说。《取经》获1978年全国首届优秀短篇小说奖；《花市》《村戏》获河北优秀小说奖，《干姐》获河北文艺振兴奖；《中秋节》在《河北文学》发表后，被《中国导报》（世界语）译载；《赵三勤》收入日本银河书房出版的《中国农村百景》，并获《山西文学》1980年优秀小说奖。

发表于1983年的《花市》以城市集贸为典型环境，社会背景是20世纪80年代初期这一特殊的历史时期——正是结束"十年动乱"、思想禁锢解放的时候，也是一个百废正兴、市场空前活跃、人们精神面貌焕然一新的时刻，更是我国社会主义经济建设和精神文明建设的黄金时期。《花市》围绕买花卖花这一中心事件，塑造了卖花姑娘、农民老大爷、年轻干部三个人物形象，反映了党的十一届三中全会以来我国农村经济迅速发展、农民精神面貌的重大变化，带有鲜明的时代色彩。

第二讲
茅盾商业题材小说研究

1. 子夜（节选）

茅盾

旧历端阳节终于在惴惴不安中过去了。商家老例的一年第一次小结账不得不归并到未来的“中秋”；战争改变了生活的常轨。

“到北平去吃月饼！”——军政当局也是这么预言战事的结束最迟不过未来的中秋。

但是结束的朕兆此时依然没有。陇海线上并没多大发展，据说两军的阵线还和开火那时差不多；上游武汉方面却一天一天紧。张桂联军突然打进了长沙！那正是旧历端阳节后二天，阳历六月四日。上海的公债市场立刻起了震动。谣言从各方面传来。华商证券交易所投机的人们就是谣言的轻信者，同时也就是谣言的制造者和传播者，三马路一带充满了战争的空气！似乎相离不远的昼锦里的粉香汗臭也都带点儿火药味。

接着又来一个恐怖的消息：共产党红军彭德怀部占领了岳州！

从日本朋友那边证实了这警报的李玉亭，当时就冷了半截身子。他怔了一会儿，取下他那副玻璃酒瓶底似的近视眼镜用手帕擦了又擦，然后决定去找吴荪甫再进一次忠告。自从“五卅”那天以后，他很小心地不敢再把自己牵进了吴荪甫他们的纠纷，可是看见机会凑巧时，他总打算做和事佬；他曾经私下怂恿杜竹斋“大义灭亲”，他劝竹斋在吴荪甫头上加一点压力，庶几吴赵的妥协有实现的可能。他说荪甫那样的刚愎自信是祸根。

当下李玉亭匆匆忙忙赶到吴公馆时，刚碰着有客；大客厅上有几个人，都屏息侧立，在伺察吴荪甫的一笑一颦。李玉亭不很认识这些人，只其中有一个五十岁左右的小胡子，记得仿佛见过。

吴荪甫朝外站着，脸上的气色和平时不同；他一眼看见李玉亭，招了招手，就喊道：“玉亭，请你到小客厅里去坐一会儿，对不起。”

小客厅里先有一人在，是律师秋隼。一个很大的公事皮包摊开着放在膝头，这位秋律师一手拈着一叠文件的纸角，一手摸着下巴在那里出神。李玉亭悄悄地坐了，也没去惊动那沉思中的秋律师，心里却反复自问：外边是一些不认得的人，这里又有法律顾问，荪老三今天有些重要的事情……

大客厅里吴荪甫像一头笼里的狮子似地踱了几步，狞厉的眼光时时落到那五十岁左右小胡子的脸上，带便也扫射到肃立着的其他三人。忽然吴荪甫站住了，鼻子里轻轻哼一声，不能相信似的问那小胡子道：“晓生，你说是省政府的命令要宏昌当也继续营业不是？”

“是！还有通源钱庄，油坊，电厂，米厂，都不准停闭。县里的委员对我说，镇上的市面就靠三先生的那些厂和那些铺子；要是三先生统统把来停闭了，镇上的市面就会败落到不成样子！”

费小胡子眼看着地下回答；他心里也希望那些厂和铺子不停闭，但并非为了什么镇上的市面，而是为了他自己。虽则很知道万一荪甫把镇上的事业统统收歇，也总得给他费晓生一碗饭吃，譬如说调他到上海厂里，然而那就远不如在镇上做吴府总管那么舒服而且威风，况且他在县委员跟前也满口自夸能够挽回“三先生”的主意。

“嘿！他们也说镇上市面怎样怎样了！他们能够保护市面么？”

吴荪甫冷冷地狞笑着说。他听得家乡的人推崇他为百业的领袖，觉得有点高兴了。费小胡子看准了这情形，就赶快接口说道：“现在镇上很太平，很太平。新调来的一营兵跟前番的何营长大不相同。”

“也不见得！离市梢不到里把路，就是共匪的世界。他们盘踞四乡，他们的步哨放到西市梢头。双桥镇里固然太平，可是被包围！镇里的一营兵只够守住那条到县里去的要路。我还听说军队的步哨常常拖了枪开小差。共匪的人数、枪支都比从前多了一倍！”

突然一个人插进来说；这是吴荪甫的远房侄儿吴为成，三十多岁，这次跟费小胡子一同来的。

“还听说乡下已经有了什么苏维埃呢！”

吴为成旁边的一个二十多岁的青年也加了一句；他是那位住在吴公馆快将半个月的曾家驹的小舅子马景山，也是费小胡子此番带出来的。他的肩膀就贴着曾家驹，此时睁大了眼睛发怔。

吴荪甫的脸色突然变了，转过去对吴为成他们看了一眼，就点了一下头。费小胡子却看着心跳，觉得吴荪甫这一下点头比喝骂还厉害些；他慌忙辩白道：“不错，不错，那也是有的——可是省里正在调兵围剿，镇上不会再出乱子。”

吴为成冷笑一声，正想再说，忽然听得汽车的喇叭声从大门外直叫进来，接着又看见荪甫不耐烦地把手一摆，就踱到大客厅门外的石阶上站着张望。西斜的太阳光把一些树影子都投射在那石阶，风动时，这五级的石阶上就跳动着黑白的图案画。吴荪甫垂头看了一眼，焦躁地跺着脚。

一辆汽车在花园里柏油路上停住了，当差高升抢前去开了车门。杜竹斋匆匆地钻出车厢来，抬头看着当阶而立的吴荪甫，就皱了眉尖摇头。这是一个严重的表示。吴荪甫的脸孔变成了紫酱色，却勉强微笑。

“真是作怪！几乎涨停板了！”

杜竹斋走上石阶来，气吁吁地说，拿着雪白的麻纱手帕不住地在脸上揩抹。

吴荪甫只是皱了眉头微笑，一句话也不说。他对杜竹斋看了一眼，就回身进客厅去，蓦地放下脸色来，对费小胡子说道：“什么镇上太平不太平，我不要听！厂，铺子，都是我开办的，我要收歇，就一定得收！我不是慈善家，镇上市面好或是不好，我就管不了——不问是省里或县里来找我说，我的回答就只有这几句话！”

“可不是！我也那么对他们说过了呀！然而，他们——三先生！——”

吴荪甫听得不耐烦到了极点，忽地转为狞笑，打断了费小胡子的话：“他们那一套门面话我知道！晓生，你还没报告我们放出去的款子这回端阳节收起了多少。上次你不是说过六成是有把握的么？我算来应该不止六成！究竟收起了多少！你都带了来么？”

“没有。镇上也是把端阳节的账展期到中秋了。”

“哼！什么话！”

吴荪甫勃然怒叫起来了。这又是他万万料不到的打击！虽说总共不过七八万的数目，可是他目前正当需要现款的时候，七八万圆能够做许多事呀！他虎起了脸，踱了几步，看看那位坐在沙发里吸鼻烟的杜竹斋。于是公债又几乎涨停板的消息蓦地又闯进了吴荪甫的气胀了的头脑，他心里阴暗起来了。

杜竹斋两个鼻孔里都吸满了鼻烟，正闭了眼睛，张大着嘴，等候打喷嚏。

“要是三先生马上把各店收歇，连通源钱庄也收了，那么，就到了中秋节，也收不回我们的款子。”

费小胡子走前一步，轻声地说。吴荪甫耸耸肩膀，过一会儿，他像吐弃了什么似的，笑了笑说道：“呵！到中秋节么？到那时候，也许我不必提那注钱到上海来了！”

“那么，三先生就怕眼前镇上还有危险罢？刚才为成兄的一番话，也未免过分一点儿——省里当真在抽调得力的军队来围剿。现在省里、县里都请三先生顾全镇上的市面，到底是三先生的家乡，况且收了铺子和厂房，也未必抽得出现款来，三先生还是卖一个面子，等过了中秋再说。宏昌当是烧了，那就又当别论。”

费小胡子看来机会已到，就把自己早就想好的主意说了出来，一对眼睛不住地转动。

吴荪甫不置可否地淡淡一笑，转身就坐在一张椅子里。他现在看明白了：家乡的匪祸不但使他损失了五六万，还压住了他的两个五六万，不能抽到手头来应用。他稍稍感到天下事不能尽如人意了。但一转念，他又以为那是因为远在乡村，而且不是他自己的权力所能完全支配的军队的事，要是他亲手管理的企业，那就向来指挥如意。他的益中信托公司现在已经很有计画地进行；陈君宜的绸厂就要转移到他们的手里，还有许多小工业也将归益中公司去办理。

这么想着的吴荪甫便用爽利果决的口气对费小胡子下了命令：“晓生，你的话也还不错；我总得对家乡尽点义务。中秋以前，除了宏昌当无法继续营业，其余的厂房和铺子，我就一力维持。可是你得和镇上的那个营长切实办交涉，要他注意四乡的共匪。”

费小胡子恭恭敬敬接连答应了几个“是”，眼睛看在地下。

可是他忽又问道：“那么通源庄上还存着一万多银子，也就留在镇上——”

“留在那里周转自家的几个铺子。放给别家，我可不答应！”

吴荪甫很快地说，对费小胡子摆一摆手，就站了起来，走到杜竹斋跟前去。费小胡子又应了一个“是”，知道自己的事情已完，也打算走了，可是他眼光一瞥，看见吴为成和马景山一边一个夹住了那野马似的曾家驹，仍然直挺挺地站在靠窗的墙边，他猛的记起另一件事，就乘着吴荪甫还没和杜竹斋开始谈话以前，慌慌忙忙跟在吴荪甫背后叫道：“三先生！还有一点事——”

吴荪甫转过脸来盯了费小胡子一眼，很不耐烦地皱了眉头。

“就是为成兄和景山兄两位。他们打算来给三先生办事的。今天他们跟我住在旅馆里，明天我要回镇上去了，他们两位该怎么办，请三先生吩咐。”

费小胡子轻声儿说着，一面偷偷地用眼睛跟吴为成他们两位打招呼。但是两位还没有什么动作，那边杜竹斋忽然打了一个很响的喷嚏，把众人都吓了一跳。

“大家都到上海来找事，可是本来在上海有事的，现在还都打破了饭碗呢！银行界，厂家，大公司里，都为的时局不好，裁员减薪。几千几万裁下来的人都急得走头无路。邮政局招考，只要六十名，投考的就有一千多！内地人不晓得这种情形，只顾往上海钻。我那里也有七八个人等着要事情。”

杜竹斋像睡醒了似的，一面揉着鼻子，一面慢吞吞地说。吴荪甫却不开口，只皱着眉头，狞起了眼睛，打量那新来的两个人。和曾家驹站在一处，这新来的两位似乎中看一些。吴为成的方脸上透露着精明能干的神气，那位马景山也不像是浑人；两个都比曾家驹高明得多。或者这两个尚堪造就——

这样的念头，在吴荪甫心里一动。

做一个手势叫这两位过来，吴荪甫就简单地问问他们的学历和办事经验。

费小胡子周旋着杜竹斋，拣这位“姑老爷”爱听的话说了几句，就又转身把呆在那里的曾家驹拉到客厅外边轻声儿说道：“尊夫人要我带口信给你，叫你赶快回家去呢！”

“小马已经跟我说过了。我不回去。我早就托荪甫表兄给我找一个差使。”

“找到了没有呢？你打算做什么事？回头我也好去回复尊夫人。”

“那还没有找定。我是有党证的，我想到什么衙门里去办事！”

费小胡子忍不住笑了，他想来这位不识起倒的曾老二一定把吴荪甫缠的头痛。

那边小客厅内，此时亦不寂寞。秋律师把手里的一叠文件都纳进了公事皮包去，燃着了一支香烟，伸一个懒腰，回答李玉亭道：“你看，世界上的事，总是那么大虫吃小虫！尽管像你说的有些银行家和美国人打伙儿想要操纵中国的工业——想把那些老板们变做他们支配下的大头目，可是工厂老板像吴荪甫他们，也在并吞一些更小的厂家。我这皮包里就装着七八个小工厂的运命。明后天我揹着益中信托公司全权代表的名义和那些小厂的老板们接洽，叫他们在我这些合同上签了字，他们的厂就归益中公司管理了，实际上就是吴荪记，孙吉记，或者王和记了！——玉亭，我就不大相信美国资本的什么托辣斯那样的话，我倒疑惑那是吴荪甫他们故意造的谣言，乱人耳目！美国就把制造品运到中国来销售也够了，何必在乱哄哄的中国弄什么厂？”

“绝不是！绝对不是！老赵跟荪甫的冲突，我是源源本本晓得的！”

李玉亭很有把握地说。秋律师就笑了一笑，用力吸进一口烟，挺起眼看那白垩房顶上精工雕镂的葡萄花纹。李玉亭跟着秋律师的眼光也向上望了一望，然后再看着秋律师的面孔，轻声儿问道：“一下子就是七八个小厂么？荪甫他们的魄力真不小呀！是一些什么厂呢?”

“什么都有：灯泡厂，热水瓶厂，玻璃厂，橡胶厂，阳伞厂，肥皂厂，赛璐珞厂——规模都不很大。”

“光景都是廉价收盘的罢?”

李玉亭急口地再问。可是秋律师却不肯回答了。虽则李玉亭也是吴府上的熟人，但秋律师认为代当事人守业务上的秘密是当然的；他又洋洋地笑了一笑，就把话支了开去：“总要没有内乱，厂家才能够发达。”

说了后，秋律师就挟着他的公事皮包走出那小客厅，反手把门仍旧关上。

那门关上时砰的一声，李玉亭听着忽然心里一跳。他看看自己的表，才得五点钟。原来他在这小客厅里不过坐了十分钟光景，可是他已经觉得很长久了；现在只剩了他一人，等候上司传见似的枯坐在这里，便更加感到无聊。他站起来看看墙壁上那幅绛丝的《明妃出塞图》，又踅到窗边望望花园里的树木。停在柏油路上的那辆汽车，他认得是杜竹斋的，于是忽然他更加不安起来了；外边大客厅里有些不认得的人，刚才这里有法律顾问，此刻也走了，杜竹斋的汽车停在园子里，这一切，不都是证明了吴荪甫有重要的事情么?可是他，李玉亭，偶然来的时候不凑巧，却教在这里坐冷板凳，岂不是主人家对于他显然有了戒心?然而李玉亭自问他还是从前的李玉亭，并没有什么改变。就不过在几天前吃了赵伯韬一顿夜饭，那时却没有别的客人，只他和老赵两个，很说了些关连着吴荪甫的话语，如此而已!

李玉亭觉得背脊上有些冷飕飕了。被人家无端疑忌，他想来又是害怕，又是不平。他只好归咎于自己的太热心，太为大局着想，一心指望那两位“巨人”妥协和平。说不定他一片好心劝杜竹斋抑制着吴荪甫的一意孤行那番话，杜竹斋竟也已经告诉了荪甫!说不定他们已经把他看成了离间亲戚的小人!把他看成了老赵的走狗和侦探，所以才要那么防着他!

这小客厅另有一扇通到花园去的侧门。李玉亭很想悄悄地溜走了完事。但是一转念，他又觉得不辞而去也不妥。忽然一阵哄笑声从外边传来。那是大客厅里人们的笑声!仿佛那笑声就是这样的意思：“关在那里了，一个奸细!”李玉亭的心跳得卜卜的响，手指尖是冰冷。蓦地他咬紧了牙齿，心里说：“既然疑心我是侦探，我就做一回!”他慌忙走到那通连大客厅的门边，伛下了腰，正想把耳朵贴到那钥匙孔上去偷听，忽然又转了念头：“何苦呢!我以老赵的走狗自待，而老赵未必以走狗待我!”他倒抽一口气，挺直身体往后退一步，就颓然落在一张椅子里。恰好这时候门开了，吴荪甫微笑着进来，后面是杜竹斋，右手揉着鼻子，左手是那个鼻烟壶。

“玉亭，对不起!几个家乡来的人，一点小事情。”

吴荪甫敷衍着，又微笑。杜竹斋伸伸手，算是招呼，却又打了个大喷嚏。

“哦——哦——”

李玉亭勉强笑着，含糊地应了两声；他心里却只要哭，他觉得吴荪甫的微笑就像一把尖刀。他偷眼再看杜竹斋。杜竹斋是心事很重的样子，左手的指头旋弄他那只鼻烟壶。

三个人品字式坐了，随便谈了几句，李玉亭觉得吴荪甫也还是往日那个态度，便又心宽起来，渐渐地又站定了他自己的立场了：一片真心顾全大局。于是当杜竹斋提起了内地土匪如毛的时候，李玉亭就望着吴荪甫的面孔，郑重地说道：“原来岳州失陷不是谣传，倒是真的！”

“真的么？那也是意中之事！长沙孤城难守，张桂军自然要分兵取岳州。”

吴荪甫随随便便地回答，又微笑了。杜竹斋在那边点头。

李玉亭一怔，忍不住失声叫道：“取岳州不是张桂军呢！是共党彭德怀的红军！荪甫，难道你这里没有接到这个消息？”

“谣言！故意架到共党头上的！”

荪甫又是淡淡地回答，翻起眼睛看那笼里的鹦鹉剥落花生。

李玉亭跟着吴荪甫的眼光也对那鹦鹉看了一眼，心里倒没有了主意，然而他对于日本人方面消息的信心是非常坚定的，他立刻断定吴荪甫是受了另一方面宣传的蒙蔽。他转眼看着杜竹斋，很固执地说：“确是红军！荪甫得的消息怕有些作用。据说是正当张桂军逼近长沙的时候，共党也进攻岳州。两处是差不多同时失陷的！荪甫，平心而论，张桂军这次打湖南，不免是替共党造机会。可不是么，竹斋，他们就在陇海线上分个雌雄也算了罢，何必又牵惹到共党遍地的湖南省呢？”

杜竹斋点头，却不作声。吴荪甫还是微笑，但眉尖儿有点皱了。李玉亭乘势又接下去说，神气很兴奋：“现在大局就愈弄愈复杂了。大江的南北都是兵火。江西的共产党也在那里蠢动。武汉方面兵力单薄，离汉口六十里的地面就有共党的游击队！沙市，宜昌一带，杂牌军和红军变做了猫鼠同穴而居——”

“对了！前几天孙吉人那轮船局里有一条下水轮船在沙市附近被扣了去，到现在还查不出下落，也不知道是杂牌军队扣了去呢，还是共匪扣了去！”

吴荪甫打断了李玉亭的议论，很不耐烦地站了起来，但只伸一伸腿，就又坐下去。

“孙吉翁可真走的黑运！江北的长途汽车被征发了，川江轮船却又失踪；听说还是去年新打的一条船，下水不满六个月，造价三十万两呢！”

杜竹斋接口说，右手摸着下巴；虽然他口里是这么说，耳朵也听着李玉亭的议论，可是他的心里却想着另一些事。公债市场的变幻使他纳闷。大局的紊乱如彼，而今天公债反倒回涨，这是他猜不透的一个谜。这时，吴荪甫又站了起来，绕着客厅里那张桌子踱一个圈子，有意无意地时时把眼光往李玉亭脸上溜，李玉亭并没理会到，还想引吴荪甫注意大局的危险，应该大家和衷共济。可是他已经没有再发言的机会。一个当差来请吴荪甫去听电话，说是朱吟秋打来的。吴荪甫立刻眉毛一跳，和杜竹斋对看了一眼，露出不胜诧异的神气。李玉亭瞧来是不便再坐下去了，也就告辞，满心是说不出的冤枉苦闷。

杜竹斋衔着雪茄，一面忖量朱吟秋为什么打电话来，一面顺步就走上楼去。他知道女客们在二楼那大阳台的凉棚下打牌，姑奶奶两姊妹和少奶奶两姊妹刚好成了一桌。阿萱和杜新箨在旁边观场。牌声历历落落像是要睡去似的在那里响。

姑奶奶看见她的丈夫进来，就唤道：“竹斋，你来给我代一副！”

杜竹斋笑了笑，摇头，慢慢地从嘴唇上拿开那支雪茄，踅到那牌桌边望了一眼，说道：“你觉得累了么？叫新箨代罢！你们打多少底呀？”

“爸爸是不耐烦打这些小牌的！”

杜新箨帮着他母亲，这样轻轻地向他的父亲攻击，同时向对面的林佩珊使了个眼色。

“姑老爷要是高兴，就打一副；不比得荪甫，他说麻将是气闷的玩意儿；他要是赌，就爱的打宝摇摊！”

吴少奶奶赶快接口说，很温婉地笑着；可是那笑里又带几分神思恍惚。吴少奶奶近来老是这么神思恍惚，刚才还失碰了“白板”；就只六圈牌里，她已经输了两底了。这种情形，别人是不觉得的，只有杜新箨冷眼看到，却也不明白是什么缘故。

那边杜姑奶奶已经站起来了，杜新箨就补了缺。他和林佩珊成了对家。吴少奶奶也站了起来，一把拉住了旁边的阿萱，吃吃地笑着说：“看你和四妹两个新手去赢他们两位老手的钱！”

刚笑过了，吴少奶奶又是眉尖深锁，怔怔地向天空看了一眼，就翩然走了。

杜竹斋和他的夫人走到那阳台的东端，离开那牌桌远远的，倚在那阳台的石栏杆上，脸朝着外边。他们后面牌桌上的四个人现在打得很有劲儿，阿萱和林佩珊的声音最响。杜太太回头去望了一下，忽然轻声说：“有一件事要跟你商量。刚才佩瑶悄悄地对我说，我们的阿新和他们的佩珊好像很有意思似的；阿新到这里来，总是和佩珊一块儿出去玩！”

“哦！随他们去罢。现在是通行的。”

“嗳，嗳！看你真是糊涂呀！你忘记了两个人辈分不对么？佩珊是大着一辈呢！”

杜竹斋的眉头皱紧了。他伸手到栏杆外，弹去了雪茄的灰，吁一口气，却没有话。杜太太回头向那牌桌望了一眼，又接下去说：“佩瑶也为了这件事担心呢。有人要过佩珊的帖子。她看来倒是门当户对——”

“哪一家？是不是范博文？”

“不是。姓雷的。雷参谋！”

“哦，哦！雷参谋！可是他此刻在江北打仗，死活不知。”

“说是不久就可以回来，也是佩瑶说的。”

杜竹斋满脸透着为难的样子，侧过脸去望了那打牌的两个人一眼；过了一会儿，他方才慢吞吞地说：“本来都是亲戚，走动走动也不要紧。可是，现在风气太坏，年轻人耳濡目染——况且那么大的儿子，也管不住他的脚。太太！你就不操这份心也罢！”

“啧，啧！要是做出什么来，两家面子上都不好看！”

“咳，依你说，怎么办呢？”

“依我么？早先我打算替我们的老六做媒，都是你嫌她们林家没有钱——”

“算了，算了；太太，不要翻旧账。回头我关照阿新。不过这件事的要紧关子还在女的。要是女的心里拿得准，立得稳，什么事也生不出来。”

“她的姊姊说她还是小孩子，不懂得什么——”

“哼！”

杜竹斋不相信似的摇头，可是也没多说。此时吴少奶奶又上阳台来了，望见杜竹斋夫妇站在一处，就好像看透了一定是为的那件事，远远地就送了一个迷惘的笑容来。她到那牌桌边带便瞧了一眼，就袅袅地走向杜竹斋夫妇那边，正想开口，忽然下边花园里当差高升大声喊上来：“姑老爷！老爷请你说话！”

杜竹斋就抽身走了。吴少奶奶微蹙着眉尖，看定了杜姑奶奶问道：“二姊，说过了罢？”

杜姑奶奶笑了一笑，代替回答。然后两个人紧靠着又低声谈了几句，吴少奶奶朗朗地笑了起来。她们转身就走到那牌桌边，看那四个青年人打牌。

杜竹斋在书房内找见了吴荪甫正在那里打电话，听来好像对方是唐云山。他们谈的是杜竹斋不甚了解的什么“亨堡装出后走了消息”。末后，吴荪甫说了一句“你就来罢”，就把听筒挂上了。

吴荪甫一脸的紧张兴奋，和杜竹斋面对面坐了，拿起那经纪人陆匡时每天照例送来的当天交易所各项债票开盘收盘价格的报告表，看了一眼，又顺手撩开，就说道：“竹斋，明天你那边凑出五十万来——五十万！”

杜竹斋愕然看了荪甫一眼，还没有回答，荪甫又接下去说：“昨天涨上了一元，今天又几乎涨停板；这涨风非常奇怪！我早就料到是老赵干的把戏。刚才云山来电话，果然——他说和甫探听到了，老赵和广帮中几位做多头，专看市场上开出低价来就扒进，却也不肯多进，只把票价吊住了，维持本月四日前的价格——”

“那我们就糟了！我们昨天就应该补进的！”

杜竹斋丢了手里的雪茄烟头，慌忙抢着说；细的汗珠从他额角上钻出来了。

“就算昨天补进，我们也已经吃亏了。现在事情摆在面前明明白白的：武汉吃紧，陇海线没有进出，票价迟早要跌；我们只要压得住，不让票价再涨，我们就不怕。现在弄成了我们和老赵斗法的局面：如果他们有胃口一见开出低价来就扒进，一直支持到月底，那就是他们打胜了；要是我们准备充足——”

“我们准备充足？哎！我们也是一见涨风就抛出，也一直支持到月底，就是我们胜了，是么？”

杜竹斋又打断了吴荪甫的话头，盯住了吴荪甫看，有点不肯相信的意思。

吴荪甫微笑着点头。

“那简直是赌场里翻觔斗的做法！荪甫！做公债是套套利息，照你那样干法，太危险！”

杜竹斋不能不正面反对了，然而神情也还镇定。吴荪甫默然半晌，泛起了白眼仁，似乎在那里盘算；忽然他把手掌在桌子角上拍了一下，用了沉着的声音说：“没有危险！竹斋，一定没有危险！你凑出五十万交给我，明天压一下，票价就得回跌，散户头就要恐慌，长沙方面张桂军这几天里一定也有新发展——这么两面一夹，市场上会转了卖风，哪怕老赵手段再灵活些，也扳不过来！竹斋！这不是冒险！这是出奇制胜！”

杜竹斋闭了眼睛摇头，不说话。他想起李玉亭所说荪甫的刚愎自用来了。他决定了主意不跟着荪甫跑了。他又看得明明白白：荪甫是劝不转来的。过了一会儿，杜竹斋睁开眼来慢慢地说道：“你的办法有没有风险，倒在其次，要我再凑五十万，我就办不到；既然你拿得那么稳，一定要做，也好，益中凑起来也有四五十万，都去做了公债罢。”

“那——不行！前天董事会已经派定了用场！刚才秋律师拿合同来，我已经签了字，那几个小工厂是受盘定的了；益中里眼前这一点款子恐怕将来周转那几个小工厂还嫌不够呢！”

吴荪甫说着，眼睛里就闪出了兴奋的红光。用最有利的条件收买了那七八个小厂，是益中信托公司新组织成立以后第一次的大胜利，也是吴荪甫最得意的“手笔”，而也是杜竹斋心里最不舒服的一件事。当下杜竹斋枨触[①]起前天他们会议时的争论，心里便又有点气，立刻冷冷地反驳道：“可不是！场面刚刚拉开，马上就闹饥荒！要做公债，就不要办

① 枨触：chéng chù。释义：触动、感触。

厂！况且人家早就亏本了的厂，我们添下资本去扩充，营业又没有把握，我真不懂你们打的什么算盘呀——”

“竹斋——”

吴荪甫叫着，想打断杜竹斋的抱怨话；可是杜竹斋例外地不让荪甫插嘴：“你慢点开口！我还记得那时候你们说的话。你们说那几个小工厂都因为资本太小，或者办的不得法，所以会亏本；你们又说他们本来就欠了益中十多万，老益中就被这注欠账拖倒，我们从老益中手里顶过这注烂账来，只作四成算，这上头就占了便宜，所以我们实在只花五六万就收买了估价三十万的八个厂；不错，我们此番只付出五万多就盘进八个厂，就眼前算算，倒真便宜，可是——”

杜竹斋在这里到底一顿，吴荪甫哈哈地笑起来了，他一边笑，一边抢着说：“竹斋，你以为还得陆续添下四五十万去就不便宜，可是我们不添的话，我们那五六万也是白丢！这八个厂好比落了膘的马，先得加草料喂壮了，这才有出息。还有一层，要是我们不花五万多把这些厂盘进来，那么我们从老益中手里顶来的四成烂账也是白丢！”

“好！为了舍不得那四成烂账，倒又赔上十倍去，那真是‘豆腐拌成了肉价钱’的玩意！”

“万万不会！”

吴荪甫坚决地说，颇有点不耐烦了。他霍地站起来，走了一步，自个儿狞笑着。他万万料不到劝诱杜竹斋做公债不成，却反节外生枝，引起了竹斋的大大不满于益中。自从那天因为收买那些小厂发生了争论后，吴荪甫早就看出杜竹斋对于益中前途不起劲，也许到了收取第二次股款的时候，竹斋就要托词推诿。这对益中是非常不利的。然而要使杜竹斋不动摇，什么企业上的远大计画都不中用；只有今天投资明天就获利那样的“发横财”的投机阴谋，勉强能够拉住他。那天会议时，王和甫曾经讲笑话似的把他们收买那八个小工厂比之收旧货；当时杜竹斋听了倒很以为然，他这才不再争执。现在吴荪甫觉得只好再用那样的策略暂时把杜竹斋拉住。把竹斋拉住，至少银钱业方面通融款子就方便了许多。可是须得拉紧些。当下吴荪甫一边踱着，一边就想得了一个“主意”。他笑了一笑，转身对满脸不高兴的杜竹斋轻声说道：“竹斋，现在我们两件事——益中收买的八个厂，本月三日抛出的一百万公债，都成了骑虎难下之势，我们只有硬着头皮干到哪里是哪里了！我们好比推车子上山去，只能进，不能退！我打算凑出五十万来再做‘空头’，也就是这个道理。益中收买的八个厂不能不扩充，也就是这个道理！”

“冒险的事情我是不干的！”

杜竹斋冷冷地回答，苦闷地摇着头。吴荪甫那样辣硬的话并不能激发杜竹斋的雄心；吴荪甫皱了眉头，再逼近一句：“那么，我们放在益中的股本算是白丢！”

“赶快缩手，总有几成可以捞回；我已经打定了主意！”

杜竹斋说的声音有些异样，脸色是非常严肃。

吴荪甫忍不住心里也一跳。但他立即狂笑着挪前一步，拍着杜竹斋的肩膀，大声喊道：“竹斋！何至于消极到那步田地！不顾死活去冒险，谁也不愿意；我们自然还有别的办法。你总知道上海有一种会打算盘的精明鬼，顶了一所旧房子来，加本钱粉刷装修，再用好价钱顶出去。我们弄那八个厂，最不济也要学学那些专顶房子的精明鬼！不过我们要有点儿耐心。”

“可是你也总得先看看谁是会来顶这房子的好户头?”

“好户头有的是！只要我们的房子粉刷装修得合式，他是肯出好价钱的：这一位就是鼎鼎大名的赵伯韬先生!”

吴荪甫哈哈笑着说，一挺腰，大踏步地在书房里来回地走。

杜竹斋似信非信的看住了大步走的吴荪甫，并没说话，可是脸上已有几分喜意。他早就听荪甫说起过赵伯韬的什么托辣斯，他相信老赵是会干这一手的，而且朱吟秋的押款问题老赵不肯放松，这就证明了那些传闻有根。于是他忽然想起刚才朱吟秋有电话给荪甫，也许就为了那押款的事；他正想问，吴荪甫早又踱过来，站在面前很高兴地说道：“讲到公债，眼前我们算是亏了两万多块，不过，竹斋，到交割还有二十多天，我们很可以反败为胜的，我刚才的划算，错不到哪里去；要是益中有钱，自然照旧可以由益中去干，王和甫跟孙吉人他们一定也赞成，就为的益中那笔钱不好动，我这才想到我们个人去干。这是公私两便的事！就可惜我近来手头也兜不转，刚刚又吃了费小胡子一口拗口风——那真是混蛋！得了，竹斋，我们两个人拼凑出五十万来罢！就那么净瞧着老赵一个人操纵市面，总是不甘心的!”

杜竹斋闭了眼睛摇头，不开口。吴荪甫说的愈有劲儿，杜竹斋心里却是愈加怕。他怕什么武汉方面即刻就有变动，不过是唐云山他们瞎吹，他更怕和老赵“斗法”，他知道老赵诡计多端，并且慓劲非常大。

深知杜竹斋为人的吴荪甫此时却百密一疏，竟没有看透了竹斋的心曲。他一而再，再而三的，用鼓励，用反激；他有点生气了，然而杜竹斋的主意牢不可破，他只是闭着眼睛摇头，给一个不开口。后来杜竹斋表示了极端让步似的说了一句：“且过几天，看清了市面再做罢；你那样性急!”

“不能等过几天呀！投机事业就和出兵打仗一般，要抓得准，干得快！何况又有个神鬼莫测的老赵是对手方!”

吴荪甫很暴躁地回答，脸上的小疱一个一个都红而且亮起来。杜竹斋的脸色却一刻比一刻苍白。似乎他全身的血都滚到他心里，镇压着，不使他的心动摇。实在他亦只用小半个心去听吴荪甫的话，另有一些事占住了他的大半个心：这是些自身利害的筹划，复杂而且轮廓模糊，可是一点一点强有力，渐渐那些杂念集中为一点：他有二十万元的资本“放”在益中公司。他本来以为那公司是吸收些“游资”，做做公债，做做抵押借款；现在才知道不然，他上了当了。那么乘这公司还没露出败象的时候就把资本抽出来罢，不管他们的八个厂将来有多少好处，总之是“一身不入是非门”罢！伤了感情？顾不得许多了——可是荪甫却还剌剌不休强聒着什么公债！不错，照今天的收盘价格计算，公债方面亏了两万元，但那是益中公司名义做的，四股分摊，每人不过五千，只算八圈牌里吃着了几副五百和……于是杜竹斋不由得自己微笑起来，他决定了，白丢五千元总比天天提心吊胆那十九万五千元要上算得多呀！可是他又觉得立刻提出他这决定来，未免太突兀，他总得先有点布置。他慢慢地摸着下巴，怔怔地看着吴荪甫那张很兴奋的脸。

似乎有什么东西在他心里打架，吴荪甫的神气叫人看了有点怕；如果他知道了杜竹斋此时心里的决定，那他的神气大概还要难看些。但他并不想到那上头，他是在那里筹划如何在他的二姊方面进言，“出奇兵”煽起杜竹斋的胆量来。他感到自己的力量不能奈何那只是闭眼摇头而不开口的杜竹斋了。

但是杜竹斋在沉默中忽然站起来伸一个懒腰，居然就“自发的”讲起了“老赵”和“公债”来：“荪甫！要是你始终存了个和老赵斗法的心，你得留心一交跌伤了元气！我见过好多人全是伤在这‘斗’字上头！”

吴荪甫眉毛一挺，笑起来了；他误认为杜竹斋的态度已经有点转机。杜竹斋略顿一顿，就又接着说：“还有，那天李玉亭来回报他和老赵接洽的情形，有一句话，我觉得很有道理——”

“哪一句话？”

吴荪甫慌忙问，很注意地站起来，走到杜竹斋跟前立住了。

“就是他说的唐云山有政党关系——不错，老赵自己也有的，可是，荪甫，我们何苦呢！老赵不肯放朱吟秋的茧子给你，也就借此借口，不是你眼前就受了拖累——”

杜竹斋又顿住了，踌躇满志地掏出手帕来揩了揩脸儿。他是想就此慢慢地就说到自己不愿意再办益中公司的，可是吴荪甫忽然狞笑了一声，跺着脚说道：“得了，竹斋，我忘记告诉你，刚才朱吟秋来电话，又说他连茧子和厂都要盘给我了！”

“有那样的事？什么道理？”

“我想来大概是老赵打听到我已经收买了些茧子，觉得再拉住朱吟秋，也没有意思，所以改变方针了。他还有一层坏心思：他知道我现款紧，又知道我茧子已经够用，就故意把朱吟秋的茧子推回来，他是想把我弄成一面搁死了现款，一面又过剩了茧子！总而言之一句话，他是挖空了心思，在那里想出种种方法来逼我。不过朱吟秋竟连那座厂也要盘给我，那是老赵料不到的！”

吴荪甫很镇静地说，并没有多少懊恼的意思。虽然他目下现款紧，但扩充企业的雄图在他心里还是勃勃有势，这就减轻了其他一切的怫逆。倒是杜竹斋脸色有点变了，很替吴荪甫担忧。他更加觉得和老赵“斗法”是非常危险的，他慌忙问道：“那么，你决定主意要盘进朱吟秋的厂了？”

“明天和他谈过了再定——”

一句话没有完，那书房的门忽然开了，当差高升斜侧着身体引进一个人来，却是唐云山，满脸上摆明着发生了重大事情的慌张神气。荪甫和竹斋都吃了一惊。

“张桂军要退出长沙了！”

唐云山只说了这么一句，就一屁股坐在就近的沙发里，张大了嘴巴搔头皮。

书房里像死一样的静。吴荪甫狞起了眼睛看看唐云山，又看看书桌上纸堆里那一张当天交易所各债票开盘收盘价目的报告表。上游局面竟然逆转么？这是意外的意外呢！杜竹斋轻轻吁了一口气，他心里的算盘上接连拨落几个珠儿：一万，一万五——二万；他刚才满拟白丢五千，他对于五千还可以不心痛，但现在也许要丢到二万，那就不同。

过了一会儿，吴荪甫咬着牙齿嗄[①]声问道：“这是外面的消息呢，还是内部的？早上听你说，云山，铁军是向赣边开拔的，可不是？”

“现在知道那就是退！离开武长路线，避免无益的牺牲！我是刚刚和你打过电话后就接了黄奋的电话，他也是刚得的消息；大概汉口特务员打来的密电是这么说，十成里有九成靠得住！”

① 嗄：shà。释义：嗓音嘶哑。

“那么外边还没有人晓得，还有法子挽救。”

吴荪甫轻声地似乎对自己说，额上的皱纹也退了一些。杜竹斋又吁了一声，他心里的算盘上已经摆定了二万元的损失了，他咽下一口唾沫，本能地掏出他的鼻烟壶来。吴荪甫搓着手，低了头；于是突然他抬头转身看着杜竹斋说道：“人事不可不尽。竹斋，你想来还有法子没有——云山这消息很秘密，是他们内部的军事策略；目下长沙城里大概还有桂军，而且铁军开赣边，外边人看来总以为南昌吃紧；我们连夜布置，竹斋，你在钱业方面放一个空炮：公债抵押的户头你要一律追加抵押品。混过了明天上午，明天早市我们分批补进——”

“我担保到后天，长沙还在我们手里！”

唐云山忽然很有把握似的插进来说，无端地哈哈笑了。

杜竹斋点着头不作声。为了自己二万元的进出，他只好再一度对益中公司的事务热心些。他连鼻烟也不嗅了，看一看钟，六点还差十多分，他不能延误一刻千金的光阴。说好了经纪人方面由荪甫去布置，杜竹斋就匆匆走了。这里吴荪甫，唐云山两位，就商量着另一件事。吴荪甫先开口：“既然那笔货走漏了消息，恐怕不能装到烟台去了，也许在山东洋面就被海军截住；我刚才想了一想，只有一条路：你跑香港一趟，就在那边想法子转装到别处去。”

“我也是这么想。我打算明天就走。公司里总经理一职请你代理。”

“那不行！还是请王和甫罢。”

“也好。可是——哎，这半个月来，事情都不顺利；上游方面接洽好了的杂牌军临时变卦，都观望不动，以至张桂军功败垂成，这还不算怎样；最糟的是山西军到现在还没有全体出动，西北军苦战了一个月，死伤太重，弹药也不充足。甚至于区区小事，像这次的军火，办得好好的，也会忽然走了消息！”

唐云山有点颓丧，搔着头皮，看了吴荪甫一眼，又望着窗外；一抹深红色的夕照挂在那边池畔的亭子角，附近的一带树叶也带些儿金黄。

吴荪甫左手叉在腰里，右手指在写字台上画着圆圈子，低了头沉吟。他的脸色渐渐由藐视一切的傲慢转成了没有把握的晦暗，然后又从晦暗中透出一点儿兴奋的紫色来；他猛然抬头问道：“云山，那么时局前途还是一片模糊？本月底山东方面未必有变动罢？”

“现在我不敢乱说了。看下月底罢——哎，叫人灰心！”

唐云山苦着脸回答。

吴荪甫突然一声怪笑，身体仰后靠在那纯钢的转轮椅背上，就闭了眼睛。他的脸色倏又转为灰白，汗珠布满了他的额角。他第一次感到自己是太渺小，而他的事业的前途波浪太大；只凭他两手东拉西抓，他委实是应付不了！

送走了唐云山后，吴荪甫就在花园里踯躅。现在最后的一抹阳光也已经去了，满园子苍苍茫茫，夜色正从树丛中爬出来，向外扩张。那大客厅，小客厅，大餐间，二楼，各处的窗洞，全都亮出了电灯光。吴荪甫似乎厌见那些灯光，独自踱到那小池边，在一只闲放着的藤椅子里坐了，重重地吐一口气。

他再把他的事业来忖量。险恶的浪头一个一个打来，不自今日始，他都安然过去，而且扬帆迈进，乃有今天那样空前的宏大规模。他和孙吉人他们将共同支配八个厂，都是日用品制造厂！他们又准备了四十多万资本在那里计画扩充这八个厂；他们将使他们的灯泡，热水瓶，阳伞，肥皂，橡胶套鞋，走遍了全中国的穷乡僻壤！他们将使那些新从日本移植到上海来的同部门的小工厂都受到一个致命伤！而且吴荪甫又将单独接办陈君宜的绸厂和朱吟秋的丝厂。这一切，都是经过了艰苦的斗争方始取得，亦必须以同样艰苦的斗争方能维持与扩大。风浪是意料中事；所谓"道高一尺，魔高一丈"！他，吴荪甫，以及他的同志孙吉人他们，都是企业界身经百战的宿将，难道就怕了什么？

这样想着的吴荪甫不禁独自微笑了。水样凉的晚风吹拂他的衣襟，他昂首四顾，觉得自己并不渺小，而且绝不孤独。他早就注意到他们收买的八个厂的旧经理中有几位可以收为臂助，他将训练出一批精干的部下！只是下级办事员还嫌薄弱。他想起了今天来谋事的吴为成和马景山了。似乎这两个都还有一二可取之处，即使不及屠维岳，大概比那些老朽的莫干丞之类强得多罢？

忽然他觉得身后有人来了，接着一阵香风扑进鼻子；他急回头去看，薄暗中只瞧那颀长轻盈的身段就知道是少奶奶。

"雷参谋来了个电报呢！奇怪得很，是从天津打来的。"

吴少奶奶斜倚在荪甫的藤椅子背上，软声说；那声音稍稍有点颤抖。

"哦！天津？说了些什么话？"

"说是他的事情不久就完，就要回到上海来了。"

吴少奶奶说时声音显然异样，似喜又似怕。然而吴荪甫没有留意到。他的敏活的神经从"天津"二字陡然叠起了一片疑云来了。雷参谋为什么会到了天津？他是带着一旅兵的现役军官！难道就打到了天津么？那么明天的公债市场——刹那间的心旷神怡都逃走了，吴荪甫觉得浑身燥热，觉得少奶奶身上的香气冲心作呕了。他粗暴地站了起来，对少奶奶说："佩瑶，你这香水怪头怪脑——嗳，进屋子里去罢！二姊还没走么？"

也没等少奶奶回答，吴荪甫就跑了。一路上，他的脑筋里沸滚着许多杂乱的自问和自答：看来应得改做"多头"了？竹斋不肯凑款子可怎么好？拚着那八万元白丢，以后不做公债了罢？然而不行，八万元可以办一个很好的橡胶厂！而且不从公债上打倒赵伯韬，将来益中的业务会受他破坏……

大客厅里，姑奶奶在那里和小一辈的吴为成絮絮谈话。吴荪甫直走到姑奶奶跟前，笑着说："二姊，我和你讲几句话！"

姑奶奶似乎一怔，转脸去望了那同坐在钢琴旁边翻琴书的林佩珊和杜新箨一眼，就点头微笑。吴荪甫一面让姑奶奶先进小客厅去，一面却对吴为成说道："你和马景山两个，明天先到我的厂里去试几天，将来再派你们别的事！"

"荪甫，还有一位曾家少爷，他候了半个多月了。也一块儿去试试罢？"

吴少奶奶刚跑进客厅来，赶快接口说，对吴荪甫睃[①]了一眼。吴荪甫的眉头皱了一下，可是到底也点着头。他招着少奶奶到一边附耳轻声说："我们到二姊面前撺怂着竹斋放胆做公债，你要说雷参谋是吃了败仗受伤，活活地捉到天津——嗳，你要说得像些，留心露马脚！"

吴少奶奶完全呆住了，不懂得荪甫的用意；可是她心里无端一阵悲哀，仿佛已经看见受伤被擒的雷参谋了。荪甫却微微笑着，同少奶奶走出小客厅。但在关上那客厅门以前，

① 睃：suō。释义：斜着眼睛看。

他忽又想起一件事，探出半个身体来唤着当差高升道："打个电话给陆匡时老爷，请他九点钟前后来一趟！"

【讲评】

茅盾（1896—1981），原名沈德鸿，字雁冰，汉族，浙江桐乡人；中国现代著名作家、文学评论家、文化活动家以及社会活动家，五四新文化运动先驱者之一、我国革命文艺奠基人之一。1896年7月4日生于浙江桐乡乌镇。这是个太湖南部的鱼米之乡，是近代以来中国农业最为发达的地区；它毗邻着现代化的上海，又是人文荟萃的地方，这里成就了茅盾勇于面向世界的开放的文化心态，以及精致入微的笔风。

《子夜》原名《夕阳》，是中国现代长篇小说，约30万字。茅盾于1931年10月开始创作，至1932年12月5日完稿，共19章。有些章节分别在《小说月报》和《文学月报》上发表过。半个多世纪以来，《子夜》不仅在中国拥有广泛的读者，且被译成英、德、俄、日等十几种文字，产生了广泛的国际影响。

小说以1930年五六月间半封建、半殖民地的旧上海为背景，以民族资本家吴荪甫为中心，描写了当时中国社会的各种矛盾和斗争。吴荪甫是长篇小说《子夜》的主人公，是20世纪30年代中国民族资本家的典型。作者用了许多笔墨，把他放到30年代中国错综复杂的阶级斗争和社会关系中，塑造了一个民族资本家的典型形象。由于民族资产阶级是半殖民地、半封建社会的资产阶级，因此，一方面，他们受到帝国主义的压迫和封建主义的束缚，于是同帝国主义和封建主义有矛盾；但是另一方面，他们在经济上和政治上具有软弱性，所以他们又没有彻底的反帝反封建的勇气。民族资产阶级的这种两重性，决定了他们在大敌当前的时候要联合工农对敌，具有一定的革命性；在工农觉悟起来的时候，他们又要联合敌人反对工农，具有作为反革命助手的反动性。吴荪甫就是这种既有榨取工人血汗、仇视农民运动的一面，又有抵抗帝国主义和买办阶级、发展民族工业愿望的一面的二重性的复杂人物形象。

2. 林家铺子

茅盾

一

林小姐这天从学校回来就撅起着小嘴唇。她掼下了书包，并不照例到镜台前梳头发搽粉，却倒在床上看着帐顶出神。小花噗的也跳上床来，挨着林小姐的腰部摩擦，咪呜咪呜地叫了两声。林小姐本能地伸手到小花头上摸了一下，随即翻一个身，把脸埋在枕头里，就叫道："妈呀！"

没有回答。妈的房就在间壁，妈素常疼爱这唯一的女儿，听得女儿回来就要摇摇摆摆走过来问她肚子饿不饿，妈留着好东西呢——再不然，就差吴妈赶快去买一碗馄饨。但今天却作怪，妈的房里明明有说话的声音，并且还听得妈在打呃，却是妈连回答也没有一声。

林小姐在床上又翻一个身，翘起了头，打算偷听妈和谁谈话，是那样悄悄地放低了声音。

然而听不清，只有妈的连声打呃，间歇地飘到林小姐的耳朵。忽然妈的嗓音高了一些，似乎很生气，就有几个字听得很分明：

——这也是东洋货，那也是东洋货，呃……

林小姐猛一跳，就好像理发时候，颈脖子上粘了许多短头发似的浑身都烦躁起来了。正也是为了这东洋货问题，她在学校里给人家笑骂，她回家来没好气。她一手推开了又挨到她身边来的小花，跳起来就剥下那件新制的翠绿色假毛葛驼绒旗袍来，拎在手里抖了几下，叹一口气。据说这怪好看的假毛葛和驼绒都是东洋来的。她撩开这件驼绒旗袍，从床下拖出那口小巧的牛皮箱来，赌气似的扭开了箱子盖，把箱子底朝天向床上一撒，花花绿绿的衣服和杂用品就滚满了一床。小花吃了一惊，噗的跳下床去，转一个身，却又跳在一张椅子上蹲着望住它的女主人。

林小姐的一双手在那堆衣服里抓捞了一会儿，就呆呆地站在床前出神。这许多衣服和杂用品越看越可爱，却又越看越像是东洋货呢！全都不能穿了么？可是她——舍不得，而且她的父亲也未必肯另外再制新的！林小姐忍不住眼圈儿红了。她爱这些东洋货，她又恨那些东洋人；好好儿的发兵打东三省干吗呢？不然，穿了东洋货有谁来笑骂。

“呃——”

忽然房门边来了这一声。接着就是林大娘的摇摇摆摆的瘦身形。看见那乱丢了一床的衣服，又看见女儿只穿着一件绒线短衣站在床前出神，林大娘这一惊非同小可。心里愈是着急，她那个“呃”却愈是打得多，暂时竟说不出半句话。

林小姐飞跑到母亲身边，哭丧着脸说：“妈呀！全是东洋货，明儿叫我穿什么衣服？”

林大娘摇着头只是打呃，一手扶住了女儿的肩膀，一手揉磨自己的胸脯，过了一会儿，她方才挣扎出几句话来：“阿囡，呃，你干么脱得——呃，光落落？留心冻——呃——我这毛病，呃，生你那年起了这个病痛，呃，近来越发凶了！呃——”

“妈呀！你说明儿我穿什么衣服？我只好躲在家里不出去了，他们要笑我，骂我！”

但是林大娘不回答。她一路打呃，走到床前拣出那件驼绒旗袍来，就替女儿披在身上，又拍拍床，要她坐下。小花又挨到林小姐脚边，昂起了头，眯细着眼睛看看林大娘，又看看林小姐；然后它懒懒地靠到林小姐的脚背上，就林小姐的鞋底来摩擦它的肚皮。林小姐一脚踢开了小花，就势身子一歪，躺在床上，把脸藏在她母亲的身后。

暂时两个都没有话。母亲忙着打呃，女儿忙着盘算“明天怎样出去”；这东洋货问题不但影响到林小姐的所穿，还影响到她的所用；据说她那只常为同学们艳羡的化妆皮夹以及自动铅笔之类，也都是东洋货，而她却又爱这些小玩意儿的！

“阿囡，呃——肚子饿不饿？”

林大娘坐定了半晌以后，渐渐少打几个呃了，就又开始她日常的疼爱女儿的老功课。

“不饿，嗳，妈呀，怎么老是问我饿不饿呢，顶要紧是没有了衣服明天怎样去上学！”

林小姐撒娇说，依然那样拳曲着身体躺着，依然把脸藏在母亲背后。

自始就没弄明白为什么女儿尽嚷着没有衣服穿的林大娘现在第三次听得了这话儿，不能不再注意了，可是她那该死的打呃很不作美地又连连来了。恰在此时林先生走了进来，手里拿着一张字条儿，脸上乌霉霉地像是涂着一层灰。他看见林大娘不住在地打呃，女儿躺在满床乱丢的衣服堆里，他就料到了几分，一双眉头就紧紧地皱起。他唤着女儿的名字说道：“明秀，你的学校里有什么抗日会么？刚送来了这封信。说是明天你再穿东洋货的衣服去，他们就要烧呢——无法无天的话语，咳……”

“呃——呃！”

“真是岂有此理，哪一个人身上没有东洋货，却偏偏找定了我们家来生事！哪一家洋广货铺子里不是堆足了东洋货，偏是我的铺子犯法，一定要封存！咄！”

林先生气愤愤地又加了这几句，就颓然坐在床边的一张椅子里。

“呃，呃，救苦救难观世音，呃——”

“爸爸，我还有一件老式的棉袄，光景不是东洋货，可是穿出去人家又要笑我。”

过了一会儿，林小姐从床上坐起来说，她本来打算进一步要求父亲制一件不是东洋货的新衣，但瞧着父亲的脸色不对，便又不敢冒昧。同时，她的想象中就展开了那件旧棉袄惹人讪笑的情形，她忍不住哭起来了。

“呃，呃——啊哟——呃，莫哭——没有人笑你——呃，阿囡……”

“阿秀，明天不用去读书了！饭快要没得吃了，还读什么书！”

林先生懊恼地说，把手里那张字条儿扯得粉碎，一边走出房去，一边叹气跺脚。然而没多几时，林先生又匆匆地跑了回来，看着林大娘的面孔说道：“橱门上的钥匙呢？给我！”

林大娘的脸色立刻变成灰白，瞪出了眼睛望着她的丈夫，永远不放松她的打呃忽然静定了半晌。

“没有办法，只好去斋斋那些闲神野鬼了——”

林先生顿住了，叹一口气，然后又接下去说：“至多我花四百块。要是党部里还嫌少，我拚着不做生意，等他们来封——我们对过的裕昌祥，进的东洋货比我多，足足有一万多块钱的码子呢，也只花了五百快，就太平无事了——五百块！算是吃了几笔倒账罢——钥匙！咳！那一个金项圈，总可以兑成三百块……”

“呃，呃，真——好比强盗！”

林大娘摸出那钥匙来，手也颤抖了，眼泪扑簌簌地往下掉。林小姐却反不哭了，瞪着一对泪眼，呆呆地出神，她恍惚看见那个曾经到她学校里来演说而且饿狗似的盯住看她的什么委员，一个怪叫人讨厌的黑麻子，捧住了她家的金项圈在半空里跳，张开了大嘴巴笑。随后，她又恍惚看见这强盗似的黑麻子和她的父亲吵嘴，父亲被他打了……

“啊哟！”

林小姐猛然一声惊叫，就扑在她妈的身上。林大娘慌得没有工夫尽打呃，挣扎着说：“阿囡，呃，不要哭——过了年，你爸爸有钱，就给你制新衣服——呃，那些狠心的强盗！都咬定我们有钱，呃，一年一年亏空，你爸爸做做肥田粉生意又上当，呃——店里全是别人的钱了。阿囡，呃，呃，我这病，活着也受罪——呃，再过两年，你十九岁，招得个好女婿。呃，我死也放心了——救苦救难观世音菩萨！呃——”

二

第二天，林先生的铺子里新换过一番布置。将近一星期不曾露脸的东洋货又都摆在最惹眼的地位了。林先生又摹仿上海大商店的办法，写了许多“大廉价照码九折”的红绿纸条，贴在玻璃窗上。这天是阴历腊月二十三，正是乡镇上洋广货店的“旺月”。不但林先生的额外支出“四百元”指望在这时候捞回来，就是林小姐的新衣服也靠托在这几天的生意好。

十点多钟，赶市的乡下人一群一群的在街上走过了，他们臂上挽着篮，或是牵着小孩子，粗声大气地一边在走，一边在谈话。他们望到了林先生的花花绿绿的铺面，都站住了，仰起脸，老婆唤丈夫，孩子叫爹娘，啧啧地夸美那些货物。新年快到了，孩子们希望穿一双新袜子，女人们想到家里的面盆早就用破，全家合用的一条面巾还是半年前的老家伙，肥皂又断绝了一个多月，趁这里“卖贱货”，正该买一点。林先生坐在账台上，抖擞着精神，堆起满脸的笑容，眼睛望着那些乡下人，又带睄着自己铺子里的两个伙计，两个学徒，满心希望货物出去，洋钱进来。但是这些乡下人看了一会，指指点点夸羡了一会，竟自懒洋洋地走到斜对门的裕昌祥铺面前站住了再看。林先生伸长了脖子，望到那班乡下人的背景，眼睛里冒出火来。他恨不得拉他们回来！

“呃——呃——”

坐在账台后面那道分隔铺面与“内宅”的蝴蝶门旁边的林大娘把勉强忍住了半晌的“呃”放出来。林小姐倚在她妈的身边，呆呆地望着街上不作声，心头却是卜卜地跳；她的新衣服至少已经走脱了半件。

林先生赶到柜台前睁大了妒忌的眼睛看着斜对门的同业裕昌祥。那边的四五个店员一字儿摆在柜台前，等候做买卖。但是那班乡下人没有一个走近到柜台边，他们看了一会儿，又照样的走过去了。林先生觉得心头一松，忍不住望着裕昌祥的伙计笑了一笑。这时又有七八人一队的乡下人走到林先生的铺面前，其中有一位年青的居然上前一步，歪着头看那些挂着的洋伞。林先生猛转过脸来，一对嘴唇皮立刻嘻开了；他亲自兜揽这位意想中的顾客了：“喂，阿弟，买洋伞么？便宜货，一只洋伞卖九角！看看货色去。”

一个伙计已经取下了两三把洋伞，立刻撑开了一把，热剌剌地塞到那年青乡下人的手里，振起精神，使出夸卖的本领来：“小当家，你看！洋缎面子，实心骨子，晴天，落雨，耐用好看！九角洋钱一顶，再便宜没有了……那边是一只洋一顶，货色还没有这等好呢，你比一比就明白。”

那年青的乡下人拿着伞，没有主意似的张大了嘴巴。他回过头去望着一位五十多岁的老头子，又把手里的伞颠了一颠，似乎说：“买一把罢？”老头子却老大着急地吆喝道：“阿大！你昏了，想买伞！一船硬柴，一古脑儿只卖了三块多钱，你娘等着量米回去吃，哪有钱来买伞！”

“货色是便宜，没有钱买！”

站在那里观望的乡下人都叹着气说，懒洋洋地都走了。那年青的乡下人满脸涨红，摇一下头，放了伞也就要想走，这可把林先生急坏了，赶快让步问道：“喂，喂，阿弟，你说多少钱呢——再看看去，货色是靠得住的！”

“货色是便宜，钱不够。”

老头一面回答，一面拉住了他的儿子，逃也似的走了。林先生苦着脸，踱回到账台里，浑身不得劲儿。他知道不是自己不会做生意，委实是乡下人太穷了，买不起九毛钱的一顶伞。他偷眼再望斜对门的裕昌祥，也还是只有人站在那里看，没有人上柜台买。裕昌祥左右邻的生泰杂货店万甡[①]糕饼店那就简直连看的人都没有半个。一群一群走过的乡下人都挽着篮子，但篮子里空无一物；间或有花蓝布的一包儿，看样子就知道是米：甚至一

① 甡：shēn。释义：众多。

个多月前乡下人收获的晚稻也早已被地主们和高利贷的债主们如数逼光，现在乡下人不得不一升两升的量着贵米吃。这一切，林先生都明白，他就觉得自己的一份生意至少是间接的被地主和高利贷者剥夺去了。

时间渐渐移近正午，街上走的乡下人已经很少了，林先生的铺子就只做成了一块多钱的生意，仅仅足够开销了“大廉价照码九折”的红绿纸条的广告费。林先生垂头丧气走进“内宅”去，几乎没有勇气和女儿老婆相见。林小姐含着一泡眼泪，低着头坐在屋角；林大娘在一连串的打呃中，挣扎着对丈夫说：“花了四百块钱——又忙了一个晚上摆设起来，呃，东洋货是准卖了，却又生意清淡，呃——阿囡的爷呀……吴妈又要拿工钱——”

“还只半天呢！不要着急。”

林先生勉强安慰着，心里的难受，比刀割还厉害。他闷闷地踱了几步。所有推广营业的方法都想遍了，觉得都不是路。生意清淡，早已各业如此，并不是他一家呀；人们都穷了，可没有法子。但是他总还希望下午的营业能够比较好些。本镇的人家买东西大概在下午。难道他们过新年不买些东西？只要他们存心买，林先生的营业是有把握的。毕竟他的货物比别家便宜。

是这盼望使得林先生依然能够抖擞着精神坐在账台上守候他意想中的下午的顾客。

这下午照例和上午显然不同：街上并没很多的人，但几乎每个人都相识，都能够叫出他们的姓名，或是他们的父亲和祖父的姓名。林先生靠在柜台上，用了异常温和的眼光迎送这些慢慢地走着谈着经过他那铺面的本镇人。他时常笑嘻嘻地迎着常有交易的人喊道：“呵，××哥，到清风阁去吃茶么？小店大放盘，交易点儿去！”

有时被唤着的那位居然站住了，走上柜台来，于是林先生和他的店员就要大忙而特忙，异常敏感地伺察着这位未可知的顾客的眼光，瞧见他的眼光瞥到什么货物上，就赶快拿出那种货物请他考校。林小姐站在那对蝴蝶门边看望，也常常被林先生唤出来对那位未可知的顾客叫一声“伯伯”。小学徒送上一杯便茶来，外加一枝小联珠。

在价目上，林先生也格外让步；遇到那位顾客一定要除去一毛钱左右尾数的时候，他就从店员手里拿过那算盘来算了一会儿，然后不得已似的把那尾数从算盘上拨去，一面笑嘻嘻地说：“真不够本呢！可是老主题，只好遵命了。请你多做成几笔生意罢！”

整个下午就是这么张罗着过去了。连现带赊，大大小小，居然也有十来注交易。林先生早已汗透棉袍。虽然是累得那么着，林先生心里却很愉快。他冷眼偷看斜对门的裕昌祥，似乎赶不上自己铺子的“热闹”。常在那对蝴蝶门旁边看望的林小姐脸上也有些笑意，林大娘也少打几个呃了。

快到上灯时候，林先生核算这一天的“流水账”；上午等于零，下午卖了十六元八角五分，八块钱是赊账。林先生微微一笑，但立即皱紧了眉头了；他今天的“大放盘”确是照本出卖，开销都没着落，官利更说不上。他待了一会儿，又开了账箱，取出几本账簿来翻着打了半天算盘；账上“人欠”的数目共有一千三百余元，本镇六百多，四乡七百多；可是“欠人”的客账，单是上海的东升字号就有八百，合计不下二千哪！林先生低声叹一口气，觉得明天以后如果生意依然没见好，那他这年关就有点难过了。他望着玻璃窗上“大放盘照码九折”的红绿纸条，心里这么想：“照今天那样当真放盘，生意总该会见好；亏本么？没有生意也是照样的要开销。只好先拉些主顾来再慢慢儿想法提高货码……要是四乡还有批发生意来，那就更好……”

突然有一个人来打断林先生的甜蜜梦想了。这是五十多岁的一位老婆子，巍颤颤地走进店来，手里拿着一个小小的蓝布包。林先生猛抬起头来，正和那老婆子打一个照面，想躲避也躲避不及，只好走上前去招呼她道："朱三太，出来买过年东西么？请到里面去坐坐——阿秀，来扶朱三太。"

林小姐早已不在那对蝴蝶门边了，没有听到。那朱三太连连摇手，就在铺面里的一张椅子上坐了，郑重地打开她的蓝布手巾包——包里仅有一扣折子，她抖抖簌簌地双手捧了，直送到林先生的鼻子前，她的瘪嘴唇扭了几扭，正想说话，林先生早已一手接过那折子，同时抢先说道："我晓得了。明天送到你府上罢。"

"哦，哦；十月，十一月，十二月，一总是三个月，三三得九，是九块罢——明天你送来？哦，哦，不要送，让我带了去。嗯！"

朱三太扭着她的瘪嘴唇，很艰难似的说。她有三百元的"老本"存在林先生的铺里，按月来取三块钱的利息，可是最近林先生却拖欠了三个月，原说是到了年底总付，明天是送灶日，老婆子要买送灶的东西，所以亲自上林先生的铺子来了。看她那股扭起了一对瘪嘴唇的劲儿，光景是钱不到手就一定不肯走。

林先生抓着头皮不作声。这九块钱的利息，他何尝存心白赖，只是三个月来生意清淡，每天卖得的钱仅够开伙食，付捐税，不知不觉地拖欠下来了。然而今天要是不付，这老婆子也许会就在铺面上嚷闹，那就太丢脸，对于营业的前途很有影响。

"好，好，带了去罢，带了去罢！"

林先生终于斗气似的说，声音有点儿哽咽。他跑到账台里，把上下午卖得的现钱归并起来，又从腰包里掏出一个双毫，这才凑成了八块大洋，十角小洋，四十个铜子，交付了朱三太。当他看见那老婆子把这些银洋铜子郑重地数了又数，而且抖抖簌簌地放在那蓝布手巾上包了起来的时候，他忍不住叹一口气，异想天开地打算拉回几文来；他勉强笑着说："三阿太，你这蓝布手巾太旧了，买一块老牌麻纱白手帕去罢？我们有上好的洗脸手巾，肥皂，买一点儿去新年里用罢。价钱公道！"

"不要，不要；老太婆了，用不到。"

朱三太连连摆手说，把折子藏在衣袋里，捧着她的蓝布手巾包径自去了。

林先生哭丧着脸，走回"内宅"去。因这朱三太的上门讨利息，他记起还有两注存款，桥头陈老七的二百元和张寡妇的一百五十元，总共十来块钱的利息，都是"不便"拖欠的，总得先期送去。他抡着指头算日子：二十四，二十五，二十六——到二十六，放在四乡的账头该可以收齐了，店里的寿生是前天出去收账的，极迟是二十六应该回来了；本镇的账头总得到二十八九方才有个数目。然而上海号家的收账客人说不定明后天就会到，只有再向恒源钱庄去借了。但是明天的门市怎样……

他这么低着头一边走，一边想，猛听得女儿的声音在他耳边说："爸爸，你看这块大绸好么？七尺，四块二角，不贵罢？"

林先生心里蓦地一跳，站住了睁大着眼睛，说不出话。林小姐手里托着那块绸，却在那里憨笑。四块二角！数目可真不算大，然而今天店里总共只卖得十六块多，并且是老实照本贱卖的呀！林先生怔了一会儿，这才没精打采地问道："你哪来的钱呢？"

"挂在账上。"

林先生听得又是欠账，忍不住皱一下眉头。但女儿是自己宠惯了的，林大娘又抵死偏护着，林先生没奈何只有苦笑。

过一会儿，他叹一口气，轻轻埋怨道："那么性急！过了年再买岂不是好！"

三

又过了两天，"大放盘"的林先生的铺子，生意果然很好，每天可以做三十多元的生意了。林大娘的打呃，大大减少，平均是五分钟来一次；林小姐在铺面和"内宅"之间跳进跳出，脸上红喷喷地时常在笑，有时竟在铺面帮忙招呼生意，直到林大娘再三唤她，方才跑进去，一边擦着额上的汗珠，一边兴冲冲地急口说："妈呀，又叫我进来干么！我不觉得辛苦呀！妈！爸爸累得满身是汗，嗓子也喊哑了——刚才一个客人买了五块钱东西呢！妈！不要怕我辛苦，不要怕！爸爸叫我歇一会儿就出去呢！"

林大娘只是点头，打一个呃，就念一声"大慈大悲菩萨"。客厅里本就供奉着一尊瓷观音，点着一炷香，林大娘就摇摇摆摆走过去磕头，谢菩萨的保佑，还要祷告菩萨一发慈悲，保佑林先生的生意永远那么好，保佑林小姐易长易大，明年就得个好女婿。

但是在铺面张罗的林先生虽然打起精神做生意，脸上笑容不断，心里却像有几根线牵着。每逢卖得了一块钱，看见顾客欣然挟着纸包而去，林先生就忍不住心里一顿，在他心里的算盘上就加添了五分洋钱的血本的亏折。他几次想把这个"大放盘"时每块钱的实足亏折算成三分，可是无论如何，算来算去总得五分。生意虽然好，他却越卖越心疼了。在柜台上招呼主顾的时候，他这种矛盾的心理有时竟至几乎使他发晕。偶尔他偷眼望望斜对门的裕昌祥，就觉得那边闲立在柜台边的店员和掌柜，嘴角上都带着讥讽的讪笑，似乎都在说："看这姓林的傻子呀，当真亏本放盘哪！看着罢，他的生意越好，就越亏本，倒闭得越快！"那时候，林先生便咬一下嘴唇，决定明天无论如何要把货码提高，要把次等货标上头等货的价格。

给林先生斡旋那"封存东洋货"问题的商会长当走过林家铺子的时候，也微微笑着，站住了对林先生贺喜，并且拍着林先生的肩膀，轻声说："如何？四百块钱是花得不冤枉罢！——可是，卜局长那边，你也得稍稍点缀，防他看得眼红，也要来敲诈。生意好，妒忌的人就多；就是卜局长不生心，他们也要去挑拨呀！"

林先生谢商会长的关切，心里老大吃惊，几乎连做生意都没有精神。

然而最使他心神不宁的，是店里的寿生出去收账到现在还没有回来，林先生是等着寿生收的钱来开销"客账"。上海东升字号的收账客人前天早已到镇，直催逼得林先生再没有话语支吾了。如果寿生再不来，林先生只有向恒源钱庄借款的一法，这一来，林先生又将多负担五六十元的利息，这在见天亏本的林先生委实比割肉还心疼。

到四点钟光景，林先生忽然听得街上走过的人们乱哄哄地在议论着什么，人们的脸色都很惶急，似乎发生了什么大事情了。一心惦念着出去收账的寿生是否平安的林先生就以为一定是快班船遭了强盗抢，他的心卜卜地乱跳。他唤住了一个路人焦急地问道："什么事？是不是栗市快班遭了强盗抢？"

"哦！又是强盗抢么？路上真不太平！抢，还是小事，还要绑人去哪！"

那人，有名的闲汉陆和尚，含糊地回答，同时睒[①]着半只眼睛看林先生铺子里花花绿绿的货物。林先生不得要领，心里更急，丢开陆和尚，就去问第二个走近来的人，桥头的

① 睒：shǎn。释义：窥视、闪烁。

王三毛。

“听说栗市班遭抢，当真么？”

“那一定是太保阿书手下人干的，太保阿书是枪毙了，他的手下人多么厉害！”

王三毛一边回答，一边只顾走。可是林先生却急坏了，冷汗从额角上钻出来。他早就估量到寿生一定是今天回来，而且是从栗市——收账程序中预定的最后一处，坐快班船回来；此刻已是四点钟，不见他来，王三毛又是那样说，那还有什么疑义么？林先生竟忘记了这所谓“栗市班遭强盗抢”乃是自己的发明了！他满脸急汗，直往“内宅”跑；在那对蝴蝶门边忘记跨门槛，几乎绊了一交。

“爸爸！上海打仗了！东洋兵放炸弹烧闸北——”

林小姐大叫着跑到林先生跟前。

林先生怔了一下。什么上海打仗，原就和他不相干，但中间既然牵连着“东洋兵”，又好像不能不追问一声了。他看着女儿的很兴奋的脸孔问道：“东洋兵放炸弹么？你从哪里听来的？”

“街上走过的人全是那么说。东洋兵放大炮，掷炸弹。闸北烧光了！”

“哦，那么，有人说栗市快班强盗抢么？”

林小姐摇头，就像扑火的灯蛾似的扑向外面去了。林先生迟疑了一会儿，站在那蝴蝶门边抓头皮。林大娘在里面打呃，又是喃喃地祷告：“菩萨保佑，炸弹不要落到我们头上来！”林先生转身再到铺子里，却见女儿和两个店员正在谈得很热闹。对门生泰杂货店里的老板金老虎也站在柜台外边指手划脚地讲谈。上海打仗，东洋飞机掷炸弹烧了闸北，上海已经罢市，全都证实了。强盗抢快班船么？没有听人说起过呀！栗市快班么？早已到了，一路平安。金老虎看见那快班船上的伙计刚刚背着两个蒲包走过的。林先生心里松一口气，知道寿生今天又没回来，但也知道好好儿的没有逢到强盗抢。

现在是满街都在议论上海的战事了。小伙计们夹在闹里骂“东洋乌龟”，竟也有人当街大呼：“再买东洋货就是王八！”林小姐听着，脸上就飞红了一大片。林先生却还不动神色。大家都卖东洋货，并且大家花了几百块钱以后，都已经奉着特许：“只要把东洋商标撕去了就行。”他现在满店的货物都已经称为“国货”，买主们也都是“国货，国货”地说着，就拿走了。在此满街人人为了上海的战事而没有心思想到生意的时候，林先生始终在筹虑他的正事。他还是不肯花重利去借庄款，他去和上海号家的收账客人请商，请他再多等这么一天两天。他的寿生极迟明天傍晚总该会到。

“林老板，你也是明白人，怎么说出这种话来呀！现在上海开了火，说不定明后天火车就不通，我是巴不得今晚上就动身呢！怎么再等一两天？请你今天把账款缴清，明天一早我好走。我也是吃人家的饭，请你照顾照顾罢！”

上海客人毫无通融地拒绝了林先生的请商。林先生看来是无可商量了，只好忍痛去到恒源钱庄去商借。他还恐怕那“钱猢狲”知道他是急用，要趁火打劫，高抬利息。谁知钱庄经理的口气却完全不对了。那痨病鬼经理听完了林先生的申请，并没作答，只管捧着他那老古董的水烟筒卜落落卜落落的呼，直到烧完一根纸吹，这才慢吞吞地说：“不行了！东洋兵开仗，上海罢市，银行钱庄都封关，知道他们几时弄得好！上海这路一断，敝庄就成了没脚蟹，汇划不通，比尊处再好的户头也只好不做了。对不起，实在爱莫能助！”

林先生呆了一呆，还总以为这痨病鬼经理故意刁难，无非是为提高利息作地步，正想结结实实说几句恳求的话，却不料那经理又逼进一步道："刚才敝东吩咐过，他得的信，这次的乱子恐怕要闹大，叫我们收紧盘子！尊处原欠五百，二十二那天，又是一百，总共是六百，年关前总得扫数归清；我们也算是老主顾，今天先透一个信，免得临时多费口舌，大家面子上难为情。"

"哦——可是小店里也实在为难。要看账头收得怎样。"

林先生呆了半晌，这才呐出这两句话。

"嘿！何必客气！宝号里这几天来的生意与众不同，区区六百块钱，还为难么？今天是同老兄说明白了，总望扫数归清，我在敝东跟前好交代。"

痨病鬼经理冷冷地说，站起来了。林先生冷了半截身子，瞧情形是万难挽回，只好硬着头皮走出了那家钱庄。他此时这才明白原来远在上海的打仗也要影响到他的小铺子了。今年的年关当真是难过：上海的收账客人立逼着要钱，恒源里不许宕过年，寿生还没回来，知道他怎样了，镇上的账头，去年只收起八成，今年瞧来连八成都捏不稳——横在他前面的路，只是一条："暂停营业，清理账目"！而这条路也就等于破产，他这铺子里早已没有自己的资本，一旦清理，剩给他的，光景只有一家三口三个光身子！

林先生愈想愈仄，走过那座望仙桥时，他看着桥下的浑水，几乎想纵身一跳完事。可是有一个人在背后唤他道："林先生，上海打仗了，是真的罢？听说东栅外刚刚调来了一支兵，到商会里要借饷，开口就是二万，商会里正在开会呢！"

林先生急回过脸去看，原来正是那位存有两百块钱在他铺子里的陈老七，也是林先生的一位债主。

"哦——"

林先生打一个冷噤，只回答了这一声，就赶快下桥，一口气跑回家去。

四

这晚上的夜饭，林大娘在家常的一荤二素以外，特又添了一个碟子，是到八仙楼买来的红焖肉，林先生心爱的东西。另外又有一斤黄酒。林小姐笑不离口，为的铺子里生意好，为的大绸新旗袍已经做成，也为的上海竟然开火，打东洋人。林大娘打呃的次数更加少了，差不多十分钟只来一回。

只有林先生心里发闷到要死。他喝着闷酒，看看女儿，又看看老婆，几次想把那炸弹似的恶消息宣布，然而终于没有那样的勇气。并且他还不曾绝望，还想挣扎，至少是还想掩饰他的两下里碰不到头。所以当商会里议决了答应借饷五千并且要林先生摊认二十元的时候，他毫不推托，就答应下来了。他决定非到最后五分钟不让老婆和女儿知道那家道困难的真实情形。他的划算是这样的：人家欠他的账收一个八成罢，他还人家的账也是个八成——反正可以借口上海打仗，钱庄不通；为难的是人欠我欠之间尚差六百光景，那只有用剜肉补疮的方法拚命放盘卖贱货，且捞几个钱来渡过了眼前再说。这年头，谁能够顾到将来呢？眼前得过且过。

是这么想定了方法，又加上那一斤黄酒的力量，林先生倒酣睡了一夜，噩梦也没有半个。

第二天早上，林先生醒来时已经是六点半钟，天色很阴沉。林先生觉得有点头晕。他匆匆忙忙吞进两碗稀饭，就到铺子里，一眼就看见那位上海客人板起了脸孔在那里坐守"回话"。而尤其叫林先生猛吃一惊的，是斜对门的裕昌祥也贴起红红绿绿的纸条，也在那里“大放盘照码九折”了！林先生昨夜想好的“如意算盘”立刻被斜对门那些红绿纸条冲一个摇摇不定。

“林老板，你真是开玩笑！昨晚上不给我回音。轮船是八点钟开，我还得转乘火车，八点钟这班船我是非走不行！请你快点——”

上海客人不耐烦地说，把一个拳头在桌子上一放。林先生只有赔不是，请他原谅，实在是因为上海打仗钱庄不通，彼此是多年的老主顾，务请格外看承。

“那么叫我空手回去么？”

“这，这，断乎不会。我们的寿生一回来，有多少付多少，我要是藏落半个钱，不是人！”

林先生颤着声音说，努力忍住了滚到眼眶边的眼泪。

话是说到尽头了，上海客人只好不再噜苏，可是他坐在那里不肯走。林先生急得什么似的，心是卜卜地乱跳。近年他虽然万分拮据，面子上可还遮得过；现在摆一个人在铺子里坐守，这件事要是传扬开去，他的信用可就完了，他的债户还多着呢，万一群起效尤，他这铺子只好立刻关门。他在没有办法中想办法，几次请这位讨账客人到内宅去坐，然而讨账客人不肯。

天又索索地下起冻雨来了。一条街上冷清清地简直没有人行。自有这条街以来，从没见过这样萧索的腊尾岁尽。朔风吹着那些招牌，嚓嚓地响。渐渐地冻雨又有变成雪花的模样。沿街店铺里的伙计们靠在柜台上仰起了脸发怔。

林先生和那位收账客人有一句没一句的闲谈着。林小姐忽然走出蝴蝶门来站在街边看那索索的冻雨。从蝴蝶门后送来的林大娘的呃呃的声音又渐渐儿加勤。林先生嘴里应酬着，一边看看女儿，又听听老婆的打呃，心里一阵一阵酸上来，想起他的一生简直毫没幸福，然而又不知道坑害他到这地步的，究竟是谁。那位上海客人似乎气平了一些了，忽然很恳切地说：“林老板，你是个好人。一点嗜好都没有，做生意很巴结认真。放在二十年前，你怕不发财么？可是现今时势不同，捐税重，开销大，生意又清，混得过也还是你的本事。”

林先生叹一口气苦笑着，算是谦逊。

上海客人顿了一顿，又接着说下去：“贵镇上的市面今年又比上年差些，是不是？内地全靠乡庄生意，乡下人太穷，真是没有法子——呀，九点钟了！怎么你们的收账伙计还没来呢？这个人靠得住么？”

林先生心里一跳，暂时回答不出来。虽然是七八年的老伙计，一向没有出过岔子，但谁能保到底呢！而况又是过期不见回来。上海客人看着林先生那迟疑的神气，就笑；那笑声有几分异样。忽然那边林小姐转脸对林先生急促地叫道：“爸爸，寿生回来了！一身泥！”

显然林小姐的叫声也是异样的，林先生跳起来，又惊又喜，着急的想跑到柜台前去看，可是心慌了，两腿发软。这时寿生已经跑了进来，当真是一身泥，气喘喘地坐下了，说不出话来。林先生估量那情形不对，吓得没有主意，也不开口。上海客人在旁边皱眉头。过了一会儿，寿生方才喘着气说：“好险呀！差一些儿被他们抓住了。”

“到底是强盗抢了快班船么？”

林先生惊极，心一横，倒逼出话来了。

“不是强盗。是兵队拉夫呀！昨天下午赶不上趁快班。今天一早趁航船，哪里知道航船听得这里要捉船，就停在东栅外了。我上岸走不到半里路，就碰到拉夫。西面宝祥衣庄的阿毛被他们拉去了。我跑得快，抄小路逃了回来。他妈的，性命交关！”

寿生一面说，一面撩起衣服，从肚兜里掏出一个手巾包来递给了林先生，又说道：“都在这里了。栗市的那家黄茂记很可恶，这种户头，我们明年要留心——我去洗一个脸，换件衣服再来。”

林先生接了那手巾包，捏一把，脸上有些笑容了。他到账台里打开那手巾包来。先看一看那张“清单”，打了一会儿算盘，然后点检银钱数目：是大洋十一元，小洋二百角，钞票四百二十元，外加即期庄票两张，一张是规元五十两，又一张是规元六十五两。这全部付给上海客人，照账算也还差一百多元。林先生凝神想了半晌，斜眼偷看了坐在那里吸烟的上海客人几次，方才叹一口气，割肉似的拿起那两张庄票和四百元钞票捧到上海客人跟前，又说了许多话，方才得到上海客人点一下头，说一声“对啦”。

但是上海客人把庄票看了两遍，忽又笑着说道：“对不起，林老板，这庄票，费神兑了钞票给我罢！”

“可以，可以。”

林先生连忙回答，慌忙在庄票后面盖了本店的书柬图章，派一个伙计到恒源庄去取现，并且叮嘱了要钞票。又过了半晌，伙计却是空手回来。恒源庄把票子收了，但不肯付钱；据说是扣抵了林先生的欠款。天是在当真下雪了，林先生也没张伞，冒雪到恒源庄去亲自交涉，结果是徒然。

“林老板，怎样了呢？”

看见林先生苦着脸跑回来，那上海客人不耐烦地问了。

林先生几乎想哭出来，没有话回答，只是叹气。除了央求那上海客人再通融，还有什么别的办法？寿生也来了，帮着林先生说。他们赌咒：下欠的二百多元，赶明年初十边一定汇到上海。是老主顾了，向来三节清账，从没半句话，今儿实在是意外之变，大局如此，没有办法，非是他们刁赖。

然而不添一些，到底是不行的。林先生忍痛又把这几天内卖得的现款凑成了五十元，算是总共付了四百五十元，这才把那位叫人头痛的上海收账客人送走了。

此时已有十一点了，天还是飘飘扬扬落着雪。买客没有半个。林先生纳闷了一会儿，和寿生商量本街的账头怎样去收讨。两个人的眉头都皱紧了，都觉得本镇的六百多元账头收起来真没有把握。寿生挨着林先生的耳朵悄悄地说道：“听说南栅的聚隆，西栅的和源，都不稳呢！这两处欠我们的，就有三百光景，这两笔倒账要预先防着，吃下了，可不是玩的！”

林先生脸色变了，嘴唇有点抖。不料寿生把声音再放低些，支支吾吾地说出了更骇人的消息来：“还有，还有讨厌的谣言，是说我们这里了。恒源庄上一定听得了这些风声，这才对我们逼得那么急，说不定上海的收账客人也有点晓得——只是，谁和我们作对呢？难道就是斜对门么？”

寿生说着，就把嘴向裕昌祥那边呶了一呶。林先生的眼光跟着寿生的嘴也向那边瞥了一下，心里直是乱跳，哭丧着脸，好半天说不出话来。他的又麻又痛的心里感到这一次他准是毁了——不毁才是作怪：党老爷敲诈他，钱庄压逼他，同业又中伤他，而又要吃倒账，凭谁也受不了这样重重的磨折罢？而究竟为了什么他应该活受罪呀！他，从父亲手里继承下这小小的铺子，从没敢浪费；他，做生意多么巴结；他，没有害过人，没有起过歹心；就是他的祖上，也没害过人，做过歹事呀！然而他直如此命苦！

“不过，师傅，随他们去造谣罢，你不要发急。荒年传乱话，听说是镇上的店铺十家有九家没法过年关。时势不好，市面清得不成话。素来硬朗的铺子今年都打饥荒，也不是我们一家困难！天塌压大家，商会里总得议个办法出来；总不能大家一齐拖倒，弄得市面更加不像市面。”

看见林先生急苦了，寿生姑且安慰着，忍不住也叹了一口气。

雪是愈下愈密了，街上已经见白。偶尔有一条狗垂着尾巴走过，抖一抖身体，摇落了厚积在毛上的那些雪，就又悄悄地夹着尾巴走了。自从有这条街以来，从没见过这样冷落凄凉的年关！而此时，远在上海，日本军的重炮正在发狂地轰毁那边繁盛的市廛[①]。

五

凄凉的年关，终于也过去了。镇上的大小铺子倒闭了二十八家。内中有一家“信用素著”的绸庄。欠了林先生三百元货账的聚隆与和源也毕竟倒了。大年夜的白天，寿生到那两个铺子里磨了半天，也只拿了二十多块来；这以后，就听说没有一个收账员拿到半文钱，两家铺子的老板都躲得不见面了。林先生自己呢，多亏商会长一力斡旋，还无须往乡下躲，然而欠下恒源钱庄的四百多元非要正月十五以前还清不可；并且又订了苛刻的条件：从正月初五开市那天起，恒源就要派人到林先生铺子里“守提”，卖得的钱，八成归恒源扣账。

新年那四天，林先生家里就像一个冰窖。林先生常常叹气，林大娘的打呃像连珠炮。林小姐虽然不打呃，也不叹气，但是呆呆地好像害了多年的黄病。她那件大绸新旗袍，为的要付吴妈的工钱，已经上了当铺；小学徒从清早七点钟就去那家唯一的当铺门前守候，直到九点钟方才从人堆里拿了两块钱挤出来。以后，当铺就止当了。两块钱！这已是最高价。随你值多少钱的贵重衣饰，也只能当得两块呢！叫作“两块钱封门”。乡下人忍着冷剥下身上的棉袄递上柜台去，那当铺里的伙计拿起来抖了一抖，就直丢出去，怒声喊道：“不当！”

元旦起，是大好的晴天。关帝庙前那空场上，照例来了跑江湖赶新年生意的摊贩和变把戏的杂耍。人们在那些摊子面前懒懒地拖着腿走，两手扪着空的腰包，就又懒懒地走开了。孩子们拉住了娘的衣角，赖在花炮摊前不肯走，娘就给他一个老大的耳光。那些特来赶新年的摊贩们连伙食都开销不了，白赖在“安商客寓”里，天天和客寓主人吵闹。

只有那班变把戏的出了八块钱的大生意，党老爷们唤他们去点缀了一番“升平气象”。

初四那天晚上，林先生勉强筹措了三块钱，办一席酒请铺子里的“相好”吃照例的“五路酒”，商量明天开市的办法。林先生早就筹思过熟透：这铺子开下去呢，眼见得是亏本的生意，不开呢，他一家三口儿简直没有生计，而且到底人家欠他的货账还有四五百，他一关门更难讨取；惟一的办法是减省开支，但捐税派饷是逃不了的，“敲诈”尤其无法躲避，裁去一两个店员罢，本来他只有三个伙计，寿生是左右手，其余的两位也是怪可怜见的，况且辞歇了到底也不够招呼生意；家里呢，也无可再省，吴妈早已辞歇。他觉得只

① 市廛：shì chán。释义：市中店铺或店铺集中的市区。

有硬着头皮做下去，或者靠菩萨的保佑，乡下人春蚕熟，他的亏空还可以补救。

但要开市，最大的困难是缺乏货品。没有现钱寄到上海去，就拿不到货。上海打得更厉害了，赊账是休转这念头。卖底货罢，他店里早已淘空，架子上那些装卫生衣的纸盒就是空的，不过摆在那里装幌子。他铺子里就剩了些日用杂货，脸盆毛巾之类，存底还厚。

大家喝了一会闷酒，抓腮挖耳地想不出好主意。后来谈起闲天来，一个伙计忽然说："乱世年头，人比不上狗！听说上海闸北烧得精光，几十万人都只逃得一个光身子。虹口一带呢，烧是还没烧，人都逃光了，东洋人凶得很，不许搬东西。上海房钱涨起几倍。逃出来的人都到乡下来了，昨天镇上就到了一批，看样子都是好好的人家，现在却弄得无家可归！"

林先生摇头叹气。寿生听了这话，猛的想起了一个好办法；他放下了筷子，拿起酒杯来一口喝干了，笑嘻嘻对林先生说道："师傅，听得阿四的话么？我们那些脸盆，毛巾，肥皂，袜子，牙粉，牙刷，就可以如数销清了。"

林先生瞪出了眼睛，不懂得寿生的意思。

"师傅，这是天大的机会。上海逃来的人，总还有几个钱，他们总要买些日用的东西，是不是？这笔生意，我们赶快张罗。"

寿生接着又说。再筛出一杯酒来喝了，满脸是喜气。两个伙计也省悟过来了，哈哈大笑。只有林先生还不很了然。近来的逆境已经把他变成糊涂。他惘然问道："你拿得稳么？脸盆，毛巾，别家也有——"

"师傅，你忘记了！脸盆毛巾一类的东西只有我们存底独多！裕昌祥里拿不出十只脸盆，而且都是拣剩货。这笔生意，逃不出我们的手掌心的了！我们赶快多写几张广告到四栅去分贴，逃难人住的地方——嗳，阿四，他们住在什么地方？我们也要去贴广告。"

"他们有亲戚的住到亲戚家里去了，没有的，还借住在西栅外茧厂的空房子。"

叫作阿四的伙计回答，脸上发亮，很得意自己的无意中立了大功。林先生这时也完全明白了。心里一快乐，就又灵活起来，他马上拟好了广告的底稿，专拣店里有的日用品开列上去，约莫也有十几种。他又摹仿上海大商店卖"一元货"的方法，把脸盆，毛巾，牙刷，牙粉配成一套卖一块钱，广告上就大书"大廉价一元货"。店里本来还有余剩下的红绿纸，寿生大张的裁好了，拿笔就写。两个伙计和学徒就乱哄哄地拿过脸盆，毛巾，牙刷，牙粉来装配成一组。人手不够，林先生叫女儿出来帮着写，帮着扎配，另外又配出几种"一元货"，全是零星的日用必需品。

这一晚上，林家铺子里直忙到五更左右，方才大致就绪。第二天清早，开门鞭炮响过，排门开了，林家铺子布置得又是一新。漏夜赶起来的广告早已漏夜分头贴出去。西栅外茧厂一带是寿生亲自去布置，哄动那些借住在茧厂里的逃难人，都起来看，当做一件新闻。

"内宅"里，林大娘也起了个五更，瓷观音面前点了香，林大娘爬着磕了半天响头。她什么都祷告全了，就只差没有祷告菩萨要上海的战事再扩大再延长，好多来些逃难人。

一切都很顺利，一切都不出寿生的预料。新正开市第一天就只林家铺子生意很好，到下午四点多钟，居然卖了一百多元，是这镇上近十年来未有的新纪录。销售的大宗，果然是"一元货"，然而洋伞橡皮雨鞋之类却也带起了销路，并且那生意也做的干脆有味。虽然是"逃难人"，却毕竟住在上海，见过大场面，他们不像乡下人或本镇人那么小格式，他们买东西很爽利，拿起货来看了一眼，现钱交易，从不拣来拣去，也不硬要除零头。

林大娘看见女儿兴冲冲地跑进来夸说一回，就爬到瓷观音面前磕了一回头。她心里还转了这样的念头：要不是岁数相差得多，把寿生招做女婿倒也是好的！说不定在寿生那边也时常用半只眼睛看望着这位厮熟的十七岁的“师妹”。

只有一点，使林先生扫兴；恒源庄毫不顾面子地派人来提取了当天营业总数的八成。并且存户朱三阿太，桥头陈老七，还有张寡妇，不知听了谁的怂恿，都借了“要量米吃”的借口，都来预支息金；不但支息金，还想拔提一点存款呢！但也有一个喜讯，听说又到了一批逃难人。

晚餐时，林先生添了两碟荤菜，酬劳他的店员。大家称赞寿生能干。林先生虽然高兴，却不能不惦念着朱三阿太等三位存户是要提存款的事情。大新年碰到这种事，总是不吉利。寿生忿然说：“那三个懂得什么呢！还不是有人从中挑拨！”

说着，寿生的嘴又向斜对门呶了一呶。林先生点头。可是这三位不懂什么的，倒也难以对付；一个是老头子，两个是孤苦的女人，软说不肯，硬来又不成。林先生想了半天觉得只有去找商会长，请他去和那三位宝贝讲开。他和寿生说了，寿生也竭力赞成。

于是晚饭后算过了当天的“流水账”，林先生就去拜访商会长。

林先生说明了来意后，那商会长一口就应承了，还夸奖林先生做生意的手段高明，他那铺子一定能够站住，而且上进。摸着自己的下巴，商会长又笑了一笑，伛[①]过身体来说道：“有一件事，早就想对你说，只是没有机会。镇上的卜局长不知在哪里见过令爱来，极为中意；卜局长年将四十，还没有儿子，屋子里虽则放着两个人，都没生育过；要是令爱过去，生下一男半女，就是现成的局长太太。呵，那时，就连我也沾点儿光呢！”

林先生做梦也想不到会有这样的难题，当下怔住了做不得声。商会长却又郑重地接着说：“我们是老朋友，什么话都可以讲个明白。论到这种事呢，照老派说，好像面子上不好听；然而也不尽然。现在通行这一套，令爱过去也算是正的——况且，卜局长既然有了这个心，不答应他有许多不便之处；答应了，将来倒有巴望。我是替你打算，才说这个话。”

“咳，你怕不是好意劝我仔细！可是，我是小户人家，小女又不懂规矩，高攀卜局长，实在不敢！”

林先生硬着头皮说，心里卜卜乱跳。

“哈，哈，不是你高攀，是他中意——就这么罢，你回去和尊夫人商量商量，我这里且搁着，看见卜局长时，就说还没机会提过，行不行呢？可是你得早点给我回音！”

“嗯——”

筹思了半晌，林先生勉强应着，脸色像是死人。

回到家里，林先生支开了女儿，就一五一十对林大娘说了。他还没说完，林大娘的呃就大发作，光景邻居都听得清。

她勉强抑住了那些涌上来的呃，喘着气说道：“怎么能够答应，呃，就不是小老婆，呃，呃——我也舍不得阿秀到人家去做媳妇。”

“我也是这个意思，不过——”

---

① 伛：yǔ。释义：驼背；曲身，表示恭敬。

“呃，我们规规矩矩做生意，呃，难道我们不肯，他好抢了去不成？呃——”

“不过他一定要来找讹头生事！这种人比强盗还狠心！”

林先生低声说，几乎落下眼泪来。

“我拚了这条老命。呃！救苦救难观世音呀！”

林大娘颤着声音站了起来，摇摇摆摆想走。林先生赶快拦住，没口地叫道：“往哪里去？往哪里去？”

同时林小姐也从房外来了，显然已经听见了一些，脸色灰白，眼睛死瞪瞪地。林大娘看见女儿，就一把抱住了，一边哭，一边打呃，一边喃喃地挣扎着喘着气说：“呃，阿囡，呃，谁来抢你去，呃，我同他拚老命！呃，生你那年我得了这个——病，呃，好容易养到十七岁，呃，呃，死也死在一块儿！呃，早给了寿生多么好呢！呃！强盗！不怕天打的！”

林小姐也哭了，叫着“妈！”，林先生搓着手叹气。看看哭得不像样，窄房浅屋的要惊动邻舍，大新年也不吉利，他只好忍着一肚子气来劝母女两个。

这一夜，林家三口儿都没有好生睡觉。明天一早林先生还得起来做生意，在一夜的转侧愁思中，他偶尔听得屋面上一声响，心就卜卜地跳，以为是卜局长来寻他生事来了；然而定了神仔细想起来，自家是规规矩矩的生意人，又没犯法，只要生意好，不欠人家的钱，难道好无端生事，白诈他不成？而他的生意呢，眼前分明有一线生机。生了个女儿长的还端正，却又要招祸！早些定了亲，也许不会出这岔子——商会长是不是肯真心帮忙呢，只有恳求他设法——可是林大娘又在打呃了，咳，她这病！

天刚发白，林先生就起身，眼圈儿有点红肿，头里发昏。可是他不能不打起精神招呼生意。铺面上靠寿生一个到底不行，这小伙子近几天来也就累得够了。

林先生坐在账台里，心总不定。生意虽然好，他却时时浑身的肉发抖。看见面生的大汉子上来买东西，他就疑惑是卜局长派来的人，来侦察他，来寻事；他的心直跳得发痛。

却也作怪，这天生意之好，出人意料。到正午，已经卖了五六十元，买客们中间也有本镇人。那简直不像买东西，简直像是抢东西，只有倒闭了铺子拍卖底货的时候才有这种光景。林先生一边有点高兴，一边却也看着心惊，他估量“这样的好生意气色不正”。果然在午饭的时候，寿生就悄悄告诉道：“外边又有谣言，说是你拆烂污卖一批贱货，捞到几个钱，就打算逃走！”

林先生又气又怕，开不得口。突然来了两个穿制服的人，直闯进来问道：“谁是林老板？”

林先生慌忙站了起来，还没回答，两个穿制服的拉住他就走。寿生追上去，想要拦阻，又想要探询，那两个人厉声吆喝道：“你是谁？滚开！党部里要他问话！”

六

那天下午，林先生就没有回来。店里生意忙，寿生又不能抽空身子尽自去探听。里边林大娘本来还被瞒着，不防小学徒漏了嘴，林大娘那一急几乎一口气死去。她又死不放林小姐出那对蝴蝶门儿，说是：“你的爸爸已经被他们捉去了，回头就要来抢你！呃——”

她只叫寿生进来问底细，寿生瞧着情形不便直说，只含糊安慰了几句道：“师母，不要着急，没有事的！师傅到党部里去理直那些存款呢。我们的生意好，怕什么的！”

背转了林大娘的面，寿生悄悄告诉林小姐“到底为什么，还没得个准信儿”，他叮嘱林小姐且安心伴着“师母”，外边事有他呢。林小姐一点主意也没有，寿生说一句，她就点一下头。

这样又要照顾外面的生意，又要挖空心思找出话来对付林大娘不时的追询，寿生更没有工夫去探听林先生的下落。直到上灯时分，这才由商会长给他一个信：林先生是被党部扣住了，为的外边谣言林先生打算卷款逃走，然而林先生除有庄款和客账未清外，还有朱三阿太，桥头陈老七，张寡妇三位孤苦人儿的存款共计六百五十元没有保障，党部里是专替这些孤苦人儿谋利益的，所以把林先生扣起来，要他理直这些存款。

寿生吓得脸都黄了，待了半晌，方才问道：“先把人保出来，行么？人不出来，哪里去弄钱来呢？”

“嘿！保出人来！你空手去，让你保么？”

“会长先生，总求你想想法子，做好事。师傅和你老人家向来交情也不差，总求你做做好事！”

商会长皱着眉头沉吟了一会儿，又端相着寿生半晌，然后一把拉寿生到屋角里悄悄说道：“你师傅的事，我岂有袖手旁观之理。只是这件事现在弄僵了！老实对你说，我求过卜局长出面讲情，卜局长只要你师傅答应一件事，他是肯帮忙的；我刚才到党部里会见你的师傅，劝他答应，他也答应了，那不是事情完了么？不料党部里那个黑麻子真可恶，他硬不肯——”

“难道他不给卜局长面子？”

“就是呀！黑麻子反而噜哩噜嗦说了许多，卜局长几乎下不得台。两个人闹翻了！这不是这件事弄得僵透？”

寿生叹了口气，没有主意；停一会儿，他又叹一口气说：“可是师傅并没犯什么罪。”

“他们不同你讲理！谁有势，谁就有理！你去对林大娘说，放心，还没吃苦，不过要想出来，总得花点儿钱！”

商会长说着，伸两个指头一扬，就匆匆地走了。

寿生沉吟着，没有主意；两个伙计攒住他探问，他也不回答。商会长这番话，可以告诉“师母”么？又得花钱！“师母”有没有私蓄，他不知道；至于店里，他很明白，两天来卖得的现钱，被恒源提了八成去，剩下只有五十多块，济得什么事！商会长示意总得两百。知道还够不够呀！照这样下去，生意再好些也不中用。他觉得有点灰心了。

里边又在叫他了！他只好进去瞧光景再定主意。

林大娘扶住了女儿的肩头，气喘喘地问道：“呃，刚才，呃——商会长来了，呃，说什么？”

“没有来呀！”

寿生撒一个谎。

“你不用瞒我，呃——我，呃，全知道了；呃，你的脸色吓得焦黄！阿秀看见的，呃！”

“师母放心，商会长说过不要紧——卜局长肯帮忙——”

“什么？呃，呃——什么？卜局长肯帮忙——呃，呃，大慈大悲的菩萨，呃，不要他帮忙！呃，呃，我知道，你的师傅，呃呃，没有命了！呃，我也不要活了！呃，只是这阿秀，呃，我放心不下！呃，呃，你同了她去！呃，你们好好的做人家！呃，呃，寿生，呃，你待阿秀好，我就放心了！呃，去呀！他们要来抢！呃——狠心的强盗！观世音菩萨怎么不显灵呀！”

寿生睁大了眼睛，不知道怎样回话。他以为“师母”疯了，但可又一点不像疯。他偷眼看他的“师妹”，心里有点跳；林小姐满脸通红，低了头不作声。

“寿生哥，寿生哥，有人找你说话！”

小学徒一路跳着喊进来。寿生慌忙跑出去，总以为又是商会长什么的来了，哪里知道竟是斜对门裕昌祥的掌柜吴先生。“他来干什么？”寿生肚子里想，眼光盯住在吴先生的脸上。

吴先生问过了林先生的消息，就满脸笑容，连说“不要紧”。寿生觉得那笑脸有点异样。

“我是来找你划一点货——”

吴先生收了笑容，忽然转了口气，从袖子里摸出一张纸来。是一张横单，写着十几行，正是林先生所卖“一元货”的全部。寿生一眼瞧见就明白了，原来是这个把戏呀！他立刻说：“师傅不在，我不能做主。”

“你和你师母说，还不是一样！”

寿生踌躇着不能回答。他现在有点懂得林先生之所以被捕了。先是谣言林先生要想逃，其次是林先生被扣住了，而现在却是裕昌祥来挖货，这一连串的线索都明白了。寿生想来有点气，又有点怕，他很知道，要是答应了吴先生的要求，那么，林先生的生意，自己的一番心血，都完了。可是不答应呢，还有什么把戏来，他简直不敢想下去了。最后他姑且试一试说：“那么，我去和师母说，可是，师母女人家专要做现钱交易。”

“现钱么？哈，寿生，你是说笑话罢？”

“师母是这种脾气，我也是没法。最好等明天再谈罢。刚才商会长说，卜局长肯帮忙讲情，光景师傅今晚上就可以回来了。”

寿生故意冷冷的说，就把那张横单塞还吴先生的手里。吴先生脸上的肉一跳，慌忙把横单又推回到寿生手里，一面没口应承道：“好，好，现账就是现账。今晚上交货，就是现账。”

寿生皱着眉头再到里边，把裕昌祥来挖货的事情对林大娘说了，并且劝她：“师母，刚才商会长来，确实说师傅好好的在那里，并没吃苦；不过总得花几个钱，才能出来。店里只有五十块。现在裕昌祥来挖货，照这单子上看，总也有一百五十块光景，还是挖给他们罢，早点救师傅出来要紧！”

林大娘听说又要花钱，眼泪直淌，那一阵呃，当真打得震天响，她只是摇手，说不出话，头靠在桌子上，把桌子捶得怪响。寿生瞧来不是路，悄悄的退出去，但在蝴蝶门边，林小姐追上来了。她的脸色像死人一样白，她的声音抖而且哑，她急口地说：“妈是气糊涂了！总说爸爸已经被他们弄死了！你，你赶快答应裕昌祥，赶快救爸爸，寿生哥，你——”

林小姐说到这里，忽然脸一红，就飞快地跑进去了。寿生望着她的后影，呆立了半分钟光景，然后转身，下决心担负这挖货给裕昌祥的责任，至少“师妹”是和他一条心要这么办了。

夜饭已经摆在店铺里了，寿生也没有心思吃，立等着裕昌祥交过钱来，他拿一百在手里，另外身边藏了八十，就飞跑去找商会长。

半点钟后，寿生和林先生一同回来了。跑进“内宅”的时候，林大娘看见了倒吓一跳。认明是当真活的林先生时，林大娘急急爬在瓷观音前磕响头，比她打呃的声音还要响。林小姐光着眼睛站在旁边，像是要哭，又像是要笑。寿生从身旁掏出一个纸包来，放在桌子上说：“这是多下来的八十块钱。”

林先生叹了一口气，过一会儿，方才有声没气地说道：“让我死在那边就是了，又花钱弄出来！没有钱，大家还是死路一条！”

林大娘突然从地下跳起来，着急的想说话，可是一连串的呃把她的话塞住了。林小姐忍住了声音，抽抽咽咽地哭。林先生却还不哭，又叹一口气，哽咽着说：“货是挖空了！店开不成，债又逼的紧——”

“师傅！”

寿生叫了一声，用手指蘸着茶，在桌子上写了一个“走”字给林先生看。

林先生摇头，眼泪扑簌簌地直淌；他看看林大娘，又看看林小姐，又叹一口气。

“师傅！只有这一条路了。店里拼凑起来，还有一百块，你带了去，过一两个月也就够了；这里的事，我和他们理直。”

寿生低声说。可是林大娘却偏偏听得了，她忽然抑住了呃，抢着叫道：“你们也去！你，阿秀。放我一个人在这里好了，我拚老命！呃！”

忽然异常矫健起来，林大娘转身跑到楼上去了。林小姐叫着“妈”随后也追了上去。林先生望着楼梯发怔，心里感到有什么要紧的事，却又乱麻麻地总是想不起。寿生又低声说：“师傅，你和师妹一同走罢！师妹在这里，师母是不放心的！她总说他们要来抢——”

林先生淌着眼泪点头，可是打不起主意。

寿生忍不住眼圈儿也红了，叹一口气，绕着桌子走。

忽然听得林小姐的哭声。林先生和寿生都一跳。他们赶到楼梯头时，林大娘却正从房里出来，手里捧一个皮纸包儿。看见林先生和寿生都已在楼梯头了，她就缩回房去，嘴里说“你们也来，听我的主意”。她当着林先生和寿生的跟前，指着那纸包说道：“这是我的私房，呃，光景有两百多块。分一半你们拿去。呃！阿秀，我做主配给寿生！呃，明天阿秀和她爸爸同走。呃，我不走！寿生陪我几天再说。呃，知道我还有几天活，呃，你们就在我面前拜一拜，我也放心！呃——”

林大娘一手拉着林小姐，一手拉着寿生，就要他们“拜一拜”。

都拜了，两个人脸上飞红，都低着头。寿生偷眼看林小姐，看见她的泪痕中含着一些笑意，寿生心头卜卜地跳了，反倒落下两滴眼泪。

林先生松一口气，说道：“好罢，就是这样。可是寿生，你留在这里对付他们，万事要细心！”

七

林家铺子终于倒闭了。林老板逃走的新闻传遍了全镇。债权人中间的恒源庄首先派人到林家铺子里封存底货。他们又搜寻账簿。一本也没有了。问寿生。寿生躺在床上害病。又去逼问林大娘。林大娘的回答是连珠炮似的打呃和眼泪鼻涕。

为的她到底是“林大娘”，人们也没有办法。

十一点钟光景，大群的债权人在林家铺子里吵闹得异常厉害。恒源庄和其他的债权人争执怎样分配底货。铺子里虽然淘空，但连“生财”合计，也足够偿还债权者七成，然而谁都只想给自己争得九成或竟至十成。商会长说得舌头都有点僵硬了，却没有结果。

来了两个警察，拿着木棍站在门口吆喝那些看热闹的闲人。

“怎么不让我进去？我有三百块钱的存款呀！我的老本！”

朱三阿太扭着瘪嘴唇和警察争论，巍颤颤地在人堆里挤。她额上的青筋就有小指头儿那么粗。她挤了一会儿，忽然看见张寡妇抱着五岁的孩子在那里哀求另一个警察放她进去。那警察斜着眼睛，假装是调弄那孩子，却偷偷地用手背在张寡妇的乳部揉摸。

“张家嫂呀——”

朱三阿太气喘喘地叫了一声，就坐在石阶沿上，用力地扭着她的瘪嘴唇。

张寡妇转过身来，找寻是谁唤她；那警察却用了亵昵的口吻叫道：“不要性急！再过一会儿就进去！”

听得这句话的闲人都笑起来了。张寡妇装作不懂，含着一泡眼泪，无目的地又走了一步。恰好看见朱三阿太坐在石阶沿上喘气。张寡妇跌撞似的也到了朱三阿太的旁边，也坐在那石阶沿上，忽然就放声大哭。她一边哭，一边喃喃地诉说着：“阿大的爷呀，你丢下我去了，你知道我是多么苦啊！强盗兵打杀了你，前天是三周年……绝子绝孙的林老板又倒了铺子——我十个指头做出来的百几十块钱，丢在水里了，也没响一声！啊哟！穷人命苦，有钱人心狠——”

看见妈哭，孩子也哭了；张寡妇搂住了孩子，哭的更伤心。

朱三阿太却不哭，弩起了一对发红的已经凹陷的眼睛，发疯似的反复说着一句话：“穷人是一条命，有钱人也是一条命；少了我的钱，我拚老命！”

此时有一个人从铺子里挤出来，正是桥头陈老七。他满脸紫青，一边挤，一边回过头去嚷骂道：“你们这伙强盗！看你们有好报！天火烧，地火爆，总有一天现在我陈老七眼睛里呀！要吃倒账，就大家吃，分摊到一个边皮儿，也是公平——”

陈老七正骂得起劲，一眼看见了朱三阿太和张寡妇，就叫着她们的名字说：“三阿太，张家嫂，你们怎么坐在这里哭！货色，他们分完了！我一张嘴吵不过他们十几张嘴，这班狗强盗不讲理，硬说我们的钱不算账——”

张寡妇听说，哭得更加苦了。先前那个警察忽然又踅过来，用木棍子拨着张寡妇的肩膀说：“喂，哭什么？你的养家人早就死了。现在还哭哪一个！”

“狗屁！人家抢了我们的，你这东西也要来调戏女人么？”

陈老七怒冲冲地叫起来，用力将那警察推了一把。那警察睁圆了怪眼睛，扬起棍子就想要打。闲人们都大喊，骂那警察。另一个警察赶快跑来，拉开了陈老七说：“你在这里吵，也是白吵。我们和你无冤无仇，商会里叫来守门，吃这碗饭，没办法。”

“陈老七，你到党部里去告状罢！”

人堆里有一个声音这么喊。听声音就知道是本街有名的闲汉陆和尚。

“去，去！看他们怎样说。”

许多声音乱叫了。但是那位作调人的警察却冷笑，扳着陈老七的肩膀道：“我劝你少找点麻烦罢。到那边，中什么用！你还是等候林老板回来和他算账，他倒不好白赖。”

陈老七虎起了脸孔，弄得没有主意了。经不住那些闲人们都撺怂着“去”，他就看着朱三阿太和张寡妇说道：“去去怎样？那边是天天大叫保护穷人的呀！”

“不错。昨天他们扣住了林老板，也是说防他逃走，穷人的钱没有着落!”

又一个主张去的拉长了声音叫。于是不由自主似的，陈老七他们三个和一群闲人都向党部所在那条路去了。张寡妇一路上还是啼哭，咒骂打杀了她丈夫的强盗兵，咒骂绝子绝孙的林老板，又咒骂那个恶狗似的警察。

快到了目的地时，望见那门前排立着四个警察，都拿着棍子，远远地就吆喝道：“滚开！不准过来!”

“我们是来告状的，林家铺子倒了，我们存在那里的钱都拿不到——”

陈老七走在最前排，也高声的说。可是从警察背后突然跳出一个黑麻子来，怒声喝打。警察们却还站着，只用嘴威吓。陈老七背后的闲人们大噪起来。黑麻子怒叫道：“不识好歹的贱狗！我们这里管你们那些事么？再不走，就开枪了！”

他跺着脚喝那四个警察动手打。陈老七是站在最前，已经挨了几棍子。闲人们大乱。朱三阿太老迈，跌倒了。张寡妇慌忙中落掉了鞋子，给人们一冲，也跌在地下，她连滚带爬躲过了许多跳过的和踏上来的脚，站起来跑了一段路，方才觉到她的孩子没有了。看衣襟上时，有几滴血。

“啊哟！我的宝贝！我的心肝！强盗杀人了，玉皇大帝救命呀!”

她带哭带嚷的快跑，头发纷散；待到她跑过那倒闭了的林家铺面时，她已经完全疯了！

【讲评】

《林家铺子》是茅盾1932年7月创作的短篇小说，原名《倒闭》，载于《申报月刊》第一卷第一期，后收入短篇小说集《春蚕》。其讲述的是当时江南杭嘉湖地区一个小店铺的主人林老板，在时局动荡、经济萧条的社会背景下，虽再三苦苦挣扎，但在黑暗势力的盘剥下终于破产的故事。

小说讲述了林老板这样一个谨慎而又精通生意的小商人，外受日本帝国主义的军事压迫，内受国民党官吏的敲诈，还受地主高利贷的剥削；先是当局以爱国为由，出台“封存东洋货”的政策，使林先生不得不去请商会会长出面，从中斡旋——“斋斋那些闲神野鬼”。他不得不将金项圈拿去兑换，给党部里送去大洋四百块，这才得到特许：“只要把东洋商标撕去了就行”。然而事情并未就此了结，商会会长经过林家铺子时，就曾来提醒林先生：卜局长那边，你也得稍稍点缀，防他看得眼红，也要来敲诈。后来是镇上的卜局长“中意”林先生之女阿秀，要娶她做妾。林先生不同意，便招致了“拆烂污卖贱货，捞几个钱就打算逃走”的罪名，接着便是被县党部扣留。为了赎人，林家只得按商会会长的示意，送上两百元，这样就把林先生逼到了倾家荡产的地步。

3. 春蚕

茅盾

一

老通宝坐在“塘路”边的一块石头上，长旱烟管斜摆在他身边。“清明”节后的太阳已经很有力量，老通宝背脊上热烘烘地，像背着一盆火。“塘路”上拉纤的快班船上的绍兴人只穿了一件蓝布单衫，敞开了大襟，弯着身子拉，额角上黄豆大的汗粒落到地下。

看着人家那样辛苦的劳动，老通宝觉得身上更加热了；热的有点儿发痒。他还穿着那件过冬的破棉袄，他的夹袄还在当铺里，却不防才得“清明”边，天就那么热。

“真是天也变了！”

老通宝心里说，就吐一口浓厚的唾沫。在他面前那条“官河”内，水是绿油油的，来往的船也不多，镜子一样的水面这里那里起了几道皱纹或是小小的涡旋，那时候，倒影在水里的泥岸和岸边成排的桑树，都晃乱成灰暗的一片。可是不会很长久的。渐渐儿那些树影又在水面上显现，一弯一曲地蠕动，像是醉汉，再过一会儿，终于站定了，依然是很清晰的倒影。那拳头模样的桠枝顶都已经簇生着小手指儿那么大的嫩绿叶。这密密层层的桑树，沿着那“官河”一直望去，好像没有尽头。田里现在还只有干裂的泥块，这一带，现在是桑树的势力！在老通宝背后，也是大片的桑林，矮矮的，静穆的，在热烘烘的太阳光下，似乎那“桑拳”上的嫩绿叶过一秒钟就会大一些。

离老通宝坐处不远，一所灰白色的楼房蹲在“塘路”边，那是茧厂。十多天前驻扎过军队，现在那边田里留着几条短短的战壕。那时都说东洋兵要打进来，镇上有钱人都逃光了；现在兵队又开走了，那座茧厂依旧空关在那里，等候春茧上市的时候再热闹一番。老通宝也听得镇上小陈老爷的儿子——陈大少爷说过，今年上海不太平，丝厂都关门，恐怕这里的茧厂也不能开；但老通宝是不肯相信的。他活了六十岁，反乱年头也经过好几个，从没见过绿油油的桑叶白养在树上等到成了“枯叶”去喂羊吃；除非是“蚕花”不熟，但那是老天爷的“权柄”，谁又能够未卜先知？

“才得清明边，天就那么热！”

老通宝看着那些桑拳上怒茁的小绿叶儿，心里又这么想，同时有几分惊异，有几分快活。他记得自己还是二十多岁少壮的时候，有一年也是“清明”边就得穿夹，后来就是“蚕花二十四分”，自己也就在这一年成了家。那时，他家正在“发”；他的父亲像一头老牛似的，什么都懂得，什么都做得；便是他那创家立业的祖父，虽说在长毛窝里吃过苦头，却也愈老愈硬朗。那时候，老陈老爷去世不久，小陈老爷还没抽上鸦片烟，“陈老爷家”也不是现在那么不像样的。老通宝相信自己一家和“陈老爷家”虽则一边是高门大户，而一边不过是种田人，然而两家的运命好像是一条线儿牵着。长毛造反那时候，老通宝的祖父和陈老爷同被长毛掳去，同在长毛窝里混上了六七年，不但他们俩同时从长毛营盘里逃了出来，而且偷得了长毛的许多金元宝——人家到现在还是这么说；并且老陈老爷做丝生意“发”起来的时候，老通宝家养蚕也是年年都好，十年中间挣得了二十亩的稻田和十多亩的桑地，还有三开间两进的一座平屋。这时候，老通宝家在东村庄上被人人所妒羡，也正像“陈老爷家”在镇上是数一数二的大户人家。可是以后，两家都不行了；老通宝现在已经没有自己的田地，反欠出三百多块钱的债，“陈老爷家”也早已完结。人家都说“长毛鬼”在阴间告了一状，阎罗王追还“陈老爷家”的金元宝横财，所以败的这么快。这个，老通宝也有几分相信，不是鬼使神差，好端端的小陈老爷怎么会抽上了鸦片烟？

可是老通宝死也想不明白为什么“陈老爷家”的“败”会牵动到他家。他确实知道自己家并没得过长毛的横财。虽则听死了的老头子说，好像那老祖父逃出长毛营盘的时候，不巧撞着了一个巡路的小长毛，当时没法，只好杀了他——这是一个“结”！然而从老通宝懂事以来，他们家替这小长毛鬼拜忏念佛烧纸锭，记不清有多少次了。这个小冤魂，理应早投凡胎。老通宝虽然不很记得祖父是怎样“做人”，但父亲的勤俭忠厚，他是亲眼看见的；他自己也是规矩人，他的儿子阿四，儿媳四大娘，都是勤俭的。就是小儿子阿多年纪轻，有几分“不知苦辣”，可是毛头小伙子，大都这么着，算不得“败家相”！

老通宝抬起他那焦黄的皱脸，苦恼地望着他面前的那条河，河里的船，以及两岸的桑地。一切都和他二十多岁时差不了多少，然而“世界”到底变了。他自己家也要常常把杂粮当饭吃一天，而且又欠出了三百多块钱的债。

呜！呜，呜，呜——

汽笛叫声突然从那边远远的河身的弯曲地方传了来。就在那边，蹲着又一个茧厂，远望去隐约可见那整齐的石“帮岸”。一条柴油引擎的小轮船很威严地从那茧厂后驶出来，拖着三条大船，迎面向老通宝来了。满河平静的水立刻激起泼剌剌的波浪，一齐向两旁的泥岸卷过来。一条乡下“赤膊船”赶快拢岸，船上人揪住了泥岸上的树根，船和人都好像在那里打秋千。轧轧轧的轮机声和洋油臭，飞散在这和平的绿的田野。老通宝满脸恨意，看着这小轮船来，看着它过去，直到又转一个弯，呜呜呜地又叫了几声，就看不见。老通宝向来仇恨小轮船这一类洋鬼子的东西！他从没见过洋鬼子，可是他从他的父亲嘴里知道老陈老爷见过洋鬼子：红眉毛，绿眼睛，走路时两条腿是直的。并且老陈老爷也是很恨洋鬼子，常常说“铜钿都被洋鬼子骗去了”。老通宝看见老陈老爷的时候，不过八九岁——现在他所记得的关于老陈老爷的一切都是听来的，可是他想起了“铜钿都被洋鬼子骗去了”这句话，就仿佛看见了老陈老爷捋着胡子摇头的神气。

洋鬼子怎样就骗了钱去，老通宝不很明白。但他很相信老陈老爷的话一定不错。并且他自己也明明看到自从镇上有了洋纱，洋布，洋油——这一类洋货，而且河里更有了小火轮船以后，他自己田里生出来的东西就一天一天不值钱，而镇上的东西却一天一天贵起来。他父亲留下来的一分家产就这么变小，变做没有，而且现在负了债。老通宝恨洋鬼子不是没有理由的！他这坚定的主张，在村坊上很有名。五年前，有人告诉他：朝代又改了，新朝代是要“打倒”洋鬼子的。老通宝不相信。为此他上镇去看见那新到的喊着“打倒洋鬼子”的年轻人们都穿了洋鬼子衣服。他想来这伙年轻人一定私通洋鬼子，却故意来骗乡下人。后来果然就不喊“打倒洋鬼子”了，而且镇上的东西更加一天一天贵起来，派到乡下人身上的捐税也更加多起来。老通宝深信这都是串通了洋鬼子干的。

然而更使老通宝去年几乎气成病的，是茧子也是洋种的卖得好价钱；洋种的茧子，一担要贵上十多块钱。素来和儿媳总还和睦的老通宝，在这件事上可就吵了架。儿媳四大娘去年就要养洋种的蚕。小儿子跟他嫂嫂是一路，那阿四虽然嘴里不多说，心里也是要洋种的。老通宝拗不过他们，末了只好让步。现在他家里有的五张蚕种，就是土种四张，洋种一张。

“世界真是越变越坏！过几年他们连桑叶都要洋种了！我活得厌了！”

老通宝看着那些桑树，心里说，拿起身边的长旱烟管恨恨地敲着脚边的泥块。太阳现在正当他头顶，他的影子落在泥地上，短短地像一段乌焦木头，还穿着破棉袄的他，觉得浑身燥热起来了。他解开了大襟上的纽扣，又抓着衣角搧了几下，站起来回家去。

那一片桑树背后就是稻田。现在大部分是匀整的半翻着的燥裂的泥块。偶尔也有种了杂粮的，那黄金一般的菜花散出强烈的香味。那边远远地一簇房屋，就是老通宝他们住了三代的村坊，现在那些屋上都袅起了白的炊烟。

老通宝从桑林里走出来，到田塍[①]上，转身又望那一片爆着嫩绿的桑树。忽然那边田野跳跃着来了一个十来岁的男孩子，远远地就喊道："阿爹！妈等你吃中饭呢！"

"哦——"

老通宝知道是孙子小宝，随口应着，还是望着那一片桑林。才只得"清明"边，桑叶尖儿就抽得那么小指头儿似的，他一生就只见过两次。今年的蚕花，光景是好年成。三张蚕种，该可以采多少茧子呢？只要不像去年，他家的债也许可以拔还一些罢。

小宝已经跑到他阿爹的身边了，也仰着脸看那绿绒似的桑拳头；忽然他跳起来拍着手唱道："清明削口[②]，看蚕娘娘拍手！"

老通宝的皱脸上露出笑容来了。他觉得这是一个好兆头。他把手放在小宝的"和尚头"上摩着，他的被穷苦弄麻木了的老心里勃然又生出新的希望来了。

二

天气继续暖和，太阳光催开了那些桑拳头上的小手指儿模样的嫩叶，现在都有小小的手掌那么大了。老通宝他们那村庄四周围的桑林似乎发长得更好，远望去像一片绿锦平铺在密密层层灰白色矮矮的篱笆上。"希望"在老通宝和一般农民们的心里一点一点一天一天强大。蚕事的动员令也在各方面发动了。藏在柴房里一年之久的养蚕用具都拿出来洗刷修补。那条穿村而过的小溪旁边，蠕动着村里的女人和孩子，工作着，嚷着，笑着。

这些女人和孩子们都不是十分健康的脸色——从今年开春起，他们都只吃个半饱；他们身上穿的，也只是些破旧的衣服。实在他们的情形比叫花子好不了多少。然而他们的精神都很不差。他们有很大的忍耐力，又有很大的幻想。虽然他们都负了天天在增大的债，可是他们那简单的头脑老是这么想：只要蚕花熟，就好了！他们想象到一个月以后那些绿油油的桑叶就会变成雪白的茧子，于是又变成叮叮当当响的洋钱，他们虽然肚子里饿得咕咕地叫，却也忍不住要笑。

这些女人中间也就有老通宝的媳妇四大娘和那个十二岁的小宝。这娘儿两个已经洗好了那些"团匾"和"蚕箪"[③]，坐在小溪边的石头上撩起布衫角揩脸上的汗水——

"四阿嫂！你们今年也看（养）洋种么？"

小溪对岸的一群女人中间有一个二十岁左右的姑娘隔溪喊过来了。四大娘认得是隔溪的对门邻舍陆福庆的妹子六宝。四大娘立刻把她的浓眉毛一挺，好像正想找人吵架似的嚷了起来："不要来问我！阿爹做主呢——小宝的阿爹死不肯，只看了一张洋种！老糊涂的听得带一个洋字就好像见了七世冤家！洋钱，也是洋，他倒又要了！"

小溪旁那些女人们听得笑起来了。这时候有一个壮健的小伙子正从对岸的陆家稻场上走过，跑到溪边，跨上了那横在溪面用四根木头并排做成的雏形的"桥"。四大娘一眼看见，就丢开了"洋种"问题，高声喊道："多多弟！来帮我搬东西罢！这些匾，浸湿了，就像死狗一样重！"

---

① 塍：chéng。释义：田间的土埂子，小堤。

② 这是老通宝所在那一带乡村里关于"蚕事"的一种歌谣式的成语。所谓削口，指桑叶抽发如指；"清明削口"指清明边桑叶已抽放如许大也。"看"是方言，意同"饲"或"育"。全句谓清明边桑叶开绽则熟年可卜，故蚕妇拍手而喜——作者原注。

③ 老通宝乡里称圆桌面那样大、极像一个盘的竹器为"团匾"；另一种略小而底部编成六角形网状的，称为"箪"（dān），方言读"踏"；蚕初收蚁时，在"箪"中养育，呼为"蚕箪"，那是糊了纸的；这种纸通称"糊箪纸"——作者原注。

小伙子阿多也不开口，走过来拿起五六只“团匾”，湿漉漉地顶在头上，却空着一双手，划桨似的荡着，就走了。这个阿多高兴起来时，什么事都肯做，碰到同村的女人们叫他帮忙拿什么重家伙，或是下溪去捞什么，他都肯；可是今天他大概有点不高兴，所以只顶了五六只“团匾”去，却空着一双手。那些女人们看着他戴了那特别大箬帽似的一叠“匾”，袅着腰，学镇上女人的样子走着，又都笑起来了，老通宝家紧邻的李根生的老婆荷花一边笑，一边叫道：“喂，多多头！回来！也替我带一点儿去！”

“叫我一声好听的，我就给你拿。”

阿多也笑着回答，仍然走。转眼间就到了他家的廊下，就把头上的“团匾”放在廊檐口。

“那么，叫你一声干儿子！”

荷花说着就大声的笑起来，她那出众地白净然而扁得作怪的脸上看去就好像只有一张大嘴和眯紧了好像两条线一般的细眼睛。她原是镇上人家的婢女，嫁给那不声不响整天苦着脸的半老头子李根生还不满半年，可是她的爱和男子们胡调已经在村中很有名。

“不要脸的！”

忽然对岸那群女人中间有人轻声骂了一句。荷花的那对细眼睛立刻睁大了，怒声嚷道：“骂哪一个？有本事，当面骂，不要躲！”

“你管得我？棺材横头踢一脚，死人肚里自得知：我就骂那不要脸的骚货！”

隔溪立刻回骂过来了，这就是那六宝，又一位村里有名淘气的大姑娘。

于是对骂之下，两边又泼水。爱闹的女人也夹在中间帮这边帮那边。小孩子们笑着狂呼。四大娘是老成的，提起她的“蚕箪”，喊着小宝，自回家去。阿多站在廊下看着笑。他知道为什么六宝要跟荷花吵架；他看着那“辣货”六宝挨骂，倒觉得很高兴。

老通宝掮着一架“蚕台”[①]从屋子里出来，这三棱形家伙的木梗子有几条给白蚂蚁蛀过了，怕的不牢，须得修补一下。看见阿多站在那里笑嘻嘻地望着外边的女人们吵架，老通宝的脸色就板起来了。他这“多多头”的小儿子不老成，他知道。尤其使他不高兴的，是多多也和紧邻的荷花说说笑笑。“那母狗是白虎星，惹上了她就得败家”——老通宝时常这样警戒他的小儿子。

“阿多！空手看野景么？阿四在后边扎‘缀头’[②]，你去帮他！”

老通宝像一匹疯狗似的咆哮着，火红的眼睛一直盯住了阿多的身体，直到阿多走进屋里去，看不见了，老通宝方才提过那“蚕台”来反复审察，慢慢地动手修补。木匠生活，老通宝早年是会的；但近来他老了，手指头没有劲，他修了一会儿，抬起头来喘气，又望望屋里挂在竹竿上的三张蚕种。

四大娘就在廊檐口糊“蚕箪”。去年他们为的想省几百文钱，是买了旧报纸来糊的。老通宝直到现在还说是因为用了报纸——不惜字纸，所以去年他们的蚕花不好。今年是特地全家少吃一餐饭，省下钱来买了“糊箪纸”来了。四大娘把那鹅黄色坚韧的纸儿糊得很平贴，然后又照品字式糊上三张小小的花纸——那是跟“糊箪纸”一块儿买来的，一张印的花色是“聚宝盆”，另两张都是手执尖角旗的人儿骑在马上，据说是“蚕花太子”。

“四大娘！你爸爸做中人借来三十块钱，就只买了二十担叶。后天米又吃完了，怎

① “蚕台”是三棱式可以折起来的木架子，像三张梯连在一处；中分七八格，每格可放一团匾——作者原注。
② “缀头”也是方言，是稻草扎的，蚕在上面做茧子——作者原注。

么办？”

老通宝气喘喘地从他的工作里抬起头来，望着四大娘。那三十块钱是二分半的月息。总算有四大娘的父亲张财发做中人，那债主也就是张财发的东家“做好事”，这才只要了二分半的月息。条件是蚕事完后本利归清。

四大娘把糊好了的“蚕箪”放在太阳底下晒，好像生气似的说：“都买了叶！又像去年那样多下来——”

“什么话！你倒先来发利市了！年年像去年么？自家只有十来担叶；五张布子（蚕种），十来担叶够么？”

“噢，噢；你总是不错的！我只晓得有米烧饭，没米饿肚子！”

四大娘气哄哄地回答；为了那“洋种”问题，她到现在常要和老通宝抬杠。

老通宝气得脸都紫了。两个人就此再没有一句话。

但是“收蚕”的时期一天一天逼进了。这二三十人家的小村落突然呈现了一种大紧张，大决心，大奋斗，同时又是大希望。人们似乎连肚子饿都忘记了。老通宝他们家东借一点，西赊一点，居然也一天一天过着来。也不仅老通宝他们，村里哪一家有两三斗米放在家里呀！去年秋收固然还好，可是地主，债主，正税，杂捐，一层一层地剥削来，早就完了。现在他们唯一的指望就是春蚕，一切临时借贷都是指明在这“春蚕收成”中偿还。

他们都怀着十分希望又十分恐惧的心情来准备这春蚕的大搏战！

“谷雨”节一天近一天了。村里二三十人家的“布子”都隐隐现出绿色来。女人们在稻场上碰见时，都匆忙地带着焦灼而快乐的口气互相告诉道：“六宝家快要‘窝种’[①]了呀！”——

“荷花说她家明天就要‘窝’了。有这么快！”

“黄道士去测一字，今年的青叶要贵到四洋！”

四大娘看自家的五张“布子”。不对！那黑芝麻似的一片细点子还是黑沉沉，不见绿影。她的丈夫阿四拿到亮处去细看，也找不出几点“绿”来。四大娘很着急。

“你就先‘窝’起来罢！这余杭种，作兴是慢一点的。”

阿四看着他老婆，勉强自家宽慰。四大娘堵起了嘴巴不回答。

老通宝哭丧着干皱的老脸，没说什么，心里却觉得不妙。

幸而再过了一天，四大娘再细心看那“布子”时，哈，有几处转成绿色了！而且绿的很有光彩。四大娘立刻告诉了丈夫，告诉了老通宝，多多头，也告诉了她的儿子小宝。她就把那些布子贴肉揾在胸前，抱着吃奶的婴孩似的静静儿坐着，动也不敢多动了。夜间，她抱着那五张“布子”到被窝里，把阿四赶去和多多头做一床。那“布子”上密密麻麻的蚕子儿贴着肉，怪痒痒的；四大娘很快活，又有点儿害怕，她第一次怀孕时胎儿在肚子里动，她也是那样半惊半喜的！

全家都是惴惴不安地又很兴奋地等候“收蚕”。只有多多头例外。他说：今年蚕花一定好，可是想发财却是命里不曾来。老通宝骂他多嘴，他还是要说。

蚕房早已收拾好了。“窝种”的第二天，老通宝拿一个大蒜头涂上一些泥，放在蚕房

① “窝种”也是老通宝乡里的习惯；蚕种转成绿色后就得把来贴肉揾着，约三四天后，蚕蚁孵出，就可以“收蚕”了。这工作是女人做的。“窝”是方言，意即“揾”也——作者原注。

的墙脚边；也是年年的惯例，但今番老通宝更加虔诚，手也抖了。去年他们“卜”[①]的非常灵验。可是去年那“灵验”，现在老通宝想也不敢想。

现在这村里家家都在“窝种”了。稻场上和小溪边顿时少了那些女人们的踪迹。一个“戒严令”也在无形中颁布了：乡农们即使平日是最好的，也不往来；人客来冲了蚕神不是玩的！他们至多在稻场上低声交谈一二句就走开。这是个“神圣”的季节。

老通宝家的五张布子上也有些“乌娘”[②]蠕蠕地动了。于是全家的空气，突然紧张。那正是“谷雨”前一日。四大娘料来可以挨过了“谷雨”节那一天[③]。布子不须再“窝”了，很小心地放在“蚕房”里。老通宝偷眼看一下那个躺在墙脚边的大蒜头，他心里就一跳。那大蒜头上还只有一两茎绿芽！老通宝不敢再看，心里祷祝后天正午会有更多更多的绿芽——

终于“收蚕”的日子到了。四大娘心神不定地淘米烧饭，时时看饭锅上的热气有没有直冲上来。老通宝拿出预先买了来的香烛点起来，恭恭敬敬放在灶君神位前。阿四和阿多去到田里采野花。小小宝帮着把灯芯草剪成细末子，又把采来的野花揉碎。一切都准备齐全了时，太阳也近午刻了，饭锅上水蒸气嘟嘟地直冲，四大娘立刻跳了起来，把“蚕花”[④]和一对鹅毛插在发髻上，就到“蚕房”里。老通宝拿着秤杆，阿四拿了那揉碎的野花片儿和灯芯草碎末。四大娘揭开“布子”，就从阿四手里拿过那野花碎片和灯芯草末子撒在“布子”上，又接过老通宝手里的秤杆来，将“布子”挽在秤杆上，于是拔下发髻上的鹅毛在“布子”上轻轻儿拂；野花片，灯芯草末子，连同“乌娘”，都拂在那“蚕箪”里了。一张，两张……都拂过了；最后一张是洋种，那就收在另一个“蚕箪”里。末了，四大娘又拔下发髻上那朵“蚕花”，跟鹅毛一块插在“蚕箪”的边儿上——

这是一个隆重的仪式！千百年相传的仪式！那好比是誓师典礼，以后就要开始了一个月光景的和恶劣的天气和厄运以及和不知什么的连日连夜无休息的大决战！

“乌娘”在“蚕箪”里蠕动，样子非常强健；那黑色也是很正路的。四大娘和老通宝他们都放心地松一口气了。但当老通宝悄悄地把那个“命运”的大蒜头拿起来看时，他的脸色立刻变了！大蒜头上还只得三四茎嫩芽！天哪！难道又同去年一样？

三

然而那“命运”的大蒜头这次竟不灵验。老通宝家的蚕非常好！虽然头眠二眠的时候连天阴雨，气候是比“清明”边似乎还要冷一点，可是那些“宝宝”都很强健。

村里别人家的“宝宝”也都不差。紧张的快乐弥漫了全村庄，似那小溪里淙淙的流水也像是朗朗的笑声了。只有荷花家是例外。她们家看了一张“布子”，可是“出火”[⑤]只称得二十斤；“大眠”快边人们还看见那不声不响晦气色的丈夫根生倾弃了三“蚕箪”在那小溪里——

这一件事，使得全村的妇人对于荷花家特别“戒严”。她们特地避路，不从荷花的门前走，远远的看见了荷花或是她那不声不响丈夫的影儿就赶快躲开；这些幸运的人儿唯恐

① 用大蒜头来“卜”蚕花好否，是老通宝乡里的迷信。收蚕前两三天，以大蒜涂泥置蚕房中，至收蚕那天拿来看，蒜叶多则蚕熟，少则不熟——作者原注。

② 老通宝乡间称初生的蚕蚁为“乌娘”，这也是方言——作者原注。

③ 老通宝乡里的习惯，“收蚕”，即收蚁，需得避过“谷雨”那一天，或上或下都可以，但不能正在“谷雨”那一天。什么理由，可不知道——作者原注。

④ “蚕花”是一种纸花，预先买下来的。这些迷信的仪式，各处小有不同——作者原注。

⑤ “出火”也是方言，是指“二眠”以后的“三眠”；因为“眠”时特别短，所以叫“出火”——作者原注。

看了荷花他们一眼或是交谈半句话就传染了晦气来！

老通宝严禁他的小儿子多多头跟荷花说话——“你再跟那东西多嘴，我就告你忤逆！”老通宝站在廊檐外高声大气喊，故意要叫荷花他们听得。

小小宝也受到严厉的嘱咐，不许跑到荷花家的门前，不许和他们说话。

阿多像一个聋子似的不理睬老头子那早早夜夜的唠叨，他心里却在暗笑。全家就只有他不大相信那些鬼禁忌。可是他也没有跟荷花说话，他忙都忙不过来。

“大眠”捉了毛三百斤，老通宝全家连十二岁的小宝也在内，都是两日两夜没有合眼。蚕是少见的好，活了六十岁的老通宝记得只有两次是同样的，一次就是他成家的那年，又一次是阿四出世那一年。“大眠”以后的“宝宝”第一天就吃了七担叶，个个是生青滚壮，然而老通宝全家都瘦了一圈，失眠的眼睛上充满了红丝。

谁也料得到这些“宝宝”上山前还得吃多少叶。老通宝和儿子阿四商量了：“陈大少爷借不出，还是再求财发的东家罢？”

“地头上还有十担叶，够一天。”

阿四回答，他委实是支撑不住了，他的一双眼皮像有几百斤重，只想合下来。老通宝却不耐烦了，怒声喝道：“说什么梦话！刚吃了两天老蚕呢。明天不算，还得吃三天，还要三十担叶，三十担！”

这时外边稻场上忽然人声喧闹，阿多押了新发来的五担叶来了。于是老通宝和阿四的谈话打断，都出去“捋叶”。四大娘也慌忙从蚕房里钻出来。隔溪陆家养的蚕不多，那大姑娘六宝抽得出工夫，也来帮忙了。那时星光满天，微微有点风，村前村后都断断续续传来了吆喝和欢笑，中间有一个粗暴的声音嚷道：“叶行情飞涨了！今天下午镇上开到四洋一担！”

老通宝偏偏听得了，心里急得什么似的。四块钱一担，三十担可要一百二十块呢，他哪来这许多钱！但是想到茧子总可以采五百多斤，就算五十块钱一百斤，也有这么二百五，他又心一宽。那边“捋叶”的人堆里忽然又有一个小小的声音说：“听说东路不大好，看来叶价钱涨不到多少的！”

老通宝认得这声音是陆家的六宝。这使他心里又一宽。

那六宝是和阿多同站在一个筐子边“捋叶”。在半明半暗的星光下，她和阿多靠得很近。忽然她觉得在那“杠条”[①]的隐蔽下，有一只手在她大腿上拧了一把。好像知道是谁拧的，她忍住了不笑，也不声张。蓦地那手又在她胸前摸了一把，六宝直跳起来，出惊地喊了一声：“嗳哟！”

“什么事？”

同在那筐子边捋叶的四大娘问了，抬起头来。六宝觉得自己脸上热烘烘了，她偷偷地瞪了阿多一眼，就赶快低下头，很快地捋叶，一面回答：“没有什么。想来是毛毛虫刺了我一下。”

阿多咬住了嘴唇暗笑。虽然在这半个月来也是半饱而且少睡，也瘦了许多了，他的精神可还是很饱满。老通宝那种忧愁，他是永远没有的。他永不相信靠一次蚕花好或是田里熟，他们就可以还清了债再有自己的田；他知道单靠勤俭工作，即使做到背脊骨折断也是

---

① “杠条”也是方言，指那些带叶的桑树枝条，通常采叶是连枝条剪下来的——作者原注。

不能翻身的。但是他仍旧很高兴地工作着，他觉得这也是一种快活，正像和六宝调情一样。

第二天早上，老通宝就到镇里去想法借钱来买叶。临走前，他和四大娘商量好，决定把他家那块出产十五担叶的桑地去抵押。这是他家最后的产业。

叶又买来了三十担。第一批的十担发来时，那些壮健的"宝宝"已经饿了半点钟了。"宝宝"们尖出了小嘴巴，向左向右乱晃，四大娘看得心酸。叶铺了上去，立刻蚕房里充满着萨、萨、萨的响声，人们说话也不大听得清。不多一会儿，那些"团匾"里立刻又全见白了，于是又铺上厚厚的一层叶。人们单是"上叶"也就忙得透不过气来。但这是最后五分钟了。再得两天，"宝宝"可以上山。人们把剩余的精力榨出来拚死命干。

阿多虽然接连三日三夜没有睡，却还不见怎么倦。那一夜，就由他一个人在"蚕房"里守那上半夜，好让老通宝以及阿四夫妇都去歇一歇。那是个好月夜，稍稍有点冷。蚕房里爇[①]了一个小小的火。阿多守到二更过，上了第二次的叶，就蹲在那个"火"旁边听那些"宝宝"萨萨萨地吃叶。渐渐儿他的眼皮合上了。恍惚听得有门响，阿多的眼皮一跳，睁开眼来看了看，就又合上了。他耳朵里还听得萨萨萨的声音和屑索屑索的怪声。猛然一个踉跄，他的头在自己膝头上磕了一下，他惊醒过来，恰就听得蚕房的芦帘啪叉一声响，似乎还看见有人影一闪。阿多立刻跳起来，到外面一看，门是开着，月光下稻场上有一个人正走向溪边去。阿多飞也似跳出去，还没看清那人是谁，已经把那人抓过来摔在地下。他断定了这是一个贼。

"多多头！打死我也不怨你，只求你不要说出来！"

是荷花的声音，阿多听真了时不禁浑身的汗毛都竖了起来。月光下他又看见那扁得作怪的白脸儿上一对细圆的眼睛定定地看住了他。可是恐怖的意思那眼睛里也没有。阿多哼了一声，就问道："你偷什么？"

"我偷你们的宝宝！"

"放到哪里去了？"

"我扔到溪里去了！"

阿多现在也变了脸色。他这才知道这女人的恶意是要冲克他家的"宝宝"。

"你真心毒呀！我们家和你们可没有冤仇！"

"没有么？有的，有的！我家自管蚕花不好，可并没害了谁，你们都是好的！你们怎么把我当作白老虎，远远地望见我就别转了脸？你们不把我当人看待！"

那妇人说着就爬了起来，脸上的神气比什么都可怕。阿多瞅着那妇人好半晌，这才说道："我不打你，走你的罢！"

阿多头也不回的跑回家去，仍在"蚕房"里守着。他完全没有睡意了。他看那些"宝宝"，都是好好的。他并没想到荷花可恨或可怜，然而他不能忘记荷花那一番话；他觉到人和人中间有什么地方是永远弄不对的，可是他不能够明白想出来是什么地方，或是为什么。再过一会儿，他就什么都忘记了。"宝宝"身强健的，像有魔法似的吃了又吃，永远不会饱！

以后直到东方快打白了时，没有发生事故。老通宝和四大娘来替换阿多了，他们拿那

① 爇：ruò。释义：烧。

些渐渐身体发白而变短了的“宝宝”在亮处照着，看是“有没有通”。他们的心被快活胀大了。但是太阳出山时四大娘到溪边汲水，却看见六宝满脸严重地跑过来悄悄地问道：“昨夜二更过，三更不到，我远远地看见那骚货从你们家跑出来，阿多跟在后面，他们站在这里说了半天话呢！四阿嫂！你们怎么不管事呀？”

四大娘的脸色立刻变了，一句话也没说，提了水桶就回家去，先对丈夫说了，再对老通宝说。这东西竟偷进人家“蚕房”来了，那还了得！老通宝气得直跺脚，马上叫了阿多来查问。但是阿多不承认，说六宝是做梦见鬼。老通宝又去找六宝询问。六宝是一口咬定了看见的。老通宝没有主意，回家去看那“宝宝”，仍然是很健康，瞧不出一些败象来。

但是老通宝他们满心的欢喜却被这件事打消了。他们相信六宝的话不会毫无根据。他们唯一的希望是那骚货或者只在廊檐口和阿多鬼混了一阵。

“可是那大蒜头上的苗却当真只有三四茎呀！”

老通宝自心里这么想，觉得前途只是阴暗。可不是，吃了许多叶去，一直落来都很好，然而上了山却干殭了的事，也是常有的。不过老通宝无论如何不敢想到这上头去；他以为即使是肚子里想，也是不吉利。

四

“宝宝”都上山了，老通宝他们还是捏着一把汗。他们钱都花光了，精力也绞尽了，可是有没有报酬呢，到此时还没有把握。虽则如此，他们还是硬着头皮去干。“山棚”下爇了火，老通宝和阿四他们伛着腰慢慢地从这边蹲到那边，又从那边蹲到这边。他们听得山棚上有些屑屑索索的细声音[①]，他们就忍不住想笑，过一会儿又不听得了，他们的心就重甸甸地往下沉了。这样地，心是焦灼着，却不敢向山棚上望。偶或他们仰着的脸上淋到了一滴蚕尿了[②]，虽然觉得有点难过，他们心里却快活；他们巴不得多淋一些——

阿多早已偷偷地挑开“山棚”外围着的芦帘望过几次了。小小宝看见，就扭住了阿多，问“宝宝”有没有做茧子。阿多伸出舌头做一个鬼脸，不回答。

“上山”后三天，息火了。四大娘再也忍不住，也偷偷地挑开芦帘角看了一眼，她的心立刻卜卜地跳了。那是一片雪白，几乎连“缀头”都瞧不见；那是四大娘有生以来从没有见过的“好蚕花”呀！老通宝全家立刻充满了欢笑。现在他们一颗心定下来了！“宝宝”们有良心，四洋一担的叶不是白吃的；他们全家一个月的忍饿失眠总算不冤枉，天老爷有眼睛！

同样的欢笑声在村里到处都起来了。今年蚕花娘娘保佑这小小的村子。二三十人家都可以采到七八分，老通宝家更是与众不同，估量来总可以采一个十二三分。

小溪边和稻场上现在又充满了女人和孩子们。这些人都比一个月前瘦了许多，眼眶陷进了，嗓子也发沙，然而都很快活兴奋。她们嘈嘈地谈论那一个月内的“奋斗”时，她们的眼前便时时现出一堆堆雪白的洋钱，她们那快乐的心里便时时闪过了这样的盘算：夹衣和夏衣都在当铺里，这可先得赎出来；过端阳节也许可以吃一条黄鱼。

那晚上荷花和阿多的把戏也是她们谈话的资料。六宝见了人就宣传荷花的“不要脸，送上门去”。男人们听了就粗暴地笑着，女人们念一声佛，骂一句，又说老通宝家总算幸

---

① 蚕在山棚上受到热，就往“缀头”上爬，所以有屑索屑索的声音。这是蚕要做茧的第一步手续。爬不上去的，不是健康的蚕，多半不能作茧——作者原注。

② 据说蚕在作茧以前必撒一泡尿，而这尿是黄色的——作者原注。

气，没有犯克，那是菩萨保佑，祖宗有灵！

接着是家家都“浪山头”了，各家的至亲好友都来“望山头”[①]。老通宝的亲家张财发带了小儿子阿九特地从镇上来到村里。他们带来的礼物，是软糕，线粉，梅子，枇杷，也有咸鱼。小小宝快活得好像雪天的小狗——

“通宝，你是卖茧子呢，还是自家做丝？”

张老头子拉老通宝到小溪边一棵杨柳树下坐了，这么悄悄地问。这张老头子张财发是出名“会寻快活”的人，他从镇上城隍庙前露天的“说书场”听来了一肚子的疙瘩东西；尤其烂熟的，是“十八路反王，七十二处烟尘”，程咬金卖柴扒，贩私盐出身，瓦岗寨做反王的《隋唐演义》。他向来说话“没正经”，老通宝是知道的；所以现在听得问是卖茧子或者自家做丝，老通宝并没把这话看重，只随口回答道：“自然卖茧子。”

张老头子却拍着大腿叹一口气。忽然他站了起来，用手指着村外那一片秃头桑林后面耸露出来的茧厂的风火墙说道：“通宝，茧子是采了，那些茧厂的大门还关得紧洞洞呢！今年茧厂不开秤——十八路反王早已下凡，李世民还没出世；世界不太平！今年茧厂关门，不做生意！”

老通宝忍不住笑了，他不肯相信。他怎么能够相信呢？难道那“五步一岗”似的比露天茅坑还要多的茧厂会一齐都关了门不做生意？况且听说和东洋人也已“讲拢”，不打仗了，茧厂里驻的兵早已开走。

张老头子也换了话，东拉西扯讲镇里的“新闻”，夹着许多“说书场”上听来的什么秦叔宝，程咬金。最后，他代他的东家催那三十块钱的债，为的他是“中人”。

然而老通宝到底有点不放心。他赶快跑出村去，看看“塘路”上最近的两个茧厂，果然大门紧闭，不见半个人；照往年说，此时应该早已摆开了柜台，挂起了一排乌亮亮的大秤。

老通宝心里也着慌了，但是回家去看见了那些雪白发光很厚实硬古古的茧子，他又忍不住嘻开了嘴。上好的茧子！会没有人要，他不相信。并且他还要忙着采茧，还要谢“蚕花利市”[②]，他渐渐不把茧厂的事放在心上了——

可是村里的空气一天一天不同了。才得笑了几声的人们现在又都是满脸的愁云。各处茧厂都没开门的消息陆续从镇上传来，从“塘路”上传来。往年这时候，“收茧人”像走马灯似的在村里巡回，今年没见半个“收茧人”，却换替着来了债主和催粮的差役。请债主们就收了茧子罢，债主们板起面孔不理。

全村子都是嚷骂，诅咒，和失望的叹息！人们做梦也不会想到今年“蚕花”好了，他们的日子却比往年更加困难。这在他们是一个青天的霹雳！并且愈是像老通宝他们家似的，蚕愈养得多，愈好，就愈加困难——“真正世界变了！”老通宝捶胸跺脚地没有办法。然而茧子是不能搁久了的，总得赶快想法：不是卖出去，就是自家做丝。村里有几家已经把多年不用的丝车拿出来修理，打算自家把茧做成了丝再说。六宝家也打算这么办。老通宝便也和儿子媳妇商量道：“不卖茧子了，自家做丝！什么卖茧子，本来是洋鬼子行出来的！”

---

① “浪山头”在息火后一日举行，那时蚕已成茧，山棚四周的芦帘撤去。“浪”是“亮出来”的意思。“望山头”是来探望“山头”，有慰问、祝颂的意思。“望山头”的礼物也有定规——作者原注。

② 老通宝乡里的风俗，“大眠”以后得拜一次“利市”，采茧以后，又是一次。经济窘的人家只举行“谢蚕花利市”，“拜利市”也是方言，意即“谢神”——作者原注。

“我们有四百多斤茧子呢，你打算摆几部丝车呀！”

四大娘首先反对了。她这话是不错的。五百斤的茧子可不算少，自家做丝万万干不了。请帮手么？那又得花钱。阿四是和他老婆一条心。阿多抱怨老头子打错了主意，他说：“早依了我的话，扣住自己的十五担叶，只看一张洋种，多么好！”

老通宝气得说不出话来。

终于一线希望忽又来了。同村的黄道士不知从哪里得的消息，说是无锡脚下的茧厂还是照常收茧。黄道士也是一样的种田人，并非吃十方的“道士”，向来和老通宝最说得来。于是老通宝去找那黄道士详细问过了以后，便又和儿子阿四商量把茧子弄到无锡脚下去卖。老通宝虎起了脸，像吵架似的嚷道：“水路去有三十多九[①]呢！来回得六天！他妈的！简直是充军！可是你有别的办法么？茧子当不得饭吃，蚕前的债又逼紧来！”——

阿四也同意了。他们去借了一条赤膊船，买了几张芦席，赶那几天正是好晴，又带了阿多。他们这卖茧子的“远征军”就此出发。

五天以后，他们果然回来了；但不是空船，船里还有一筐茧子没有卖出。原来那三十多九水路远的茧厂挑剔得非常苛刻：洋种茧一担只值三十五元，土种茧一担二十元，薄茧不要。老通宝他们的茧子虽然是上好的货色，却也被茧厂里挑剩了那么一筐，不肯收买。老通宝他们实卖得一百十一块钱，除去路上盘川，就剩了整整的一百元，不够偿还买青叶所借的债！老通宝路上气得生病了，两个儿子扶他到家。

打回来的八九十斤茧子，四大娘只好自家做丝了。她到六宝家借了丝车，又忙了五六天。家里米又吃完了。叫阿四拿那丝上镇里去卖，没有人要；上当铺当铺也不收。说了多少好话，总算把清明前当在那里的一石米换了出来。

就是这么着，因为春蚕熟，老通宝一村的人都增加了债！老通宝家为的养了五张布子的蚕，又采了十多分的好茧子，就此白赔上十五担叶的桑地和三十块钱的债！一个月光景的忍饥熬夜还不算！

【讲评】

《春蚕》是茅盾写于1932年的一篇反映农村生活的优秀短篇小说，同《秋收》《残冬》合称为“农村三部曲”，《春蚕》是三部曲的第一篇。

这篇小说通过对20世纪30年代初期江浙农村蚕事活动的描写，展示了农村春蚕丰收成灾、经济破产的现实图景，深刻揭露了丰收成灾的根源是帝国主义的侵略和国民党的统治。

它的历史背景同《子夜》一样，随着帝国主义侵略的深入、国民党的腐败，表现在城市中即工商业的破产，实质上反映了在帝国主义、国民党统治下中国人民的深重灾难。

这篇小说细致地描写了老通宝一家以及全村为夺取蚕事丰收而进行竭尽心力和财力的奋斗，结果却因丰收而欠债，揭露了帝国主义、国民党反动派、资本家以及地主高利贷者重重压榨农民的罪恶。同时，揭示了在帝国主义侵略和封建势力的压迫下中国农村加剧破产和农民反抗性日益提高的过程，以及出现丰收灾难这一现象的根源是帝国主义的经济侵略和国民党的反动统治。

---

① 老通宝乡间计算路程都以“九”计；“一九”就是九里，“十九”是九十里，“三十多九”就是三十多个“九里”——作者原注。

这个主题的意义，在于它是20世纪30年代旧中国社会的缩影，是一部真实的历史教材。

老通宝是小说中的重要人物，他忠厚倔强，有发家的志气，相信勤劳就有生路，因此卖尽力气，拼命挣扎，把全部精力都投入到养蚕事业中去。为买桑叶，他抵押了最后的田产；为了照顾好“宝宝”，他们全家忍饿失眠几日几夜地守候在蚕房中。然而丰收成灾，带给老通宝的并不是富裕和幸福，而是更可怕的贫困和灾难（蚕丝跌价，债务加重），他因此气得生了重病。此外，老通宝身上又有落后保守的一面，他相信命运和鬼神，虔诚地遵守养蚕的一切禁忌，这使他跟不上时代的变化，终于成为悲剧性的人物。作者通过他的悲剧命运，说明了单靠劳动要想摆脱穷困生活在旧社会是绝对不可能的。

【艺海拾贝】

1. 中国历代以工商业为题材的文学作品是较为丰富的。白居易《琵琶行》里写到“商人重利轻别离”的无奈和“前月浮梁买茶去”的忙碌；柳永《望海潮》里写到北宋杭州城“市列珠玑，户盈罗绮”的繁华商业景象……请在之后的阅读中留意这类作品，感受我国历史上工商业发展的鲜活图景。

2. 茅盾是近现代作家中对工商题材涉及最具广度、深度的，请阅读有关他的传记材料，谈谈个中原因。

3. 以《子夜》《林家铺子》中的吴荪甫、林老板为例，分析商业活动是如何对人的世界观、认识论施加影响的。